Point Hors Ligne

Collection dirigée par J.-C. Aguerre

La collection « Point Hors Ligne » explore les questions essentielles à l'avancée du champ psychanalytique. Elle s'attache à tisser les liens entre une élaboration théorique et une pratique au quotidien.

Voir les titres déjà parus en fin de volume

Les désarrois nouveaux du sujet

Du même auteur :

Il, donc – Conversations avec Jean Oury, en collaboration avec Pierre Babin, Paris, collection « 10/18 », 1978 ; réédité aux éditions Matrice en 1998.

Monique, Bruxelles, éd. Jacques Antoine, collection « Le Vice impuni », 1987.

De la maladie médicale, Bruxelles, De Boeck-Université, 1993.

Un monde sans limite – Essai pour une clinique psychanalytique du social, Toulouse, Érès, 1997.

Sous la direction de

Jean-Pierre Lebrun

Les désarrois nouveaux du sujet

Prolongements théorico-cliniques au *Monde sans limite*

POINT HORS LIGNE

érès

Couverture et illustration :
Anne Hébert

ISBN : 2.86586.921.0
CF - 1500

11, rue des Alouettes, 31520 Ramonville Saint-Agne

Il est difficile de pratiquer la psychanalyse en isolé. Elle constitue une entreprise éminemment sociable.

Sigmund Freud, *Lettre à Georges Groddeck,* 1924

Qu'y renonce (à la pratique analytique) donc plutôt celui qui ne peut rejoindre à son horizon la subjectivité de son époque. Car comment pourrait-il faire de son être l'axe de tant de vies, celui qui ne saurait rien de la dialectique qui l'engage avec ces vies dans un mouvement symbolique. Qu'il connaisse bien la spire où son époque l'entraîne dans l'œuvre continuée de Babel, et qu'il sache sa fonction d'interprète dans la discorde des langages...

Jacques Lacan, 1953

Le savoir par Freud désigné de l'inconscient, c'est ce qu'invente l'humus humain pour sa pérennité d'une génération à l'autre...

Jacques Lacan, 1974

Avant-propos

La parution de notre ouvrage *Un monde sans limite* [1] semble avoir suscité de nombreux échos et rencontré les préoccupations tant de psychanalystes et de psychiatres que de travailleurs de la santé mentale au sens large. Par ailleurs plusieurs collègues rencontraient dans leur clinique des effets susceptibles d'éclairer davantage encore ce que l'on appelle aujourd'hui communément des faits de société. D'autres encore se confrontaient dans la pratique de la cure à de nouvelles formes de pathologie et tentaient d'en rendre raison avec les concepts hérités de Freud et de Lacan.

C'est la poursuite de toutes ces questions qui a donné l'idée de ce livre-ci. D'abord rassembler les élaborations théoriques nouvelles survenues depuis la parution de l'ouvrage précédent et essentiellement produites à partir des nombreuses rencontres qui ont eu lieu suite à sa parution. Ensuite, recueillir des textes de collègues confrontés à ces mêmes questions dans des champs parfois très éloignés, mais où la même dynamique était à l'œuvre.

Tout ceci n'amène pas un ouvrage exhaustif sur les nouvelles pathologies, bien plutôt un patchwork d'interventions qui, chacune

1. J.-P. Lebrun, *Un monde sans limite, essai pour une clinique psychanalytique du social*, Toulouse, Érès, 1997.

à sa manière, prend la mesure des effets de la configuration actuelle du social sur le sujet.

Disons quand même toute la difficulté partagée par les auteurs à faire face aux conséquences du déclin de la fonction du Père dans le social, sans céder à une quelconque nostalgie mais sans non plus sous-estimer les difficultés que ce déclin engendre. Tout ceci visant surtout à nous rendre aptes à lire les caractéristiques des comportements actuels autrement qu'en termes de déficit d'une fonction par essence même déficitaire.

Nous remercierons donc d'abord ici tous ceux qui nous ont donné la possibilité de leur exposer notre travail ; l'accueil qu'ils lui ont fait, la critique élogieuse aussi bien que les désaccords parfois vifs ont été autant de contributions à faire avancer notre conceptualisation et à davantage nous rendre vigilant à l'importance de ces questions.

Nous remercions également ceux parmi nos collègues de l'Association freudienne internationale qui ont bien voulu relancer les questions que nous avions laissées en suspens.

Nous voulons aussi remercier vivement les collègues d'autres associations de psychanalystes qui nous ont permis de mener plus loin notre réflexion, hors de notre propre cercle. Ce fut certainement un gage de leur ouverture, mais ce fut surtout une manière d'entériner qu'en d'aussi délicates questions pour la psychanalyse, il ne peut s'agir de s'enfermer dans ce qui pourrait ne plus être qu'une secte, aussi bien intentionnée fût-elle par ailleurs.

Enfin, et pour finir, nous tenons à remercier personnellement les auteurs qui ont contribué directement à cet ouvrage collectif. L'accueil qu'ils ont réservé à ce projet a été pour nous le signe d'une confiance que nous avons eu grand plaisir à mériter.

Le lecteur trouvera d'abord ici notre contribution à la poursuite des questions entamées dans *Un monde sans limite*. Il pourra ensuite lire des interventions de collègues qui, chacun dans son domaine propre, contribuent à éclairer cette problématique du champ social dans son rapport à la subjectivité. Pas question ici d'exhaustivité, seulement des points de la clinique à partir desquels se réinterroge le désir de l'analyste dans ce contexte de mutation du social sous l'égide de la modernité.

Gérard Amiel nous fait entendre comment l'errance est désormais si pas lot commun, en tout cas voie ouverte à chacun. Chantal

Brand-Gaborit évoque la façon dont l'errance des jeunes est tentative de réponse aux modifications du social. Claire Caumel-Feltin lit en ce sens le personnage de *Rosetta*, le remarquable film des frères Dardenne. Jean-Pierre Jacques interroge à partir de la clinique des toxicomanes la déception de la parole et ses effets chez ceux qui en ont la charge. Maryvonne Febvin en tire conséquence clinique pour amorcer le dialogue avec les sujets pris dans une telle configuration.

Des questions qui émergent dans le social actuel, Jean-Luc Cacciali témoigne en interrogeant la place donnée aujourd'hui à la victime, et Françoise Petitot nous invite à penser ce qu'implique la maltraitance. Une clinique surprenante, celle des jeunes enfants violents et sans culpabilité, est abordée par Laurence Croix. Christian Dubois, quant à lui, tente de rendre compte des enjeux de la confrontation clinique avec des sujets exilés du discours commun en même temps que d'eux-mêmes, pour qui tout se passe comme si le lieu de l'Autre avait été hypothéqué par un non-lieu. Guy Lérès essaie de nous faire lire autrement les symptômes de ces jeunes à qui les marques de vêtements semblent servir de nom propre.

Jacqueline Hiltenbrand questionne directement la différence entre père concret et fonction paternelle et Gérard Amiel ce qu'il en serait d'une clinique spécifique au sujet after-post-moderne. Christian Demoulin fait bien entendre à quel point dans notre social organisé comme discours du capitalisme, c'est l'amour qui est difficile.

L'école n'est pas sans être troublée dans ses orientations par les mutations de la modernité, nous démontre Janine Marchionni-Eppe, et la violence qui s'y joue ne peut être pensée hors le déclin du poids de la parole, nous rappelle encore Claire Caumel-Feltin. Nous-même décrivons cette violence comme prise dans une logique d'enfer.

Dans le champ de la médecine, laboratoire du monde de demain, quelle place pour l'impossible ? se demande Claude Jamart, et Anne Joos de Ter Beerst interroge les effets d'une médecine de réponse à la demande. Yvette Thoua nous indique, à partir de l'un exemple sans doute marginal mais combien éloquent de la surdité, en quoi la seule réponse technique n'est que répétition de cette surdité à l'appel du sujet.

Le lecteur appréciera enfin l'intervention de Jean-Paul Hiltenbrand qui met – momentanément – un point final à cet ensemble de prolongements théorico-cliniques à un *Monde sans limite*.

Jean-Pierre Lebrun

Jean-Pierre Lebrun

Malaise dans la subjectivation[1]

à la mémoire de Béatrice D.

Dans le fonctionnement de notre vie sociale, nous ne pouvons que constater l'affaiblissement, sinon même la disparition de ce qui hier encore faisait norme commune, de ce à quoi nous nous référions en dehors et aussi en dedans de chacun de nous et qui était habituellement transmis par la tradition. Constater *la rupture d'avec le fil de la tradition*, ainsi que l'avance Hannah Arendt, n'équivaut pas pour autant à la regretter. Faire fi de ce constat, en revanche, empêche de prendre la mesure du désarroi de certains, même si ce qui se passe est loin d'être récent. Ce qui est récent et nouveau, c'est que nous semblons aujourd'hui avoir atteint le point de non-retour et la rupture s'est à ce point consommée qu'il n'est pas incongru de

1. Des parties de ce texte ont été publiées dans diverses revues ou ouvrages collectifs : *Analyse freudienne Presse* (n° 17), *Carnets de l'École Sigmund-Freud* (n° 32), *Cliniques méditerranéennes* (n° 62), *Essaim* (n° 5), *Journal français de psychiatrie* (n° 10), *Le Bulletin freudien* (n° 35-36), *L'Homme et la société* (n° 138), *Revue de l'Université libre de Bruxelles* (« Où va Dieu ? » et « Psychanalyse, que reste-t-il de nos amours ? »), *Rivages* (n° 12), *Actualité de l'hystérie* (ouvrage sous la direction d'André Michels, Érès, 2001), *Being Human – The Technological Extensions Of The Body* (edited by Paola Mieli, New York, An Après-Coup Book, 1999), *Jahrbuch für Klinische Psychoanalyse* (Herausgegeben von André Michels, Peter Müller und Claus-Dieter Rath, Tübingen, Die Edition Diskord, 2000). *The Letter*, automne 2000. L'ensemble de ces textes a été entièrement retravaillé pour aboutir à la présente version.

parler maintenant d'*acte de décès de la société hiérarchique* ainsi que l'identifient les auteurs de l'ouvrage collectif paru il y a peu sous le titre *Les Révolutions invisibles* [2].

À une norme transcendante à laquelle nous pouvions spontanément nous référer – que ce soit pour l'accepter ou pour la contester et la transgresser –, qui permettait à la société de se représenter *une*, s'est substitué le vœu de trouver une norme qui ne se réfère qu'à elle-même. Ainsi que l'avance le philosophe Jean-Pierre Dupuy, « Le problème qu'affronte la pensée politique, c'est d'affranchir la politique de la religion. L'individualisme est un effet du lent processus de désacralisation que nous appelons "Modernité". Or ce qui caractérise les sociétés religieuses d'un point de vue politique, c'est qu'elles se représentent unes par la médiation d'une entité sacrée qu'elles posent à l'extérieur d'elles-mêmes. J'appelle cette logique du sacré la logique du point fixe exogène. Les sociétés modernes se veulent autonomes, elles prétendent ne devoir qu'à elles-mêmes ce qui les rend unes. À la question : comment faire une unité d'une multiplicité d'individus indépendants et séparés, elles répondent de diverses manières, mais qui respectent toutes la même condition : l'opérateur d'intégration doit être situé au sein même de la communauté. C'est le lieu où la société exerce sa pleine souveraineté sur elle-même [...]. Le paradoxe est que ce lieu voulu intérieur à la société se retrouve à nouveau expulsé, comme par nécessité, au dehors d'elle [3]. » C'est sans doute ce paradoxe qui fait difficulté et qui trouble nos esprits : du fait de se retrouver face à une norme, l'impression est ressentie de se retrouver au point de départ, et naît aussitôt le vœu de se débarrasser de ce qui ne peut apparaître que comme extérieur. Un *point fixe,* fût-il *endogène*, une fois qu'il fait norme, ne peut que se retrouver frappé d'extériorité, fût-il construit à l'intérieur même de la communauté.

Dans un premier temps en tout cas, nous risquons d'avoir affaire avec les conséquences de cette aporie et ceci ne peut que susciter un mouvement de méfiance puisque nous nous retrouvons face à une norme endogène qui présente les caractéristiques de cette extériorité

2. *France, les révolutions invisibles*, ouvrage collectif, Paris, Calmann-Lévy, 1998.
3. J.-P. Dupuy, *Introduction aux sciences sociales – Logique des phénomènes collectifs*, Paris, Ellipses, éditions Marketing, 1992 p. 10.

dont nous avons voulu et cru pouvoir nous débarrasser. En effet, tant qu'une norme n'est pas métabolisée avec sa spécificité de construction émanant des individus eux-mêmes, elle fait difficulté, mais une telle métabolisation ne peut que se faire difficilement puisqu'elle demande si pas l'accord, en tout cas l'adhésion ou au moins le consentement des divers membres de la communauté. Or il suffit qu'un des membres de la communauté n'ait pas produit la norme, pour qu'elle lui soit donc extérieure et qu'il doive faire appel à ses facultés d'acquiescement afin d'y consentir, ce qui le remet *illico* dans la position où il se trouvait à l'égard d'une norme transcendante que tout l'effort démocratique[4] s'était chargé de dépasser. Voilà pourquoi, entre le point fixe exogène transmis par la tradition et le point fixe endogène appelé de tous les vœux, existe à la fois une proximité forte et une distance considérable. C'est dans un tel entre-deux que se remodélise le social, et ceci n'est pas sans engendrer un tourbillon de confusions, voire la sensation d'un vide. Voilà pourquoi c'est dans le brouhaha en même temps que dans l'urgence que s'élabore la recomposition du social à la recherche de repères nouveaux qui pourraient prendre en compte la mutation introduite par la modernité.

En médecine par exemple, la vie, indépendamment de la croyance religieuse du praticien, constituait jusqu'il y a peu une référence transcendante et une valeur sûre quant à l'éthique médicale. Aujourd'hui la vie se voit subvertie par l'introduction des nouvelles technologies au point que l'on en arrive à s'interroger sur l'opportunité de son maintien artificiel et donc sur la possibilité – si pas même la nécessité – de l'euthanasie. Ceci ne peut qu'avoir comme conséquence de signifier la péremption du bon sens traditionnel du médecin. Ce dernier ne sait s'il peut, s'il doit, et encore moins comment, se réapproprier ce qui était, jusqu'à hier, pouvoir transcendant. Le débat s'installe, les opinions divergent ; elles vont de celles du médecin accroché aux préceptes de l'Église à celles qui promeuvent une ouverture sans limite : c'est un large éventail d'avis différents que l'on doit constater. De plus, aucune raison *a priori* de

---

4. D'une tout autre façon, Pierre Rosanvallon lit cette ambiguïté comme résultant de l'indétermination démocratique elle-même. Cf. à ce sujet, *La Démocratie inachevée*, Paris, Gallimard, 2000.

penser que l'avis de l'un prime sur l'avis de l'autre, sauf à rétablir le risque de se soumettre à une transcendance. Et d'ailleurs, si la nécessité de légiférer autrement se trouvait reconnue, principalement au nom d'une évolution des mentalités, soit de faire norme, en l'occurrence juridique, à partir d'un consensus d'opinions, ceci n'empêcherait pas l'effet-norme que nous venons de décrire[5]. Si donc est remise en cause l'autorité qui réglait les conduites selon la tradition, nous sommes en peine d'en rétablir une autre, puisque tout rétablissement pourrait équivaloir à un retour *quoad ante*.

Nous pourrions ici multiplier les exemples de valeurs jusqu'il y a peu unanimement reconnues et maintenant profondément subverties suite à notre abandon de toute référence transcendante. Pensons à la différence des sexes, au travail, à la vie politique, à la Loi, au devoir, au mariage, à la solidarité, etc. Une chose est que ces repères soient pulvérisés, une autre est que, dans ces différents champs, ce soit la notion même de repère, ce qui suppose la reconnaissance d'une primauté, qui soit remise en cause. Nous entendons aujourd'hui bien souvent parler d'absence de repères, et la pertinence de cette affirmation n'est sans doute pas à contester, mais il est essentiel de l'identifier comme description de surface, car on pourrait tout aussi bien parler aujourd'hui d'un excès de repères ; ainsi en va-t-il dans chaque discipline, mais c'est quand il s'agit de confronter des disciplines que naît l'impasse : au nom de quoi le point de vue du philosophe prévaudrait-il sur celui du médecin, ou celui du juriste sur celui de l'anthropologue ? Ce qui n'est plus à disposition, c'est une légitimité qui reconnaîtrait la prévalence de tel ou tel point de vue. Ceci nous fait déjà entrevoir qu'au-delà de la crise ou de l'absence de repères, c'est la légitimité du repère lui-même qui est comme devenue inaccessible. Voilà comment, selon nous, il convient de lire et d'interpréter l'embarras dans lequel se trouve notre société actuelle.

Nous voulons attirer l'attention sur l'aporie de cette situation jusqu'ici sans doute inédite. Dans le social, l'effondrement de la figure qui soutenait la référence d'un point fixe exogène rend problé-

---

5. Il n'empêche que c'est du droit que l'on attend de retrouver une norme qui serait pacifiante ; il n'est cependant pas certain que ce soit en légiférant de plus en plus que cet objectif puisse être atteint.

matique – en tout cas, à court et à moyen termes – l'acquiescement à la différence de places, celui-ci restant toujours nécessaire même pour établir la référence à un point fixe endogène. La disparition de la place d'extériorité légitimée de par la transcendance – comme elle l'était dans ce qu'on appelle société religieuse – laisse comme spontanément croire qu'il est possible de nous débarrasser de toute différence de places et donc de refuser toute prévalence autre… que celle qui tient à ma seule décision. Or, du fait de l'établissement d'une norme nécessaire à toute vie sociale, une place différente se réorganise tout aussitôt. Place différente immanente sans doute, mais place différente quand même. Mais, faute de ce discernement, dans ce passage d'une transcendance à une immanence, c'est la légitimité d'occuper une quelconque place différente qui est invalidée, ceci entraînant à la génération suivante l'érosion du processus par lequel se transmet le consentement à l'existence de la différence des places. Et si tel est le cas, on comprend que ceci rend d'autant plus difficile l'atteinte d'une norme commune immanente, puisque cette dernière, ne pouvant s'appuyer sur la légitimité d'une autorité transcendante, a besoin d'une reconnaissance unanime pour pouvoir fonctionner. Ceci ne peut alors avoir d'autre effet qu'un emballement où la légitimité d'occuper une place différente – en fait, l'autorité – est de plus en plus mise à mal.

Pour rendre compte de cette mutation du social, nous avons longuement analysé précédemment[6] en quoi la place du père avait été remaniée par les implicites du discours de la science. Nous poursuivons ici ce travail auquel nous renvoyons le lecteur pour davantage préciser notre interprétation et ainsi approfondir les outils conceptuels qui nous permettent d'appréhender l'évolution du social.

DÉCLIN DU PATRIARCAT

Un premier point essentiel à préciser est certainement la distinction entre déclin du père et déclin de la fonction patriarcale. En

6. J.-P. Lebrun, *Un monde sans limite, essai pour une clinique psychanalytique du social*, Toulouse, Érès, 1997.

effet, la mutation que nous avons voulu appréhender renvoie essentiellement au déclin de la fonction patriarcale plutôt qu'elle n'implique le déclin de la fonction du père comme tel. Par fonction patriarcale, nous entendons précisément la place du père dans la vie de nos sociétés occidentales comme s'appuyant sur la place reconnue à la transcendance. Que cette place soit en décadence, c'est ce qu'attestent de nombreux auteurs. Ainsi les historiens Jean Delumeau[7] et Daniel Roche, dans leur *Histoire des pères et de la paternité*, situent aux alentours de 1500 l'aboutissement d'*une longue évolution qui avait fini par harmoniser droit coutumier, droit canonique et droit romain,* qui faisait *apparaître le père comme le garant de la stabilité de la famille et du royaume,* ce qui permet de situer au XVIIe siècle *l'âge d'or de la monarchie paternelle.* Ce serait alors dès le milieu du XVIIIe que l'affaiblissement s'entama qui depuis n'a cessé de s'aggraver, la Révolution française jouant en ce domaine son rôle de révélateur en même temps que de détonateur.

Nous ne pouvons par ailleurs que renvoyer à la multitude de débats qui aujourd'hui questionnent les effets de ce déclin, aussi bien l'appel à reparentaliser que la crise de l'autorité ou les conséquences de la pluriparentalité. Récemment et d'une manière beaucoup plus concrète, le président du tribunal pour enfants de Paris, Alain Bruel, dans un rapport intitulé *Un avenir pour la paternité ?*[8] présenté au ministère de l'Emploi et de la Solidarité français, relevait dans le même sens les effets de la mutation de la famille contemporaine sur le fonctionnement des pères.

Nous pouvons donc avancer l'hypothèse selon laquelle parler de déclin du père dans la vie sociale est une manière de dire l'ossature des changements auxquels nous assistons. C'est en effet le symptôme majeur de notre social actuel, en ce qu'il fait étroitement cortège tant avec l'évolution de la démocratie qu'avec les progrès de la technoscience et qu'avec le développement du libéralisme économique.

Remarquons en effet la congruence de cette triple évolution. Du point de vue politique, nous venons de voir comment la démocratie se fonde sur la sortie d'une transcendance, d'une référence qui lui

---

7. J. Delumeau ; D. Roche, *Histoire des pères et de la paternité*, Paris, Larousse, 1990.
8. *Un avenir pour la paternité ?*, Rapport présenté au ministère de l'Emploi et de la Solidarité, publié dans *Melampous*, n° 7, hiver 1997-1998.

serait extérieure et que, dans ce mouvement, ce qu'il lui faut affronter, c'est la disparition de tout point fixe à partir du moment où celui-ci, de se vouloir désormais endogène, ne peut pour autant éviter le retour à une certaine extériorité. Du point de vue économique, il convient de rappeler comment, pour se mettre en place, l'économie mondialisée a eu besoin de se libérer du lien entre l'or et la monnaie d'abord, entre les monnaies et le dollar comme monnaie-étalon ensuite. La disparition en deux temps de toute butée est reconnue par les économistes comme nécessité pour le développement du libéralisme débridé que nous connaissons.

Quant à l'évolution liée au discours de la science, il nous faut constater que c'est le poids donné à la parole énonciatrice qui s'est trouvé entièrement remis en cause par la référence aux seuls énoncés, à l'agencement de quelques lettres et symboles mathématiques qu'a autorisé le développement de la science moderne. Si, hier encore, le monde s'ordonnait à partir du Verbe, le poids de ce dernier a aujourd'hui été remis en cause par l'appui que l'on peut prendre sur l'écriture de la science.

Il ne s'agit pas de nous conforter dans le regret d'un tel état de fait, une telle nostalgie ne pouvant mener nulle part, vu qu'il s'agit – comme nous l'avons montré dans notre ouvrage cité plus haut – d'une évolution sociale liée au développement de la modernité, et qu'il n'y a aucune raison de penser qu'il faut arrêter le progrès, bien au contraire. Il s'agit encore moins de prôner un quelconque retour à l'Ancien Régime en guise de solution, puisque ce retour – si tant est qu'il fût possible – ne serait jamais qu'un retour à une image dépouillée de ce qui avait, hier, légitimé sa consistance. Ceci, en revanche, n'enlève pas le risque de voir d'aucuns profiter de ce déclin et de ses effets de relâchement, si pas de délitement du lien social, pour prôner la solution d'un retour au pouvoir fort.

Il s'agit en revanche de prendre la mesure de cet étiolement et de ses effets, de dresser l'inventaire des modifications tant sociales qu'individuelles qu'il produit, et de nous donner d'abord les moyens d'interpréter correctement le désarroi dans lequel se trouvent certains, pour ensuite pouvoir lire à l'œuvre les réponses qui déjà se mettent en place.

Dans le même mouvement, l'affaiblissement de la place du père dans le social – autrement dit du patriarcat – a ouvert la voie à la remise en question de la façon dont cette place était occupée, ce qui, dans bien des cas, s'est d'ailleurs avéré fondé. Mais cet ébranlement a aussi introduit la possibilité d'un soupçon systématique, voire d'un discrédit d'emblée, comme l'évoque Françoise Petitot dans son article sur la maltraitance. C'est sans doute ce qui amène aujourd'hui à suspecter si rapidement un père d'abus sexuel, raison probable de l'augmentation considérable des dénonciations par les mères d'attouchements sexuels de la part des pères, comme motif des demandes en divorce. Dans le même sens, remarquons que le père n'est désormais pas le seul interpellé, mais, dans la foulée, le chef, le directeur, quiconque occupe une place d'exception ; autrement dit, celui à qui était traditionnellement reconnue l'autorité. Une telle configuration fait que la question cruciale est devenue aujourd'hui, ainsi que le remarquait Marcel Gauchet, « celle de l'autorité dans le monde démocratique[9] ». « Comment assurer l'autorité dans une société posthiérarchique ? », se demandent, quant à eux, les auteurs de l'ouvrage collectif cité plus haut.

Une telle question n'équivaut pas à regretter la hiérarchie d'hier, mais attire l'attention sur la difficulté spécifique à laquelle nous sommes aujourd'hui confrontés. Et l'accusation systématique de nostalgie à l'égard de ce constat signifie davantage une méconnaissance que le vœu de ne pas s'enliser dans de tels vains regrets.

Le déclin du patriarcat n'équivaut pas pour autant au déclin de la fonction paternelle. Tout le délicat de la question se trouve même à cet endroit. En effet, le fait d'identifier que la fonction du père décline dans le tissu d'une société – ceci, rappelons-le, n'est pas nouveau : déjà Freud évoquait dans *Psychologie des foules et analyse du moi* le travail de Federn paru en 1919 sur *La Société sans pères*[10], et Lacan dans son article sur *la Famille*, en 1932, parlait de *déclin de l'imago paternelle* – ne permet pas pour autant de faire coïncider fonction patriarcale et fonction paternelle. Il convient tout au contraire de bien les distinguer, ne fût-ce que pour faire émerger leurs interactions et leurs indépendances réciproques.

---

9. *Rencontre avec Marcel Gauchet*, dans rapport cité *supra*, p. 38.
10. Nous renvoyons ici à l'article de Claus-Dieter Rath, « La société sans père : de Paul Federn à Alexandre Mitscherlich », et à la traduction de l'article de Paul Federn parue dans la revue *Essaim*, n° 5, Érès, 2000.

Ainsi que nous le rappelions avec Jean-Pierre Dupuy au début de notre texte, la spécificité de la modernité consiste à ne plus accepter la référence à un point fixe exogène pour unifier le social, mais à vouloir en revanche ne plus se fier qu'à un point fixe endogène. Le problème est néanmoins que toute norme suppose extériorité et qu'introduire une logique du point fixe endogène risque d'équivaloir soit à retourner *de facto* à un point fixe exogène, soit à ne plus accepter de point fixe, autrement dit, soit de revenir au système hiérarchique de la tradition, soit de laisser libre cours à un individualisme sans limite du fait de l'absence d'un quelconque point fixe pour organiser le lien social.

Il est donc essentiel de discerner la fonction du père dans le social – dite fonction patriarcale –, qui va de pair avec une logique du point fixe exogène, d'avec la fonction paternelle, entendue non pas comme *le rôle* du père, mais comme *la place* qu'un quidam – le plus souvent, le géniteur, mais sans que cela soit indispensable – occupe pour la mère et pour l'enfant, qui structuralement permet que se mette en place dans l'appareil psychique la capacité de substitution signifiante, autrement dit la compétence métaphorique. Comme nous devons le constater, la fonction paternelle, en ce sens-là, est équivalente à la fonction du langage lui-même.

Voilà donc plusieurs pères qu'il ne faut pas confondre ! Un géniteur qui tient évidemment lieu de père biologique, un quidam qui fait office de père de par la place qu'il occupe auprès de la mère et qui a la charge de transmettre à l'enfant la Loi dont il se fait le représentant en même temps qu'il y est soumis, une figure de père qui dans le social représente l'ordre patriarcal entérinant de ce fait une organisation hiérarchique, une tradition et une autorité, un Père dans les cieux auquel se réfère implicitement le patriarcat, et, enfin, un Père mort qui renvoie à la tiercéité incluse dans la parole elle-même.

À chacun de ces pères, nous pouvons dire que correspond une fonction, et qu'il n'est nullement indifférent de savoir comment cette fonction est assumée par le quelconque qui en a la charge. Fonction paternelle biologique, fonction paternelle réelle, fonction paternelle imaginaire, fonction paternelle symbolique, fonction paternelle dans la structure. À cet égard, rappelons que notre thèse est d'abord que nous avons affaire au déclin de la place du père dans le social, donc du patriarcat ; ensuite que ceci n'implique pas nécessairement un déclin de la fonction paternelle dans la structure ; enfin, que cela prive de sa légitimité *l'exercice réel* de la fonction paternelle dans la famille car le nouage réel-imaginaire-symbolique est indispensable à son fonctionnement ; si la fonction paternelle est déterminante pour la constitution de l'appareil psychique, elle doit en effet en passer par l'exercice réel d'un sujet qui veut bien consentir à faire le père concret et qui traditionnellement pouvait s'appuyer sur la fonction patriarcale pour soutenir sa légitimité. Il n'en reste pas moins vrai que ce père concret ne revêt cette importance qu'en tant qu'il renvoie à une tiercéité inscrite dans la structure et située au-delà de la société concrète dans laquelle il opère.

Tout se passe donc aujourd'hui comme si, de ne plus avoir l'appui du patriarcat, celui qui occupe la place de père réel n'avait plus de légitimité pour intervenir auprès de son enfant. Le constat fréquent et banal aujourd'hui d'un enfant à qui tout semble permis, ou plutôt à qui plus rien n'est interdit et dont le père confesse bien volontiers qu'il ne peut pas mettre de limite car il craindrait de ne plus être aimé de son enfant, vient entièrement corroborer notre propos. Le *papa* d'aujourd'hui ne se sent plus reconnu à cette place de poseur de limite, car cette dernière est précisément ce dont le social de la modernité croit s'être émancipé. Abandonné par un discours social qui lui assurait sa légitimité et donc son autorité, il quête auprès de son propre enfant l'appui qui lui a été retiré. Le résultat est évidemment en conséquence : l'enfant se voit protégé par le père de l'épreuve de confrontation à la limite, ce qui n'a d'autre effet que de rendre plus difficile l'inscription de cette dernière dans l'appareil psychique de l'enfant.

Ceci ne sera évidemment pas sans conséquences sur la façon dont cet enfant « sans père » assumera à son tour son rapport à la limite. Nul besoin d'être prophète pour prédire qu'il aura beaucoup de difficultés à être remis à sa place, autrement dit à quitter ce statut de l'enfant-roi, et cela d'autant plus que cette position trouvera écho dans le vœu d'autonomie que véhicule le social.

Nous devons donc saisir ici comment dans un mouvement d'emballement et d'escalade, le déclin du patriarcat pourrait très bien engendrer un étiolement de la fonction paternelle dans la mesure où celle-ci n'est autre que la fonction langagière. Mais cet effet peut tout aussi bien n'avoir pas lieu ; il n'est pas d'office à l'œuvre ; pour enrayer le processus, il suffit que celui qui fait office de père réel n'abandonne pas sa tâche, même si celle-ci a perdu sa légitimité historique d'antan. Reste cependant à savoir, en ce cas, d'où il tirera cette légitimité pour continuer à occuper cette place.

C'est ici que nous pouvons laisser entendre combien tout le travail de Lacan aura consisté à suivre à la trace cette évolution du social, en même temps qu'à proposer une conceptualisation de la fonction paternelle permettant d'aller au-delà de ce déclin du patriarcat, en passant du dégagement de son concept de *Nom-du-Père* dès le début de son enseignement, pour aboutir à la pluralisation *des noms-du-père.*

Mais, avant d'aller plus loin en ce sens, revenons à prendre la mesure de l'ampleur dans le social du déclin du patriarcat.

Ce qu'Auschwitz inscrit dans l'inconscient

Nous en serions donc aujourd'hui à devoir constater la disparition de la fonction de la référence unique, le Père, telle qu'elle était organisée à partir d'une modélisation de la société basée sur la religion monothéiste. Corroborer cette hypothèse n'est pas difficile, puisqu'il est évident qu'en deux ou trois dizaines d'années, la sécularisation de l'État s'est réalisée jusqu'au bout. En Belgique, par exemple, les résultats des dernières élections ont exclu pour la première fois du pouvoir le Parti social chrétien, faisant bien entendre que la fin de la collusion entre religion et société était désormais accomplie.

Pour le dire en un mot comme en cent, Dieu serait mort. C'était en 1882[11], dans *Le Gai Savoir*, que Nietzsche énonçait pour la première fois son « Dieu est mort » : « Où est Dieu ?, cria-t-il (l'insensé), je vais vous le dire ! Nous l'avons tué – vous et moi ! Nous tous sommes ses meurtriers [...] Dieu est mort ! Dieu reste mort ! Et c'est nous qui l'avons tué [12] ! » Quatre ans plus tard, il

---

11. Selon M. Heidegger, dans « Le mot de Nietzsche "Dieu est mort" », dans *Chemins qui ne mènent nulle part,* Paris, Gallimard, 1962.

12. F. Nietzsche, *Le Gai Savoir*, Paris, Gallimard, coll. « Folio essais », aphorisme 125, p. 149.

ajoutait un cinquième livre au *Gai Savoir*, et le premier aphorisme de ce livre commençait ainsi : « Le plus grand événement récent – à savoir que “Dieu est mort”, que la croyance au Dieu chrétien est tombée en discrédit – commence dès maintenant à étendre son ombre sur l'Europe[13]. » Depuis, la sentence de Nietzsche a fait mouche. Tout le monde semble d'accord pour désigner par cette formule l'autorité disparue de Dieu ainsi que celle de l'enseignement de l'Église, et son remplacement par celle de la conscience et de la raison. Désormais, la référence à la transcendance peut légitimement être abandonnée au profit de l'enthousiasme pour le développement de la civilisation d'ici-bas.

Conjointement aux progrès de la science moderne, le mot de Nietzsche a fait consensus. Ainsi, la science en a fini avec la religion, l'acte créateur n'est plus celui de Dieu, il peut devenir celui de l'homme, la rationalité scientifique peut se substituer et même venir à bout de la croyance.

À ce mouvement, Freud a largement contribué en inventant la psychanalyse. Comme il convient de le rappeler, la démarche de Freud participe du scientisme de son temps. Tout en posant que Dieu n'existe pas, il lit la religion comme l'analogue d'une névrose obsessionnelle, comme une névrose à l'échelle de l'humanité, comme un fait social inventé par l'homme et qui ne doit rien à l'existence de Dieu.

Mais c'est aussi Freud qui, en développant dans *Totem et tabou* le thème de la naissance de la vie sociale à partir du meurtre du Père primitif, a fait entendre que le Père, du fait d'être tué, est encore plus présent, car c'est comme Père mort – ou comme Totem – qu'il constitue ce à partir de quoi s'organise la société. Ce faisant, les effets de l'accomplissement du « Dieu est mort » doivent être relativisés : prendre acte de la mort de Dieu-Père ne nous en affranchit pas pour autant. L'annonce de sa mort ne suffit pas pour nous libérer de son existence. Ceci est d'ailleurs bien rencontré dans la vie de chaque sujet : en passer par « le meurtre » du père ne se résume pas à le déclarer mort !

Autrement dit, la déclaration nietzschéenne de la mort de Dieu ne nous a pas fait quitter pour autant le rapport que nous avons à

13. *Ibid.*, aphorisme 343, p. 237.

son égard. Et paradoxalement, la psychanalyse freudienne vient confirmer cette ambiguïté : d'une part, elle se soutient et participe de la démarche de la science, et, à ce titre, elle dénonce l'illusion de Dieu et de la religion, mais, dans le même mouvement, elle maintient un point de collage avec la religion en perpétuant un rapport au Père d'origine. Freud invente un mythe – celui de *Totem et tabou* – qui met à l'origine du social le meurtre d'un père primitif qui assoit d'autant mieux sa primauté. Pour le dire simplement, si Freud, dans son élan scientiste, veut en finir avec Dieu et avec la religion, il ne peut s'empêcher, en questionnant l'origine, de redonner consistance au Père, même si dans ses derniers textes – tels *L'Homme Moïse et la religion monothéiste* dont la parution est datée de 1939 [14] – il amorcera le pas supplémentaire.

C'est sur cette question qu'il s'éteindra sans connaître la Seconde Guerre mondiale, ni non plus Auschwitz.

Rappelons les propos de Freud à la fin de *L'Homme Moïse et la religion monothéiste* où il avance – dans un mouvement qu'il qualifie lui-même d'*audace qu'il ne peut éviter* – que l'héritage archaïque de l'homme n'englobe pas seulement des dispositions mais aussi des contenus, des traces mnésiques relatives au vécu de générations antérieures et que c'est *par la langue* que se véhicule cette transmission. Ce qui l'autorise à préciser que « les humains ont toujours su – de cette manière particulière – qu'ils ont possédé un jour un père primitif et qu'ils l'ont mis à mort [15] ».

Ne pouvons-nous pas maintenant ajouter que, depuis Auschwitz, nous savons, de la même façon, qu'il n'y a plus – pas ? – de Père pour nous protéger de l'extermination, que non seulement « Dieu est mort », mais que sa mort n'était que le masque de son absence ? Nous sommes donc d'un seul coup, d'une seule frappe – de par l'événement de la Shoah – marqués de l'obligation de nous en passer.

Ce moment n'aura-t-il pas inscrit dans la langue qu'on ne peut compter sur le Père, que ce dernier n'a pas empêché et donc n'empêchera pas les hommes de se fourvoyer à ce point, qu'il ne fera pas obstacle à ce que soit ouverte la dernière porte du château de Barbe-

14. S. Freud, *L'Homme Moïse et la religion monothéiste*, Paris, Gallimard, 1986.
15. *Ibid.*, p. 197.

Bleue, comme le dit George Steiner[16] ? Avec Auschwitz, un verrou a sauté ; Dieu-Père se révèle comme n'ayant pas eu lieu. Auschwitz, c'est le non-lieu de Dieu. Ceci n'est pas nécessairement, ni seulement à entendre comme une remise en question de la Foi, mais plutôt comme un coup porté à la langue[17], comme une blessure de langue, une lésion de notre langue.

Rappelons que nous avons déjà soutenu ailleurs[18] – après et avec bien d'autres – que la spécificité de la Shoah n'est pas d'ordre quantitatif : d'autres génocides ont existé, tel celui des Arméniens ou celui commis par l'appareil stalinien. Elle n'est pas non plus liée exclusivement au caractère méthodique utilisé pour l'extermination, car les exterminations massives ont déjà été réalisées dans l'histoire, telle celle perpétrée par les Huns ; faire tenir la spécificité de la Shoah dans une différence quantitative de moyens – la technique – ne rend pas compte de cette spécificité particulière du dessein nazi, qui est d'ordre qualitatif : le propre de ce qui s'est passé là tient à la façon dont y était niée l'identité d'êtres humains de ceux et celles qui y étaient exterminés. Jamais, dans l'histoire de l'humanité, nous n'avons été confrontés à une telle volonté collective de déshumaniser celui qu'il ne faut plus nommer l'ennemi ; jamais n'avait eu lieu une entreprise où, collectivement, un groupe humain utilisait des procédés de destruction et d'oblitération de cette destruction pour dénier que la mort était donnée à des membres de « *l'espèce humaine*[19] » ; nous ne nous étonnerons pas, dès lors, que ce soit préci-

---

16. G. Steiner, *Dans le château de Barbe-Bleue – Notes pour une redéfinition de la culture*, Paris, Gallimard, 1973.
17. Comme l'énonce Daniel Lemler, conversation inédite. Nous renvoyons également à l'article de Olivier Remaud : « La langue des temps sombres : Canetti, Klemperer, Benjam », dans *Diogène*, nº 189, printemps 2000, Paris, PUF.
18. J.-P. Lebrun, *De la maladie médicale*, Louvain-la-Neuve, De Boeck, 1993. Particulièrement le chapitre X, « Penser la médecine après Auschwitz ».
19. C'est bien ce que R. Antelme a identifié : « C'est un rêve SS de croire que nous avons pour mission historique de changer l'espèce, et comme cette mutation se fait trop lentement, ils tuent. [...] C'est parce que nous sommes des hommes comme eux que les SS seront en définitive impuissants devant nous. [...] Nous en tenons ici la preuve, et la plus irréfutable preuve, puisque la pire victime ne peut faire autrement que de constater que, dans son pire exercice, la puissance du bourreau ne peut être autre qu'une de celles de l'homme : la puissance de meurtre. Il peut tuer un homme, mais il ne peut pas le changer en autres choses. » Dans R. Antelme, *L'Espèce humaine*, Paris, Tel Gallimard, p. 229-230.

sément le langage – les mots de *victimes*, de *morts* ne pouvaient être prononcés [20] – qui était visé, en tant que qualité « définitoire » de notre espèce ; de même, nous ne serons pas surpris que ce qui s'est passé à Auschwitz reste innommable, car : « De même qu'il n'est pas possible de penser sa mort, il n'est pas possible de penser Auschwitz. [...] Comment parler de quelque chose qui semble nier la parole ? », se demande à juste titre Vincent Engel [21]. « Il se peut que l'univers d'Auschwitz (car c'est ce qu'il a été) désigne ce royaume d'une bestialité humaine potentielle (désormais réalisé) ou plutôt d'abandon de l'humain et de régression à la bestialité, qui à la fois précède le langage, comme c'est le cas chez l'animal, et vient après le langage, comme cela a lieu dans la mort. Auschwitz signifierait à l'échelle collective, historique, la mort de l'homme [22] », avance George Steiner qui identifie ainsi la caractéristique propre de la Shoah : c'est parce que ce génocide s'est défini par le fait de s'en prendre – au-delà de la spécificité juive – à l'humanité de l'homme qu'il a pris cette place sans précédent, de rupture de civilisation.

Cette spécificité d'atteinte à l'humanité de l'homme est d'ailleurs repérable dans le fonctionnement du camp lui-même. Le camp d'extermination nazi – on ne peut pas dire la même chose du Goulag [23] – introduit un trait spécifique, à savoir l'impossibilité de recours à une Loi qui serait juste du fait de pouvoir être supposée en position de Tiers. Pour que la Loi fonctionne comme référence commune, il n'est pas nécessaire que le sujet doive effectivement la solliciter. Il suffit qu'il puisse percevoir que, malgré et au-delà des

---

20. « Celui qui disait le mot "mort" ou "victime" recevait des coups. Les Allemands nous imposaient de dire, concernant les corps, qu'il s'agissait de *Figuren*, c'est-à-dire de marionnettes, de poupées, ou de *Schmattes*, c'est-à-dire de chiffons », dans C. Lanzmann, *Shoah*, Paris, Fayard, 1985, p. 24.

21. V. Engel, *Pourquoi parler d'Auschwitz ?*, Bruxelles, Éperonniers, 1992, p. 28 et 36.

22. G. Steiner, « La Longue Vie de la métaphore, une approche de la Shoah », dans *L'Ecrit du Temps*, nº 14-15, Paris, Éd. de Minuit, 1988, p. 17.

23. C'est déjà ce qu'avançait à sa manière Ferdinando Camon, dans ses conversations avec Primo Levi : « Le Lager constitue aussi la motivation à écrire d'un autre écrivain contemporain, Soljenitsyne. Mais il s'agit de deux camps différents et de deux opérations littéraires différentes, à mon avis. [...] Soljenitsyne est le porte-parole de ceux qui ont souffert dans leur propre chair des déviations *du socialisme, tandis que vous êtes le porte-parole de ceux qui ont souffert dans leur propre chair la* cohérence du nazisme », dans F. Camon, *Conversations avec Primo Levi*, Paris, Gallimard, 1987, p. 52.

exactions de son bourreau, existe, fonctionne une tiercéité qui n'est la propriété de personne. L'impossibilité d'y faire référence soit parce que nul n'est là pour la représenter, ou parce que la position de victime est celle du faible, voilà le cas de figure de toutes les situations d'abus, mais ce dispositif n'élimine pas pour autant la présence du Tiers. Tandis que ne plus être considéré comme appartenant à la race humaine non seulement par son bourreau mais aussi par le système social auquel se réfère le bourreau, équivaut à désinscrire toute tiercéité. Nous pensons que ce Tiers auquel continue à renvoyer, malgré tout, toute situation d'abus est supprimé dans le camp d'extermination.

Comme il le rapporte dans *Si c'est un homme*, Primo Levi, lorsqu'il tentait d'attraper un glaçon sur l'appui extérieur d'une fenêtre pour étancher sa soif, avait vu un nazi aussitôt le lui arracher ; à la question *Warum ?* qu'il lui adressait, il s'était vu répondre : *Hier ist kein Warum !* Il faut entendre à la lettre ce « ici, il n'y a pas de pourquoi », le pourquoi – tel celui de l'enfant – résumant bien la métaphore langagière à l'œuvre. À chaque fois que je pose un pourquoi, je suppose qu'un autre mot va émerger à sa suite, et qu'ainsi la chaîne de la parole va se poursuivre. S'il n'y a pas de « pourquoi ? » au camp d'extermination, c'est parce que la métaphore fondatrice de l'humain y est déniée. Et Primo Levi d'ailleurs d'ajouter : « L'explication est monstrueuse, mais simple : en ce lieu, tout est interdit, non certes pour des raisons inconnues, mais bien parce que c'est là précisément toute la raison d'être du Lager[24]. »

À Auschwitz, c'est la métaphore elle-même qui est détruite[25], il n'y a plus de pacte auquel se référer, fût-ce dans sa seule tête, plus de Tiers à pouvoir convoquer et d'ailleurs les crimes qui y ont été commis étaient sans nom. Ce n'est que dans l'après-coup qu'ils ont été appelés *crimes contre l'humanité*, car au moment où ils ont été perpétrés, ils dépassaient l'entendement.

Mais quelle logique aura permis aux nazis de penser pouvoir s'émanciper de l'humanité ? Auschwitz a été l'aboutissement du vœu

---

24. P. Levi, *Si c'est un homme*, Paris, Julliard 1987, p. 29.
25. Cf. à ce sujet S. Ginestet-Delbreil, *La Terreur de penser, Sur les effets transgénérationnels du trauma*, Paris, Éd. Diabase, 1997. Plus particulièrement le chapitre 6, « Auschwitz ou la destruction de la métaphore ».

destructeur des idéologues nazis et de leur volonté d'abolir l'humanité de leurs victimes parce qu'ils se sont référés pour ce faire à la seule logique binaire de la rationalité scientifique. Pour ceux qui leur ont obéi, Auschwitz a été la résultante de leur consentement et de leur participation à faire le bien de la race, ce qui ne leur a été possible qu'en démissionnant de leur responsabilité de sujet à l'égard du Tiers. Auschwitz, c'est donc la réalisation finale d'un système politique grâce à l'appui de la justification idéologique d'une part – le racisme biologique – et des nouveaux moyens techniques créés par la science moderne d'autre part.

Ce que la langue d'aujourd'hui véhicule avec elle, telle une blessure non cicatrisée, c'est une logique de suppression du Tiers pouvant être menée jusqu'à son terme par le collectif, soit jusqu'à l'accomplissement meurtrier mais aussi et jusqu'à la destruction de l'humain lui-même. Renvoyons à ce propos à ce qu'évoque plus loin Christian Demoulin comme conséquence du primat du discours du capitalisme. Dans cette logique, Dieu-Père ne peut plus être comptabilisé pour assurer notre humanité.

Ce que notre évocation d'Auschwitz veut faire entendre, c'est qu'au-delà du déclin de la fonction du père dans le social, au-delà du déclin historiquement incontestable du patriarcat, ce qu'a signé et inscrit le XXe siècle dans le patrimoine de l'humanité – et cela continue à nous interpeller chaque jour parallèlement à l'avènement des technosciences –, c'est que nous manquons désormais de ce par quoi nous serions spontanément à même de dire Non ! à nos excès, à notre ὑβρις. L'atteinte au corps, à la vie nue, comme nous le verrons plus loin avec Agamben – jusqu'alors réservée au seul souverain [26] –, qui s'est effectuée dans les camps d'extermination par n'importe qui – chacun y était figure d'exception – préfigurait de ce fait l'atteinte qui s'exerce aujourd'hui quotidiennement grâce au développement extraordinaire de la technoscience et à l'universalisme qu'elle promeut.

Nous pensons que c'est dans ce même mouvement que les repères transmis par la tradition sont aujourd'hui pulvérisés, nous laissant désormais dans l'obligation de reconsidérer ce que sont

---

26. Voir à ce propos G. Agamben, *Homo sacer, le pouvoir souverain et la vie nue*, Paris, Le Seuil, 1997, et également *Ce qui reste d'Auschwitz*, Paris, Rivages, 1999.

encore aujourd'hui la mort – nous renvoyons à ce propos à la contribution de Claude Jamart au présent volume –, la vie, le sexe, la naissance, la filiation... nous contraignant à devoir inventer de nouveaux repères pour repenser ces notions séculaires. Rien d'étonnant alors à ce que nous ayons, de manière inédite, à identifier la tiercéité autrement à l'œuvre qu'à travers la figure du père dans le social.

Nous faisons l'hypothèse que cette expérience – vécue ou pas individuellement, mais néanmoins toujours transmise collectivement – impose une réorganisation de l'appareil psychique dont nous ne constaterions aujourd'hui que les premiers symptômes au travers des formes nouvelles de pathologie. C'est ce qu'évoquait déjà Jean Cayrol quand il plaidait pour un romanesque lazaréen : « En somme, le héros lazaréen n'est jamais là où il se trouve. Il doit accomplir un immense travail de réflexion, penser sans cesse qu'il est là et non pas ailleurs, car il a vécu dans un monde qui ne se trouvait nulle part et dont les frontières ne sont pas marquées puisque ce sont celles de la mort. » Ou plus loin lorsqu'il esquisse « le dédoublement de l'être lazaréen, le fait qu'il vive sur deux plans distincts et pourtant reliés par un fil invisible, le plan de la terreur et le plan de l'exaltation, celui de la griserie et celui du détachement. Ou encore sa vulnérabilité si grande qu'il prendra l'habitude de la solitude comme du seul moyen de protection, de la seule arme ; il s'agira d'une solitude-répit [27] ».

Une telle description, trop brièvement évoquée ici, vient seulement confirmer la possibilité de lire l'évolution des pathologies psychiques comme conséquence de la confrontation collective non pas tant à la mort de Dieu ou du Père qu'à la révélation de son absence [28].

---

27. J. Cayrol, *Lazare parmi nous*, Paris, Éd. de La Baconnière, 1950.

28. C'est dans le même mouvement que l'on pourrait partager, par exemple, la lecture d'Eugène et de Micheline Enriquez qui font du héros sadien, apathique – Cayrol évoque quant à lui la possibilité de supporter les coups du bourreau en disparaissant dans l'arbre de son jardin –, l'homme ordinaire de notre temps en tant que son apathie est seule à même de lui rendre viable la souffrance provoquée par le contexte de notre temps. Cf. E. Enriquez, « À la croisée des chemins : apathie ou civilisation », dans *Topique*, n° 67, 1998, p. 7-23.

Mais reprenons les questions là où Freud les avait laissées. Nous avons vu que son rapport à l'origine – au Père mort – ne le rendait pas si athée que cela, le laissait en tout cas bien en deçà de ce que, depuis Auschwitz, nous pourrions appeler notre athéisme obligé – obligé, au sens d'*obligée du monde* chez Hannah Arendt. Ce que résume très bien cette formulation de Lacan lorsqu'il déclare : « La véritable formule de l'athéisme n'est pas que Dieu est mort – même en fondant l'origine de la fonction du père sur son meurtre, Freud protège le père –, la véritable formule de l'athéisme, c'est que Dieu est inconscient[29]. »

Ce sera en effet tout le travail de Lacan que de reprendre autrement ce que Freud avait énoncé concernant le Père. Situons-en d'emblée l'enjeu : la physiologie du désir humain est ainsi faite qu'un renoncement à la jouissance immédiate et absolue est nécessaire pour pouvoir désirer. Le sujet doit consentir à perdre la jouissance de l'objet entièrement satisfaisant, métaphorisé par la mère. C'est la raison de l'Interdit de l'inceste qui organise ce que Lacan appelle *le caractère fondamentalement décevant de l'ordre symbolique*. Mais cette condition de l'humain est lue différemment par Freud et par Lacan. Freud a appelé cela l'Œdipe. Autrement dit, il fait soutenir au père d'être celui qui va ordonner ce renoncement. Lacan, quant à lui, nous amène à faire un saut épistémologique tout à fait fondamental, puisqu'en fin de compte, il nous dit que le père n'est là que comme représentant de commerce de la Loi du langage. Si, pour Freud, l'interdicteur de l'inceste, c'est le père, pour Lacan, c'est le langage qui rend l'inceste impossible. Pour habiter le monde médiatisé des mots, le sujet humain a dû consentir à perdre la jouissance immédiate des choses. Paradoxalement, la nature de l'homme, c'est donc d'avoir perdu le naturel.

Ceci a des conséquences cliniques très différentes, puisque, du côté de Freud, la consistance du Père va en fin de compte se trouver toujours nécessaire alors que, pour Lacan, il s'agira plutôt de la réduire : le *Nom-du-Père* – qui deviendra ensuite *noms-du-père* – ne va s'avérer nécessaire que comme amorce du processus de métaphorisation propre à l'humain, dont il s'agira presque aussitôt d'avoir à se passer.

---

29. J. Lacan, *Le Séminaire, livre XI* (1964), *Les Quatre Concepts fondamentaux de la psychanalyse*, Paris, Le Seuil, 1973, p. 58.

La psychanalyse lacanienne, à cet égard, fournit l'antidote à la disparition du père en lisant dans la structuration de l'être humain comme être de parole la dette au langage dont chacun doit s'acquitter. Dieu peut non seulement être déclaré mort, mais son absence est tout à fait compatible avec l'existence d'une tiercéité qui maintienne au cœur du sujet l'exigence d'une distanciation d'avec la nature toujours incestueuse de la pulsion.

L'INCONSCIENT, C'EST LE SOCIAL

La question cruciale qui se pose est donc celle de savoir si une telle évolution du social – l'effondrement de la fonction patriarcale – a des effets dans l'inconscient des sujets, et lesquels ? *L'inconscient, c'est le social*, aurait prétendu Lacan, manière de faire entendre que notre question a toute sa pertinence, même si ce sont surtout les modifications de la clinique d'aujourd'hui qui nous amènent à devoir l'envisager. L'inconscient d'un sujet, en effet, n'est pas qu'habité par des représentations familiales, il l'est aussi par des représentations sociales ; surtout, il prend acte des interactions entre l'environnement social et les premiers autres – habituellement ses père et mère – à partir desquels s'organise sa réalité psychique.

Schématisons notre réflexion en postulant un triple étagement des représentations qui organisent l'inconscient : une première strate qui contient les traits de l'espèce humaine, la tiercéité, le fait d'habiter le langage, la compétence métaphorique ; une deuxième où l'on retrouve les traits définitoires de l'humain, mais tels qu'ils sont transmis au sujet par une société et une culture donnée pour qu'à son tour il puisse les transmettre ; une troisième enfin où c'est au travers des représentations fournies par les premiers autres rencontrés – père, mère, famille… – que se construit la réalité psychique de ce même sujet.

Rappelons succinctement les enjeux mis en évidence par la psychanalyse à cet égard : la particularité de l'humain – un être humain n'est pas seulement une bouche à nourrir, nous ne sommes pas dans le seul registre du besoin –, l'invariant de la physiologie du désir humain, c'est que le sujet doit consentir à renoncer à l'objet de sa jouissance première. La possibilité de la réalisation sexuelle, par exemple, est de ce fait organisée par une dysfonction : pour les animaux, chez le mâle, tout est inscrit dans son programme génétique pour qu'il sache se débrouiller lorsqu'il rencontre la femelle, et vice versa. C'est ce qu'on appelle l'instinct. En revanche, pour l'être humain, une subversion s'opère, en ce sens que l'objet ne pourra pas être atteint, la pulsion n'en fera que le tour. L'objet entièrement satisfaisant, das Ding, la *Chose*, comme Freud l'appelle, est représenté par la Mère qui occupe la place de ce à quoi le sujet, pour exister comme tel, devra renoncer. Pas question pour un homme ou pour une femme de trouver une vie sexuelle relativement satisfaisante s'ils n'ont pas quitté le lit de la mère. Paradoxalement, l'ordre de l'espèce humaine injecte comme un vice de structure : pour que ça marche, il faudra d'abord avoir consenti à ce que ça ne marche plus tout à fait. Du coup, nous sommes marqués par l'insatisfaction, contraints à un incontournable travail de deuil, qui fera de la dépression la toile de fond de notre lot commun. Nous restons en effet toujours déterminés par ce à quoi il nous a fallu renoncer et ce n'est qu'à partir de là que nous pouvons soutenir ce qui s'appelle un désir.

Comment une telle organisation se met-elle en place ? Avec l'*Œdipe,* Freud explique comment, chez un sujet, va s'organiser cette perte de la *Chose*, ce renoncement à la *Chose* métaphorisée par la mère et comment celui qui va intervenir pour soutenir ce renoncement, pour venir rappeler à l'enfant et à la mère qu'ils ne sont pas tout l'un pour l'autre, c'est le père. Telle est la petite histoire mythique – à trois personnages pourrait-on dire – que Freud a fait émerger pour rendre compte de cet invariant de la physiologie du désir humain.

Nous venons de voir qu'un pas capital a été fait ensuite par Lacan en passant du mythe à la structure : Lacan constate en effet que, s'il a cette place tout à fait capitale dans l'Œdipe, le père n'est néanmoins là que comme représentant du langage. Cela change les perspectives : pour Freud, celui qui empêche l'accès à la Chose, c'est le père ; pour Lacan, en revanche, ce n'est pas le père, c'est le fait que nous sommes des êtres parlants. Cela, malgré que la plupart du temps, dans nos histoires singulières, c'est le père qui soit venu nous présentifier cette inscription de par sa parole.

C'est pour sortir de cette lecture mythique freudienne que Lacan élabore les concepts de Nom-du-Père et de métaphore paternelle. Ainsi Érik Porge d'indiquer : « L'écriture de la métaphore paternelle vise à substituer un fondement littéral au fondement mythique du complexe d'Œdipe. La métaphore paternelle est construite sur le modèle de la métaphore déjà écrite par Lacan. Quand il dit que le père est une métaphore, ce n'est pas une métaphore de le dire. Cela veut dire que le père est un signifiant qui, dans sa référence au réel, renvoie à la fécondation mais n'est pas le mot qui est uni à cette chose. Le père est autre chose que le géniteur, qui est un mot qui renvoie à la chose, de l'ordre du signe. Au regard de la fécondation, père est un signifiant, géniteur est un signe[30]. »

En effet, parmi les animaux, nous sommes bien les seuls êtres parlants, c'est-à-dire soumis à la loi du signifiant, et les bénéfices que nous en tirons, nous devons les payer d'un prix, à savoir perdre ce rapport d'immédiateté, de lien direct aux choses. En quoi, nous pouvons avancer que le langage n'est rien d'autre que la mise en acte de l'interdit de l'inceste. Mieux, langage et interdit sont quasi synonymes. Du seul fait d'être sujets parlants, nous avons dit Oui ! (la *Bejahung* primordiale) au renoncement à l'immédiat impliqué dans le fait de parler, à ce « Non ! » à l'inceste. Si donc l'Œdipe ne peut être dit universel – car en de nombreuses sociétés, ce n'est pas le trio père-mère-enfant qui organise l'accès au langage – en revanche, nous devons conclure à l'universalité de l'interdit de l'inceste en même temps que nous avons à reconnaître qu'il ne s'agit pas d'un interdit comme les autres. C'est le dernier – ou le premier interdit –, c'est celui qui fait la butée constitutive de l'humain. Non parce qu'il aurait une valeur absolutisée. Mais parce qu'il ne fait que signifier une impossibilité : il dit l'impossible de la coïncidence des mots avec les choses. D'où le jeu de mots de Lacan : c'est l'inter-dit ; il est concomitant au dire. C'est l'interdit qui est inscrit dans l'œuf du dire...

Faisons ici une remarque : il ne s'agit évidemment pas de confondre l'irréductibilité de l'humain avec celle de l'homme occidental. Il n'est pas si simple de nous débarrasser de nos préjugés à cet égard et de ne pas faire émerger des nécessités qui ne seraient pas vraiment celles de l'humain mais seulement celles de notre manière à nous, société occidentale, de fonctionner. Et ceci renvoie

30. É. Porge, *Jacques Lacan, un psychanalyste*, Toulouse, Érès, 2000, p. 134.

précisément au destin du père dans l'évolution de notre société : ce n'est pas du même tabac que de parler de l'ordre symbolique comme Loi du signifiant, ou, par cette expression, de désigner le patriarcat.

La question doit en effet se poser : est-ce que le père est un invariant nécessaire à la physiologie du désir humain ? Ou, au contraire, est-ce le langage et ses lois qui constituent les invariants nécessaires à la réalité psychique ? La réponse lacanienne est claire : ce n'est pas le père qui est l'invariant, c'est le langage. Il n'empêche qu'il nous reste quand même à nous poser la question de savoir comment chaque culture, chaque société se donne les moyens de mettre en place le renoncement obligé du langage et habituellement transmis par la langue, par ce que Lacan a appelé lalangue.

À cet égard, notre société occidentale semble bien avoir utilisé pendant des siècles la légitimation du père dans la famille par le Père dans le social – ce que nous avons identifié comme appui dans la fonction patriarcale – pour inscrire cette exigence du renoncement pulsionnel. Et donc, même si nous en sommes arrivés à la conclusion que le père n'est pas strictement nécessaire, il faudra quand même répondre à la question – et elle est tout à fait cruciale aujourd'hui – de comment va se transmettre la nécessité du renoncement pulsionnel, de comment va se *pérenniser l'humus humain* s'il n'est plus pris appui sur le père dans le social.

Il nous faut rappeler ceci avant d'envisager plus avant ce qui se passe aujourd'hui : si nous laissons les choses évoluer spontanément, si nous laissons un enfant dans « rien », hors langage, l'inscription dans le langage ne se fera pas ; il n'y a pas de génération spontanée qui fait que le langage vient prendre sa place pour un sujet par pure et seule autoconstruction ou maturation ; ceci veut dire qu'il faut bien sûr qu'un enfant se trouve dans un bain de langage, dans un environnement symbolique, mais aussi que ce langage lui soit transmis, qu'il lui vienne d'ailleurs, de l'Autre, d'un ou de quelques autres, ce qui suppose donc toujours une entame, une morsure, pour ne pas dire un forçage. Spontanément, les jouissances pulsionnelles qui caractérisent un tout jeune enfant doivent rencontrer un « Non ! », pour être contraintes à se réorganiser d'une tout autre façon à partir de la perte d'objet à laquelle elles doivent consentir : c'est ce qui est indexé dans le jargon analytique par le terme d'inscription du signifiant phallique : celle-ci atteste qu'un sujet a payé sa dette au langage et que, de ce fait, il a renoncé à l'objet et qu'il ne laisse plus ses jouissances pulsionnelles organiser l'entièreté de son existence. C'est bien sûr la tâche dévolue à la famille d'abord, ensuite à l'école, car pas question d'un quelconque apprentissage sans renoncement à la jouissance. Nous renvoyons ici au texte de Janine Marchioni-Eppe qui nous indique bien comment cette nécessité est aujourd'hui subvertie à l'école.

Reschématisons la chose comme suit : la compétence métaphorique est spécifique de l'être humain, comme trait de l'espèce ; elle se situe au-delà des cultures, elle est culture, en tant que l'homme ne peut être dit seulement naturel, sa nature étant précisément la culture, la capacité de symbolisation. Il n'empêche que chaque société doit signifier à ses membres cette tâche d'humanisation, car indiscutablement, s'il est donné comme inné virtuel, comme propriété de l'espèce, l'humain doit être actualisé pour et par chaque sujet. Nous devons d'ailleurs constater que chaque société se charge de transmettre cette humanisation et de légitimer ceux qui assument cette fonction au sein même de la famille.

Jusqu'à hier, la société occidentale, modelée sur et par la religion monothéiste, disposait dans la figure du Père d'une manière d'actualiser et de donner sens aux renoncements nécessaires pour que puisse fonctionner la compétence métaphorique. Ceci, il nous faut le rappeler, non sans effets négatifs, car le fonctionnement du patriarcat entraînait un excès de consistance phallique, avec comme conséquence la répression du sexuel et donc la prescription des refoulements dont Freud lui-même n'a cessé de démontrer le caractère dévastateur. Nous devons aussi attribuer au patriarcat la mise à l'écart non seulement des femmes dans la vie sociale, mais de la spécificité du féminin[31]. Ce sont d'ailleurs ces maintiens sous le boisseau qui ont rendu légitime la remise en question du patriarcat ; ce sont sans aucun doute les acquis sur lesquels aujourd'hui nous ne voulons pas transiger. Mais le fondateur de la psychanalyse pensait qu'en nous libérant de la répression qui s'exerçait sur le sexuel, nous en serions quittes avec le malaise dans la culture. Sans pour autant

31. Nous renvoyons ici particulièrement à l'ouvrage de G. Pommier, *Les Corps angéliques de la postmodernité*, Paris, Calmann-Lévy, 2000.

préconiser un quelconque retour à la répression du sexuel, nous devons quand même reconnaître que le tableau clinique de la société actuelle ne conforte guère l'hypothèse que la libération du sexuel a été le remède audit malaise. Ceci amène d'ailleurs tel auteur[32] à se demander avec beaucoup de pertinence si nous ne sommes pas aujourd'hui dans un *au-delà du Malaise*, la barbarie se logeant désormais dans ce qui se présente comme l'absence même de malaise[33]. Aujourd'hui, à partir de la science et de ses développements, à l'heure où nous avons atteint cette émancipation, où désormais nous fonctionnons sans le joug du Patriarcat, c'est à d'autres symptômes que nous sommes confrontés : l'effet semble plutôt de promotionner des jouissances[34] qui échappent aux exigences de la métaphore, mais qui s'avèrent de ce fait autrement problématiques, la toxicomanie étant à cet égard paradigmatique. Ce constat ne peut nullement s'entendre comme vœu de revenir à la situation d'antan, mais pose plutôt la question : comment l'actualisation va-t-elle se mettre en place autrement qu'en prenant appui sur le Père dans le social ? Comment ne pas opérer la confusion entre nous libérer du patriarcat et nous débarrasser de ce qui a, pendant des siècles, permis l'humanisation ?

Or, il semble bien que l'organisation familiale – celle des premiers autres – est aujourd'hui sous l'effet des modifications survenues dans le social, l'exercice du père réel ne pouvant plus être légitimé par la fonction patriarcale. C'est donc directement dans la première strate – celle qui contient les traits de l'espèce humaine – que nous sommes mis en demeure par la modernité de retrouver d'autres points d'appui.

Du point de vue de la structure, la chose est sans aucun doute plus juste, mais elle est loin d'être une tâche facile. Car en s'étant émancipé du patriarcat, le social d'aujourd'hui ne discerne pas

32. Il s'agit de G. Lévy, *Au-delà du Malaise – Psychanalyse et barbaries*, Toulouse, Érès, 2000.

33. La question se pose à juste titre de nous demander si le terme de *malaise* n'est pas aujourd'hui complètement *dépassé*, comme on le dit d'un coma. Patrick Valas nous rappelait récemment que Lacan avait introduit à cet égard les termes d'immonde, de déchet, de pourriture, d'égout…

34. Cf. à cet égard *La Célibataire*, nº 2, consacré aux « Mutations de la jouissance », été-automne 1999.

d'emblée libération du Père et libération de la tiercéité ; de ce fait, il se présente comme ne prescrivant plus l'interdit de l'inceste, comme n'inscrivant plus à son programme le « Non ! » primordial qui fonde la tiercéité. C'est cette dernière qu'impose l'ordre symbolique coextensif à l'humanité ; les lois du langage nous ordonnent la ternarité, et même si, pendant des siècles, c'est l'intervention paternelle qui a été la modalité la plus courante de sa mise en place, cela ne nous autorise pas à confondre l'importance – en l'occurrence relative – du Père avec l'importance – fondamentale – du Tiers, le poids du Père dans le social avec le poids de la fonction paternelle dans la structure, l'ordre du patriarcat avec l'organisation symbolique spécifique à l'humain.

Tel est, pourrions-nous avancer, l'endroit précis où la psychanalyse se doit de soutenir sa tâche. Si la société organisée par la religion avait depuis toujours authentifié et donc garanti – même abusivement – l'existence d'une « ternarité définitoire » de notre condition humaine du seul fait de reconnaître un point fixe exogène, une société organisée par la science identifie rationnellement que ce point est en fait endogène, produit seulement à l'intérieur de la communauté des hommes. Charge alors pour la psychanalyse de rappeler que ce point fixe endogène reste néanmoins en extériorité interne si nous pouvons énoncer ainsi le paradoxe. C'est comme cela que nous entendons la formulation de Lacan : « La psychanalyse est essentiellement ce qui réintroduit dans la considération scientifique le Nom-du-Père[35]. »

Pour la psychanalyse en effet, cette tiercéité est inscrite dans l'ordre du langage et dans notre condition d'être parlant ; elle est spécifique à la dimension symbolique dans laquelle se meut le sujet[36]. Religion et psychanalyse vont donc se rejoindre sur ce point incontournable : la présence irréductible du Tiers impliquant qu'on ne peut pas mettre la main sur l'altérité ; l'Autre nous vient toujours d'ailleurs, mieux encore, l'altérité s'impose toujours à nous comme un donné indépendant de notre bon vouloir ; l'Autre toujours nous entame et notre réaction spontanée est plutôt – il nous faut bien le

35. J. Lacan, *Écrits*, Paris, Le Seuil, 1966, p. 874.

36. Nous ne pouvons que renvoyer ici au livre de D.-R. Dufour, *Les Mystères de la trinité*, Paris, Gallimard, 1990.

reconnaître – d'y être rebelle et de tenter d'exorciser l'intrus. Religion et psychanalyse vont pourtant aussi se disjoindre, la seconde rejoignant la science dans son refus de faire appel au Père ou à une quelconque référence transcendante pour rendre compte des processus de symbolisation. *Réintroduire le Nom-du-Père dans la considération scientifique* ne veut en effet pas dire réintroduire du père consistant, mais plutôt réintroduire le trou du Symbolique, le trou dont le Symbolique est l'auteur et dont il ne peut, de ce fait, venir à bout...

Tout ceci nous ramène dès lors à la question : comment allons-nous, dans le contexte nouveau de la modernité accomplie – celui où l'effondrement du patriarcat a eu lieu –, redonner sa place à cette tiercéité, garante de l'altérité, à laquelle jusqu'à hier, Dieu donnait sens.

L'EXEMPLE DE LA PATERNITÉ GÉNÉTIQUE

S'il existait encore un doute sur la mutation inédite qu'a engendrée le discours de la science dans le social, la petite histoire suivante devrait le lever. Lorsqu'un quidam, se baladant avec son fils, rencontre l'un de ses amis qu'il n'a plus vu depuis belle lurette et que ce dernier l'accoste en lui demandant « c'est ton fils ? », le père peut répondre non sans humour : « Si sa mère a dit vrai ! » Ce qui ne manque de relancer le propos chez son interlocuteur qui peut lui renvoyer : « Dieu seul le sait ! » Cette petite histoire, qui sévit sans doute depuis la nuit des temps et qui était jusqu'il y a peu paradigmatique du proverbe romain *mater semper certissima, pater semper incertus,* est récemment tombée en désuétude puisque la réponse finale d'aujourd'hui serait bien plutôt : « Va faire un test génétique et tu le sauras ! »

Ainsi nous voyons à quel point la science moderne a ébranlé la façon dont l'incertitude quant au père se transformait en certitude à partir d'une parole ; cette certitude est aujourd'hui balayée et remplacée par la certitude de ce qui est présenté comme un fait : les gènes. Notons cependant à leur propos qu'il s'agit plutôt d'un réel symbolisé grâce à la science et qu'à ce titre, ce qui se présente comme un fait doit beaucoup plus qu'il n'y paraît au Symbolique. Ce faisant, il nous faut bien constater que s'est mise en place une nouvelle donne : ce qui peut désormais faire autorité pour la reconnaissance de paternité, ce n'est plus l'énonciation d'un sujet, sa parole – toujours susceptible d'être mensongère – mais un savoir, une écriture dont la cohérence et la rigueur nous mettraient à l'abri de toute erreur.

Lors de la controverse dite de Valladolid[37], qui, à la demande de Charles Quint, opposa les sommités de l'époque pour déterminer si les Indiens étaient des humains, c'est le prélat du pape qui avait, après discussion, la charge de trancher entre les thèses de Sepúlveda et celles de Las Casas, ce dernier plaidant pour la reconnaissance de l'humanité des Indiens contrairement au premier. Cette controverse laissait le champ libre – prière aidant – au jugement final du prélat qui d'emblée faisait autorité. Manière simple de régler une confrontation entre des positions contraires, d'autant plus commode que cette autorité n'était pas sujette à contestation. Nous pouvons mesurer l'ébranlement de cette autorité en imaginant ce que serait aujourd'hui une controverse scientifique réglée de cette façon. Nul n'accepterait – et à juste titre – qu'un argument d'autorité vienne régler un problème de cet ordre, et c'est d'ailleurs un progrès que nous revendiquons ; mais, pour autant, n'existerait-il plus de conflits ou de controverses dans d'autres registres qui ne pourraient échapper, en fin de compte, à trouver issue de cette façon ?

Toute la difficulté est là. Car ces deux modes de légitimation n'ont pas les mêmes caractéristiques, et accorder aujourd'hui un tel privilège à l'autorité d'un savoir n'est pas sans conséquences.

En effet, si chacune de ces deux modalités vise à introduire du tiers, et à autoriser ainsi une issue à la controverse, leur fonctionnement est loin d'être identique. Ce qui introduit le tiers dans la controverse scientifique, ce qui permet l'arbitrage, c'est la confrontation du modèle au réel ; d'abord, l'homme de science élabore un modèle, ensuite, il se donne les outils pour interroger le réel et enfin, il obtient – ou pas – de celui-ci confirmation de la validité de son modèle. Autrement dit, dans le cas de la science, sortir d'une confrontation, qui sans cette issue ne resterait qu'imaginaire, est

37. À ce sujet, voir le remarquable téléfilm de J.-D. Verhaeghe, selon un scénario de J.-Cl. Carrière, *La Controverse de Valladolid,* 1991, Bakti productions/FR3/La Sept.

possible lorsque le symbolique se trouve confirmé par le réel ; ce qui fait tiers, c'est donc l'adéquation du modèle au réel. Ceci implique cependant l'oubli de la symbolisation qui a été nécessaire pour y aboutir. La légitimation par l'adéquation du modèle au réel efface, fait presque disparaître – en tout cas pour le profane, certainement pas pour le vrai scientifique – le travail d'énonciation qui a pourtant été indispensable. Alors que dans le cas de la controverse de Valladolid, par exemple, ce qui permettait de régler la question et d'emporter la décision, c'était l'autorité du prélat, la possibilité d'utiliser l'argument d'autorité reconnue à celui qui occupait la place d'exception ; ce qui finalement faisait tiers en ce cas, c'était inéluctablement l'énonciation de celui qui occupait la place de l'exception.

La différence majeure entre ces légitimations, c'est que l'argument d'autorité ne cache nullement d'où il tient sa légitimité, n'occulte pas la dimension de semblant dans laquelle s'origine son énonciation. Ceci l'amène à se situer dans le registre d'une certitude que nous qualifierons d'*incertaine*, alors que l'autorité des énoncés scientifiques aboutit en revanche à laisser croire à *une certitude certaine*. C'est, comme nous l'avons vu, l'autorité reconnue à la parole qui a mené à reconnaître qui était le père, mais selon l'adage bien connu *mater certissima, pater semper incertus,* alors que l'autorité reconnue à la génétique aboutit à fournir et donc permet d'exiger – presque sans risque d'erreur – des garanties concernant la paternité d'un sujet.

Mesurons les effets d'une telle subversion : aujourd'hui, la majorité des connaissances sont scientifiques – et toutes d'ailleurs y prétendent – et sont opérantes, ont des effets dans le réel. L'autorité de la science donne dès lors au profane l'impression d'une légitimité à toute épreuve et se propose comme une autorité supérieure puisque se référant au registre de la certitude certaine. En éludant sa dimension d'énonciation, elle permet de croire que nous pouvons échapper à l'argument d'autorité, et surtout à son irréductible part d'arbitraire. Elle se présente comme un tiers impartial et dégagé de toute implication subjective. Et quoi de mieux que de ne plus devoir douter, pourquoi ne pas profiter des avantages de la science, devons-nous faire la fine bouche alors que nous disposerions enfin de méthodes rigoureuses pour sortir d'épineuses questions ? Pourquoi ne pas user de caméras de télévision pour arbitrer un match de football plutôt que de se référer à la décision de l'arbitre ?

C'est, d'abord, parce qu'il reste des propos qui ne trouvent d'autre certitude que celle d'avoir été dite. Ainsi, dire « je t'aime » a beau pouvoir se justifier par tel trait de l'autre, il n'empêche qu'en fin de compte, cela ne peut s'autoriser d'aucune certitude que celle de le dire. Et tel est en général le cas des énoncés où le sujet s'engage comme sujet.

Ensuite, c'est parce que, ce faisant, et sans même nous en apercevoir, nous entérinons une sérieuse confusion. À bien y regarder, nous devrons constater que l'usage des caméras de télévision pour arbitrer le match de télévision relativise certainement la décision d'un arbitre qui ne pouvait se fier qu'à sa vue et à celle de ses juges de touche, mais il ne permet pas pour autant de se débarrasser entièrement de *l'arbitraire de l'arbitre ;* il le déplace simplement.

Plus haut, nous avons déjà rappelé avec Érik Porge que « le père est autre chose que le géniteur, qui est un mot qui renvoie à la chose, [et est] de l'ordre du signe. Au regard de la fécondation, père est un signifiant, géniteur est un signe[38] ». En effet, le symbole ne se constitue que de la perte de son rapport à la chose, contrairement au signe qui, lui, reste en lien avec la chose. Ainsi, comme l'indique Lacan, « La fonction être père n'est absolument pas pensable dans l'expérience humaine sans la catégorie du signifiant. [...] la sommation de ces faits – copuler avec une femme, qu'elle porte ensuite quelque chose pendant un certain temps dans son ventre, que ce produit finisse par être éjecté – n'aboutira jamais à constituer la notion de ce que c'est qu'être père. [...] Il faut que l'élaboration de la notion d'être père ait été, par un travail qui s'est produit par tout un jeu d'échanges culturels, portée à l'état de signifiant premier et que ce signifiant ait sa consistance et son statut[39] ». Autrement dit, la paternité exige l'effacement du biologique, de la même façon que le signifiant exige l'effacement du signe, comme trace de la chose. Pour le dire plus radicalement, la paternité était et est toujours du registre de la parole ; à ce titre, elle suppose d'excéder la référence au géniteur.

38. É. Porge, *Jacques Lacan, un psychanalyste, op. cit.*, p.134.
39. J. Lacan, *Le Séminaire, livre III* (1955-1956), *Les Psychoses*, Paris, Le Seuil, 1981, p. 329.

Aujourd'hui, via la carte génétique, cette référence au géniteur devient prépondérante : cela peut dès lors nous laisser croire, grâce à la science, en une terre plus ferme, en une assise bien plus solide que celle de la parole, toujours équivoque. En effet, se tourner vers la génétique pour mettre un point final à un questionnement sur une paternité, c'est croire au réel du géniteur comme fondement de la paternité, c'est chercher, en quelque sorte, la transparence absolue. Mais c'est oublier que le consentement à la paternité a toujours supposé de subsumer la question du géniteur. Dans cet oubli s'accomplit alors un mouvement de régression du signifiant vers le signe. Nous entérinons ainsi que la certitude certaine à laquelle autorise un réel symbolisé par la science pourrait remplacer la certitude incertaine d'une parole, en l'occurrence paternelle. Or, ce qui est modifié par le recours à la génétique, ce n'est pas la paternité, mais la légitimité à partir de laquelle peut se soutenir ce qui, hier encore, ne se soutenait que de la parole, *que* d'une énonciation. Le recours au réel symbolisé par la science n'en a donc pas fini avec la parole ; il l'a seulement déplacée mais, ce faisant, il a donné l'illusion qu'il pouvait s'en passer.

Comme l'avance à juste titre Antoine Garapon[40], la détermination de paternité – par exemple dans l'affaire Montand – reste quand même une affaire de *Logos* et non de *Bios*. En cas de litige, c'est en effet la parole d'un juge, autrement dit une énonciation, qui finira par devoir trancher. La nouveauté étant qu'elle devra s'appuyer sur des analyses génétiques, mais même si celles-ci s'avéraient positives, la détermination de paternité reste une affaire de parole en tant que c'est bien par la parole que se fait le passage du géniteur au père.

Ainsi donc, la nouvelle légitimité s'autorisant de la carte génétique ne libère pas vraiment de l'énonciation malgré des apparences éminemment trompeuses à cet égard. En revanche, elle pourrait aboutir à nous faire prendre des vessies pour des lanternes.

Rappelons que Freud avait identifié le ressort du mouvement civilisateur lorsqu'il avançait dans *Moïse et le monothéisme* : « Ce passage de la mère au père caractérise en outre une victoire de la vie

40. A. Garapon, « Le biologique et la volonté : une fausse opposition », dans *Esprit*, mai 1998, p. 187.

de l'esprit sur la vie sensorielle, donc un progrès de la civilisation, car la maternité est attestée par le témoignage des sens, tandis que la paternité est une conjecture, est édifiée sur une déduction et sur un postulat[41]. » Croire à une évolution spontanément positive née de la sortie de l'incertitude est illusoire. Il faut d'abord savoir s'il s'agit de consentir à une nouvelle modalité de l'incertitude – en l'occurrence qui devrait prendre en compte des connaissances objectives sans pour autant souffler les déterminants de la parole – ou de prôner un retour régressif à la certitude de l'immédiat : tel est l'enjeu dont les conséquences seront déterminantes.

Et particulièrement quant à la castration : nous pouvons en effet situer en cette question l'aboutissement de notre propos. Car, s'il est inscrit au programme implicite du discours de la science de venir à bout de la certitude incertaine, la tolérance au risque devient alors inacceptable dans l'application de ce programme, et c'est alors l'exigence d'un risque zéro.

Fort du discrédit jeté sur l'exercice de la certitude incertaine, le sujet pourrait ne plus considérer cette dernière comme faisant partie intégrante de la condition humaine. Dès lors, ne voulant plus consentir à risquer, il se reconnaîtra au contraire partout le droit de choisir selon son vœu, en faisant même fi des contraintes qui jusqu'à hier organisaient son destin. Pourtant, ce « nouveau droit de l'homme » est un privilège paradoxal, car choisir suppose de consentir à perdre la certitude et implique un renoncement à ce qui n'est pas choisi. Faute d'assumer les contraintes impliquées dans tout choix, il ne restera que la peur, laquelle, loin d'être alors traversée dans l'acceptation du risque, ne peut plus que s'amplifier, faute de trouver une quelconque issue, faute de se donner le droit à l'erreur, partenaire pourtant indissociable du choix.

Le rêve de colmater l'incertitude de la parole grâce à la certitude des connaissances menace le statut de la parole elle-même. L'accomplissement d'un tel programme signerait même l'avènement de démocraties totalitaires, ce que nous avons appelé ailleurs *totalitarisme pragmatique*[42], à savoir l'autonomie prise par un système organisé autour d'une logique qui prétendrait rendre compte ration-

41. S. Freud, *L'Homme Moïse et la religion monothéiste, op. cit.*, p. 213.
42. Voir *Un monde sans limite, op. cit.*, p. 76.

nellement de tout, et qui en viendrait – sans le vouloir de manière délibérée mais sans non plus vouloir le savoir – à ne plus laisser sa place au sujet et à sa parole. La croyance commune d'aujourd'hui de pouvoir ainsi se libérer des lois du langage, nous l'appellerons « l'utopie mortifère de notre fin de millénaire ».

L'UTOPIE MORTIFÈRE DE LA FIN DU MILLÉNAIRE

Nous avons rendu compte dans notre ouvrage *Un monde sans limite* de la mutation de la société actuelle en nous référant au schéma de la sexuation de Lacan, et particulièrement à ce qui peut être lu dans la partie supérieure des formules[43]. Nous y avions déjà lu le passage d'une société organisée par la religion représentée côté gauche, avec la présence de *l'au-moins-un* dialectisée avec un *tous*, à une société organisée par la science représentée côté droit dans laquelle il n'y a pas d'*au-moins-un,* ce qui fait qu'il n'y a pas de tous mais qu'en revanche se prescrit un *pas-tout.*

$$\begin{array}{|cc|cc|} \hline \exists x & \overline{\Phi x} & \overline{\exists x} & \overline{\Phi x} \\ \forall x & \Phi x & \overline{\forall x} & \Phi x \\ \hline \end{array}$$

$$\begin{array}{|cc|} \hline \exists x & \overline{\Phi x} \\ \forall x & \Phi x \\ \hline \end{array} \longrightarrow \begin{array}{|cc|} \hline \overline{\exists x} & \overline{\Phi x} \\ \overline{\forall x} & \Phi x \\ \hline \end{array}$$

Rappelons rapidement qu'il s'agit là d'une interprétation par Lacan de ce qui est désigné comme universalité chez Aristote. « Lacan détache l'universel des êtres auxquels il est supposé corres-

43. Nous renvoyons particulièrement aux p. 184 et suivantes.

pondre dans la logique aristotélicienne et montre que l'universelle affirmative peut parfaitement ne recouvrir aucun être réel. C'est là un pas supplémentaire qu'il franchit avec Peirce […] Ce que veut montrer Lacan à partir du dessin de Peirce, c'est qu'il nous contraint à fonder l'universel non pas sur lui-même, comme cela semblait être le cas dans la logique d'Aristote, mais sur l'exception qui va l'introduire[44]. » Ceci amène Lacan à insister sur la nécessité de l'exception pour fonder l'universalité, et donc par rendre éminemment solidaires la place différente des autres et l'ensemble de toutes les autres places. Là où nous pensons habituellement que nous sommes un ensemble du fait de ce que nous partageons en commun, Lacan articule et démontre logiquement qu'il n'y a d'ensemble qu'à partir d'une exception sur le dos de laquelle il peut se constituer. Et, en contrepartie, pas d'ensemble là où il n'y a pas d'exception. *L'universel se fonde donc bien sur l'exception. Ce qu'entrevoit d'ailleurs le sens commun quand il dit que l'exception confirme la règle,* ajoute pour conclure Pierre-Christophe Catelineau dans son commentaire précis de cette avancée lacanienne.

Mais il est un autre point crucial à quoi autorise cette avancée de Lacan qui a consisté à lire Aristote avec le savoir transmis par Freud. Pour ce faire, il établit un lien entre le langage et le Phallus. Il fait de ce dernier une fonction logique qui ne relève pas de l'anatomie, mais de la physiologie du langage comme nous le développerons plus loin. Le Phallus est le signifiant qui signifie ce que nous payons comme prix au fait d'être entrés dans le langage, à savoir une impossibilité de rendre compte de la différence des sexes autrement que de manière asymétrique. Du fait du langage, le Phallus, et du fait du Phallus, plus moyen de lire hommes et femmes comme complémentaires. Toujours d'abord et avant tout, du fait de notre prise dans la parole, ce vice de structure auquel chacun des deux sexes se confrontera différemment sans jamais à deux refaire totalité.

Ceci étant trop sommairement rappelé, revenons à notre manière de lire l'évolution du social avec les formules de la sexuation : du côté de la société Ancien Régime, présence consistante de

---

44. Nous renvoyons ici, pour suivre la mise à plat de cette avancée lacanienne, à l'ouvrage de P.-C. Cathelineau, *Lacan, lecteur d'Aristote*, Paris, Éd. de l'Association freudienne internationale, 1998, tout particulièrement les pages 259-287.

l'exception, en l'occurrence le roi, mais donc aussi le chef, Dieu, le père, ceci impliquant cette place logique qui permet de fonder l'ensemble des sujets. Avec la Révolution démocratique, c'est la disparition de l'exception qui est mise au programme.

Ce qui est désormais visé, c'est une société qui ne s'organise qu'à partir d'elle-même, logique du *point fixe endogène,* comme l'appelait Jean-Pierre Dupuy. Plus de transcendance, plus d'exception ; la politique s'affranchit de la religion. Tout se passe donc comme si pouvait advenir une organisation sociale qui s'agençait exclusivement côté droit. Mais précisément, comme nous l'avons indiqué plus haut, sortir intégralement de l'hétéronomie est une aporie. L'hétéros reste constitutif de l'humain ; pas d'humain sans altérité. Toujours une solidarité irréductible dans la structure entre les deux côtés des formules de la sexuation : solidarité entre l'exception et l'ensemble d'abord, mais aussi solidarité entre les deux façons de se positionner par rapport au Phallus, ce qui pourrait s'énoncer : pas l'Un sans l'Autre, ceci pouvant d'ores et déjà nous servir de repère majeur pour appréhender les modifications de notre vie sociale. Constatons en effet que la modification de la norme, le passage du *point fixe exogène* au *point fixe endogène,* entre l'Ancien Régime et la société démocratique, consiste alors bien plutôt en un passage que nous pourrions formaliser comme suit pour autant que nous prenions en compte que les deux côtés des formules soit indissociablement liés :

$$
\begin{array}{cc}
\exists x & \overline{\Phi x} \\
\forall x & \Phi x \\
\hline
\overline{\exists x} & \overline{\Phi x} \\
\overline{\forall x} & \Phi x
\end{array}
\longrightarrow
\begin{array}{cc}
\overline{\exists x} & \overline{\Phi x} \\
\overline{\forall x} & \Phi x \\
\hline
\exists x & \overline{\Phi x} \\
\forall x & \Phi x
\end{array}
$$

Autrement dit, dans l'Ancien Régime, en numérateur, le côté gauche du schéma, et en dénominateur le côté droit ; dans la tradition, nous étions dans une société où était prédominant le fonctionnement côté gauche, et, dans la marge, le fonctionnement côté droit, ce qui n'empêchait nullement ceux – ou surtout celles – qui s'inscrivaient à droite de contribuer à la vie sociale même s'ils – elles – n'occupaient pas les places d'autorité. Avec l'accomplissement de la démocratie et de la modernité, nous serions plutôt dans une société où c'est le fonctionnement côté droit qui est prédominant, ce qui ne veut pas dire que nous nous sommes affranchis du côté gauche, celui où figure l'exception, mais plutôt que ce dernier fonctionnement est comme désormais à l'arrière-plan de l'organisation sociale.

Ceci permet d'établir un discernement crucial : la distinction entre le passage d'une société toute phallique à une société toute-pas phallique ou à une société pas-toute phallique. Abandonner le point fixe exogène, l'autorité transcendante, la fonction patriarcale, affranchir la politique de la religion, faire confiance à la Raison plutôt qu'à Dieu, toutes caractéristiques de la modernité, où confluent comme nous l'avons montré démocratie, progrès de la science et libéralisme économique ; tout ceci peut prendre deux orientations très différentes. Soit vers une société libérée de toute norme, soit vers une norme endogène, immanente. À le dire comme cela, il est évident que nul n'ayant envie de revenir au chaos, chacun pourra se dire convaincu de vouloir évoluer vers une autonorme, mais norme quand même, fort de savoir qu'aucune société n'est viable sans normes. Mais le problème est moins simple qu'il n'y paraît, car, comme nous l'avons déjà indiqué, la norme, fût-elle endogène, se représente à chacun avec les caractères de l'extériorité, qu'avait précisément refusés le souci démocratique.

Emporté par la possibilité d'enfin réduire au silence une autorité qui a bien souvent été utilisée abusivement, et arrimé à la certitude certaine des connaissances que la science permet d'établir, le sujet contemporain espère se soustraire à toute contrainte venue d'ailleurs, à tout ce qui le déterminerait venant de l'Autre, croyant ainsi poursuivre son autonomie comme son bien le plus précieux. Dans ce mouvement, s'il ne fait pas le discernement nécessaire, il est poussé – sans même le savoir – à discréditer toute différence de places et à s'immuniser contre toute altérité.

Une chose en effet est de relativiser la place de l'exception, de ne plus se conformer au modèle traditionnel qui donne à l'exception un pouvoir absolu et de remettre en question la façon dont cette place est occupée. Une autre est d'empêcher systématiquement quiconque d'encore occuper cette place, de refuser tout ce qui pourrait émaner d'elle sous le prétexte par ailleurs bien vérifié qu'elle est contraignante et toujours en fin de compte arbitraire, en un mot, de s'affranchir de son existence même.

Il ne s'agit pas ici d'une simple mise en garde comme celle de Paul Valéry lorsqu'il rappelle que deux dangers menacent le monde : l'ordre et le désordre. Il s'agit de mesurer qu'un glissement est à l'œuvre comme effet du remaniement du social par les implicites du discours de la science. Ce glissement consiste à évoluer vers un « tout-pas » phallique plutôt que vers un « pas-tout » phallique, autrement dit à vouloir se passer de l'instance phallique elle-même, mais, du coup, à se priver du rempart contre le déchaînement de la pulsion de mort.

Expliquons ceci : un social qui s'organise autour du modèle de la science donne à penser que l'inadéquation de structure qu'implique la parole peut être considérée désormais comme un accident. Que si pas aujourd'hui, en tout cas demain, l'avatar est susceptible d'être levé, qu'en quelque sorte plus rien n'est impossible, ni au moins le restera. Nous trouvons par exemple un tel propos sous la plume de Gilbert Hottois lorsque, pour défendre une anthropotechnique, il avance dans ses *Essais de philosophie bioéthique et biopolitique* : « Ce qui ne veut pas dire que tout soit possible, surtout pas que tout est possible ici et maintenant ou dans n'importe quel contexte. Cela veut dire que rien ne peut être déclaré a priori et absolument impossible[45]. » Mais comment ne pas confondre une telle formulation avec le fait qu'il n'y a plus d'impossible, comment soutenir que « plus rien n'est impossible » ne signifie pas que tout est désormais possible ?

À partir du moment où le modèle scientifique organise le champ social, à la place de l'inéluctable rencontre avec le vice de structure, de la confrontation à l'inadéquation des sexes, le sujet contemporain est surdéterminé à penser la différence des sexes

45. G. Hottois, *Essais de philosophie bioéthique et biopolitique*, Paris, Vrin, 1999, p. 78.

comme s'il s'agissait de fiches mâles et de fiches femelles qu'il suffirait d'emboîter. Là où le contexte religieux recouvrait pudiquement le lieu de l'inadéquation du sexuel, le contexte de la science lève le voile et donne à croire que ce lieu est devenu un lieu de possible adéquation, à condition de s'en tenir aux progrès scientifiques. La médecine, par exemple, cherche à évacuer le réel du non-rapport sexuel ou de l'angoisse en les considérant comme des avatars susceptibles d'être épongés par des techniques ou des substances adéquates[46]. Nous en verrons des exemples plus précis dans l'article de Anne Joos de ter Beerst qui tire les conséquences de cette logique dans le champ des procréations médicales assistées, ou dans celui de Yvette Thoua qui fait de même pour ce qu'il en est de la réponse médicale à la surdité.

Or, avant même que la question sexuelle ne se pose pour un sujet, avant même qu'il ne rencontre le manque dans le registre de l'avoir, il l'a déjà rencontré dans le registre de l'être, du fait d'être un être parlant, un parlêtre, et donc toujours déjà dans une inadéquation radicale, non seulement avec l'autre sexe mais avec le monde des choses en général. Ce sont les lois du langage auxquelles il a consenti qui le frappent de cette irréductible inadéquation.

Reprenons ici une manière de faire entendre cet enjeu : les enfants qui apprennent à jouer aux cartes commencent par jouer à « bataille », jeu très simple qui n'a que deux issues possibles : soit la poursuite inlassable du jeu, soit la défaite totale d'un des deux partenaires à bout de cartes. Ce jeu n'est en fait que duel, qu'un duel. Or, arrivés à un certain âge, les enfants abandonnent le jeu de bataille pour un jeu qui implique la reconnaissance d'une tout autre organisation, le jeu du « valet noir » ou du « valet de pique ». Au valet noir, les joueurs doivent se débarrasser des cartes qui leur ont été distribuées en formant des paires. Or une des cartes constituant une paire, le valet de trèfle, a été auparavant retirée du jeu, si bien que celui qui a en main le valet de pique ne peut s'en décharger qu'en le refilant à un partenaire. Quand ils reçoivent le valet noir, les enfants sont incapables de retenir un cri ou du moins une grimace de sorte qu'il est possible de suivre la partie en observant leur visage.

---

46. Nous renvoyons une nouvelle fois ici à notre ouvrage *De la maladie médicale*, *op. cit.*

Il n'est pas difficile de penser que le passage de « bataille » au « valet noir » correspond au passage d'une économie imaginaire – c'est-à-dire d'une économie de l'autre comme même – à une économie symbolique où, tout à coup, l'autre n'est plus le même mais prend toute sa consistance d'altérité. Toutes les cartes n'ont plus la même valeur du seul fait que l'une d'elles – métaphorisant ici la mère, la chose – a été retirée. Et de par son absence, une autre carte – le valet de pique – a pris une valeur différente des autres cinquante cartes restées dans le jeu. L'instance phallique trouve ici une illustration limpide : le phallus, la place du S1, du signifiant-maître, c'est le valet de pique. Toutes les autres cartes restantes sont les places du S2, du savoir. Notons aussi que c'est la plupart du temps à partir de ce passage obligé par le jeu du valet noir que vont s'appréhender une multitude de jeux de cartes, tous caractérisés par des différences symboliques reconnues à certaines cartes, le dix dans le jeu de manille, ou encore les atouts, ou le joker. C'est donc à partir de la différence de place reconnue au valet de pique, ceci n'étant possible que par le retrait du valet de trèfle, qu'un ensemble de combinaisons s'avère possible. La différence de places ainsi instituée est en quelque sorte le stigmate de l'entrée dans le jeu du langage. De ce fait, quand un sujet consent à entrer dans le langage, il participe *de facto* à ses lois et celles-ci impliquent la différence de places entre S1 et S2. S'il consent à l'Œdipe, ou, pour filer jusqu'au bout notre métaphore, s'il accepte de renoncer à une carte – la mère –, il met une autre carte dans une position privilégiée, de sorte qu'il pénètre dans un système où S1 et S2, le valet de pique et les autres cartes, se trouvent dans un rapport à la fois de solidarité mais aussi de différence irréductible qui implique l'impossibilité d'occuper simultanément les deux places. Autrement dit, le symbole oblige de structure – sans quoi, il ne serait plus symbole – à une perte d'unité aussi bien que de totalité.

C'est à partir de ce dispositif inhérent aux lois de la parole que s'organise pour les parlêtres la différence des sexes. La subversion introduite par le signifiant implique en effet comme conséquences, d'une part, que l'anatomie est insuffisante à rendre compte de l'identification sexuelle chez les parlêtres et, d'autre part, que c'est par leur mode d'inscription dans le langage qu'hommes et femmes peuvent être dits tels, en même temps que cette inscription rend impossible leur rapport. Il ressort dès lors de ce que nous venons d'avancer que la différence des sexes est donc d'abord différence des places.

Or, c'est de cette différence de places que le social remanié par le discours de la science croit pouvoir s'affranchir pensant qu'elle n'aurait plus aucune raison d'être puisque sa maintenance ne ferait qu'entériner le retour à la transcendance dont il a voulu se départir.

Il nous faut donc percevoir que la levée de la butée présente aussi bien dans le discours de la science que dans celui de la démocratie ou dans le libéralisme débridé que nous connaissons a comme conséquence insue d'elle-même d'exclure l'instance phallique. La réussite de l'entreprise est paradoxale, car il s'agit de l'accomplissement d'une contrevenance aux lois du langage. Le fait d'être engagé dans la parole implique aussitôt l'existence d'une position maître : du seul fait que je parle, l'autre se tait ne fût-ce que pour m'écouter, ce qui d'ailleurs ne le réduit nullement au silence ! Une dissymétrie est donc d'emblée présente et toute la question va être de lui donner sa place en même temps que de trouver, chacun, sa place par rapport à elle. C'est aussi cette dissymétrie reconnue comme fondatrice du parlêtre qui permettra à des positions antagonistes de trouver une issue autre que duelle. Si je ne reconnais pas cette différence de places, il n'y a plus d'autre jeu possible que « bataille ». La clinique au quotidien donne sans cesse des exemples de cette implicite tiercéité et des avatars qu'engendre le fait de ne pas la prendre en compte.

Or, spontanément, le social de la modernité tend à effacer cette dissymétrie, à ne plus lui donner sa place, ceci n'étant comme nous l'avons vu qu'un effet de la manière même dont, discours de la science, démocratie et capitalisme débridé sont structuralement organisés. C'est, du coup, à une délégitimation généralisée de la position d'exception que nous assistons avec l'alibi pourtant légitime de sortir de la transcendance.

Ceci est loin d'être sans conséquence, par exemple sur l'exclusion. Le fait que l'on reconnaisse ou non sa place à l'exception va déterminer en effet la façon dont l'exclusion s'organise dans le social. Nous avancerons ici qu'en ne faisant pas le discernement entre le passage de l'exception à l'arrière-plan – une société pas-toute phallique – et la disparition pure et simple de la place logique de l'exception – une société toute-pas phallique –, ce qui est engendré, c'est une exclusion mortelle. Non pas seulement au sens de meurtrière par accident, mais mortelle en ce sens que la confusion susdite entraîne comme conséquence logique une désaffiliation désymbolisante et destructrice de la métaphore subjective, ce qu'on appelle l'exclusion sociale ou même la mort réelle n'étant plus alors que de purs et simples épiphénomènes.

Pour illustrer ceci, nous évoquerons l'épisode, en Belgique, de cette jeune étrangère sans papiers, Semira Adamu, qui a été exclue de force de notre pays par la gendarmerie nationale et comment, suite à son refus de se laisser ramener dans son pays d'origine, et à la technique du coussin à laquelle est autorisée la maréchaussée pour éviter que des cris intempestifs ne soient entendus, cette jeune femme a été finalement étouffée et… assassinée. Ceci a bien sûr été considéré par le ministère de l'Intérieur comme une bavure. L'émotion a été grande dans le pays et toute la question de l'exclusion s'est trouvée reposée sur la place publique. Par ailleurs, lors de la cérémonie religieuse pluraliste qui a servi d'enterrement public à Semira Adamu, les politiques se sont vus empêchés d'y assister, et ont donc été, eux aussi, exclus. Il ne s'agissait pas des politiques qui avaient trempé peu ou prou dans cette tragédie, il s'agissait de quelques personnalités qui, se sentant concernées, voulaient être là en tant que représentants de leur classe politique. Ne devons-nous pas penser qu'il existe une parenté de structure entre l'exclusion de ces quidams qui occupent la place de l'exception – comme c'est toujours le cas de ceux qui occupent le pouvoir – et l'exclusion mortelle de cette jeune sans-papiers ?

Dans un social qui croit pouvoir s'émanciper de la place logique de l'exception, qui la fait purement et simplement disparaître, et qui donc trouve juste d'évincer le politique, l'exclusion qui se met en place est une exclusion d'un autre ordre que là où la position d'exception reste légitimée, fût-ce seulement en arrière-plan. Car là où la place logique de l'exception reste légitimée, c'est à une exclusion symbolique que l'on a affaire, alors que dans l'autre alternative, dans la confusion à laquelle on semble assister aujourd'hui, l'exclusion implique une désaffiliation réelle. La place de l'exclu est alors la conséquence logique de ce que le sujet n'est plus dans le symbolique social et, dès lors, son exclusion est d'office porteuse du réel de la mort.

Pour le dire encore autrement, l'exclusion est incluse dans la partie gauche des formules de la sexuation par le biais de la place de l'exception et, de ce fait, est garanti le paradoxe de l'exclusion-inclusion. Le fait de nous organiser socialement en relativisant l'ordre phallique nous amène à réinterroger les catégories exclues ; nous resterons néanmoins tenus autour d'un lien social, et cela même si la modification du rapport à la norme entraîne des bouleversements très importants. Ainsi, par exemple, nous pouvons passer d'une autorité de type disciplinaire à une autorité plutôt « dialogale », comme le disent d'aucuns. En revanche, croire qu'il serait possible de s'émanciper de la place logique de l'exception, prôner un tout-pas phallique, une désolidarisation des deux parties du schéma de la sexuation et penser pouvoir fonctionner seulement côté droit, nous mène à perdre l'appui sur le paradoxe de l'exclusion-inclusion et à en venir à une exclusion réelle, mortifère parce qu'elle rompt de fait le lien social pour ne plus laisser qu'une *masse* dans laquelle ceux qui ne peuvent suivre doivent tout simplement disparaître sans même pouvoir en dire quelque chose, si tant est qu'il en resterait encore d'aucuns pour les entendre.

Dans *Malaise dans la civilisation*, Freud indiquait déjà que « la liberté individuelle n'est pas un bien de culture. C'est avant toute culture qu'elle était la plus grande, mais alors le plus souvent sans valeur, parce que l'individu était à peine en état de la défendre. Du fait de la culture, elle connaît des restrictions et la justice exige que ces restrictions ne soient épargnées à personne. Ce qui bouillonne dans une communauté humaine en tant que poussée à la liberté peut être révolte contre une injustice existante et ainsi être favorable à un développement ultérieur de la culture, rester conciliable avec la culture. Mais cela peut aussi être issu du reste de la personnalité originelle, non domptée par la culture, et devenir ainsi le fondement de l'hostilité à la culture[47] ».

Comment dire mieux l'ambivalence que porte le vœu d'autonomie des sujets que Tocqueville avait déjà si bien identifié. Le monstre, en effet, n'a pas qu'un visage, celui de la répression tyrannique ; il a aussi celui de la liberté sans limite.

47. S. Freud, *Malaise dans la civilisation*, Paris, PUF, 1971, p. 45.

Une crise de la représentance phallique

Le social organisé par le modèle de la science ne signifie plus le « Non ! » qu'implique la compétence métaphorique définitoire de l'humain. À vrai dire, cette hypothèse est à nuancer ; en effet, il serait plus juste de repérer qu'il ne le signifie plus de la même façon. Ce « Non ! » s'est comme déplacé : il n'est plus, comme dans la société organisée autour de la religion, rendu présent au sujet par la consistance du signifiant phallique que le Père avait la charge de représenter ; ce « Non ! » est en revanche toujours là, mais désormais dans le seul procès – à entendre comme processus – de la signification phallique, il est seulement présentifié au sujet de par la procédure qui met en place la signification phallique. Ce « Non ! » est donc à la fois comme perdu, puisque son habituel représentant est déchu de sa légitimité mais aussi toujours là mais masqué et, suprême paradoxe, son masque, c'est sa transparence, puisqu'il est désormais comme l'air que nous respirons : ce n'est que quand il est vraiment aboli que nous prenons la mesure de son absence.

Toute la difficulté clinique liée à la remodélisation du social est d'ailleurs bien là : dans notre société affranchie du religieux, comme ce n'est plus le père – un Autre – qui incarne les contraintes de la signifiance phallique, c'est au sujet lui-même d'en faire l'épreuve et de les identifier.

Reprenons, par exemple, l'interdit : jusqu'à hier, celui-ci se rencontrait, la plupart du temps, dans la confrontation à la voix d'un père ; cette dernière suffisait à donner consistance à son autorité et à entamer le sujet. Aujourd'hui, cette consistance s'avère caduque, et, la plupart du temps, l'interdit oral ne suffit plus à faire limite, si tant est qu'il soit même encore énoncé. Voyons à cet égard le nombre de films qui mettent en scène un père dont la voix a disparu ! Du coup, c'est comme si chacun se devait de refaire l'entièreté du parcours, ne pouvant plus tirer leçon que de sa propre expérience, et que d'elle seule. Ce n'est pas pour autant qu'il n'y a plus de limite, mais l'inscription de celle-ci ne s'assure plus de la même façon ; seul est pris en compte l'éprouvé singulier du sujet. Ceci pose d'ailleurs le problème supplémentaire de l'amorce de cet éprouvé, car comment éprouver seulement par moi-même quelque chose qui doit me venir par et à l'épreuve de l'Autre ?

Nous sommes de ce fait dans un moment inédit et éminemment délicat, ne pouvant plus nous appuyer sur la légitimité ancien modèle, cette dernière s'étant effondrée, tentant de trouver ailleurs de nouveaux points d'appui mais en même temps obligés de renoncer à un quelconque ailleurs du fait que cet appui ne peut plus être trouvé à l'extérieur, mais ne peut venir que de son trajet singulier.

Ceci nous fait dire que ce n'est donc pas à une crise des représentants phalliques que nous assistons – ce n'est pas comme s'il s'agissait d'en trouver d'autres, plus adéquats à notre nouveau mode de fonctionnement, comme s'il s'agissait d'assurer leur remplacement en quelque sorte –, c'est *à une crise de la représentance phallique* en tant que telle que nous avons affaire et c'est d'ailleurs ce qui invite – et même justifie – le psychanalyste à assumer sa responsabilité face au champ social.

Ce dont il nous faut nous apercevoir, c'est que cette crise de la représentance phallique, probablement sans précédent dans l'Histoire, et la secousse sismique qu'elle entraîne rendent compte aussi bien des errances, des désarrois, des régressions – de ce que d'aucuns désignent comme les nouvelles pathologies – que des inventions et des frayages nouveaux que nous voyons émerger. Si notre hypothèse se tient, il n'y aurait pas lieu de s'en étonner outre mesure ; nous serions simplement mis en demeure de nous confronter à cette nouvelle modalité du symptôme, les yeux et les oreilles les plus ouverts possible.

Mais relevons quand même une difficulté : dans ce mouvement, il s'avère très problématique de donner une consistance suffisante à ce qui, dans un tel dispositif, ne peut se présenter que comme précaire, que comme en tâtonnement, que comme fragile : toute tentative de lui redonner de la consistance apparaîtra comme relevant d'un abus qui viendra d'emblée renforcer la méfiance à son égard.

Dans ce contexte de crise de la représentance phallique, comment alors transmettre la tiercéité comme trait spécifique de l'être humain ? Cette tiercéité dans laquelle nous sommes construits est comme l'air que nous respirons, elle n'appartient à personne, nul n'en est propriétaire, mais elle fait notre lot commun. Si nous sommes des humains, c'est parce que nous partageons cette compétence métaphorique qui est la propriété de notre espèce.

La psychanalyse est du même côté que la science, elle en partage les idéaux, elle se met donc en demeure de relever ce défi sans faire, comme la religion, appel au Père. Mais le travail de la cure n'est pas fait par tout le monde, loin s'en faut, et la question se pose de savoir comment, pour transmettre les traits de l'espèce, l'homme peut-il faire l'économie de la figure intermédiaire d'un Dieu-Père et comment produire un mode d'idéalisation efficace collectivement qui ne serait référé qu'au seul langage.

Ceci d'autant plus qu'après la disparition du Dieu-Père, ce ne sont pas d'emblée les lois du logos qui se révèlent, ce serait plutôt une croyance, d'un autre type peut-être mais toujours une croyance, qui est au rendez-vous. À la consistance phallique du Dieu-Père de la religion s'est substituée la croyance dans les pouvoirs de la science, dans le tout possible, dans le vœu de nous émanciper des affres de la représentation, de la douleur de la perte de l'immédiat, du risque qu'implique toute énonciation, autrement dit des désagréments obligés de la représentance phallique.

Pourtant nous nuancions plus haut notre propos en précisant que le « Non ! » que devait signifier le social s'était comme déplacé sous l'égide de la science. Celle-ci porterait-elle en elle ce « Non ! » ? Y aurait-il dans la démarche de la science de quoi fournir un substitut au « Non ! » qu'énonçait le père dans la tradition ? Le discours de la science comporterait-il l'antidote à ce qu'il secrète comme pente vers un délitement du social ?

Relevons d'emblée que le travail du scientifique – ses élaborations, sa confrontation au réel via l'expérimentation – fait lui aussi barrière à l'accomplissement incestueux de la pulsion. Il n'en revient nullement à de l'immédiat pas plus qu'il ne se contente de la certitude certaine. Les affres de la procédure de son travail et la rigueur de son élaboration font pour lui limite en lieu et place de la consistance qui était reconnue au Père de la religion. Mais c'est lorsqu'il passe dans le social que ce qui est transmis, retenu, n'est plus son travail, n'est plus son élaboration, mais devient en revanche un produit fini. Les effets du rapport de la démarche scientifique à la tiercéité ne passent pas la rampe, les contraintes de l'exercice de la compétence métaphorique – autrement dit la castration – ne se transmettent pas ; au contraire, ce qui se transmet, c'est la réussite d'avoir fait disparaître l'énonciation, alors que si l'on se chargeait d'entendre la science à l'œuvre, on devrait entendre qu'elle aussi paye – même si c'est autrement qu'en se référant au Dieu-Père, qu'en prenant appui sur la consistance du signifiant phallique – le prix de sa dette à l'égard du langage. Comme le dit Jean-Toussaint Desanti, il faut écouter la science, et « écouter la science, c'est saisir dans son rationnel explicite toute l'exigence et tout le poids de son raisonnable exigé ; cette démarche est exigée par la science elle-même, comme si à chaque pas, le signifiant – formel ou autre – ne retombait pas dans l'écart, il devenait muet, il disparaissait. Or, en fait de science, retomber dans l'écart, c'est retomber dans les problèmes. C'est se poser la question : mais qu'est-ce que j'ai dit là ? Dès lors, le rationnel, au niveau de l'élaboration le plus abstrait, retrouve son concret dans ce raisonnable qui est toujours un rappel de la motivation fondamentale, de la motivation qui reste toujours un peu enfouie[48] ». Autrement dit, si nous prêtons oreille à la démarche de la science, si nous l'écoutons vraiment dans son fonctionnement, nous serons aussi d'emblée confrontés au travail d'inscription dans la tiercéité qu'elle implique.

Mais le vœu de nous débarrasser de la castration l'emporte la plupart du temps largement ; nous ne retenons de la science que son mouvement de produire des énoncés comme s'il n'y avait pas eu d'énonciation ; on ne veut rien savoir de ce qui leste ce qu'elle produit. Ainsi, on serait davantage certain, d'une certitude qui ne laisserait pas de place au doute ; on se donnerait l'illusion de pouvoir décider sans risquer, de se soutenir de l'exactitude en guise de vérité, d'avoir la maîtrise totale et immédiate, et d'être vraiment efficace et opérant.

Il est vrai, comme nous l'avons déjà évoqué, que si l'on pouvait s'émanciper de ce vice de structure, nos problèmes d'hommes et de femmes se régleraient comme des problèmes de fiches mâles et de fiches femelles. C'est-à-dire que l'appareillement adéquat serait possible. Et si cela s'avérait néanmoins difficile, il y aurait à trouver la raison du dysfonctionnement et du même coup son remède. En attendant demain où nous trouverions de meilleurs remèdes encore, nous n'aurions plus qu'à supporter momentanément les affres du

48. Cf. J.-T. Desanti, « Écouter le science », dans *Où en est la psychanalyse ? – Psychanalyse et figures de la modernité*, sous la direction de Claude Boukobza, Toulouse, Érès, 2000, p. 104.

conjugo et les embarras du désir. Le programme est donc clair : fin de nos malaises, fin de l'incertitude ; et si tous ces avatars avaient encore droit de cité, ils pourraient et devraient aussitôt être levés par des substances adéquates.

Voilà donc le tableau qui est le nôtre : une société sous le coup d'une crise majeure et inédite de la représentance phallique. Crise de la représentance phallique et pas seulement de ses représentants, puisque l'émancipation du modèle religieux nous laisse penser qu'il serait possible dans le même mouvement de nous libérer de notre dette au langage aussi bien que du Père. En fait, le modèle de la science continue à nous confronter à cette dette, mais, de ne plus en passer par le Père, nous laisse croire à un affranchissement total à l'égard du langage. De ce fait sont leurrés et laissés en désarroi ceux qui devraient trouver dans le social la légitimation des places qu'ils occupent et ceux qui devraient rencontrer à ces mêmes places d'aucuns censés les aider à prendre acte des renoncements nécessaires pour s'humaniser.

Le partage collectif d'une telle utopie n'est pas sans conséquences. D'abord parce qu'elle laisse en manque d'appui phallique pas mal de sujets qui ne trouvent plus ce qui les soutenait et qui n'ont pas la lisibilité de la nouvelle donne qui pourrait leur servir d'ossature (renvoyons, par exemple, à la clinique de ces enfants violents et sans culpabilité dont parle Laurence Croix ou à celle des jeunes qu'évoque Guy Lérès). Ensuite parce qu'il s'agit d'une contrevenance collective aux lois du langage ; avec l'alibi d'un mieux vivre, c'est la physiologie même du désir qui n'est plus respectée. La confrontation à l'altérité est un impératif pour l'humanisation. Dans une société modélisée par le religieux, c'est dans la confrontation au Père qu'elle avait lieu. Aujourd'hui, cela pourrait être plutôt dans la confrontation à la rigueur de la rationalité scientifique, mais celle-ci se présente comme seulement portée par une écriture et donc donne à penser qu'elle pourait se dispenser du rapport à la parole d'un corps concret. Se libérer du Père et se confronter à la rigueur de la science peut du coup faire l'impasse de la confrontation à l'autre, et construire en ce cas des phobiques de l'altérité en même temps que des assujettis à des jouissances régressives.

N'est-ce pas ce qui nous amène à constater que c'est l'autodidacte qui est aujourd'hui devenu la règle, en tout cas pratique courante de l'apprentissage, parce que le mode d'accès au savoir semble avoir pris la figure de cette position subjective. Tout se passe en effet comme si la confrontation à l'altérité n'était plus comprise dans le processus d'apprentissage du savoir. Le fait que la figure du maître ait été remplacée par celle du transmetteur de connaissances, si tant est que ce dernier ait encore la légitimité suffisante pour en imposer le travail, laisse le sujet contemporain dans la seule confrontation à des énoncés, à du savoir, autrement dit l'autorise spontanément à faire l'impasse sur la présence de l'Autre. Bien que soumis à des contrôles rigoureux – le questionnaire à choix multiples, par exemple –, l'étudiant peut échapper à la rencontre avec un autre connaissant.

Remarquons d'ailleurs que la confrontation à l'altérité se fait différemment en sciences que dans les disciplines littéraires. Dans celles-ci, en dehors des méthodes d'analyse linguistique dont le sérieux ne doit pas être contesté, le relativisme ambiant esquive toute confrontation véritable ; il s'agit de laisser à chacun ses préférences, quitte à devoir supporter qu'elles ne sont pas les mêmes pour tout le monde. Pour ce qui est des disciplines scientifiques, leur rigueur interne oblige bien sûr au choc avec les connaissances du moment, mais l'autre rencontré à cette occasion ne l'est que comme support de ces dites connaissances, puisqu'il y est lui-même comme complètement assujetti. Tout se passe dès lors comme si, dans ce dernier cas de figure, c'étaient les énoncés qui portaient entièrement l'altérité, ce qui, si ce n'est pas à dédaigner, ne peut pas vraiment en tenir lieu.

Ainsi donc, pour nous en tenir à cet exemple de l'étudiant, sa voie constitue désormais un évitement organisé de la rencontre avec l'altérité, soit de par la disparition d'un interlocuteur qui fasse le poids, soit parce que, par principe, cet interlocuteur n'est lui-même plus qu'un élément contingent.

Un tel dispositif équivaut à inciter le sujet au solipsisme et à l'une de ses figures, celle de l'autodidacte. Ce n'est plus cette fois suite aux avatars de son histoire singulière qu'un sujet devient autodidacte, mais bien suite aux modifications historiques de notre social. En effet, à partir du moment où les chemins coutumiers de l'apprentissage du savoir évitent la confrontation à l'autre, il ne reste au sujet que la modalité de l'autodidacte, comme si du fait de la crise de la représentance phallique, il n'y avait plus de contrepoids à son fantasme et que ce dernier pouvait alors s'installer seul aux commandes.

Ceci risque bien de faire, pour reprendre le terme de Freud, un autodidactisme de *masse,* car c'est organisée par un tel dispositif que notre société se représente *une.* Là où l'autodidacte faisait hier exception, il ferait plutôt maintenant règle commune. C'est l'autodidactisme qui donne le ton général et ce qui fait exception pourrait être appelé un aut-r-odidactisme. Serait-ce à la mesure de sa capacité à appréhender l'altérité qu'il nous faudra demain estimer les mérites du sujet ?

En tout état de cause, ceci nous introduit aux difficultés spécifiques que rencontre le sujet dans ce type de configuration sociale.

Un sujet en expérience limite

Nous avancerons en effet que la mutation que nous venons de décrire trouve écho dans ce que nous pouvons lire sous la plume d'Hannah Arendt : « Ce qui, dans le monde non totalitaire, prépare les hommes à la domination totalitaire, c'est le fait que la désolation qui jadis constituait une expérience limite, subie dans certaines conditions sociales marginales, telle que la vieillesse, est devenue l'expérience quotidienne des masses toujours croissantes de notre siècle[49]. »

Précisons avec ses traducteurs que, pour Hannah Arendt, *désolation, loneliness,* ne doit pas être pris au sens psychologique ; la désolation est la solitude de l'homme que le système totalitaire déracine, prive de *sol.* Il ne s'agit donc pas ici de nous pencher sur la solitude du sujet actuel, pas plus que sur son individualisme. En revanche, nous pouvons penser que le sol que l'auteur désignait ainsi n'est autre que cette tiercéité, cette compétence métaphorique en tant que trait de l'espèce. Le désarroi de l'homme d'aujourd'hui et les réponses qu'il se crée sont à entendre comme naissant de ce qu'il ne dispose plus de cet appui sur la consistance phallique – le tout-phallique – d'antan. Nous ajouterons que, parallèlement, il n'est pas

49. H. Arendt, *Le Système totalitaire*, Paris, Le Seuil, 1972, p. 203.

encore à même de lire la nouvelle donne qui est aujourd'hui la sienne comme une modalité différente de la même instance phallique, soit le pas-tout phallique. De ce fait, il est comme déboussolé, comme ayant perdu ses repères majeurs et il peut – à l'instar peut-être de ces baleines qui, sans qu'on en connaisse les raisons, viennent échouer sur les plages – penser pouvoir s'émanciper de sa dette à cette instance phallique, participant ainsi à son propre naufrage.

Dans cet entre-deux, ce sujet se trouve comme sans sol, sans appui, « dé-solé », emporté par le rêve de pouvoir échapper à la gravitation phallique. Tel Icare, il risque d'être entraîné toujours davantage vers le soleil pour rencontrer la limite, mais il ne restera alors que la chute pour le faire se retrouver à sa place.

Cette crise de la représentance phallique engendre un ensemble de comportements et de symptômes nouveaux, certains, simples expressions de la confusion ambiante, d'autres, conséquences tirées de la nouvelle donne, d'autres encore, vraies tentatives de réponse. Mais comme, en même temps, perdurent certaines des anciennes conduites et subsistent des vestiges du système traditionnel, nous nous trouvons face à un éventail clinique particulièrement large en même temps que confus. Il faudra dès lors savoir si ce que d'aucuns appellent les « nouvelles maladies de l'âme » désigne les effets de ces modifications sur la subjectivité et sur l'inconscient qui l'organise ou le surgissement de véritables nouvelles structures cliniques.

Ceci nous amène néanmoins à ne pas rester sourds au désarroi, voire à la détresse de ceux qui, ne pouvant plus s'appuyer sur la tradition pour rencontrer l'altérité et s'étant dispensés de l'épreuve de la confrontation au réel, n'ont de cesse que de trouver en eux-mêmes ce qui devrait leur venir d'ailleurs. Nous userons avec Hannah Arendt d'abord, mais avec aussi quelques autres – Maurice Blanchot[50], Nathalie Zaltzman[51] – du terme d'*expérience limite* pour rassembler et rendre compte des comportements induits par cette nouvelle disposition du social. Autrefois réservé à des situations marginales, aujourd'hui devenu monnaie courante.

---

50. M. Blanchot, *L'Entretien infini*, Paris, Gallimard, 1969.
51. N. Zaltzman, *De la guérison psychanalytique*, Paris, PUF, 1998.

Nous pouvons en effet définir l'expérience limite comme l'expérience de celui qui ne peut pas compter sur un « Non ! » venant de l'Autre, qui ne peut désormais se soutenir que du « Non ! » dont lui seul a la charge, ceci le rendant susceptible d'être sans cesse remis en question, de devoir toujours être redit, re-énoncé et donc toujours précaire, toujours insuffisamment consistant. C'est comme si le « Non ! » porté par la langue ne l'était plus par les autres, qu'il ne reposait, en fin de compte, que sur les seules épaules du sujet. Ne trouvant plus le « Non ! » inscrit dans le social, à l'ordre de la génération antérieure, le sujet contemporain ne peut plus s'en légitimer pour à son tour le transmettre et, mis en demeure de faire le travail que la génération précédente aurait dû faire mais n'a pas fait, soit s'estime en droit, lui aussi, de refuser la tâche, soit s'en acquitte avec grande difficulté, soit plie sous son poids et finit par purement et simplement démissionner. C'est comme cela que nous pouvons aujourd'hui lire ce symptôme devenu éminemment banal selon lequel les parents ne savent plus dire « Non ! » à leurs enfants et cela, on le constate, de plus en plus précocement.

La conséquence d'un tel état de fait, c'est bien sûr de laisser l'enfant dans sa position de toute-puissance infantile, mais aussi et même surtout de le laisser dans une position de soumission insue d'elle-même à l'égard de l'Autre. Lorsque la capacité de dire « Non ! » ne lui a pas été transmise, le sujet se trouve comme pieds et poings liés, entièrement livré à l'Autre. Tout se passe alors comme si la signification phallique ne s'était pas vraiment inscrite comme verrou pour le sujet, puisque l'élision du désir de la mère, premier Autre du sujet, ne s'était pas accomplie. Celui-ci est dès lors comme condamné à arpenter sans arrêt le même trajet, à reparcourir répétitivement le processus de la signification phallique là où, du fait d'être relayé dans l'Autre, son aboutissement aurait dû le soulager de cette tâche : « Le Nom-du-Père, écrit très bien Robert Lévy, est le signifiant d'une opération de langage délestant le sujet d'avoir à se faire le signifié du désir de la mère[52]. » Le sujet engagé dans ce que nous avons appelé *expérience limite* n'est donc pas vraiment déchargé de cette tâche ; il reste comme en suspens dans cette opération, entre ciel et terre, dans

---

52. R. Lévy, *Le Désir contrarié – Essai sur l'impossible transmission en psychanalyse*, Toulouse, Érès, 1998, p. 238.

un entre-deux qui fait autant consentement qu'objection aussi bien à l'inscription de la castration qu'à la persistance de la toute-puissance infantile. Sans être dans le registre de la psychose, le sujet se retrouve comme sans assise subjective : il ne peut se déprendre de l'Autre et se retrouve à son insu comme obligé à une position de *servitude volontaire*, dans une position de soumission à l'Autre, en même temps que contraint à une toute-puissance évidemment impossible à satisfaire, tout cela faute d'avoir trouvé son point d'appui dans la tiercéité.

Rappelons que cette expérience limite autrefois réservée à des situations marginales ou exceptionnelles – telles la vieillesse, la maladie ou des situations extrêmes comme celle des derniers rois de Thulé décrite par Jean Malaurie ou celle des Iks décrite par Colin Turnbull – serait aujourd'hui celle de quiconque s'avère perméable à la problématique de notre société postmoderne, celle de quiconque n'a pu rencontrer dans son histoire les appuis judicieux. Nous pouvons tout de suite penser qu'en fonction de la persistance – ou de la survivance – des anciens modèles, certains se voient encore protégés d'une telle expérience limite, mais on peut également constater que le tableau se rencontre de plus en plus fréquemment : autrement dit, pour reprendre la fable, ils n'en mouraient pas tous, mais…

Ceci n'est qu'une autre façon de percevoir que, dans le système totalitaire, ainsi que l'étudie Hannah Arendt – mais, comme nous l'avons indiqué plus haut, de manière plus radicale dans le système nazi –, le sujet est mis à mal du fait de la disparition de la tiercéité. C'est ce qu'évoque cet auteur lorsqu'elle s'interroge sur la nature du système totalitaire. Et de répondre que « le régime totalitaire a fait éclater l'alternative même sur laquelle reposaient toutes les définitions de l'essence des régimes dans la philosophie politique : l'alternative entre régime sans lois et régime soumis à des lois, entre pouvoir légitime et pouvoir arbitraire. […] Avec le régime totalitaire, nous sommes en présence d'un genre de régime totalement différent. Il brave, c'est vrai, toutes les lois positives […] Mais il n'opère jamais sans avoir la loi pour guide et il n'est pas non plus arbitraire, car il prétend obéir rigoureusement et sans équivoque à ces lois de la Nature et de l'Histoire dont toutes les lois positives ont toujours été censées sortir [53] ». Hannah Arendt poursuit en évoquant

53. H. Arendt, *Le Système totalitaire*, *op. cit.*, p. 204.

le *consensus juris* qui, selon Cicéron, constitue un peuple et qu'évince le régime totalitaire. Ce dernier « ne remplace pas un corpus de lois par un autre, il ne crée pas, à la faveur d'une seule révolution, une nouvelle forme de légalité. Son défi à toutes les lois positives, y compris les siennes propres, implique qu'il pense pouvoir se passer de tout *consensus juris* ». Ce dernier ne désigne-t-il pas cette tiercéité que veut s'assimiler le système totalitaire ?

C'est ce qui amènera Agamben « à considérer le camp de concentration non pas comme un fait historique et une anomalie appartenant au passé mais, d'une certaine façon, comme la matrice cachée, le nomos de l'espace politique dans lequel nous vivons encore[54] ». Et ailleurs : « Le camp est le paradigme même de l'espace politique au moment où le politique devient biopolitique. »

Rappelons ce que Agamben décrit dans son *Homo sacer* : les Grecs ont deux termes pour désigner la vie : ϛοὲ *(Zoè),* le fait de vivre tout court, et βιος *(Bios),* le fait des formes de vie, donc aussi le vivre en groupe. La vie nue, *Zoé,* est dans la politique occidentale ce dont l'exclusion fonde la cité des hommes. Pour le philosophe, la politique existe du fait que l'homme est le vivant qui dans le langage se sépare de sa vie nue et dans le même temps se maintient en rapport avec elle dans une exclusion inclusive. Agamben avance ensuite qu'*a contrario*, l'introduction de la *Zoé* dans la sphère de la *Polis* constitue l'événement décisif de la modernité. Jusque-là, le souverain était le seul, l'exception qui avait pouvoir sur la vie nue, mais aujourd'hui, depuis l'introduction de ce que Foucault a appelé le biopouvoir, la *Zoé* appartient au médecin, à l'État... De ce fait, l'espace de la vie nue finit par coïncider avec l'espace politique et ce qui jusque-là était position d'exception occupée par le souverain s'est généralisé. *L'état d'exception voulu* – c'est ainsi que les juristes du national-socialisme désignaient l'état d'exception qu'ils avaient décrété pour suspendre les articles de la Constitution qui garantissent les libertés personnelles – tend à se confondre avec la norme même. Et pour Agamben, la structure juridique des camps est de réaliser l'exception d'une façon permanente et généralisée, de la faire devenir norme. Non seulement les lois positives y sont suspendues, mais, de ce fait, droit et fait se confondent sans reste.

54. G. Agamben, *Homo sacer, le pouvoir souverain et la vie nue*, *op. cit.*, p. 179-193.

Et l'auteur d'évoquer alors cette figure du droit romain archaïque : *l'homo sacer,* celui que le peuple a jugé pour un crime, qu'il n'est pas permis de sacrifier mais qu'en revanche il est permis de tuer sans être accusé d'homicide. Agamben voit en cet *homo sacer*, cet homme mis au ban de la société et laissé à la possibilité du meurtre, un homme hors de l'interdit du meurtre et donc tuable en tant que *Zoé*, en tant que vie nue. Il ne s'agit donc pas d'un hors-la-loi mais de quelqu'un qui est privé de la protection des lois de la cité, qui est, dirions-nous, orphelin du symbolique social, devenu comme étranger au champ de la société humaine fondée sur l'interdit du meurtre et de l'inceste. Agamben voit en lui une figure paradigmatique du citoyen d'aujourd'hui soumis à la violence totalitaire lorsque le politique est devenu biopolitique.

De la même façon que l'*homo sacer* peut être lu comme la figure orpheline du symbolique, le sujet d'aujourd'hui viendrait à cette même place, du fait d'être engagé, bon gré mal gré, dans ce que nous avons appelé *une expérience limite.* Nous avançons ce terme pour nous démarquer de celui d'état-limite ou de *borderline*, parce qu'il permet le rassemblement des tentatives de nombreux auteurs pour définir les modalités cliniques nouvelles, sans pour autant introduire une nouvelle entité clinique ; le terme d'expérience insiste d'emblée sur le caractère dialectique de la rencontre et permet bien de le distinguer d'une structure : dispositif provisoire comme une phase de latence qui se prolongerait indéfiniment, devrions-nous dire, et non pas structure comme la névrose, la psychose ou la perversion. Sujet peut-être davantage proche de la phobie, plutôt comme laissé dans l'incapacité d'assumer par lui-même une subjectivation.

Malaise dans la subjectivation

S'il fallait illustrer ce sous-titre, ce serait sans aucun doute en évoquant le cinéma, et plus particulièrement les films de Bruno Dumont, *La Vie de Jésus* ou *L'Humanité* qui font une large place à ces sujets qui ne disent rien et qui sont comme collés au réel, *Rosetta* des frères Dardenne ou, mieux encore, en nous référant au film d'Amos Kollek, *Sue perdue dans Manhattan.* Il s'agit d'y suivre l'errance d'une jeune femme – admirablement interprétée par Anna

Thomson – dans New York, errance, ainsi que l'indique le titre français, déterminée par les contraintes de la surmodernité. Guy Lérès fait justement remarquer que « le spectateur y suit la chute d'une jeune femme sans que l'on ne puisse jamais déterminer ce qui, des difficultés sociales ou de sa conformation psychique, est responsable de cette descente dans les abîmes[55] ». Il rappelle aussi que le titre américain du film ne donne que le prénom de la jeune femme, Sue, et *qu'il la prive ainsi à juste titre de ce qui fait Nom-du-Père dans le complément anecdotique français,* manière sans doute d'indiquer par ce seul pré-nom le « la dimension d'avant-nom, de sans-nom » à laquelle cette problématique nous confronte. Hystérie dans sa version postmoderne peut-être, mais hystérie toujours, diront certains ; état limite exemplaire, répliqueront sans doute d'autres. Errance non psychotique en tout cas, à moins que l'on ne se contente d'y repérer une psychose non encore déclarée.

Remarquons tout de suite que si nous pensons qu'il ne convient pas non plus de parler, à propos de tels sujets, de psychose non déclenchée, c'est parce que leur absence à eux-mêmes comme sujet n'implique nullement une forclusion du Nom-du-Père ; simplement tout se passe comme si le bénéfice – ou le maléfice – qu'ils tirent de la civilisation scientifique les autorisait – ou les contraignait – à se priver de Nom-du-Père et donc à esquiver l'indispensable travail de subjectivation qui est dévolu à qui veut vivre dans le désir. En effet, rien ne vient leur signifier dans le social que les jouissances qui les imbibent vont à l'encontre de la possibilité de soutenir un désir de sujet. N'est ce pas ainsi, par exemple, que nous pouvons lire *Les Particules élémentaires* de Houellebecq[56], où l'écriture de l'auteur réussit la prouesse de décrire de tels sujets d'une façon tout à fait congruente avec leur façon de surfer sur la langue. D'une manière plus anecdotique, pensons aussi au zapping de l'accroché à la jouissance télévisuelle. Il croit regarder tout mais c'est plutôt qu'il ne voit rien. Fonctionnement d'un sujet qui se défend contre une subjectivation dont il craint d'avoir à supporter les conséquences, ou modalité d'être d'un présujet qui ne veut – ou ne peut – trouver en lui-même de quoi payer le prix pour trouver abri sous le signifiant

55. G. Lérès, « Le maître est barré », dans *Où en est la psychanalyse ?, op. cit.*, p. 132.
56. M. Houellebecq, *Les Particules élémentaires*, Paris, Flammarion, 1998.

phallique ? S'agirait-il là de ce sujet dont Lacan dira tardivement dans son enseignement – à propos de Joyce – qu'il est *désabonné de l'inconscient*, soit de quelqu'un qui ne joue strictement que sur le langage.

Nous pourrions aussi renvoyer à une autre phrase de Lacan, cette fois reprise par Safouan dans son ouvrage *La Parole ou la Mort*, que le premier lui aurait dite à l'occasion d'un contrôle : « Entre deux sujets, il n'y a que la parole ou la mort. » Sans doute n'est-ce pas là recourir à de grandes constructions métapsychologiques pour indiquer que la parole, c'est l'objection – le temps de la vie du parlêtre – à la mort. Ceci n'exclut pourtant pas que la parole puisse être mortifère ni même que, structuralement, la parole porte le poids de mort de la chose, comme le rappelle Hegel ; néanmoins, dans cet abandon de l'immédiat auquel nous contraint notre dépendance au signifiant, se situe le ressort de ce qui nous sauve de l'engluement dans la jouissance. Relevons cette remarque de Nestor Braunstein dans son ouvrage sur la jouissance[57] où il définit la parole comme *le diaphragme de la jouissance*, c'est-à-dire comme ce qui, à l'instar du diaphragme de l'appareil photographique, permet de réguler l'arrivée de lumière. La parole permettrait de réguler l'arrivée de jouissance. En cela, elle protégerait de son excès et lorsqu'elle ne soutient pas cette fonction diaphragmatique, comme c'est le cas dans la psychose, nous savons les débordements auxquels cela peut amener. En revanche, quand le diaphragme n'a plus la mobilité qui convient, lorsqu'il s'est rigidifié, nous pourrions y lire le modèle de la névrose : il n'existerait plus, en ce cas, de capacité d'ouvrir plus ou moins l'accès à la jouissance, l'effet qui en résulte la plupart du temps étant de se figer dans la position de plus petite ouverture possible et nous savons que la névrose consistante donne des vies comme quasi mortes.

La clinique freudienne reprise par Lacan, la clinique analytique donc, sépare la jouissance et le désir et les pose même comme antagonistes. Grâce au levier de la parole via la castration, la jouissance va passer dans les réseaux du signifiant pour y être tamisée. De ce fait se met en place une jouissance différente, une jouissance limitée, permise, qu'on a coutume d'appeler jouissance phallique

---

57. N. Braunstein, dans *La Jouissance,* Paris, Point Hors Ligne, 1990, p. 67 et suivantes.

dans la mesure où le signifiant phallique produit par la métaphore paternelle vient attester – et en même temps verrouiller leur articulation – de l'impossibilité de la conjonction de la jouissance et du désir.

Notre question sera donc celle-ci : comment le malaise dans la subjectivation, que nous croyons identifier dans ce que l'on appelle les nouvelles pathologies, va-t-il de pair avec une dérégulation des rapports entre jouissance et désir ? La modification du poids de la parole, de son statut dans le social moderne, ne donne-t-elle pas avantage – pensons au sens donné à ce mot dans un match de tennis – à la jouissance ou à la pulsion de mort ?

Comment pourrions-nous articuler davantage ces questions ? À cet égard, il n'est pas inutile de nous en retourner à deux textes de Lacan, le premier, ancien dans son enseignement puisqu'il est extrait du discours de Rome, le second, beaucoup plus tardif, puisque énoncé vingt ans plus tard dans son séminaire sur *Les Non-Dupes errent.*

D'abord un texte extrait de *Fonction et champ de la parole et du langage*[58]. C'est un texte assez étonnant pour notre propos. Lacan y énonce en des termes qu'il n'utilisera plus par après, ce qu'est l'enjeu d'une analyse : « L'enjeu d'une psychanalyse, c'est l'avènement dans le sujet du peu de réalité que ce désir y soutient au regard des conflits symboliques et des fixations imaginaires comme moyen de leur accord et notre voie est l'expérience intersubjective où ce désir se fait reconnaître. » Et il ajoute : « Dès lors on voit que le problème est celui des rapports dans le sujet de la parole et du langage. [...] Trois paradoxes dans ces rapports se présentent dans nos domaines. [...] Premier paradoxe, la folie [...] ; deuxième paradoxe, la névrose [...] ; troisième paradoxe », non pas la perversion comme on pourrait s'y attendre, mais « le sujet qui perd son sens dans les objectivations du discours ».

Et Lacan d'ajouter : « C'est là l'aliénation la plus profonde du sujet de la civilisation scientifique. [...] Pour en donner une formulation exemplaire, nous ne saurions trouver terrain plus pertinent que l'usage du discours courant en faisant remarquer que le "ce suis-je" du temps de Villon s'est renversé dans le "c'est-moi" de l'homme

58. J. Lacan, *Écrits, op. cit.*, p. 281-282.

moderne. Le moi de l'homme moderne a pris sa forme dans l'impasse dialectique de la belle âme qui ne reconnaît pas la raison même de son être dans le désordre qu'elle dénonce dans le monde. Mais une issue s'offre au sujet pour la résolution de cette impasse où délire son discours. La communication peut s'établir pour lui valablement dans l'œuvre commune de la science et dans les emplois qu'elle commande dans la civilisation universelle ; cette communication sera effective à l'intérieur de l'énorme objectivation constituée par cette science et elle lui permettra d'oublier sa subjectivité. Il collaborera efficacement à l'œuvre commune dans son travail quotidien et meublera ses loisirs de tous les agréments d'une culture profuse qui du roman policier aux mémoires historiques, des conférences éducatives à l'orthopédie des relations de groupe lui donnera matière à oublier son existence et sa mort en même temps qu'à méconnaître dans une fausse communication le sens particulier de sa vie. [...] C'est, dit-il*, un mur de langage qui s'oppose à la parole.* »

Relevons à quel point il est étonnant de retrouver, dès le début de l'enseignement de Lacan, ce poids donné au sujet de la civilisation scientifique et l'aliénation spécifique qui lui est attachée, à savoir l'oubli de sa subjectivité chez quelqu'un pour qui un mur de langage s'oppose à la parole. Que, par ailleurs, cet oubli ne soit pas assimilé à la perversion, mais qu'il insiste plutôt sur un processus d'absence de subjectivation, voilà ce que nous voulons retenir de ces propos.

Second texte, beaucoup plus tardif de Lacan, auquel nous voudrions nous référer pour le commenter : c'est la séance du séminaire *Les Non-Dupes errent* du 19 mars 1974. Celle où il distingue le « nommer à » et le Nom-du-Père. Il y avance : « Il y a quelque chose dont je voudrais désigner l'incidence. Parce que c'est le biais d'un moment qui est celui que nous vivons dans l'histoire. Il y a une histoire, quoique ce ne soit pas forcément celle que l'on croit ; ce que nous vivons est très précisément ceci : que curieusement, la perte, la perte de ce qui se supporterait de la dimension de l'amour, si c'est bien celle non pas que je dis, je ne peux la dire, je ne peux pas la dire, à ce Nom du père se substitue une fonction qui n'est autre que celle du nommer-à. Être nommé-à quelque chose, voilà ce qui point dans un ordre qui se trouve effectivement se substituer au Nom-du-père. À ceci près qu'ici, la mère suffit généralement à elle toute seule à en désigner le projet, à en faire la trace, à en indiquer le chemin.

Si le désir de l'homme, je l'ai défini pour être le désir de l'Autre, c'est bien là que ça se désigne dans l'expérience. Et même dans les cas où, comme ça, par hasard, enfin, il se trouve que par un accident elle n'est plus là, c'est quand même elle, elle, son désir, qui désigne à son moutard ce projet qui s'exprime par le nommer-à [...] Être nommé à quelque chose, voilà ce qui, pour nous, à ce point de l'histoire où nous sommes, se trouve préféré – je veux dire effectivement préféré, passé[59] avant – ce qu'il en est du Nom-du-père [...]

Il est tout à fait étrange que là, le social prenne une prévalence de nœud, et qui littéralement fait la trame de tant d'existences, c'est qu'il détient ce pouvoir du nommer-à au point qu'après tout, s'en restitue un ordre, un ordre qui est de fer. Qu'est-ce que cette trace, cette trace désigne comme retour du Nom du père dans le Réel, en tant précisément que le Nom du père est *verworfen*, forclos, rejeté, et qu'à ce titre il désigne si cette forclusion, dont j'ai dit qu'elle est le principe de la folie même, est ce que ce « nommer à » n'est pas, est-ce que ce nommer-à n'est pas le signe d'une dégénérescence catastrophique[60] ? »

Reprenons ce texte pour bien en indiquer les articulations.

Premièrement, Lacan introduit la distinction entre Nom-du-Père et « nommer à », pour la première et unique fois dans son enseignement, à notre connaissance. Le Nom-du-Père étant par ailleurs directement lié à l'amour. Et il évoque, dans le moment de l'histoire où nous sommes, la substitution du « nommer à » au Nom-du-Père. Pour faire le lien entre ces propos, nous pourrions évoquer ce qu'il avançait dans *Le Savoir du psychanalyste*, soit que « tout discours qui s'apparente du capitalisme laisse de côté ce que nous appellerons simplement les choses de l'amour[61]... ».

Mais, d'abord et avant tout, que signifie cette différence entre « nommer à » et Nom du père ? Proposons simplement de revenir sur

---

59. Notons que dans la version transcrite à notre disposition, il se trouve écrit « se trouve préférer – je veux dire effectivement préférer, passer avant – ce qu'il en est du Nom-du-Père ». Nous avons rectifié l'infinitif en participe passé, fort de ce que l'équivoque ne peut être tranchée à écouter la retranscription sonore et de qu'autrement le sens n'est pas compréhensible.

60. J. Lacan, *Le Séminaire XXI, Les Non-Dupes errent,* séance du 19 mars 1974, inédit.

61. J. Lacan, *Le Savoir du psychanalyste, séminaire 1971-1972,* séance du 6 janvier 1972, inédit.

ce qu'est une nomination. À ce propos, Érik Porge dit très bien qu'en opposant le « nommer à » au Nom-du-Père, Lacan anticipe le changement de sens qu'il donne au Nom-du-Père dans RSI en 1975 ; non plus celui seulement de représenter le nom donné au père mais aussi le nom donné par le père, la fonction nommante du père[62]. Une nomination recouvre à la fois l'effet de nommer ou d'être nommé et l'acte de nommer, au sens performatif. Dans l'enseignement de Lacan, la spécificité de la fonction du père a longtemps recouvert l'effet de donner ou de recevoir un Nom-du-Père, via la substitution signifiante sous le terme de métaphore paternelle ; cette fonction du père est reprise plus tard comme comprenant aussi la fonction nommante du Père, l'acte de nommer. Une disjonction est ainsi introduite entre le Père comme nom et le père donneur de nom. Dans les derniers séminaires, Lacan s'attache davantage au naming et à ce qui s'y attache : *le père comme nom et comme celui qui nomme, ce n'est pas pareil*[63].

Si nous nous référons au dictionnaire, nomination peut être entendu transitivement ou intransitivement : transitivement, nous nommons quelque chose d'un nom ; par exemple, nous nommons un ensemble de phénomènes météorologiques, typhon, et, de ce fait, le mot typhon prend la place de la description des phénomènes météorologiques ; cette nomination transitive, nous pouvons l'appeler métaphorique puisque le nom donné fait disparaître un ensemble d'autres noms et ceux-ci s'avèrent désormais inutiles pour leur désignation. Par ailleurs, notons qu'il a fallu consentir à se mettre sous le couvert du nouveau nom, qu'il a fallu aller le chercher dans un ailleurs de la langue, car ce qui est nouvellement dénommé a dû se laisser déporter dans cet autre lieu, sous la houlette de cet autre nom. En revanche, pour une nomination intransitive, il s'agit de nommer en plus à quelque chose. Ainsi lorsque nous nommons Monsieur X, président-directeur-général, cette nouvelle appellation lui est désormais comme ajoutée, mais elle ne fait pas disparaître le nom qu'il portait. Cette nomination devrait plutôt être dite métonymique, car elle n'exige pas la disparition du premier signifiant. De ce fait, tout se passe comme si l'effet de consentement à

62. É. Porge, *Les Noms du père chez Jacques Lacan,* Toulouse, Érès, 1997, p. 140.
63. J. Lacan, « Joyce le symptôme I », dans *Joyce avec Lacan,* Paris, Navarin, 1987, p. 28.

l'ailleurs exigé par la nomination de type métaphorique n'est pas obtenu et le sujet a le loisir de penser que c'est de son seul lui-même qu'il a obtenu cette nomination.

Telle est bien la différence impliquée dans le fait de nommer cet enfant Jacques ou de nommer Jacques à tel ou tel poste. Remarquons d'ailleurs qu'il serait plus juste de comparer nommer cet enfant Jacques à nommer cet enfant à tel poste. Mais, précisément, nous sommes habitués à supposer qu'avant d'être nommé à tel ou tel poste, cet enfant a déjà été nommé Jacques. Or, précisément, c'est ici que se passe la nouveauté dans l'histoire (à ce point de l'histoire où nous sommes, dit Lacan) : c'est que ce « nommer » peut non seulement s'ajouter, voire même suppléer au Nom-du-Père, mais en revanche s'y substituer. Autrement dit, il n'est pas certain que Jacques ait été nommé comme tel, ou encore que la nomination de cet enfant à ce poste soit articulée avec le fait que cet enfant ait été nommé Jacques. Autrement dit encore, ces deux nominations peuvent faire route toutes seules, chacune selon ses propres modalités, sans que le « nommer à » ne soit aucunement amarré dans l'opération du Nom-du-Père.

S'il fallait prendre un exemple pour illustrer la préséance prise par le « nommé à » sur le Nom-du-Père, nous pourrions évoquer la différence entre prendre sa place dans un train ancien modèle – aujourd'hui, nous pourrions encore dire « normal » mais sans doute plus pour longtemps – et dans un TGV. Chacun sait ce à quoi autorise de s'acquitter du prix de son billet dans un train ancien modèle : le droit à voyager à la place que je souhaite en fonction bien sûr des disponibilités et eu égard aux contraintes minimales du règlement, telle la différence des première et deuxième classes. Aujourd'hui, lorsque je prends un billet dans le TGV, l'employé du guichet m'assigne, via l'ordinateur, une place fixe dont je ne peux en principe changer sans déroger. En ce cas, il ne s'agit pas d'un libre parcours, il s'agit d'une assignation, et de ce fait la possibilité de modifier l'horaire ou l'itinéraire choisi est rendue considérablement plus difficile, si pas impossible. La diminution de prix m'amenant parfois à devoir accepter la perte pure et simple de mon billet au cas où je souhaiterais modifier l'assignation de place qui m'a été faite. Nous pouvons dire que dans l'ancien système, l'accès au voyage m'est donné par le fait de payer ma dette et il m'est laissé une grande latitude pour l'usage de la place que j'ai de ce seul fait acquise, en même temps que ma place ne m'y est pas donnée comme telle. J'avais donc droit à une place, mais je ne savais pas laquelle pour autant, à moins d'une réservation. Avoir droit à ma place ne me dispensait dès lors pas d'avoir à la trouver. Paradoxalement, les avantages du TGV se conjoignent à des contraintes inattendues qui s'avèrent plus consistantes que celles du système traditionnel. Mais, surtout, tout se passe désormais comme si le droit à faire le voyage comprenait *de facto* la désignation de ma place et m'autorisait, du même coup, à faire l'économie de la subjectivation.

Nous pouvons dès lors dire que recevoir mon ticket en réglant ma dette suffit pour m'autoriser au parcours et relève du Nom-du-Père ; en revanche, recevoir une assignation de place semble bien relever d'un « nommé à ».

Deuxièmement, Lacan nous dit que la mère suffit largement à l'opération du « nommer à ». Autrement dit, pas de nécessité d'intervention du tiers. Combien de fois d'ailleurs n'entendons-nous pas aujourd'hui qu'il faut considérer que la mère est, elle aussi, compétente à exercer la fonction paternelle, qu'il ne s'agit plus d'y voir un quelconque privilège du père. Si en un sens la remarque est fondée, il est tout aussi vrai que la limite à la remarque, c'est que la mère ne pourra pas être le réel du père. Mais combien de fois ne devons-nous pas entendre sous un tel énoncé qu'en étant suffisante pour exercer la fonction paternelle, la mère peut se dédouaner de toute intervention tierce ? Si, effectivement, c'est désormais le « nommer à » qui prévaut, le seul fait de renvoyer à une existante tiercéité suffit pour sa mise en place ; il ne s'avère nullement nécessaire que cette tiercéité donne de la voix, fasse entendre qu'elle est toujours énonciation, qu'elle implique un amarrage dans un corps, dans un ailleurs. On se représente très bien ce que peut donner ce type de dispositif : du tiers oui, sous forme d'énoncés, mais du tiers qui s'énonce, non ! Du tiers oui, mais il ne faut pas qu'il s'actualise, autrement dit du tiers virtuel ! Or toute la difficulté clinique est bien à cet endroit : qu'une mère doive se référer à de l'Autre, passe encore, mais qu'elle doive consentir à s'en remettre entre les mains d'un tiers pour une décision dans un autre sens que celui qui l'agrée est une tout autre affaire ! Une chose est que soit reconnue de la tiercéité, autre chose que soit énoncée à partir de cette même tiercéité une parole arrimée au corps de celui qui l'énonce et qu'en plus, cette parole soit reconnue comme légitime, sans être à la botte de celle qui l'a induite, par exemple en pouvant se référer au fonctionnement du social.

Troisièmement, et ceci introduit une nuance par rapport à la première formulation : être « nommé à » est aujourd'hui *préféré* à ce qu'il en est du Nom-du-Père. Comme si Lacan introduisait avec cette nuance que le sujet choisissait cette préférence, alors qu'en début de sa formulation, il parlait de la substitution du « nommé à » au Nom-du-Père comme d'un effet actuel dont le sujet n'était nullement responsable. C'est évidemment une indication de ce qu'en cette affaire, même si la substitution du « nommer à » au Nom-du-Père résulte des changements introduits dans le social (par exemple de par la survenue du discours de la science), il reste néanmoins qu'il y a une part de choix dans l'adhésion que le sujet donne à cette substitution. Dans ce sens, le dispositif social fera sans doute que son consentement ira davantage au « nommer à » qu'au Nom du Père, mais sa réponse viendra entériner ce glissement. En effet, tout se passe comme si l'offre du système social d'aujourd'hui poussait le sujet à prendre la voie la plus facile, celle qui lui permettait de faire l'économie de la castration et de la confrontation à l'altérité, celle qui l'autorisait à faire l'impasse sur la subjectivation. Il n'en reste pas moins vrai que c'est de son seul chef qu'il pourra se contenter de surfer ou de zapper ou même qu'il refusera la subjectivation, ou qu'il pourra se déclarer victime, ainsi que nous le montrera Jean-Luc Cacciali. Ajoutons cependant qu'une fois ce dispositif amorcé, il peut arriver que d'aucuns n'aient quasi plus d'autre choix que d'adopter la non-rencontre avec le processus de subjectivation, tant ils se vivent comme des orphelins du Symbolique ; le tout étant alors de savoir si, à ce stade, ils ont encore vraiment la possibilité du choix !

Quatrièmement, le social restituerait, à partir de là, un ordre de fer : de détenir le pouvoir de « nommer à », il s'en retrouverait d'autant plus puissant, si pas d'emblée même despotique. L'ordre de fer sécrété par le social[64] et son pouvoir de « nommer à », pouvons-

---

64. Il nous est difficile de ne pas citer en écho cette phrase de H. Arendt : « En écrasant les hommes les uns contre les autres, la terreur totalitaire détruit l'espace entre eux. Elle substitue un lien de fer qui les maintient si étroitement ensemble que leur pluralité s'est comme évanouie en un Homme unique aux dimensions gigantesques », dans *La Vie de l'esprit*, tome 1, « La pensée », Paris, PUF, 1981, p. 204.

nous mieux l'appréhender qu'en évoquant la place que l'ordinateur assigne au voyageur du TGV. La façon même dont l'employé au guichet, auparavant interlocuteur obligé de faire siens – de subjectiver – les règlements ferroviaires, se trouve aujourd'hui remplacé par un individu qui se contente de se tourner vers l'ordinateur pour s'en faire le pur et simple lecteur, voire au mieux l'interprète, indique bien la mutation à laquelle nous avons affaire : en tout état de cause, le Big Brother des TGV est là pour nous indiquer qu'il n'est pas si facile – si tant est que ce soit même possible – de déroger à l'assignation qui nous est ainsi désormais faite.

Remarquons aussi que, hors cette assignation, il n'y a plus de possibilité identificatoire qui tienne, aucun arrimage signifiant qui soit à même de soutenir le trajet du sujet. L'ordre de fer devient de ce fait aussi ordre de « faire », de substituer du faire, de l'agir au manque à être, au désirer. Comme si, du fait de cette assignation tributaire d'un « nommer à », le sujet ignorait comment fonctionner s'il quittait cette place ; comme s'il n'avait pas – plus – le mode d'emploi d'une vie régie par le Nom-du-Père, même si celui-ci a été et reste inscrit pour lui. L'ordre de fer tient donc à ce double mouvement : assignation déterminante par la procédure du « nommer à » en même temps que difficulté accrue de faire le pas pour franchir ce qui ne peut plus apparaître que comme un abîme pour le sujet : puisque, dans le social, ce fonctionnement n'opère plus avec l'évidence d'un devoir inévitable, en même temps qu'il ne lui signifie plus la banalité et donc la faisabilité de soutenir son désir.

Enfin, Lacan évoque cet ordre de fer comme trace du retour du Nom-du-Père dans le réel, ce qui suppose l'équivalent d'une forclusion du Nom-du-Père *dans le social* et ceci l'amène à se demander, étant donné ce qu'il a par ailleurs décrit comme processus de forclusion dans la folie-même – sur un mode interrogatif, précisons-le –, si cette substitution du « nommer à » au Nom du père ne serait pas le signe d'une dégénérescence catastrophique.

Une dégénérescence catastrophique

Essayons d'apprécier la teneur de ce qui est vraiment loin d'être un terme coutumier à l'énonciation de Lacan : dégénérescence catastrophique. Nous pouvons avancer que c'est la substitution accomplie jusqu'à son terme de la procédure du « nommer à » à celle du Nom-du-Père qui serait le signe d'une dégénérescence catastrophique. Autrement dit, c'est lorsque le « nommer à » évince le Nom-du-Père.

Nous avons en effet deux scénarios possibles : soit la procédure du « nommer à » parasite, subvertit, s'infiltre dans le social, mais, en fond de champ, cela reste le fonctionnement du Nom-du-Père qui prévaut, soit la procédure du « nommer à » disqualifie complètement, fait disparaître, élimine le Nom-du-Père. Dans le premier cas, c'est la crise peut-être, mais une issue est possible et l'épreuve est même prometteuse puisqu'elle contraint le sujet à ne prendre appui que ce sur quoi, structuralement, il est vraiment en droit de pouvoir compter ; dans le second, l'effondrement est au programme car c'est la physiologie même du désir qui n'est plus respectée.

Précisons néanmoins d'emblée qu'il ne s'agit absolument pas ici de prôner un quelconque volontarisme de rétablissement du Nom-du-Père, d'abord parce que cela serait éminemment vain, ensuite et surtout parce que restaurer le Nom-du-Père – si tant est que cela soit même possible – n'est certainement pas une compétence moïque. Par ailleurs, il ne s'agit pas non plus de confondre ne pas entériner l'évincement du Nom-du-Père avec rétablir un quelconque ordre social, encore moins religieux ; il suffit pour ne pas risquer ces confusions de se rappeler, comme nous l'avons dit ailleurs[65], *que si le Nom-du-Père supplée à un trou, il en porte aussi lui-même la marque.*

« Ce qui donne sa force au nom dans le Nom-du-Père, dira Érik Porge, c'est de prendre la place du trou dans la nomination. "Père" est un nom dont le référent n'est pas garanti par l'expérience, il est garanti par la foi en la nomination de ce nom[66]. » À cet égard, la spécificité du Nom-du-Père est d'avoir deux faces, tel Janus. D'un côté, il fait point fixe, bouchon, consistance à partir duquel l'histoire du sujet commence, il occulte le trou impliqué par le langage, de l'autre côté, il est ce trou en acte, il est son révélateur. Ce qui se modifie complètement de par la modernité, c'est que la face de consistance ne se légitime plus du fonctionnement du social, et que,

65. Voir à ce propos, J.-P. Lebrun, *Un monde sans limite*, *op. cit.*, p. 34.

66. É. Porge, *Jacques Lacan, un psychanalyste*, *op. cit.*, p. 144.

dès lors, ce qui apparaît, c'est la double face de Janus. La réponse du « nommer à » tente de rétablir la face consistante, mais elle le fait en voulant se libérer de la face trou.

Pourtant, la question reste toujours de savoir d'où le sujet soutient son énonciation, autrement dit comment soutient-il son dire du trou. La structure de l'appareil psychique est telle que tout en n'étant jamais que de l'ordre du semblant, il faut un point d'appui à partir duquel se met en place la possibilité de soutenir le singulier de son dire. Avec Lacan, cette procédure a été appelée Nom-du-Père, qu'il a ensuite effectivement pluralisé en noms-du-père pour, ainsi que le rappelle Érik Porge, « faire exister du trou dans l'énonciation du Nom-du-Père ». Il s'agit en effet toujours de rendre possible que se soutienne l'énonciation sans jamais faire disparaître que ce soutien est troué, n'est que du semblant. « Ce qu'il faut arriver à bien concevoir, dira encore Lacan, c'est que c'est le trou du symbolique en quoi consiste cet interdit [de l'inceste][67]. »

Or à cet égard, la science procède en substituant au semblant un réel symbolisé qui a la particularité de masquer, de par sa dimension réelle, qu'il est troué. Tout se passe comme si la science spontanément redonnait une nouvelle chance à ce que le semblant fonctionne de manière consistante. Mais elle en oublie le versant trou ; elle se présente comme susceptible de discréditer la parole dans sa dimension de semblant, mais c'est pour occuper sa place d'une manière davantage encore plus consistante.

Il s'agit donc bien, pour la science, de reconnaître – ou non – sa dette à l'égard de la parole[68]. Comme nous l'avons déjà évoqué, c'est notre lecture de ce que Lacan indiquait en 1966, soit *réintroduire le Nom-du-Père dans la considération scientifique*. Ce qu'il faut entendre, non pas comme réintroduire du religieux, mais réintroduire la dimension de trou grâce à ce concept tel qu'il était à ce moment-là élaboré.

C'est une invitation à repositionner d'où soutenir sa parole lorsque la considération scientifique se présente comme ce qui peut tenir lieu d'appui mais en introduisant la méprise que cet appui

67. J. Lacan, *Séminaire RSI*, 15 avril 1975, inédit.
68. Voir à cet égard R. Gori et C. Hoffmann, *Essai sur la propagande scientifique*, Toulouse, Érès, 1999.

autoriserait à s'émanciper du semblant. Charge alors pour la psychanalyse de réintroduire ce dernier sans pour autant faire appel à la dimension de bouchon du Père de la religion.

Nous pourrions d'une autre façon encore illustrer ceci ; en somme, le fonctionnement du « nommer à » inscrit un point d'appui qui se présente comme ne reposant pas sur le vide, sur le trou ; de ce fait, paradoxalement le sujet a du mal à s'en départir puisque le mode d'emploi pour s'en servir se réduit à ne pouvoir que se réfugier sous une assignation. Le Nom-du-Père, en revanche, implique bien le trou ; il réussit l'opération grâce à laquelle je peux me soutenir du vide. Mais la manière dont se présentait la référence au Nom-du-Père dans la tradition masquait la structure de cette opération en se soutenant du Père de la religion et du patriarcat pour la légitimer. Le fait qu'aujourd'hui, cet appui ne soit plus fonctionnel contraint le sujet à assumer la chute du masque. Cette difficulté risque d'être esquivée en profitant de la certitude fournie par la science pour re-occulter la structure ainsi dénudée. Ce faisant, c'est à nouveau à une consistance que nous avons affaire. Mais une consistance qui s'est émancipée du semblant qui la régit. Nous soutiendrons ici qu'entériner purement et simplement cet évitement serait la procédure que Lacan indiquerait comme le signe d'une dégénérescence catastrophique.

Du Nom-du-Père aux noms-du-père

L'objet n'est pas ici de déplier davantage l'évolution du concept lacanien de Nom-du-Père, mais il nous importe néanmoins de montrer comment la pluralisation en noms-du-père, que Lacan introduit, constitue dans le même mouvement une description plus pointue de la structure et ce qui permettrait de faire antidote à ce qui pourrait être qualifié de « dégénérescence catastrophique » dans le social.

Lorsque Lacan passe du singulier du Nom-du-Père au pluriel des noms-du-père, il change manifestement le statut donné jusque-là à l'intervention du père. Rappelons-nous d'abord que, pour Freud, l'Œdipe est le mythe universel, qui vaut pour tous ; tout sujet est dans l'Œdipe, du moment qu'il n'est pas dans la psychose. L'un des premiers travaux conceptuels de Lacan a été de formaliser l'Œdipe et d'introduire le Nom-du-Père, comme agent de la métaphore paternelle. Le passage de Freud à Lacan est, comme nous l'avons déjà indiqué, celui du mythe à la structure, mais ce premier remaniement garde le point de vue de l'universel. Jusqu'au séminaire empêché suite à l'excommunication de 1963 intitulé précisément *Les noms du Père*, il n'y avait qu'*un* signifiant du Nom-du-Père, qu'*un* seul père pour tous, qu'*une* seule manière d'inscrire le sujet dans la Loi du langage. Bien sûr, le Père pouvait se présenter de manières différentes, mais cela ne changeait rien à sa dimension d'universalité.

En revanche, avec la pluralisation, Lacan fait émerger que ce n'est plus nécessairement le même signifiant qui opère pour tous ; il prend désormais le parti du particulier, et non plus celui de l'universel. Dans le cas de figure où il n'y a pas de psychose, le sujet a pu disposer d'un signifiant qui lui a servi de signifiant de père, et la tâche d'un chacun pourra alors consister à identifier le – ou même les – trait qui lui a permis de s'inscrire dans la structure du langage.

Nous pouvons donc dire qu'avec cette pluralisation, Lacan fait émerger une autre modalité de la fonction paternelle : non plus le même Père pour tous, mais à chacun le sien. C'est un signifiant-maître, un S_1 qui assure au sujet son inscription dans l'Autre. Autrement dit, plus seulement dans le Symbolique, un signifiant, mais une lettre, et cette fois dans le Réel. C'est une trace, une marque, qui écrit une jouissance particulière. Dans *Lituraterre*, Lacan parle d'un *ravinement*. La lettre, c'est ce qui pour chacun vient faire creux, comme la pluie ravine, et qu'à force de raviner, elle creuse un relief qui va faire trace de son passage. Nous en finissons donc là avec la prédominance d'un signifiant, le Nom-du-Père. Ce n'est plus le Père qui noue ensemble les trois registres, Réel, Imaginaire et Symbolique comme c'était le cas au début de l'enseignement de Lacan. Étant donné l'affinité du Père avec le Symbolique, cette lecture équivalait à donner un statut de clef de voûte au Symbolique. L'intérêt de cette évolution conceptuelle est de trouver désormais un point de butée ailleurs que dans le seul Symbolique, ailleurs que dans la primauté donnée au Symbolique. Le registre du Réel n'est alors plus seulement ce qui excède au Symbolique et à l'Imaginaire. C'est ce qui toujours échappe au discours, mais qui, de lui échapper, l'arrime. C'est tout le passage à la théorie des nœuds qui est ici indiqué comme en pointillés : le nœud borroméen noue Réel, Imaginaire et Symbolique sans donner de prévalence à l'un des registres et c'est la structure même du nœud qui lui donne maintenant sa consistance. Une chose est d'avoir comme repère un poteau indicateur, une autre est de repérer qu'un chemin s'est tracé du fait du passage.

Donc, plus de nécessité, en passant du Nom-du-Père aux noms-du-père, de disposer d'un signifiant qui fasse référentiel identique pour tous, mais possibilité de repérer, au cas par cas, ce qui a fait point de butée pour chacun en particulier. Dans un mouvement de renversement rétroactif, on pourrait presque dire que le Nom-du-Père est alors réduit à n'être plus qu'une des modalités possibles des noms-du-père.

La différence entre le chef d'un orchestre symphonique et le premier violon dans un orchestre jouant un concerto pourrait bien illustrer cette modification. Pour interpréter une symphonie, l'orchestre ne se passe pas d'un maestro qui dirige l'ensemble des musiciens, mais, lorsqu'il s'agit de jouer un concerto, la quinzaine de musiciens s'organise autour par exemple du premier violon, celui-ci est à part entière dans l'orchestre au même titre que les autres, et en même temps occupe une place de signifiant-maître. La place du chef reste par ailleurs vide, et le chef d'un tel orchestre – qui n'est pas nécessairement le premier violon – se résume à n'être que l'organisateur administratif de l'orchestre et n'intervient pas sur le contenu musical. Il s'agit bien dans cet exemple d'un fonctionnement qui se passe du Nom-du-Père tout en s'en servant. Plus de personnage central qui dirige les opérations, mais la structure de la direction est toujours reconnue et occupée par un parmi d'autres qui se légitime des nécessités de l'écriture musicale.

C'est ce dispositif qui nous fait dire que c'est comme si Lacan avait pris acte de l'évolution du social dans son évolution conceptuelle puisque, ce faisant, il anticipe une réponse au désarroi actuel en proposant une clinique au-delà du Nom-du-Père, une clinique qui se passe du Nom-du-Père… tout en s'en servant. En fait, il prend acte de ce que le Nom-du Père n'a plus la même opérabilité qu'auparavant, qu'avec le développement conjoint de la science, de la démocratie et du capitalisme, la fonction de repère unique qui valait pour tous est en voie de disparition, mais, dans le même mouvement, en pluralisant le Nom-du-Père, Lacan anticipe et fournit l'antidote au désarroi qui pourrait résulter de cette mutation puisqu'il nous fait entendre que la modalité de la référence centrale et unique du Père – du chef d'orchestre – n'est pas nécessaire au fonctionnement de l'appareil psychique. Elle n'est qu'une organisation contingente. En revanche, il convient toujours de se servir de la place qui peut faire référence.

En ce sens, l'ouverture est nette : non seulement le Père du patriarcat n'est pas indispensable pour transmettre la tiercéité ; il n'est qu'une contingence historique, mais, de plus, c'est l'enjeu de la modernité[69] que de *se passer du Nom-du-Père... à condition de s'en servir.* En effet, comment entendre cet aphorisme lacanien, sinon justement qu'il met le sujet au défi de se passer de la consistance que procurait le tout-phallique pour désormais se soutenir d'un fonctionnement pas-tout phallique, mais sans pour autant prétendre s'émanciper de l'instance phallique. « C'est de l'élaboration du pas-tout qu'il s'agit de frayer la voie », précisait Lacan dans le séminaire *Encore.*

DES NOMS-DU-PÈRE AUX NON-DUPES ERRENT

Un tel programme est cependant loin d'être simple. Et Lacan lui-même ne nous laisse-t-il pas entendre que cette avancée n'est pas sans risques nouveaux pour l'appareil psychique ? Rappelons qu'il commence la première séance de son séminaire *Les Non-Dupes errent* par cette avancée qui présage de la suite qu'il développera dans son questionnement sur le sinthome, à savoir que « de l'équivoque qu'autorise la langue française – dont il nous dit aussi que *c'est la richesse qui la caractérise – entre* non dupes errent *et* noms du père, il y va du même savoir : dans les deux cas, c'est le même savoir, ce n'est pas le même sens ». Et il ajoute : « Ne croyez pas [à propos de ce

69. De tels enjeux s'étendent bien au-delà de ce que nous en disons ici. Évoquons à cet égard le conflit israélo-palestinien dont D. Sibony disait très justement : « Le fait que les deux entités puissent exister comme souveraines est un enjeu dont la portée est rien de moins que d'arriver un jour à décoller le symbolique du religieux », dans *Libération*, 30 octobre 2000.

rapprochement, de cette identité phonématique entre *noms du père* et *non dupes errent*] qu'il n'y ait pas d'énigme pour moi-même, et c'est bien de ça dont il s'agit[70]. »

Il y aurait donc un même savoir dans cette pluralisation du Nom-du-Père en *noms du père* qui peut aussi s'entendre *non dupes (qui) errent.* Mais que recouvre ce double sens ? D'abord, que désigne la catégorie de ces non-dupes qui errent ? « Ils sont, nous dit Lacan, ceux ou celles qui se refusent à la capture de l'espace de l'être parlant, ceux qui en gardent, si je puis dire, leurs coudées franches », et il précise « [qu'] il en résulte l'absolue nécessité d'une, non pas errance, mais erreur. C'est à savoir que pour tout ce qui est de la vie et du même coup de la mort [...] leur vie n'est qu'un voyage ». Ne devons-nous pas entendre ici une autre façon de parler de l'absence de subjectivation ?

Mais laissons là cette question pour en revenir à ce qui nous préoccupe : en pluralisant – et nous entendons cette pluralisation comme une avancée théorique en phase avec l'évolution du social – le singulier du Nom-du-Père en noms du père, une équivoque s'introduit, deux sens différents pour un même savoir : soit que d'en passer du Nom-du-Père aux noms du père, s'introduit la possibilité que des non-dupes errent. Faisons l'hypothèse que l'errance – mais aussi l'erreur[71] – a donc directement à voir avec cette parcellisation du Nom-du-Père. Pour le dire autrement, le neuf dans l'Histoire consisterait en ce que désormais le sujet voit une nouvelle position subjective se poindre à son horizon, plus seulement celle de consentir – la conflictualité impliquant le consentement de fait – au Nom-du-Père, ou au contraire d'en forclore le signifiant, ou encore de lui dénier toute valeur, mais celui de se défendre du déclin de sa consistance par l'errance.

Ne pouvons-nous pas alors conjoindre cette errance avec la survenue d'un « nommer à » ? Précisément, se mettre à l'abri sous l'assignation d'un « nommé à » se fera au prix de ne plus disposer de son aptitude à la subjectivation à laquelle autorisait et contraignait la référence au Nom-du-Père. C'est une nouvelle position psychique

70. J. Lacan, *Séminaire XXI, Les Non-Dupes errent,* séance du 13 novembre 1973, inédit.

71. Pensons à cet égard aux baleines qui viennent échouer sur les plages, comme cela a été évoqué plus haut.

qu'induit la substitution du « nommer à » au Nom-du-Père. En effet, il s'agit alors du maintien d'une hypothèque sur la subjectivation qui trouve sa justification et sa légitimité dans le social lui-même.

Pourquoi ne pas se contenter de vivre sans s'engager, pourquoi ne pas poursuivre en surfant sur la langue comme dans le Rap ou sur Internet ? Pourquoi ne pas zapper, l'essentiel de son temps, sur une console de jeux ou un ordinateur ? Pourquoi ne pas rencontrer l'autre seulement dans l'imaginaire du virtuel ? Pourquoi ne pas rester dans un univers fictif tel celui des bandes dessinées et des dessins animés ? Pourquoi ne pas rester sous la bannière de ce que Lacan a pu épingler sous le terme d'*enfant généralisé*[72] ? Puisque tout cela n'est que le signe de l'adhésion sans conditions de celui à qui tout cela est proposé par la société de consommation. Aucun « Non ! » ne lui est là demandé, seulement un acquiescement. Bien sûr, nous pouvons y lire tous les traits de l'adolescence d'aujourd'hui : non plus la période d'initiation ou de l'épreuve, mais celle d'une longue préservation de la confrontation à la réalité et à ses conséquences, du maintien dans l'enfance précisément. Il ne s'agit d'ailleurs pas tant d'une errance délibérée que d'une défense contre ce à quoi le sujet n'est précisément pas préparé de par la procédure du « nommer à », à savoir se soutenir du vide pour chercher sa voie – ou sa voix –, consentir à lâcher l'assignation de la berge pour prendre le risque de nager.

Processus éminemment complexe et qui s'auto-entretient, puisqu'à la fois, il émane de ce que le social offre – le « nommer à » – et de ce que le sujet s'y engage en adhérant à ce fonctionnement ; ce faisant, il se rend de plus en plus difficile l'autre voie – celle du Nom-du-Père – et donc renforce son erreur ; celle-ci entretient la demande sociale, et lui revient sous la forme d'une nouvelle offre encore plus contraignante à laquelle il pourra encore un peu moins éviter de répondre, tout ceci amenant un effet d'entraînement dont on voit mal ce qui pourrait l'arrêter, ceci d'autant plus qu'il présente l'avantage certain de servir de carburant à l'économie capitaliste.

---

72. J. Lacan, « Discours de clôture des journées sur les psychoses chez l'enfant », « Enfance aliénée II », *Recherches*, décembre 1968. Nous remercions Sylvain Gross de nous avoir remis cette formulation en mémoire (cf. « Épinglerons-nous l'époque moderne du terme de l'enfant généralisé ? », dans *Carnets de l'École Sigmund-Freud*, n° 31, automne 2000).

Nous proposons de décrire ce processus comme une virtualisation du Nom-du-Père. Ce dernier reste en fait bel et bien inscrit pour le sujet, mais comme maintenu inopérant, ne lui servant à rien. Bien sûr, ce sujet pourrait sans doute à tout moment en retrouver l'usage, mais, pour ce faire, il devrait d'abord rompre avec le maintien de cette latence, lever l'hypothèque, renoncer au leurre du mécanisme qui l'a assigné à cette place, donc y mettre sérieusement du sien là où il a été précisément autorisé à s'absenter, autrement dit, il lui faudrait enfin consentir à subjectiver, ce que, précisément dans une telle conjoncture, il avait pu et voulu jusque-là esquiver.

Un tel dispositif amène sans doute certains à faire de cette errance un trajet singulier auquel il peut être donné en fin de compte un nom propre. « Est-ce que nous ne pouvons pas concevoir le cas de Joyce comme ceci ?, se demandera Lacan, à savoir que son désir d'être un artiste qui occuperait tout le monde, le plus de monde possible en tout cas, est-ce que ce n'est pas exactement le compensatoire de ce fait que, disons, son père n'a jamais été pour lui un père. Que non seulement il ne lui a rien appris, mais qu'il a négligé à peu près toute chose, sauf à s'en reposer sur les bons pères jésuites, l'Église diplomatique. [...] Est-ce qu'il n'y a pas quelque chose comme une, je dirais, compensation de cette démission paternelle ? De cette *Verwerfung* de fait[73] ? »

Le fait que la fonction du père réel soit plus difficilement opérante, faute de la légimité qu'autorisait la référence à la tradition par exemple – ceci ne voulant pas dire qu'il n'y a d'autre issue que de la restaurer – oblige très certainement le sujet à inventer en s'appuyant sur ce qui a fait nom-du-père pour lui, c'est-à-dire à se passer du Nom-du-Père tout en s'en servant. Mais si ceci a valu pour Joyce sans doute, tout le monde est loin d'être Joyce. Le génie de l'écrivain l'a autorisé – c'est le cas de le dire ! – à devenir l'auteur d'*Ulysse*, mais le destin le plus commun dans un tel dispositif, n'est-il pas de préférer rester « nommé à », de se satisfaire d'une telle assignation et d'ainsi échapper au travail de subjectivation, d'être un non-dupe-qui-erre. Faire entendre sa voix dans un tel dispositif ne peut se faire qu'en assumant une véritable rupture, non par rapport aux autres comme dans la tradition, mais par rapport à soi-même.

---

73. J. Lacan, *Séminaire XXIII, Le Sinthome*, séance du 10 février 1976, inédit.

La manière dont Claire Caumel-Feltin fait ici entendre le fonctionnement de Rosetta en est un exemple probant. Car si ce que nous décrivons comme mécanisme à l'œuvre engendre une multiplicité de comportements (dont tout ce volume est paradigmatique), il n'en reste pas moins que cette errance habite d'une manière spécifique certains sujets et les amène à se présenter cliniquement de manière plutôt déconcertante.

Comment entendre, en effet, ce sujet qui, de ne plus pouvoir prendre appui sur la figure du Père dans le social, se croit abandonné, voire orphelin du Nom-du-Père, qui se fie dès lors à ce « nommer à » mais se trouve de ce fait assigné à un nom en même temps que sans vrai nom, hors dette à l'égard de l'Autre, mis à mal avec la possibilité de soutenir sa parole puisque ne sachant rien de l'engagement que celle-ci implique. Nous ne pouvons que renvoyer ici à l'article de Gérard Amiel qui développe la clinique que ce cas de figure engendre.

C'est tout le rapport à l'Autre qui va en être déterminé : le dispositif transférentiel amenant un tel sujet à d'abord se méfier de l'Autre, à le suspecter, jusqu'à la paranoïä, de vouloir l'intruser. Tout le rapport à l'altérité s'en trouve comme défaussé, non que celle-ci fût garantie dans le système traditionnel, mais parce qu'ici l'altérité ne peut être rencontrée que sur un mode phobique. Une peur radicale de faire l'épreuve de quelque chose à quoi le sujet ne se sent nullement préparé, encore moins irréductiblement contraint, alors que c'est pourtant le cas.

Son errance n'est pas tant le signe de son refus de s'inscrire que son mode de défense pour pouvoir soutenir de ne pas avoir été préparé à la nécessaire inscription dans l'Autre. Nous pourrions évoquer ici la note de Freud dans *Malaise dans la civilisation* où il indique « [qu'] en cachant aux jeunes le rôle que la sexualité jouera dans leur vie, [...] et en ne les préparant pas à l'agressivité dont ils sont destinés à être l'objet, l'éducation ne se comportait pas autrement que si l'on s'avisait d'équiper des gens pour une expédition polaire avec des vêtements d'été et des cartes des lacs italiens ». Nous pourrions paraphraser cette note à propos d'un social qui assimile un « nommer à » au Nom-du-Père.

Dans son séminaire sur *L'Éthique de la psychanalyse*, Lacan posait la question suivante : « La terminaison de l'analyse, du moins de celle qui prépare à devenir analyste, ne consisterait-elle pas à laisser l'analysant affronter cette détresse, appelée par Freud *Hiflösigkeit*, et qui, parente de l'expérience du désarroi absolu, est la limite où l'homme apprend à toucher au terme de ce qu'il est et de ce qu'il n'est pas. » La question que nous pourrions poser avec l'errance conséquente à l'évincement du Nom-du-Père, c'est de nous demander si la confrontation à l'*Hiflösigkeit*, au sans-recours, n'est pas aujourd'hui d'emblée rencontrée comme modalité d'existence et donc avant même toute cure. N'avons-nous pas souvent l'impression que ce sans-recours est premier, qu'il est mis à l'avant-scène ? Ce sans-recours qui justement est parfois représenté par l'absence de toute demande. Nous renvoyons d'ailleurs ici aux conséquences que Jean-Pierre Jacques en tire pour saisir les enjeux des thérapeutes des déçus de la parole.

N'avons-nous pas en effet de plus en plus souvent affaire, et nous reprenons volontiers ici une formule de Daniel-Robert Dufour, à un *sujet supposé ne rien savoir* ? L'auteur de *Folie et démocratie* évoque l'histoire de ce patient qui avait mis son chien mouillé dans le four à micro-ondes et dont il avait tragiquement constaté l'implosion quelques secondes plus tard, raison pour laquelle il avait évidemment adressé un procès au fabricant de fours à micro-ondes. (C'est la raison aussi pour laquelle une notice indique désormais qu'il ne faut pas mettre quoi que ce soit de vivant dans l'appareil, car cela pourrait entraîner sa mort.)

Cette position dont bien sûr on peut rire, dont nous sourions d'ailleurs tous, est en même temps la position de l'errant dans la mesure où ce dernier est comme décapité de son propre savoir face à l'inflation de connaissances qu'il ne peut de toute façon pas maîtriser. Chacun de nous peut d'ailleurs expérimenter cela, par exemple lors du maniement d'un magnétoscope ou d'un appareil un tant soit peu sophistiqué.

Le social d'aujourd'hui produit ce sujet coupé de son savoir propre. Sujet qui est mis en demeure de savoir avant même d'apprendre, ou sans posséder les moyens psychiques pour apprendre. « Aujourd'hui, on demande aux enfants de savoir lire et écrire avant même de l'avoir appris », indiquait une institutrice : une manière de faire véritablement ingurgiter un savoir-faire à un sujet, mais en le décapitant de sa position de sujet. L'énonciation est rétrécie, si pas étranglée par l'ampleur des connaissances ; de vouloir qu'elle s'autorise d'un ensemble cohérent d'énoncés, la position de sujet devient de plus en plus difficile à occuper et l'une des manières de résister à cette injonction de savoir serait peut-être bien cette position de dire : « Je ne sais plus rien. » En poussant un peu les choses, il faudra bientôt des formations à la mortitude. Puisque évidemment, le système du marché aidant, quand les sujets ne savent plus rien, il faut des formations pour leur inculquer ce qu'ils doivent dire, faire et penser. Et peut-être faudra-t-il bientôt leur apprendre qu'ils sont mortels, parce que cela n'aura pas été écrit dans le mode d'emploi qui aurait dû être donné à la naissance.

Repérons à cet égard combien l'oralité est ici une jouissance pulsionnelle éminemment opportune puisque c'est elle qui éradique le mieux la castration, en l'occurrence davantage encore que le regard puisque le gavage oral est précisément ce qui est à même de tuer le désir dans l'œuf.

Nous voyons donc aujourd'hui un sujet d'emblée *sans recours,* à l'envers de ce que Lacan indiquait. Mais de quelle nature est ce sans-recours ? Nous dirons que c'est un sans-recours quant à la possibilité d'en appeler aux mots de l'Autre. Est-ce du fait de cette substitution du « nommer à » au Nom-du-Père ? Certains sujets sont restés comme partiellement au moins inentamés par l'empreinte phallique avec la conséquence que, pour eux, il ne s'agit pas tant d'un innommable toujours rencontré en bout de course que d'un innommé qui les fait désespérer d'une possible nomination. À cet endroit, l'amorce devra être faite par l'analyste ou par l'interlocuteur, car c'est la seule voie pour qu'apparaissent ces zones qu'on ne peut même pas appeler mortes mais qu'il faudrait appeler non nées, parce qu'elles ont purement et simplement été laissées dans le « sans nom ». Pensons par exemple aux mutiques des films de Bruno Dumont. En amorçant ainsi la parole, le risque est grand sans doute d'injecter ses propres fantasmes ; gageons que ce risque mérite néanmoins d'être couru car mieux vaut être mal nommé que pas nommé du tout.

Il faudra en effet apprécier judicieusement en quoi, de ne plus être des enfants du père, d'être devenus des enfants de la science, ces sujets sont enclins à n'être que des enfants de la mère, seulement de la mère. Cependant, formulée de cette manière, l'idée suppose encore une inscription dans la généalogie de la parole, alors qu'il s'agit d'entendre qu'aujourd'hui ces sujets sont bien plus des enfants sans nom, innommés, sans recours possible aux mots de l'Autre.

Leur donner comme programme de devenir des enfants du père peut être en soi une excellente intention ; mais n'oublions pas qu'à cet égard, il s'agit de leur redonner leur chance en tant qu'enfants de leurs deux parents. Ne viser qu'à en faire des enfants du père équivaudrait à vouloir les faire entrer de force dans une structure dont ils ne peuvent que se défendre. Il s'agit bien plutôt d'accepter de les rejoindre là où ils sont encore dans le corps à corps, dans le hors-langue.

Une autre erreur dans le maniement du transfert avec de tels sujets consiste à se contenter d'attendre qu'ils consentent, car ils ne peuvent consentir qu'au travers d'une rencontre qui leur donne à entendre qu'une alternative est possible et qu'elle est praticable, d'être mise à l'épreuve grâce à l'aide de l'Autre.

Pour Suzanne Ginestet-Delbreil, ces non-dupes sont hors du champ de la représentance, comme s'ils ne s'étaient pas approprié la langue dans toutes ses fonctions. Ce serait la fonction sémantique – l'acte individuel d'appropriation de la langue qui, selon Benveniste, introduit celui qui parle dans la parole – qui serait en souffrance. Comme si l'objet n'avait pas été exclu de la langue. C'est en ce sens que les non-dupes se caractériseraient par un langage qui ne permettrait pas la subjectivation [74].

Voir les choses ainsi nous permet de saisir pourquoi nous sommes aujourd'hui témoins d'une intensification du passage à l'acte, à entendre non seulement comme court-circuit d'une possibilité de parole, mais aussi comme seule voie restant pour celui qui ne sait plus ce que parler implique. Nous percevons très bien aussi comment, de ce fait, toute tentative de favoriser la symbolisation est spontanément, si pas vouée à l'échec, en tout cas bien délicate puisqu'il ne s'agit que d'un replâtrage tout à fait aléatoire, que d'un travail de surface.

De la même façon, nous pouvons penser que le clivage sera préférentiellement à l'œuvre dans une telle configuration psychique. Seule manière de maintenir ensemble ces deux mondes hétérogènes

74. S. Ginestet-Delbreil, « D'un avant de la perversion », dans *La Disposition perverse*, sous la direction de P. Guyomard, Paris, Odile Jacob, 1999, p. 240.

que sont celui sous l'égide du Nom-du-Père et celui du « nommer à ». L'incapacité de laisser se décanter le travail d'élaboration psychique, la perpétuelle obligation de réagir à ce qui ne peut apparaître que comme un empiétement, amènent aussi ces sujets à sans arrêt bouger, ainsi que le fait Rosetta dans le film des frères Dardenne. Cet incessant mouvement a sans doute pour objectif de masquer l'inexistence d'un arrimage qui permettrait au sujet de se sentir exister tout en lui fournissant l'illusion qu'il est en train d'œuvrer à cette fin.

Dans la suite de ce volume, nos collègues développeront le tableau diversifié de cette organisation et des réactions singulières qui en résultent. Nous n'avons voulu ici qu'indiquer comment les modifications sociales pourraient bien avoir transformé la donne constitutive de l'inconscient du sujet, comment la crise de la représentance phallique dans laquelle nous sommes plongés favorise la suspension de la transmission phallique d'abord, mais de ce fait hypothèque aussi le procès de la subjectivation.

Nous pouvons maintenant terminer par deux points cruciaux : quelles conséquences pouvons-nous tirer de tout ceci pour les rapports entre le lien social et ce sujet errant et, dans le même mouvement, quelles conséquences devons-nous en tirer pour la pratique de l'analyste, pas seulement dans la cure mais aussi lorsque celui-ci consent à quitter son fauteuil.

De la promotion d'un nouveau pacte social

Dans un article remarquable[75], Miguel Abensour se demande si la critique arendtienne de la domination totale qui a donné naissance à son ouvrage le plus connu *Les Origines du totalitarisme* contient ou non une problématique de la servitude volontaire. Cette référence à La Boétie est sans aucun doute capitale pour saisir les enjeux du monde dans lequel nous vivons depuis la mutation de la modernité. Certes La Boétie désignait bien à l'époque dans son

75. M. Abensour, « Hannah Arendt : la critique du totalitarisme et la servitude volontaire ? », dans *Le Goût de l'altérité, hommage à Eugène Enriquez,* Desclée de Brouwer, Paris, 1999, p. 29-52.

ouvrage le rapport au tyran, mais avec Claude Lefort et sa lecture du politique comme articulé au social par le biais du symbolique[76], le ressort décrit par La Boétie peut venir à l'aide de la compréhension du régime totalitaire, fût-il démocratique[77].

Ce que nous pouvons en effet montrer, c'est comment la servitude volontaire, loin d'être une spécificité seulement politique, est au cœur même de la structure du sujet. La manière dont un sujet se constitue par rapport à ses premiers autres est décisive. C'est toujours dans le matériau de l'Autre qu'il se structure et tout le travail de la mise en place de la signification phallique, clef de la possibilité de subjectivation, ne correspond à rien d'autre qu'à la possibilité de se constituer une pensée propre à partir d'un magma commun. De la jouissance peut ainsi émerger le désir. La psychose manque cette opération, le névrosé la réussit mais ne se résigne pas à ses conséquences, le pervers l'avalise mais dans le même mouvement la dénie. Nous avons longuement décrit comment les modifications introduites dans le social suite à l'incidence du discours de la science mettent le sujet contemporain au défi de trouver dans le seul logos de quoi soutenir son énonciation, contraint à faire de lui-même les ruptures qui s'imposent. Le déclin du patriarcat n'est pas sans effet sur le trajet de certains : tout se passerait comme si un appui leur manquait et comme si le sol s'était, de ce fait, dérobé sous leurs pas. Ceci les engage dans ce que nous avons appelé une expérience limite où, à l'instar des situations organisées par un réel dévastateur, les sujets sont contraints à ne pouvoir trouver qu'en eux-mêmes les ressources qui leur permettront de poursuivre leur route.

Ne pouvoir s'appuyer que sur un nom-du-père qui n'a plus valeur universelle semble amener certains à se défendre par l'errance. Comme l'indique très bien Brigitte Lemérer, « Que le destin de sujets – pas de tous mais de "tant" – puisse se tramer, non plus à partir du manque énigmatique de l'Autre d'où ça laisse à parler et à désirer, mais à partir de ce prêt-à-porter des fonctions sociales avec ce qu'elles comportent d'enjeux de marché et de foire d'empoigne,

---

76. Nous renvoyons à ce propos à l'excellent ouvrage de H. Potier, *Passion du politique – La pensée de Claude Lefort.* Genève, Labor et Fidès, 1998.

77. Allusion ici à la formule utilisée plus haut pour désigner notre fonctionnement social, à savoir celle de démocraties totalitaires.

peut nous aider à saisir ce qui se trame dans l'errance. C'est une hypothèse qui nous permet de mesurer comment un certain nombre de manifestations de marge, de marginalisation ou d'errance, pourrait bien être la réponse désespérée par laquelle un sujet tente d'échapper à l'anonymat et à l'écrasement du désir que peut représenter son destin de fonctionnaire, une tentative de situer hors des enjeux de marché son existence de sujet[78] ».

Pour d'aucuns, seule réponse possible à la déception de ne pouvoir compter sur l'appui que fournit le même Père pour tous ; mais aussi seule réponse possible pour contrer l'assignation anonyme du « nommer à ».

Comme c'est toujours un travail psychique pour le sujet que de s'extraire de son engluement dans l'Autre pour se soutenir comme sujet, relevons que c'est de ne pas assurer cette rupture qui fait servitude volontaire. Hier, celle-ci servait la tyrannie d'un quelconque qui se mettait en position d'exception. Aujourd'hui, la servitude volontaire se situe à l'égard de cette assignation via le « nommer à » et sert le fonctionnement anonyme du social. Dans un tel contexte, l'errance se présente à la fois comme défense et comme invention, ainsi que le fait bien entendre Chantal Brandt-Gaborit à propos de l'errance des jeunes.

En évoquant leur pratique courante de s'appeler d'un surnom, celle-ci précise : « Le sujet affublé d'un tel surnom est alors sommé d'habiter cette demeure qui le représente si bien métonymiquement. Ils tentent ainsi d'éviter l'opération symbolique de la métaphore paternelle qui nous loge dans une demeure empruntée, celle d'un patronyme qui ne nous représente pas. Refuser d'habiter cette demeure empruntée qu'est la métaphore, là est leur errance. » Effectivement, tout se passe comme si le social, en leur proposant la nomination métonymique du « nommer à » en lieu et place de la nomination métaphorique du Nom-du-Père, leur avait ouvert la voie d'éviter les conséquences du Nom-du-Père, mais surtout se dérobait à leur fournir la consistance du semblant. Trahison en quelque sorte, mais d'une manière qui ne leur laissait pas le temps de métaboliser l'irréductible trahison. Trahison venant du Père avant même que les fils ne puissent assumer de trahir.

78. B. Lemérer, « De l'errance », dans *Où en est la psychanalyse ?, op. cit.*, p. 125.

Le dévoilement social de la fiction du père la fait glisser de la catégorie du semblant vers celle du factice, et elle devient de ce fait non fiable. C'est bien là la trahison à laquelle ne peut faire face celui qui dès lors se tourne vers l'errance. Errer pour ne pas participer à ce qui n'apparaît plus que comme une mascarade, mais aussi errer pour échapper à l'assignation creuse d'une fausse nomination.

Pourtant, à y regarder de plus près, la sortie de l'orbite de l'Autre n'est jamais complètement réalisée, c'est un chemin à toujours poursuivre. Le passage du sans-nom au nommé est la tâche de l'humain, à chaque jour de son existence. En ce sens, nous pourrions dire que le Nom-du-Père n'est jamais accompli, et que ce n'est pas tant son universalité qui compte que sa procédure à chaque fois singulière. Comme nous l'avons déjà dit, le Nom-du-Père peut alors n'être plus qu'un des noms-du-père, ceci impliquant que la trahison est déjà prévue au programme ; donc, plus besoin de disposer d'un signifiant d'exception valable pour tous, il suffit de faire fonctionner un signifiant quelconque à la tâche qui nous est à tous commune.

Nous pourrions comparer le destin du sujet dans le social au lecteur de l'écriture hébraïque, écriture consonantique qui impose d'emblée à celui qui lit de s'engager singulièrement dans sa lecture, étant donné qu'en lisant, il est obligé de choisir les voyelles qu'il introduit dans le texte. Dès lors, il ne peut pas lire en s'appuyant sur un quelconque universel, mais en revanche doit à chaque fois décider de manière privée. Par contre, la langue française, qui s'écrit avec un alphabet vocalique, prescrit *une seule* lecture, même si, à partir de celle-ci, diverses interprétations peuvent être faites. Il est donc possible de compter sur son universalité : il suffit de la lire pour que nous sachions ce qui est commun.

Ce qui nous intéresse dans cette comparaison, c'est de faire remarquer que la structure de l'écriture, selon qu'elle est consonantique ou vocalique, influencera la façon dont elle va ou pas solliciter le sujet, et donc exiger l'engagement subjectif d'un chacun. En l'occurrence, une société où prévaut l'écriture de la science fonctionnerait comme se référant à une écriture vocalique alors que la société religieuse renvoyait, elle, davantage à une écriture consonantique où l'engagement du sujet allait de soi.

En poursuivant l'exemple, nous pourrions avancer que tout se passe comme si en passant à une écriture scientifique, nous avions cru pouvoir nous débarrasser de la parole toujours suspecte d'arbitraire. Il n'était dès lors plus possible de faire appel à *la preuve par la parole*, comme le dit Roland Gori. Pourtant, en y regardant de plus près, il suffirait de reconnaître à l'écriture scientifique un statut d'écriture consonantique pour penser un nouveau pacte entre la parole et l'écrit. Là où dans la société religieuse, la parole était majeure, dans la société scientifique, c'est l'écrit, c'est la lettre qui est majeure. Mais cette prévalence nouvelle de la lettre n'annule nullement la fonction de la parole. C'est une erreur de penser que nous nous sommes affranchis de la dimension de la parole et de ses conséquences.

En nouant autrement l'écrit de la science, en reconnaissant qu'il s'agit d'un réel déjà symbolisé, donc qui implique la référence au symbolique de la parole, il y a moyen de restituer une légitimité à soutenir sa parole, et cela sans aucunement faire l'impasse sur ce que la science a pu écrire.

Proposer un nouveau pacte entre la parole et l'écrit, en traitant l'écriture de la science comme une écriture consonantique dans laquelle il reste incontournable que le sujet s'engage, serait à notre sens une manière de *réintroduire du Nom-du-Père dans la considération scientifique*. Non plus un Nom-du-Père qui trouve sa consistance dans son articulation au patriarcat, mais un de ces noms-du-père dont l'usage signifie que le fonctionnement de la représentance phallique est toujours en vigueur, même si c'est désormais à chacun au singulier de prendre en compte la procédure par laquelle s'est mis en place le monde commun.

Or ce qui est la caractéristique de notre temps, c'est de penser quitter la représentance phallique, rejoindre la certitude certaine, se débarrasser de l'asymétrie et de la place d'exception. Ce faisant, ainsi que le rappelait Charles Melman, « le sujet va quitter une économie psychique pour une autre. Cette économie psychique qu'il va quitter, c'est l'économie propre au langage, celle qui est mise en place par le langage, et il va la quitter pour une économie désormais régie par le signe. Et c'est cette mutation qui va le rendre étranger au lien social dans la mesure où c'est le discours, c'est-à-dire ce qui est soutenu par le langage, qui, ce lien social, l'établit[79] ».

---

79. C. Melman, « Évaluation de l'action des drogues », dans *Le Trimestre psychanalytique*, nº 2, 1997, p. 162.

Telle est, en effet, la cause du délitement du lien social, ainsi que le rappellera Jean-Paul Hiltenbrand dans ce qui sert ici de postface. Il ne s'agit pas de récuser cette économie du signe, pas plus que de la dénigrer comme archaïque ou prégénitale mais bien plutôt de mesurer que c'est de ne vouloir être que dans la seule économie du signe qui induit la dégénérescence catastrophique. Économie du signe et économie du signifiant sont comme les deux faces mœbiennes de l'économie psychique ; l'économie du signifiant, du Nom-du-Père, met au centre l'absence, toujours déjà au creux de la présence, du seul fait de l'existence de la parole, de la perte d'immédiateté qu'implique le langage ; c'est en ce sens qu'elle peut aussi être dite toute phallique, alors que l'économie du signe met plutôt au centre la présence, elle tolère d'ailleurs mal l'absence ; à elle seule, elle ne peut pas pour autant être dite pas-toute phallique, car ce qui est pas-tout, c'est d'être moébiennement articulé, et ce qui est tout-pas, hors sexe, c'est de n'être que dans une telle économie, hors semblant, hors représentance phallique.

De quelques conséquences pour ce qu'il en est du désir de l'analyste

Tout ce qui précède ouvre sans doute davantage de questions que cela ne propose de réponses. Relevons cependant, pour conclure, quelques traits – parmi d'autres – qui nous semblent des conséquences directes de ce qui précède : si l'errance est favorisée par la pluralisation des noms du père, et si c'est le processus que nous avons appelé virtualisation du Nom-du-Père qui organise la réalité psychique de ces sujets errants, comment se met en place le transfert ? Quels processus psychiques s'organisent pour maintenir cette virtualisation effective ? Comment entamer une telle défense constitutive du sujet ? Et pouvons-nous même parler à ce moment-là de transfert [80] alors que nous sommes encore dans l'innommé ? Un tel cas de figure ne réinterroge-t-il pas d'une manière radicale la technique analytique elle-même, dans la mesure où il est évident que

80. Nous renvoyons volontiers sur cette question à l'ouvrage de S. Ginestet-Delbreil, *L'Appel de transfert et la nomination* (et plus particulièrement au chapitre consacré à l'appel de transfert), Paris, Interéditions, 1987, p.121-145.

la position de non-dupe ne peut spontanément trouver d'issue dans le dispositif de l'association libre ? Que devons-nous déduire de la nécessité d'amorcer le travail avec ce type de patients et que signifie décrier l'identification à l'analyste comme finalité de cure, s'il nous faut quand même convenir que ce dernier dispose de quelques longueurs d'avance sur le processus de subjectivation ? Par ailleurs, quels points d'arrêt l'analyste doit-il introduire pour que la cure ne soit pas elle-même une manière de pérenniser cette virtualisation ? L'analyste ne doit-il pas s'engager dans ce travail autrement qu'en occupant la place de l'objet – qui ne serait toujours pas exclu de la langue du patient, comme l'indiquait Suzanne Ginestet-Delbreil à titre d'hypothèse –, ce qui d'ailleurs ne le dispenserait pas pour autant d'avoir à l'identifier correctement ?

En somme, la question fondamentale qui se pose, eu égard à l'évolution du social que nous avons décrite, est celle de savoir si la pratique traditionnelle de la cure n'équivaut pas à vouloir soumettre au Nom-du-Père et à son fonctionnement logique tout ce qui émerge dans le contexte actuel et qui se spécifie précisément d'échapper à cette dite logique. Sans vouloir entériner la possibilité de désirer hors Nom-du-Père, il apparaît qu'il va quand même falloir lire ce type d'économie psychique autrement qu'en termes de déficit.

Nous ne pouvons en effet nous contenter, à propos de ces patients, de leur présenter la possibilité d'un sauvetage par le père. Il s'agira bien plutôt, comme le montre par exemple le texte de Maryvonne Febvin, de *renouer avec la parole*, ceci supposant d'abord que le point où en sont ces sujets ne soit pas d'emblée déconsidéré ou dénigré, mais en revanche lu comme une tentative avec les moyens du bord de « faire parole » ; ensuite que leur parole ne puisse s'articuler autrement qu'en renouant les deux économies, et non pas en abandonnant l'une au profit de l'autre ; enfin, que les contraintes de la parole ne puissent appartenir à personne et qu'à ce titre il ne puisse s'en générer aucune aliénation à un autre, mais seulement à l'Autre du langage auquel nous sommes tous soumis, du fait de notre appartenance à *l'espèce humaine*.

Point besoin dès lors d'en rajouter sur la consistance du père, pas plus que de s'en prendre à lui : il est seulement là pour prêter corps aux lois de la parole, ainsi que le rappelle judicieusement Jacqueline Hiltenbrand.

La question centrale de nos interventions auprès de tels patients est bien celle de l'amorce du travail. Fini ici l'accord préalable à partir duquel l'analysant faisait appel à l'analyste, conscient qu'il était de ce qu'il devait engager sa parole et consentir au dispositif qui autorisait le praticien à d'abord et avant tout faire silence pour présentifier au sujet la dimension de sa vérité. Dans une telle organisation psychique, l'entame du travail – mais aussi sa relance – devra être faite par l'analyste lui-même avec le risque d'anticiper l'émergence d'une vraie demande si pas même de devenir lui-même le demandeur ; nous pouvons d'ailleurs faire l'hypothèse que l'absence de toute demande souvent rencontrée aujourd'hui chez les patients n'est que la face apparente de leur défiance à l'égard de la parole.

Il serait peut-être intéressant d'aborder cette différence d'avec la clinique traditionnelle[81] que de plus en plus de cliniciens reconnaissent à l'œuvre dans la pratique quotidienne en avançant qu'il ne s'agit là que de la poursuite d'une controverse présente dès les débuts de l'histoire de la psychanalyse.

En effet, ne pouvons-nous pas relire la querelle Freud-Ferenczi dans une telle perspective ? Ce dernier estimait que tout patient qui demandait de l'aide devait en recevoir et que c'était au psychanalyste d'inventer la manière judicieuse pour répondre au problème qui lui était posé. Comme nous le savons, Ferenczi, en prenant le risque de quitter la voie du maître, allait faire plus d'une bévue que nous reconnaissons aujourd'hui sans trop de difficulté, telle celle de la possibilité d'une analyse mutuelle. Néanmoins, son souci n'était pas nécessairement démuni d'intérêt, loin s'en faut, puisque c'est aussi toujours dans son travail que l'on trouve des pistes pour réinterroger la pratique clinique. Toutes ses tentatives consistaient bien en effet à vouloir se mettre au diapason des patients qui lui étaient adressés. Nous n'allons pas ici contester l'assertion selon laquelle d'une part une telle position subjective peut relever d'un vœu de toute-puissance infantile – le nourrisson savant, c'est Ferenczi lui-même qui l'a introduit –, et que les dérives auxquelles Ferenczi n'a pas pu échapper sont à mettre évidemment sans doute au compte de celui-

81. Nous renvoyons, par exemple à ce propos, à l'ouvrage de Pierre Babin (*La Fabrique du sexe*, Paris, Textuelle, 1999), plus précisément à la troisième et dernière partie, « Le pain quotidien de la psychanalyse ».

ci. C'est d'ailleurs bien ce que pensait Freud lorsqu'il écrivait : « Ferenczi voulait me montrer avec quelle tendresse on doit traiter ses malades si on tient à les aider. En réalité, il était pris dans un processus de régression vers les complexes de sa petite enfance souffrant de n'avoir pas connu l'amour exclusif de sa mère, lui qui était un enfant du milieu au sein d'une large fratrie de onze ou treize. Un manque d'amour qui lui avait infligé une blessure inguérissable de sorte qu'il devint une meilleure mère lui-même et trouva également les enfants dont il avait besoin[82]. » Autrement dit, ce que Freud renvoyait à Ferenczi, c'était bien, selon ses propres propos, qu'il voulait jouer à la mère avec ses patients. Et dans le même mouvement, il entendait les questions de Ferenczi à son propre égard comme des reliquats d'un vœu de mort qui lui était adressé. Ainsi il avançait que Ferenczi se montrait difficile « parce que je suis encore parmi vous », cite Peter Gay dans sa biographie de Freud.

Pour résumer la situation, Ferenczi reprochait à Freud d'être un père trop autoritaire qui n'avait pas assez soutenu l'analyse de son transfert négatif, qui, finalement, ne l'avait pas aidé comme il estimait pouvoir l'être, et qui suscitait un transfert paternel trop exclusif ; une telle attitude de supériorité aurait déclenché chez lui une réaction de dépendance soumise dont il ne serait plus parvenu à se dégager. Autrement dit, Ferenczi reprochait à Freud de se tenir exclusivement sur le versant paternel du transfert ; ce à quoi nous assistons dans cette controverse, c'est alors la réponse en miroir de Freud qui, de son côté, reprochait à son élève de vouloir être une trop bonne mère pour ses patients et d'ainsi glisser sur la pente du maternage.

Si ce que nous avons avancé se tient quelque peu, nous pourrions entendre que cette querelle ne serait rien d'autre que la tentative – avant la lettre – de prendre en compte la double économie à laquelle nous sommes aujourd'hui confrontés. De ce fait, nous pourrions ne pas trop vite assimiler fonction maternelle et maternage. En effet, l'une des conséquences de la formulation de Lacan est sans aucun doute de favoriser l'assimilation trop rapide entre fonction paternelle et symbolisation. Si le Nom-du-Père a permis de quitter le mythe freudien de l'Œdipe, il n'en reste pas moins vrai qu'il a ouvert la voie à ce que soit considéré comme allant

---

82. S. Freud, cité par P. Gay, dans *Freud, une vie,* Paris, Hachette, 1991, p. 675.

de soi que la symbolisation était du registre paternel, et qu'à cet égard l'intervention de la mère n'était que de peu d'importance. Or dans le cas de figure qui nous occupe, nous pourrions presque soutenir le contraire, car, dans un tel cas de figure, c'est entre les mains de la mère que va se trouver déposé le destin de la symbolisation.

En acceptant le caractère excessif de la schématisation, nous pourrions résumer le procès de la symbolisation en quatre moments : d'abord, il nous faut prendre en compte que c'est la mère qui transforme l'instinct en pulsion. Si elle n'y met pas de son manque, il n'y en aura pas. Il faut bien que quelqu'un consente à prêter son corps pour qu'entre en jeu l'absence pour un futur sujet, et qu'ainsi, il puisse passer au registre de la pulsion. C'est un tout premier moment très important. Un deuxième moment, c'est celui sans doute que Melanie Klein a essayé d'élaborer autour de la position dépressive, c'est-à-dire comment c'est la mère elle-même qui accepte d'être manquante en tant que totalité pour l'enfant. Troisième moment logique, c'est quand un autre que la mère – l'autre de la mère – vient relayer, soutenir et garantir l'altérité. C'est le point fragile, délicat du procès de la symbolisation, le passage de la symbolisation par la mère au consentement à ce que cette symbolisation soit légitimée par un autre, traditionnellement par le père. C'est un point éminemment délicat puisque, dans notre social aujourd'hui, il apparaît très clairement que certaines mères ne veulent plus en passer par-là, par exemple lorsqu'elles veulent avoir des enfants sans père, de manière délibérée, tout en exigeant la reconnaissance symbolique à part entière. Ce n'est alors que, dans un quatrième moment, que le sujet doit consentir à se confronter au non-symbolisable, ce qui le rendra capable de passer son existence à nommer ce qui ne l'est pas encore.

Lorsque Lacan évoque, à propos du « nommer à », « qu'ici, la mère suffit généralement à elle toute seule à en désigner le projet, à en faire la trace, à en indiquer le chemin », c'est bien de l'évitement du troisième moment qu'il s'agit. Le problème est en effet que ce qui caractérise notre vie d'aujourd'hui et qui va avoir des conséquences cliniques déterminantes, c'est que ce troisième moment logique du procès de la symbolisation, celui qui s'appuie sur l'existence d'un autre que la mère, est mis à mal dans la mesure où l'assomption de cette tâche tient sa légitimité de ce que, dans le social, soit reconnue la différence des places. Or lorsque ce troisième moment est mis à mal, il ne reste que deux issues, soit soutenir l'épreuve de cette expérience limite et aller jusqu'à la confrontation au non-symbolisable – ce qui se fait aussi en principe dans une cure analytique – soit, ce que font probablement la majorité des gens, refuser l'épreuve et rester sur ce qu'il en est d'une symbolisation organisée seulement par la mère, ce qui implique de consentir à une assignation, une position de soumission insue d'elle-même à l'égard de l'Autre.

C'est probablement ici qu'il y a un intérêt tout particulier à nous interroger sur la double face du désir de l'analyste qui ne serait en l'occurrence plus seulement à entendre du côté de la coupure mais aussi bien de la construction[83]. Autrement dit, dans un tel cas de figure, le désir de l'analyste, *ce qui au dernier terme,* comme dit Lacan, *opère dans la cure,* désignerait non seulement de se faire support de l'objet, d'occuper la place de l'objet mais aussi de fournir au patient cette amorce qui lui permet d'entreprendre sa quête de sujet. Que pour Jacqueline Godfrind[84], ceci s'appelle *prêter son appareil psychique*, à l'instar du travail de symbolisation qu'assure habituellement la mère, indique bien qu'il s'agit de consentir à être le ré-initiateur d'une symbolisation en panne.

La nécessité d'un tel travail de la part de l'analyste face au sujet contemporain fait qu'il est urgent de ne pas se laisser mettre dans ce choix duel imaginaire Freud-Ferenczi et de lire autrement cette controverse. Ce serait aujourd'hui une erreur d'interpréter d'office comme une défense contre l'altérité du père et contre la castration la position d'un sujet qui cherche à retrouver appui sur une fonction phallique qui soit à la fois consistante et en même temps précaire, qui ne peut consentir au phallique que du bout des lèvres, pourrait-on dire. Nombreux sont aujourd'hui ceux qui ont été confrontés à l'effondrement du père dans le social ; ceci engendre une sorte de défiance ou de méfiance à l'égard de quiconque occupe la place de l'exception. Et peut-être que, plutôt que de l'interpréter seulement comme un refus de consentement à l'altérité, il y aurait à y entendre une recherche afin de trouver la consistance phallique juste ce qu'il

83. Nous ne pouvons évidemment que renvoyer à l'article tardif de S. Freud sur ce sujet, « Constructions dans l'analyse », dans *Résultats, idées, problèmes,* tome 2, Paris, PUF, 1985.
84. J. Godfrind, *Les Deux Courants du transfert*, Paris, PUF, 1993.

faut pour tenir sa place sans consentir à un phallicisme qui occulterait la question de sa contingence.

Quelle place dès lors dans notre social pour un pas-tout phallique qui ne soit pas pour autant un tout-pas phallique ? Et comment soutenir les préalables nécessaires à ce que cette position subjective s'organise même si la pente générale va vers la confusion de ces deux registres ? Autant il y aurait à se méfier du glissement mortifère, de la dégénerescence que nous avons évoquée avec Lacan, autant il est évident qu'il ne peut y avoir de remise au pas par la logique toute-phallique car le stigmate de la possibilité d'errance induite par la pluralisation des noms-du-père, c'est l'impossibilité pour le sujet de se couper de son parcours de « nommé à » ; le trajet qu'il lui est possible de faire ne peut, à moins d'un clivage extrêmement coûteux, faire l'impasse sur ce qui lui a servi, comme faire se peut, de Nom-du-Père, fût-ce virtuel.

Autrement dit, l'interpellation de l'analyste et l'adresse à l'analyste, dans la cure ou en dehors de son cadre, devrait nous amener à requestionner nos modalités d'intervention à partir de la distinction clinique à faire entre refus hystérique de subjectivation et incapacité, fût-ce partielle ou momentanée, de subjectivation, cette incapacité tenant à ce que les conditions de sa possibilité auraient été comme lésées, si pas même parfois détruites. Ce qui nous amène à proposer de penser l'éthique de la psychanalyse non plus seulement comme une éthique du sujet, mais plutôt comme une éthique de la subjectivation.

Gérard Amiel

« Errer » *humanum est*

Elle était comme fermée à tout, comme ouverte à tout, on peut dire les deux choses (…) Elle fait penser à un endroit sans porte où le vent passe et emporte tout.

Elle dit : tout est dans tout. Partout. Tout le temps. En même temps.

Il ne s'agit pas de souffrance mais de la confirmation d'un désespoir initial, d'enfance presque (…) comme si tout à coup on retrouvait la connaissance de l'impossible qu'on avait à huit ans.

Marguerite Duras [1]

Il semble qu'aujourd'hui nous ayons affaire en clinique, de façon tout à fait sensible pour devoir le rapporter, à une sorte de trait du cas que je me proposerais, dès à présent, de dénommer errance.

Cette errance étant plutôt généralement repérable au premier plan chez des femmes, elle conduirait donc à parler d'errance féminine. Or, comme la répartition masculin-féminin des places

---

1. Citations extraites respectivement de *L'Amante anglaise* (p. 90), *Le Camion* (p. 25-26) et *La Vie matérielle* (p. 56).

sexuées est indépendante de la réalité anatomique, puisque déterminée par un signifiant, le phallus, il se trouve que l'errance peut concerner tout aussi bien un homme, anatomiquement parlant, fait que révèlent fréquemment de jeunes adolescents qui décident de venir parler de leurs difficultés. Cette précision permet d'emblée de positionner la clinique de l'errance du côté d'une inscription de ces sujets, à la droite du tableau de la sexuation, inscription côté Autre[2].

Alors, pourquoi l'errance prendrait-elle, chez nombre de patients que nous recevons aujourd'hui, le devant de la scène ? De quoi se ferait-elle le témoignage ? Serait-elle un fait nouveau ou inédit pour que Freud n'en ait jamais fait explicitement mention dans son œuvre ? Ce point demeure d'autant plus énigmatique que nous savons combien dans son rapport si tendu à la vérité, il ne s'est jamais caché de faire état des points d'impasse dans sa pratique, au regard de ce qu'il avait été amené à élaborer à partir de ce qu'il entendait.

Néanmoins, il demeure fort problématique de faire de l'errance une sorte de création *de novo*. Ne pourrions-nous pas évoquer dans cette recrue d'essence actuelle, une caractéristique des temps modernes qui favoriserait son expression ? Et se résoudre à admettre que les errantes devaient déjà exister du temps de Freud, mais ne fréquentaient pas beaucoup son cabinet ? Freud était plutôt amené à écouter l'hystérie. Or, nous savons combien l'hystérie peut se spécifier de son intéressement à l'inscription côté gauche, cette fois, du tableau de la sexuation, côté mâle donc. Ce point n'est sans doute pas indifférent, puisque là où Freud a pu croire nous parler de féminité[3], il s'agissait au fond de nous faire appréhender certains incidents propres au pathos du garçon, que nous pourrions appeler, manqué.

Il est donc tout à fait concevable que la cohésion du tissu social, maintenue par le discours du maître et centrée sur la référence religieuse, suffisait à assurer une assise conséquente à ces sujets féminins ne relevant pas à proprement parler d'une structure hystérique. Nous pensons par exemple à ces femmes dont l'existence se supportait d'une place prescrite de façon extrêmement précise par la structure sociale et dont la vie se réglait sur la participation utile à la

---

2. J. Lacan, *Le Séminaire, livre XX* (1972-1973), *Encore*, Paris, Le Seuil.
3. S. Freud, *La Vie sexuelle*, Paris, PUF ; S. Freud, *Nouvelles Conférences d'introduction à la psychanalyse*, « La féminité », Paris, Gallimard.

bonne marche d'un *domus* : gouvernantes, cuisinières, femmes de chambres, servantes, etc. Ce type d'argumentation passe aujourd'hui pour être réactionnaire, il est devenu insupportable à l'homme du XXIe siècle, pétri d'idéal égalitaire (tout le monde doit être un patron) et utilitariste (le bonheur au prix exclusif du lancement de sa Start-up). C'est pourtant banalement signaler, pour ces sujets, cette nécessité de la présence de points d'appuis tels que ceux offerts par le symbolique à l'œuvre dans le discours organisant le lien social, à condition qu'il prenne en compte la parole ainsi que les conséquences du langage et de sa structure.

Ces sujets sont en effet comme porteurs d'une incertitude concernant la question de leur vectorisation phallique, peut-être d'une difficulté eu égard à l'intégration de ce pivot, point que nous examinerons ultérieurement. Ceci ne signifie nullement, d'ailleurs, qu'il n'y ait pas d'accès possible au phallique dans ces structures, mais plutôt que cet accès soit pour le moins indirect.

L'errance est à concevoir, donc, comme défaut de ce qui pourrait faire référence. Il convient d'en marquer d'emblée la distinction d'avec la psychose, même si, à l'occasion de quelque effondrement du discours qui servait de matrice fondamentale, une sémiologie de cette trempe peut apparaître. Rappelons à ce propos les descriptions en clinique psychiatrique de certains épisodes aigus qui peuvent recevoir le qualificatif de délire de relation des sensitifs de Kretchmer[4] et qui survenaient classiquement quand l'une de ces femmes jugeait que le maître pour lequel elle avait œuvré n'avait pas été suffisamment reconnaissant, qu'il n'avait pas su lui assurer la place qu'il était supposé lui garantir. Ce serait donc plutôt du côté du médical et de l'asile, plus que dans le cabinet de l'analyste, que se manifestaient ces femmes au temps de Freud.

Le déclin des Noms-du-Père aujourd'hui et le passage au discours capitaliste semblent être des facteurs dont la conséquence pourrait bien se solder par l'amplification de la révélation de l'errance, livrant ces sujets, en leur faible amarrage, à la nouvelle vérité de l'échange effréné de notre ère sociale, la toxicomanie par exemple.

---

4. E. Kretschmer, *Der Sensitive Beziehungs Wahn : ein Beitag zur Paranoiafrage und der psychiatrischen Charakterlehre*, Berlin, Göttingen, Heidelberg, Springer Verlag, 1918.

La question de l'Imaginaire

En se tournant vers l'étymologique, il est étonnant d'apprendre que le verbe actuel *errer* est issu de deux souches originelles différentes. La première provient de l'ancien français, où errer signifiait marcher, aller, acception tirée du bas latin *iterare*, de *iter*, le chemin. Tous les termes qui en découlent mettent l'accent sur le déplacement constant, la mobilité perpétuelle, comme pour souligner le défaut d'attache ou de point d'arrêt, connotant la notion d'*itinerare*, c'est-à-dire le fait d'être itinérant.

La seconde est issue d'un verbe transitif et latin cette fois : *errare*, en ancien français *éroïer*, se tromper, se méprendre, se fourvoyer.

De ce rapprochement entre *errer* et *errare* s'origine, dès lors, une double polarité aux termes qui s'en détachent : à la fois une vague suggestion de quelque chose en mouvement, mais le tout agrémenté de l'idée d'un certain égarement. Il est ainsi remarquable que l'errance se définisse comme sollicitation, mise en tension de la question d'un lieu qu'elle interroge, à travers le mouvement de recherche qu'elle met en œuvre.

Mais parler d'errance permet de se dégager de l'effet de positivation produit par les formalisations de ces entités récentes : états limites, border line, faux self, *as if*, abandonniques, anaclitiques, narcissiques ; autant d'abris propres à fixer le sujet en cristallisant sa course, coups d'arrêt dans cette circulation en quête d'un lieu.

Ces nouvelles dénominations font donc prévaloir un aspect imaginaire dans cette clinique. Faudrait-il le prendre en considération pour au moins concevoir une particularité de l'instance imaginaire dans ces structures ? Freud, à partir de la rédaction de *Pour introduire le narcissisme*, situe le moi idéal comme la première mise en place du moi, lequel fera l'objet des premières expériences de satisfactions narcissiques. Depuis Lacan, nous avons appris que le moi se constituait à partir de l'image réfractée du corps propre[5]. Cette matrice de l'identification primitive de l'enfant au semblable,

5. J. Lacan, *Écrits*, « Le stade du miroir comme formateur de la fonction du Je », Paris, Le Seuil.

comme image de lui-même inversée, valant en qualité de soubassement pour l'édifice de toutes les identifications ultérieures, dites secondaires. La raison de l'aliénation radicale de cette image, c'est qu'elle fonctionne de la manière dont elle a été constituée. Elle est totale, non entamé, ne fait pas tache dans le paysage, car reste foncièrement identique et tributaire de celle d'autrui. Lacan, à propos du regard de la mère regardant l'enfant se regardant, et le détournant de son propre reflet, précise que le regard maternel se double du fameux : « C'est toi Pedro, Pierre, Paul ou Jacques mon fils », attestant d'une autre lecture du stade du miroir : c'est avant tout un fait de langage. Ce « c'est toi » fait ouverture vers une reprise dans un « c'est moi », doublé des prémices d'une inscription. Au sein même de cette constitution de l'Imaginaire se glissent les racines du symbolique. Ce qui instaure cette image, c'est la présupposition d'un regard dans l'Autre, c'est-à-dire que le sujet puisse être saisi comme objet d'un regard, témoignant amour ou haine, mais témoignant de quelque chose. La mise en place du moi se fonde donc, sur un moment de flash, dans cet instant de précipitation initiale, de floculation, s'échafaudant sur la matrice d'un réseau idéalisant, à partir d'une image investie érotiquement, où le sujet se voit avec le regard de cet Autre porté sur lui.

Pourtant, dans l'errance, rien de tel. Nous touchons là un point faisant problème à la théorisation du moi. Il y a, à entendre ces patients, le sentiment clinique très net de ne pas être doté de moi. La traduction dans la lecture des postfreudiens sera celle d'un moi faible, avec pour conséquence l'éventuelle tentation d'y porter remède (renforcer, consolider, ou béquiller ce moi), conduisant aux dérives d'une pseudo-analyse orthopédique et adaptative.

Mais, à s'y pencher d'un peu plus près, l'évocation d'une absence de moi dans l'errance reste une assertion irrecevable, dans la mesure où ces sujets font néanmoins état d'une souffrance avérée au regard de certaines paroles appréhendées comme blessantes, comme si ces paroles faisaient directement irruption dans le champ du sujet, sans que le moi n'ait opéré ses fonctions habituelles de filtrage, de barrage, ou de défense, d'où cette sensation, très brutale, d'une violence, d'une effraction qui par les mots aurait été ainsi commise. Cette souffrance témoigne donc de la présence d'un moi, même s'il s'agit d'un moi un peu particulier, puisqu'il ne semble pas vectorisé ou organisé par le procès de l'idéalisation. Moi auquel manquerait la flèche ordonnatrice de l'idéal, pour se livrer sans consistance à la moindre captation du regard, livrant le parlêtre à la vacillation subjective et au démembrement.

Faut-il évoquer, à ce propos, la question d'une particularité probable dans le déroulement de la phase du miroir, comme si la mère avait été sans regard, ou n'avait pu se faire le support que d'un regard indifférencié, c'est-à-dire qu'elle n'aurait pu soutenir une parole propre à appréhender ou à désigner l'enfant. Point d'où se déduirait peut-être l'absence d'investissement narcissique de l'image, en juste adéquation avec ces paroles indifférentes de la mère. De plus, l'image reste sans doute non assurée ultérieurement par le père (il peut dans l'après-coup asseoir cette image, lui assurer un minimum narcissique). Pour finir, c'est comme si le sujet ne se voyait pas, parce que dans l'Autre ne lui avait pas été ménagée la possibilité d'une telle place. On comprend dès lors cette quête pour tenter de pallier le défaut spéculaire, par un imaginaire récupéré à partir du symbolique, seule issue pour, en se conciliant cet Autre, réussir à se ménager un espace.

Autre conséquence notable, il n'y a pas de prévalence de l'histoire. Habituellement, la parole du névrosé l'engage dans une Histoire, dans une imaginarisation privée qui constitue son roman, son mythe individuel, sa propre construction supposée rendre compte de l'origine et du malheur subjectif. Nous savons que cette histoire n'est jamais qu'une défense contre ce qui nous organise communément cette fois, sans aucune originalité, et qui se dialectise dans le complexe d'Œdipe. Complexe lui-même à entendre comme imaginarisation, comme défense contre le Réel de la structure. Dans l'errance, c'est comme si on était immédiatement précipité dans le vif de la question de la structure, sans les oripeaux romanesques qui l'édulcorent.

Le nouage Réel Symbolique

Maintenant, au-delà des singularités concernant l'imaginaire, qu'est-ce qui permet d'entendre la question de l'errance néanmoins comme inscrite du côté de la névrose ?

Pour reprendre brièvement l'articulation terminale de Freud sur la féminité[6], une femme connaît une phase précoce de son développement, commune avec celle du garçon, soit masculine et préœdipienne, de laquelle elle s'arrache pour changer de sexe. Ce virage pouvant conduire soit à la cessation de toute activité sexuelle, soit à l'insistance insolente sur la virilité, soit encore à l'orientation vers la féminité, entendons vers l'hystérie chez Freud. L'engagement dans l'Œdipe se fait à partir du complexe de castration, sous le guidage du *penisneid*. Freud précise que cette dialectique se distribue bien sur le socle du primat du phallus, puisqu'une seule libido est à l'œuvre dans les deux sexes, la libido mâle.

Or, si l'enfant, comme le fait remarquer Freud, rencontre d'abord le Phallus chez la mère au lieu de l'Autre primordial, c'est en tant que le père, ayant désigné cette femme comme objet désirable, lui a conféré cette marque phallique ; cet Autre est donc bien primitivement phallique. La dialectique œdipienne se résume donc à circonscrire les différentes modalités du retour du phallus à son propriétaire légitime qui est, dans notre culture monothéiste, le père. Cette opération suppose la castration de cet Autre, c'est-à-dire la reconnaissance du manque qui l'anime, comme le renoncement du sujet à occuper la place de ce qui manque à l'Autre, soit d'être lui-même le phallus.

Or, du fait des propriétés du langage, de sa physiologie, le refoulement originaire s'installe comme une nécessité logique, l'entrée dans la langue institue un impossible, soit installe un Réel, la rendant en retour impropre à saisir l'objet qui se dérobe, d'où le malaise dans la civilisation, et l'insatisfaction sexuelle. Ce refoulement, Réel ou originaire, place dans les dessous de la chaîne signifiante quelque chose, le représentant de la représentation pour Freud, la lettre pour Lacan, instituant une division du sujet dans la langue, c'est-à-dire une structure subjectivement névrotique du rapport au langage. C'est le père réel qui installe ce premier temps de la mise en place du Nom-du-Père, inscrivant ainsi la filiation, le Réel et le symbolique, tout en instituant du sujet sous le coup du refoulement originaire de S1. Mais, dans ce premier temps, l'Autre

6. S. Freud, *Nouvelles Conférences d'introduction à la psychanalyse*, « La féminité », Paris, Gallimard.

et le symbolique n'en restent pas moins encore sauvages. L'achèvement de l'opération de la métaphore paternelle proprement dite est un pacte passé par le sujet avec l'Autre, qui nomme « père » ce quelque chose dans le Réel (6), lui conférant la signifiance phallique, par ailleurs attribuée au père sous nos climats. Cette métaphore donne signifiance sexuelle à la chaîne, promeut le devoir phallique, installe quelqu'un (le père mort) comme ex-sistant au Réel. Le Nom-du-Père dans ce second temps a noué Réel et Symbolique sur S1. Seront donc refoulées toutes les pulsions qui n'honoreront pas le père symbolique, puisque la sexualité ne sera désormais recevable qu'à se limiter à servir son idéal. C'est ce temps qui advient par l'Œdipe pour que soit pacifié le symbolique. Notons que l'achèvement de la mise en place du Nom-du-Père assure l'assomption de la normalité en tant que norme mâle, soit comme normalité phallique, prescrit le symptôme comme nécessaire retour de cette inscription, tout comme les diverses formes de la prosternation devant le père mort, c'est-à-dire l'installation de la teinte éminemment religieuse du lien qui nous unit à lui. Cette longue évocation représente le cas courant. Pour une fille, quand le dispositif a permis que le phallus revienne au père de plein droit, on la retrouve inscrite, soit comme une toute, elle fonctionne alors comme un garçon, soit comme une pas-toute (à côté de la jouissance phallique à laquelle elle a accès, elle est intéressée à autre chose).

Dans l'errance, il n'y a ni toute, ni pas-toute, eu égard à la jouissance phallique, le phallus a été reçu autrement, par une autre voie que la classique, il a été cherché ailleurs que du côté du père (ce qui scinde nettement le père de sa fonction). Corrélativement le symptôme sous sa forme évidente vient à manquer, comme viennent à manquer les jeux de la mascarade et du semblant. Les cas de figure de transmission particulière de ce phallus sont multiples. Prenons l'exemple de la fille. Il se peut que le père soit dans une position châtrée et que la mère soit néanmoins heureuse d'avoir une enfant. La petite fille rencontre donc un phallus qui n'a pas reçu la marque paternelle. La mère peut encore avoir ligoté l'enfant dans l'exubérance de sa demande, lui barrant tout accès au père. Il se peut également que personne ne se soit intéressé à l'enfant. Le père peut encore avoir déchu de sa place symbolique pour des raisons fort diverses, ne pas être en règle par rapport à la question de sa dette (on sait les ravages qui peuvent s'ensuivre chez ses enfants). Du fait du père, du fait de la mère, ces différentes contingences qui tiennent au discours, au désir et à la demande de l'Autre qui enveloppent l'enfant avant même sa venue au monde, permettent d'évoquer la possibilité de tentatives d'arrimages autres, comme la mise en place de métaphores familiales, d'accrochage aux signifiants d'un frère, d'une sœur, par exemple. Lévis-Strauss l'avait d'ailleurs suggéré à travers son exemple des Trobriendais où l'oncle maternel se substituait au père pour assumer une fonction paternelle.

Dans l'errance, cette lettre, refoulée originairement et présente dans le Réel, n'aurait donc pas pu être nommée père, n'aurait pas pu recevoir la nomination paternelle, ouvrant l'espace sur une névrose sans boussole phallique traditionnelle, autrement dit sans délimitation de son aire propre, de sa surface, laissant la métaphore en rade, condamnant la chaîne signifiante au glissement infini, faute d'une signification sur laquelle se clore, comme d'une ponctuation du désir. Dynamique du glissement métonymique appréhendé par le sujet comme errance, errance redoublée d'une jouissance hors de son arrimage métaphorique habituel. C'est dire combien, s'il y a bien adresse incontestable du discours, l'errance est d'abord repérable dans la parole avant éventuellement d'être géographique, professionnelle ou sexuelle.

Mais la présence dans l'inconscient de cette place articulée par le refoulement Réel, de ce quelque chose qui a chuté, laisse ouvert le procès analytique, comme possibilité de venir nommer symboliquement cette jungle sauvage d'être sans nom, soit peut-être de faire advenir une symbolisation, une confirmation après coup, puisque la place est déjà creusée là pour elle ; le trou du refoulement originaire est non bordé du Nom-du-Père, comme pour toujours dévoiler la logique de la structure dans sa nudité. Marguerite Duras, dans le ravissement de Lol V. Stein, nous fait étonnant témoignage de cette place creusée là : « Ç'aurait été un mot-absence, un mot-trou où tous les autres mots auraient été enterrés. On n'aurait pas pu le dire mais on aurait pu le faire résonner. Immense, sans fin, un gong vide, il aurait retenu ceux qui voulaient partir, il les aurait convaincus de l'impossible, il les aurait assourdis à tout autre vocable que lui-même, en une seule fois il les aurait nommés, eux, l'avenir et l'instant. Manquant, ce mot, il gâche tous les autres, les contamine [...]

ce mot, qui n'existe pas, pourtant est là : il vous attend au tournant du langage, il vous défie, il n'a jamais servi, de le soulever, de le faire surgir hors de son royaume percé de toutes parts[7]. »

Conclusion

Non vectorisée par le signifiant phallique attribué au père organisant notre communauté, voici l'errance en souffrance d'être nommée. À l'occasion d'un épisode qui peut évoquer la folie, elle risque à l'occasion d'une mauvaise rencontre de trouver là sa nomination réelle pour se fondre dûment dans les étiquettes de la nosologie médicale, en particulier en s'accomplissant dans une psychose « pseudo » parce que se réalisant en place et lieu où l'Autre l'entend et la suppose.

Dans nos sociétés mutantes, le recul de la référence à la parole, la tendance à l'effacement de la prévalence phallique, risquent fort de priver l'errance d'une possibilité de discussion avec cette instance, échange qui pourrait remédier à son défaut de référence dans l'expectative qu'une analyse fasse son chemin, défaut dont parle Duras : « Elle ne relève d'aucune classe. Elle est peut-être comme ça, une animale, à la recherche d'une classe, je ne dirais pas sociale ; mais d'une classe animale » *(Le Camion)*, ravivant l'ancien débat théologique qui tentait de savoir s'il fallait attribuer ou non une âme aux femmes, c'est-à-dire les considérer comme des êtres humains à part entière.

Le travail de Lacan nous permet d'entendre autrement cette question, dans toute sa pertinence, puisqu'en fonction de l'inscription côté droit ou gauche du tableau de la sexuation, les devoirs, obligations, nécessités, mais aussi la vie elle-même peuvent revêtir pour les hommes et les femmes des aspects foncièrement différents, au point d'apparaître radicalement étrangers les uns aux autres.

Notre modernité acceptera-t-elle encore longtemps que se loge entre les parlêtres cette altérité radicale ?

---

7. *Lol V. Stein*, p. 47-49.

Chantal Brand-Gaborit

À propos de l'errance des jeunes[1]

L'homme trouve sa maison en un point situé dans l'Autre,
au-delà de l'image dont nous sommes faits,
et cette place représente l'absence où nous sommes.
J. Lacan

Pourquoi la rue pour certains jeunes ? Quel domicile habitent-ils ? De quelle déshérence leur parole rend-elle compte ?

Je voudrais aborder la question de ces jeunes que l'on appelle zonards ou errants, qui ont entre 16 et 30 ans, et qui sont là, dans le centre des grandes villes, assis ou allongés sur les trottoirs, prostrés ou provocants, à faire la manche en tendant une casserole, et qui pourtant ne demandent rien, ne revendiquent rien, et se contentent de se montrer, de se donner à voir à travers leur posture, leur look, ou leurs animaux.

Ces jeunes, nous ne les voyons que très rarement dans nos cabinets d'analystes. Mon observation clinique s'appuiera donc sur ce que je suis amenée à entendre en écoutant des équipes éducatives,

1. Ce texte a été publié dans la revue *La Célibataire*, nº 2, été-automne 1999.

et plus particulièrement des éducateurs du service dans lequel j'interviens comme psychologue[2].

Je m'appuierai également sur ce que disent ces jeunes eux-mêmes, ceux que j'ai pu recevoir, peu nombreux, que les éducateurs m'ont adressés, et qui sont venus, mais là aussi pas longtemps, c'est-à-dire jamais plus de deux ou trois fois, tant ils sont, dans ce domaine comme dans d'autres, dans des relations fragmentées.

Pourquoi sont-ils à la rue ?

Sans doute pour des raisons multiples, singulières, car il y a de nombreuses façons d'aboutir à cette errance, et nous n'avons pas là affaire à une population homogène dont on pourrait tracer un portrait type. Nous pouvons cependant tenter de repérer quelques traits communs qui nous indiquent comment se pose la question du domicile pour ces jeunes errants.

Premier trait commun, leur attirance pour la précarité, comme s'ils la recherchaient alors qu'ils n'y sont pas forcément condamnés. Ainsi, contrairement aux SDF plus âgés qui ont été à un moment insérés, et pour lesquels on peut repérer la spirale de l'exclusion : perte d'un emploi, rupture des liens conjugaux et familiaux, perte du logement, ici, pour ces jeunes, nous voyons qu'ils s'excluent du travail, des liens affectifs, du logement, avant même de s'y être essayés, et alors même que pour nombre d'entre eux ils auraient la possibilité d'y avoir accès.

Si certains ont été exclus précocement du système scolaire, la plupart d'entre eux ont poursuivi leurs études et puis les ont lâchées brutalement à l'approche d'un diplôme (juste avant un Bac, un BTS, ou un DEUG).

De même, si certains sont totalement sans autres ressources que de faire la manche, beaucoup cependant bénéficient d'allocations diverses, et savent très bien trouver occasionnellement des petits boulots.

En ce qui concerne le logement, tous ne sont pas absolument sans domicile, ou pas tout le temps. Ils ont parfois un appartement (par les services sociaux, éducatifs, ou les services de suite), ou une chambre en cité universitaire ou dans leur famille ; certains ont un squat un peu « personnel ».

2. Service de Prévention spécialisée, du CODASE, à Grenoble.

De ces atouts matériels ou culturels, ils ne font rien sinon les détourner. C'est-à-dire que ceux qui ont des ressources font quand même, et régulièrement, la manche ; ceux qui n'ont pas de ressources ne font ni la demande, ni les démarches nécessaires pour obtenir ce à quoi ils auraient droit ; ceux qui ont un logement viennent régulièrement dormir trois ou quatre jours dans la rue, puis deux ou trois jours au centre d'accueil municipal, et leur logement sera utilisé collectivement comme un squat, etc.

Comme s'ils savaient à l'avance qu'il n'y avait pas de place pour eux dans le désir d'un autre, pas de domicile pour eux dans l'Autre social. Sans cette garantie d'un lieu habitable dans l'Autre, ils ne peuvent que détourner de façon paradoxale toutes les aides sociales qui actuellement viennent répondre systématiquement à tous les besoins matériels et précèdent toute demande. Ils ne veulent donc avoir recours à l'aide sociale que ponctuellement, sans transfert et sans adresse (mais n'est-ce pas là la caractéristique des sans-domicile ?), pour la détourner et refuser parfois avec vigueur que soient confondues existence et subsistance. À tel point que devant une telle inflation de l'aide sociale sur ce versant des besoins du corps, il semble que pour établir avec eux un lien quelque peu durable il faille s'imposer de n'échanger avec eux aucun objet, et de rester strictement dans la fonction de la parole.

Autre point, autre trait : ils ne font pas foule, même s'ils se montrent la plupart du temps en groupe. Ici, peu de solidarité. La pulsion règne en maître sur les liens qu'ils ont entre eux. La solidarité s'exerce très ponctuellement. Les liens se font et se défont au gré des nécessités du jour et de l'urgence de la survie : « Où manger ? », « Où trouver l'alcool et les médicaments ? », « Où dormir ? », et pour les filles : « Avec qui dormir ? », car le squat est presque toujours un lieu de violence potentielle. Tout cela ne fait pas une foule rassemblée autour d'un idéal. La jouissance Autre dans laquelle ils sont, celle du refus du symptôme commun, et qui se manifeste aussi par le fait qu'ils sont tous toxicomanes, cette jouissance-là ne fait pas communauté.

Pourtant ils se présentent à nous en groupe, en horde parfois. Horde. Hors-de. Mais sont-ils vraiment hors-de ? Il ne semble pas que ce soit si évident. Ils sont même en plein dedans. Je veux dire que leur errance ils ne l'inscrivent jamais ailleurs qu'au cœur des grandes villes, au milieu des rues piétonnes, sur les marches des églises du centre-ville, à l'entrée des galeries commerciales de luxe. Ils ne sont pas en marge, en marge des villes comme les jeunes des banlieues qui, eux, sont très réticents à dépasser les limites géographiques de leur quartier.

Cette inscription topologique au centre-ville ne vient que traduire le fait que, exclus de tout, ils sont en même temps au cœur du lien social, et qu'ils répondent ainsi parfaitement au commandement du signifiant-maître, qui n'est plus seulement de travailler, mais « d'être inséré ». On remarque d'ailleurs à quel point ils sont insérés quand on voit que leur errance ne fait plus transgression, comme s'il s'agissait d'un choix de vie comme un autre. Il n'y a qu'à constater la fascination qu'ils exercent sur les autres jeunes, étudiants ou autres, qui adoptent rapidement leur look. Quoi de plus à la mode que le piercing ? L'errant a peut-être bien du mal à être un sujet, en tout cas c'est un sujet à la mode.

Il est intéressant de remarquer que si nous les appelons « errants », le mouvement n'est pas pour autant leur principale caractéristique. En effet, s'il y a des errants qui voyagent impulsivement, sous le coup de la nécessité motrice de marcher – « Je pars pour engourdir mon mal de vivre », dit-elle –, s'ils partent sans buts, sans motifs exprimables, au gré non pas de l'auto-stop trop impliquant, mais des lignes SNCF qu'ils empruntent sans billets, d'autres par contre sont dans des trajets très prévisibles, ce sont ceux qui suivent le parcours des villes de festival tout au long de la belle saison. De Belfort à Aurillac, d'Annonay à Bourges, leur calendrier est prévisible et leur parcours se termine toujours au sud de la vallée du Rhône, avec un passage assez systématique par Grenoble, peut-être en raison de la réputation de la ville (travail saisonnier, accueil facile pour les zonards), peut-être aussi en raison du signifiant Isère qui peut résonner comme une invitation.

Mais il y a aussi des errants qui ne bougent pas. S'ils parlent tous et sans cesse de partir vers un ailleurs meilleur, certains sont dans une fixité effrayante, à faire la manche pendant des années au même coin de rue, sans que cela leur permette de se construire subjectivement un domicile où ils se sentent chez eux. Ceux-là que nous avons appelés « les voyageurs immobiles » font au sens propre et dans le Réel « l'économie de marcher ». Voyez leur proximité avec le discours du maître, le discours libéral dominant.

Autre trait pour répondre à la question « pourquoi sont-ils à la rue ? » : leur grande fragilité quant à la filiation. Quand on les écoute parler de leur parcours, de leur enfance, de ce qui les a amenés à cette errance, ce qui frappe c'est leur grande difficulté, ou même leur impossibilité à en dire quelque chose ou à reconstruire leur histoire. Ici, pas ou peu de roman familial, pas de plainte, pas d'historisation. Certains ont, à 25 ans, un trou de plusieurs années dans la mémoire de leur histoire. Au mieux peuvent-ils repérer ou énumérer des ruptures vécues comme traumatisantes qui pour eux font explication.

Ce qui m'apparaît, pas pour tous, mais pour certains, c'est leur expérience d'une filiation dont on pourrait décréter l'interruption volontaire. Beaucoup ont vécu, dès l'enfance, un rejet réel par leur famille, puis une succession de placements multiples où toute tentative d'accrocher quelque chose chez l'autre s'est avérée décevante. À cela ils répondent, à l'adolescence, par des fugues à répétition qui mettent en difficulté les structures éducatives, et aboutissent fréquemment à ce que le juge prononce une mainlevée, ce qui a pour effet immédiat de renforcer encore leur errance, les laissant sans inscription entre enfance et âge adulte.

Il faut noter ici, bien que ce soit un nombre réduit, mais tout de même significatif, que quelques jeunes errants sont issus de l'adoption internationale humanitaire, et que devant la violence de leur crise d'adolescence ils ont été remis soit à la DDISS s'ils sont mineurs, soit à la rue s'ils sont majeurs. C'est-à-dire que là où ils ont dû venir questionner un peu fortement le Nom-du-père, la fonction paternelle, il ne s'est trouvé aucun petit autre lui-même suffisamment validé pour essayer, vaille que vaille, de tenir cette fonction dans la parole.

La question du domicile fixe dans l'Autre était pour eux à l'ordre du jour bien avant qu'ils ne soient à la rue. On ne peut qu'être frappé par la facilité avec laquelle ils rencontrent non seulement le déclin des Noms-du-père, mais l'effondrement du Nom-du-père, dans leurs histoires familiales singulières, mais aussi là où le social serait censé tenir quelque chose de symbolique. Du côté de la filiation, ils se trouvent ainsi non pas en errance mais en déshérence, terme juridique utilisé pour parler d'un héritage qui ne trouve pas de destinataire. Eux refusent toute aliénation symbolique, tout héritage, mais le social leur renvoie aussi que de ces aliénations on peut en être exclu, voire s'en passer.

N'exister pour personne, ils le disent à leur façon : ils expliquent que lorsqu'ils mendient, ce qu'ils cherchent à capter c'est le regard des passants, et quand ils arrivent à l'accrocher, ce regard, ce qu'ils y lisent c'est l'angoisse.

Je voudrais maintenant illustrer mon propos en amenant un élément que j'ai trouvé original chez certains de ces jeunes. Je veux parler du fait qu'ils se choisissent un surnom. Pas un diminutif de leur prénom, mais un surnom qui obéit à un processus tout à fait inhabituel puisqu'il s'agit d'un signifiant unique qui vient gommer à la fois le prénom (marque imaginaire du désir de l'Autre) et le patronyme (marque de la filiation symbolique). Avec ceux qui veulent bien en parler, quand on leur demande d'où leur vient ce surnom, ils expliquent qu'ils en ont été affublés par les copains à cause de leur caractère, et que ce n'est que secondairement qu'ils essayent d'y adapter leur look.

Du côté de l'étrangeté de la filiation et du fait qu'elle peut être interrompue, on entend des surnoms choisis parmi les noms de tribus indiennes ou esquimaudes, de préférence disparues ou en voie de disparition : ils s'appellent « Apache », « Inuit », « Cheyenne ».

On retrouve le regard angoissé qu'ils récoltent de l'autre dans les surnoms évoquant des animaux féroces, rapaces, ou répugnants : ils s'appellent « Vautour », « Hyène », « Blatte ».

Le déroulement de leur histoire ne peut plus se dire dans la parole, et ils ont abandonné le terrain de la demande. N'étant plus rien aux yeux de l'Autre, ils ne se reconnaissent plus dans l'ordre de l'humain ou de l'animal, ni même du vivant, ils relèvent du minéral, de la pierre, du silence : ils s'appellent « Schiste », « Paria », « Zapp ».

Quant à la perspective de la mort, et de la mort violente, elle est constamment présente à travers des surnoms évoquant l'imminence de leur destruction : ils s'appellent « Nikita », « Destroy », « Virus ».

Voyez dans quelle homogénéité de discours avec les errants se situent nos ministres, dont l'un parle de « sauvageons », et l'autre de « fauves ».

Dans le fonctionnement et l'attribution de ces surnoms, on retrouve ce moment du stade du miroir où l'enfant se retourne vers l'autre pour authentifier son image vue dans le miroir. Eux, ils vont chercher auprès des autres un signe qui les représente et auquel ils pourront s'identifier. Ainsi réduits à habiter totalement et exclusivement un seul signifiant surchargé de sens et qui les définirait dans une évidence imaginaire, ils font alors tout ce qu'ils peuvent pour coller à ce surnom et lui donner raison. Le sujet affublé d'un tel surnom est alors sommé d'habiter cette demeure qui le représente si bien métonymiquement. Ils tentent ainsi d'éviter l'opération symbolique de la métaphore paternelle qui nous loge dans une demeure empruntée, celle d'un patronyme qui ne nous représente pas. Refuser d'habiter cette demeure empruntée qu'est la métaphore, là est leur errance.

On peut se demander ce que provoque pour eux l'insistance actuelle du social à ce qu'ils habitent absolument quelque part, et à lier irrévocablement insertion et logement. Tout ce qui leur est proposé, c'est toujours d'habiter un logement, un vrai, avec le nom sur la boîte aux lettres. Mais la lettre pour eux, c'est le piège car s'ils sont en difficulté avec le signifiant et le nom, ils le sont encore plus sans doute avec la lettre, cette lettre qui choit dans la demande. L'impossible exclusion de cette lettre ne leur permet pas de se constituer comme sujet désirant, ni de risquer une demande.

Pourtant ce que nous leur demandons d'habiter, ce sont des lettres, et notre discours social ne leur offre comme seul domicile que le sigle SDF. Eux-mêmes ne se reconnaissent pas dans ce sigle : « Pour les flics je suis nomade, les gens disent que je suis SDF, mais c'est pas vrai puisque j'ai mon squat », dit-il. SDF, les nomme-t-on, mais comment habiter une nomination aussi crue qui les loge dans une succession de lettres à peine signifiante ?

SDF. Pour ma part je n'ai toujours entendu ce signifiant que comme une question. SDF ? Est-ce des f... ? Interrogation qui vient souligner encore l'énigme de leur identité. Est-ce des f... ? On ne sait même pas ce que l'on questionne. Est-ce des fous ? Est-ce des femmes ?

SDF ? Est-ce des fous ? La question se pose à eux, mais l'hôpital psychiatrique ne les reconnaît pas comme tels, ni même comme relevant de son hospitalité. À l'hôpital psychiatrique, c'est leur exclusion socio-économique qui est mise au premier plan et qui leur vaut d'être renvoyés au social en vue d'une insertion. Mais pour les travailleurs sociaux qui les reçoivent, ce qui apparaît au premier plan c'est leur souffrance psychique, leur « côté psychiatrique ». Ainsi certains naviguent avec plus ou moins de régularité entre l'HP pour de courts séjours, le centre d'accueil municipal, les associations caritatives, la rue, etc. Rencontrant partout non pas l'impossible mais l'impuissance, ils continuent à errer, sans adresse ni transfert.

À ne pas pouvoir trouver d'interlocuteur, cette question de la folie revient avec insistance par d'autres voies. Je veux dire qu'il y a actuellement une effervescence certaine autour de cette question de la santé mentale des jeunes errants et de leur souffrance psychique. Et comme il y a de l'argent public pour cela, on entrevoit que dans ce domaine aussi la réponse d'aide va précéder la demande. Et de la même façon que s'ouvrent actuellement des lieux d'accueil inconditionnel où on peut loger sans engagement, en couple, avec chiens, avec ou sans alcool, etc., de la même façon pas une structure médicale, sociale ou éducative qui ne réfléchisse à un projet de centre de soins psychothérapeutiques pour les errants.

Accueil avec chiens et thérapies pour tous.., ou inversement. Comment la fonction de la parole est-elle alors prise en compte ?

SDF ? Est-ce des femmes ? La question sexuelle n'est pas tellement à l'ordre du jour. La jouissance accomplie dans laquelle ils sont installés ne permet pas que le sexuel advienne. Ici ce qui est recherché, et soutenu par tout le discours philosophico-libertaire de ceux qui font la manche en tenant une casserole dans une main et un livre de Nietzsche dans l'autre, c'est de ne rien avoir à faire avec le désir. Ils peuvent alors échapper et à la filiation et à la sexuation.

La jouissance Autre qu'ils revendiquent ne les inscrit pas du côté féminin du schéma de la sexuation, mais plutôt dans une sorte d'indifférence sexuelle, et d'indifférenciation. Comme si, l'opération d'exclusion symbolique par le phallus n'ayant pas eu lieu, opération qui excluant d'une place permet d'en occuper une autre, il ne leur restait plus que l'exclusion réelle, et l'errance quant à la place sexuée.

Ceci est d'autant plus net quand ils sortent de l'errance. S'ils changent alors de jouissance, s'ils abandonnent leur surnom et réhabitent leur patronyme, s'ils quittent la rue et cessent de se donner-à-voir, quand ils sortent de l'errance c'est toujours dans des modes de vie et d'insertion où ils ne consentiront au phallique qu'*a minima*. Pour le logement, ce sera en caravane ou en camion, ou dans des maisons « à retaper », jamais en appartement. De même, à l'occasion de la naissance d'un troisième ou quatrième enfant se posera la question d'assumer une place de père ou de mère ; ils reprendront alors leurs aînés mais dans des arrangements avec les familles d'accueil, les services éducatifs, ou avec une grand-mère ou une sœur qui gardera les enfants. Pour gagner sa vie, ce ne sera plus comme mendiant, mais comme saisonnier ou intermittent du spectacle. On entend bien dans ces signifiants que s'ils ont quitté l'errance et la jouissance Autre, et qu'ils se réfèrent un peu au phallus, ils n'y sont cependant pas-tout.

Faut-il alors continuer à espérer faire rentrer les errants dans le rang phallique ? Sans doute que non. Mais si pour les jeunes femmes la sortie de l'errance du côté du pas-toute n'est pas problématique, qu'en est-il pour les hommes ? Nous ne pouvons que remarquer combien notre discours social a du mal à penser pour un homme une place honorable où la soumission au phallus ne serait pas toute, ou serait intermittente.

Cette remarque vaut, bien sûr, au-delà du cas de ces jeunes en errance, et nous pouvons tout à fait entendre comment la question de la référence au phallus se pose pour des analysants, et comment pour certains la difficulté à se loger dans la métaphore ne les empêche pas de se trouver quand même un lieu habitable dans l'Autre, mais un lieu qui sera fluctuant ou intermittent, tant que sera évitée la confrontation avec l'objet du désir.

Ainsi, et malgré la grande proximité de sens entre *errer* et *erreur*[3], devons-nous approcher l'errance des jeunes comme une manifestation de la structure psychique et pas seulement comme une erreur de jeunesse.

3. Au XVIe siècle, on disait *les erreurs d'Ulysse* pour parler de ses voyages.

Claire Caumel-Feltin

Rosetta et l'altérité

A-t-on déjà dit du film produit par les frères Dardenne, *Rosetta* – film qui date déjà, puisque tout va vite dans notre société, tout va vite comme Rosetta –, a-t-on déjà dit que *Rosetta*, c'est une histoire d'amour ?

Une histoire d'amour comme celles que vivent maintenant un certain nombre de jeunes, ces jeunes dont on dirait qu'ils n'ont qu'un prénom. Leur nom de famille, ils ne le prononcent pas, comme s'il était effacé, comme s'il ne comptait pas, comme s'ils n'en avaient pas. Peut-être est-ce le nom du père, peut-être est-ce le nom de la mère, on ne sait pas. C'est comme s'ils n'avaient qu'un prénom. Elle, c'est Rosetta ; son prénom est brodé sur sa blouse, comme une tentative d'écrire une filiation, tentative qu'elle réitère parfois la nuit dans son lit, quand elle ne peut pas dormir. Comme pour se bercer elle-même, elle se parle, elle s'appelle Rosetta. Broder et parler son prénom, se dire qu'on a un travail, qu'on est inséré, comme pour tenter d'inscrire la fonction de la parole et du langage, comme pour tenter de se constituer une structure.

À la sortie du film, le public en colère se plaint de mal de ventre, mal de ventre qui vient signer la réussite du film. Vous attrapez, sans filet, en direct, le symptôme de Rosetta, un vrai symptôme, réel.

Vous êtes convoqués sans recours possible au lieu qui la retient dans une beauté étrange, figée, au lieu du ventre de la mère, lieu du sexuel, lieu de l'enfantement, vous avez mal vous aussi, comme elle, un vrai mal de ventre qui vous saisit dans le réel de ce lieu symbolique.

Le réel du symptôme

Une collègue psychiatre, en colère aussi, s'exclame : « Ce film c'est un abus de pouvoir. » En effet, Rosetta abuse de nous, comme on a abusé d'elle. Abuser de l'autre, c'est d'abord une absence de nom, une absence de mots, seulement des maux ; même pas les maux de la souffrance psychique, seulement les maux du corps qui disent le manque de langue. Comme elle, nous sommes abusés, privés d'histoire, privés de roman familial ; seulement prisonniers d'une image, Rosetta en premier plan, toujours. Rosetta n'a pas le temps, pas le temps d'apprendre ses conjugaisons, elle est condamnée au présent ; du coup elle est partout, tout entière.

Moi-même, après avoir vu ce film, j'ai souhaité travailler, avec les équipes éducatives que je rencontre, cette question qui m'est venue à la sortie de la séance : en quoi peut-on dire que Rosetta résiste à tout discours éducatif ? Car Rosetta ressemble à ces jeunes que les travailleurs sociaux ne savent comment aborder : impossible de les éduquer.

Rosetta : une éducatrice

Quelle ne fut pas ma surprise quand je suis tombée sur une interview des frères Dardenne qui disaient avoir prévu au départ une actrice qui devait jouer le rôle d'une assistante sociale.

Mais lorsque Rosetta s'est mise à jouer, disaient-ils, à venir occuper tout l'écran, elle a pulvérisé le rôle de l'assistante sociale. Le jeu de Rosetta rendait impossible l'entrée en scène de l'assistante sociale. C'est ainsi que l'actrice a été payée et remerciée. C'est que Rosetta résiste à tout discours éducatif, à toute explication, à toute tentative de passer un contrat, à toute compassion, à toute aide. Elle est à vif, elle vous ferait croire qu'elle est solide, qu'elle n'a besoin de personne, qu'elle se débrouille seule. En fait, elle nous convoque d'emblée sur l'axe du désir, un pacte ou rien, même si c'est justement ce qu'elle feint de refuser. Elle n'a pas de temps à perdre, car elle doit s'en sortir, se normaliser ; pas de temps à perdre avec l'amour, elle est bien placée pour savoir qu'il est trompeur. Elle veut du vrai, qui ne fout pas le camp. Pour cela, elle campe sa sensibilité, sa vie qui n'en est pas une, sa fragilité, dans une vraie carapace qu'elle fait tenir debout dans des bottes de sept lieux. Elle se lance dans la vie comme on part pour la guerre, elle s'y jette plutôt qu'y entre dans la vie, car elle n'a pas le billet d'entrée.

Le triomphe de la mère

Mais la mère est plus forte que l'insertion. Rosetta court à la cabine téléphonique, fait savoir qu'elle arrête son travail. Elle a du travail à la maison, elle doit éduquer sa mère. Pas besoin d'un travailleur social, c'est elle qui occupe la fonction d'éducatrice. Elle éduque sa mère pour tenter de se faire une vraie mère, pas une comme celle qu'elle a, mais celle dont elle rêve. Une qui serait capable de l'élever. Beaucoup de jeunes de nos jours se trouvent dans cette situation, ils ont double besogne. Pour avoir une chance de grandir, ils doivent d'abord se constituer des parents, entreprise vaine bien sûr.

Mais ce qui se passe souvent, c'est qu'en tentant d'humaniser un père, une mère, c'est eux-mêmes qu'ils constituent ainsi, c'est eux-mêmes qu'ils ouvrent, de cette manière singulière, à une existence possible.

Alors Rosetta tente de se faire une mère qui brode, une qui s'occupe de la maison, une vraie mère douce, qui ne boit pas. Et, comme souvent dans une entreprise éducative, c'est la sexualité qui est mise de côté ; elle s'acharne à mettre un terme à la relation que sa mère entretient avec le gardien du camping où elles logent toutes les deux. Sa mère mérite mieux, un vrai mari ou rien, qui serait aussi un vrai père pour elle, sans doute. À ne pas tolérer ce que vit sa mère, c'est le symptôme qu'elle refuse et, avec, la sexualité, celle de sa mère et la sienne.

Une vraie éducatrice, vous dis-je, une qui sait ce qu'il faut à l'autre et qui fait fi de ce qui insiste pour sa mère ; pour elle, ça insiste trop, elle craint d'en mourir. De ce qui insiste, elle s'en défend en éduquant sa mère, en s'éduquant en même temps, récitant des énoncés qui se voudraient une énonciation débarrassée de ce qui l'empêche de vivre. Une énonciation qui dirait : je m'appelle Rosetta, je veux m'en sortir, j'ai un travail, je ne veux pas d'une sexualité comme ça.

Une rencontre

Elle a raison, pourrait-on dire, mais c'est une raison qui refoule en même temps ce qui anime un homme et une femme. Heureusement qu'un jeune homme lui aussi insiste à vouloir la fréquenter. Des éducateurs me disaient avec sincérité, que, dans leur jargon, ils pronostiqueraient : « Il n'est pas assez costaud pour elle, il est trop fragile, il ne peut tenir la route avec une fille comme elle. Elle est forte, c'est un gringalet, elle en fait ce qu'elle veut. » Pas si sûr ! C'est vrai qu'elle lui pique son boulot en le trahissant, elle va même tenter de le noyer, c'est vrai qu'elle va très loin. Elle va si loin parce qu'avec lui, elle découvre l'intolérable de la rencontre. C'est la possibilité d'une rencontre pour elle qu'elle veut tuer. Plutôt crever que d'avoir affaire à ses affaires, à son aliénation, quand il s'agit d'une telle aliénation.

Et pourtant y a-t-il un autre accès à la vie ? Rosetta est prise au piège d'une rencontre, sa carapace pourrait devenir, en se fendillant, vêtement d'une femme, dans cette rencontre. Rencontre comme une autre, rencontre de deux modes de refoulement différents, rencontre avec l'autre, rencontre, certes singulière, mais toutes les rencontres ne le sont-elles pas ?

Qu'est-ce qu'entendre ?

Si j'ai voulu parler de ce film, c'est parce que je trouve qu'il nous donne à lire ces rencontres actuelles, à les lire comme des histoires d'amour que peut-être nous ne savons plus lire quand nous sommes aux prises avec des discours qui n'entendent plus l'altérité, discours éducatif, discours psychologique.

Le film des frères Dardenne nous donne à voir un personnage, hors de tout discours sur le personnage qui nous empêcherait d'entendre Rosetta. C'est comme si le cinéma offrait cette possibilité d'un lieu autre ; lieu d'accueil de ce qui serait à lire dans ce qu'elle dit, et dans ce qu'elle met en actes dans son impossibilité à dire. Accueil que notre manière d'aborder actuellement les Rosetta n'offrirait plus.

Car cette mère et cette fille dans notre vie quotidienne pourraient prétendre à la mobilisation d'assistantes sociales pour leurs soucis d'argent, de logement, d'alcoolisme. Elles pourraient bénéficier des mesures d'insertion, prétendre à des aides aux femmes seules, voire aux femmes battues.

Or de tout cela, le film des frères Dardenne n'en veut pas et nous convoque, de ce fait, à entendre Rosetta ; à entendre son amour pour sa mère, à l'entendre, pas à le juger, pas à inviter Rosetta à une séparation imaginaire entre mère et fille, mais à lire comment s'articule son désir du lieu de ce qu'elle vit. Pas de commentaire sur sa vie, seulement ce qu'elle dit, ce qui rend possible une lecture.

Car si Rosetta est toute dans son présent, son pas-toute, pourtant, se lit dans sa rencontre avec son ami. Rencontre que nous avons d'abord à reconnaître comme une rencontre, une histoire d'amour. Nous nous plaignons de la disparition de l'altérité dans le social actuel, mais sommes-nous à même d'entendre l'altérité là où elle se présente actuellement. Sommes-nous à même d'accueillir ce genre de rencontre, pas forcément habituelle. Car l'altérité, nous ne pouvons l'entendre et la faire entendre aux Rosetta, qu'à inscrire de l'équivoque dans ce qu'elle nous affirme de son « tout ou rien. » Que Rosetta s'affiche dans une toute-puissance, ça la regarde ; mais que nous-même nous lui accordions cette toute-puissance, là c'est nous qui sommes concernés. N'est-ce pas notre travail que de nous déprendre de l'imaginaire en lisant cette rencontre pour en dégager le malentendu inhérent à toute rencontre. Malgré la radicalité de Rosetta, sa manière de vivre où il s'agirait de sauver sa peau avant tout, où il n'y aurait pas de place pour deux, n'avons-nous pas à nous situer ? à situer que c'est à équivoquer malgré elle et grâce à elle, son l'un ou l'autre, que peut s'inscrire un l'un et l'autre pour qu'elle entende que l'un ne va pas sans l'Autre. Le film se termine sur une ouverture, sur un possible, sans commentaire, sans comment « taire », à nous d'entendre et de parler.

L'homophobie dont on parle beaucoup en ce moment, n'est-ce pas l'endroit, en chacun de nous, où nous ne savons pas lire là où gîte l'altérité, et où nous parlons à la place de Rosetta quand nous devrions nous taire, et où nous nous taisons, quand elle nous rend muets de fascination ?

Un homophobe, n'est-ce pas celui qui ne sait pas lire l'hétérosexualité, là où elle se dit actuellement, se contentant de dénoncer le même, à l'endroit où lui-même y est pris ?

Jean-Pierre Jacques

Les déçus de la parole et leurs thérapeutes

« Le malade a toujours raison ! La maladie ne doit pas être pour lui un objet de mépris, mais, au contraire, un adversaire respectable, une partie de son être qui a de bonnes raisons d'exister et qui doit lui permettre de tirer des enseignements précieux pour l'avenir. » Cette parole soustrait le malade à l'isolement où il se trouvait, comme en plein vide ; elle dissipe la honte conçue absurdement et rend possible le contact d'homme à homme [1].

C'est par ces assertions qu'en 1931 Lou Andreas-Salomé prétendait restituer à Freud ce qu'elle avait reçu de ce dernier comme viatique pour la rencontre des malades nerveux. Je propose d'étudier ici la pertinence de cette recommandation pour la rencontre avec les sujets dits *toxicomanes*, et, par extension, avec les sujets du travail social du XXIe siècle. Du moins ceux que l'on peut rassembler sous la bannière des « *déçus de la parole* ».

La névrose a ses (bonnes) raisons...

La pénétration des idées de Freud au cours du XXe siècle a permis, en grossière analyse, que l'on admette désormais que les

1. Lou Andreas-Salomé, *Lettre ouverte à Freud*, Paris, Le Seuil, coll. « Essais », n° 187, 1994.

malades nerveux, autrement dit les névrosés, avaient en effet quelques bonnes raisons de l'être, que leur symptôme recelait un sens (sinon plusieurs sens) et qu'étaient vaines les exhortations à la volonté pour surmonter (refouler donc) les manifestations de leur névrose. Au besoin, là (ou lorsque) ces effets sociaux de la psychanalyse sur la représentation sociale de la névrose, de ses causes et de la prétendue faiblesse morale des sujets atteints, étaient sur le point de faner, la psychiatrie dite biologique vint, paradoxalement, au secours de cette conception en localisant les symptômes non dans une faute morale du sujet mais dans une causalité interne au sujet (dans son équipement neuro-endocrinologique), tout en lui étant externe parce que hors de son pouvoir, hors d'atteinte de sa volonté, de sa conscience ou de l'exercice de sa responsabilité. C'est-à-dire que la causalité des troubles psychiques du dépressif, du schizophrène, du malade d'un TOC est, pour la psychiatrie biologique, topologiquement analogue à la causalité de la névrose pour la psychanalyse : en « extimité », c'est-à-dire tout à la fois intime et externe. Certes, de la psychanalyse à la psychiatrie biologique, la « cause » n'est pas identique, ni les méthodes thérapeutiques, mais cela est suffisamment connu. Il était toutefois amusant de relever un point d'accord rarement soulevé, entre l'hypothèse freudienne et l'hypothèse neuropsycho-endocrinologique, qui contredisent de concert le discours ordinaire de la mauvaise volonté du sujet et de sa responsabilité dans ses symptômes.

Les névrosés pour la psychanalyse, les dépressifs et autres clients pour la psychiatrie biologique – qui sont bien entendu les mêmes sujets – ont été les grands bénéficiaires de cette révolution de velours. Ils y ont gagné le respect, l'écoute bienveillante, et quelques avantages dits sociaux, comme des revenus de remplacement ou le remboursement éventuel des soins. La honte et l'isolement de ces malades, encore suffisamment prégnants au temps de Lou Andreas-Salomé pour qu'elle les évoque, ont cédé la place à l'invitation à guérir.

… Tandis que les toxicomanes se gourent

Il n'en va pas encore de même pour lesdits toxicomanes, qui sont presque unanimement tenus pour coupables de leur choix et de leur galère. Ceux qui les aident, les soignent, les écoutent ou les jugent sont bien évidemment des névrosés (le plus souvent), bénéficiaires quant à eux-mêmes de la révolution évoquée plus haut. Mais ils semblent avoir toutes les peines du monde à en étendre les bénéfices à ceux qu'on rassemble, abusivement d'ailleurs, sous le terme de toxicomanes [2]. En se choisissant pour symptôme « la toxicomanie », ces derniers ne sont pas crédités de ces bonnes raisons que l'on reconnaît à ces névrosés qui les aident, les écoutent, les jugent. La relation d'aide, d'assistance ou de soins, ou la comparution au tribunal en viennent alors à se ressembler, malgré les proclamations de différences radicales, et à converger dans un exercice classique qui est celui du Discours du Maître, au nom du Bien qu'on veut au sujet. Il en résulte une tentative, toujours déçue, de faire découvrir et avouer [3] son erreur au sujet dit « toxicomane », et d'obtenir de lui sa demande de changement, en d'autres termes, sa reddition [4]. La tournure des entretiens dépendra bien entendu dans son style de la formation du professionnel ; elle sera généralement plus diplomatique et complaisante envers le symptôme du sujet quand le professionnel est d'orientation psychosociale, et davantage de l'ordre de la sommation lorsqu'il est policier ou magistrat, encore que l'on connaisse des exceptions de part et d'autre. Pour ceux et celles qui ne sont pas convaincus de l'identité structurale des interventions thérapeutiques et répressives sous ce rapport, qu'il suffise de rappeler l'importance phénoménale du pseudo-concept de l'*Interdit* dans les théorisations des intervenants en toxicomanie de langue française. « Structurer », « cadrer » et « rappeler l'interdit » en viennent à résumer certaines pratiques dites thérapeutiques, laissant parfaitement refoulée leur connivence avec le Discours du Maître ; la « thérapeutique » devient alors la continuation de l'effort policier par d'autres moyens.

---

2. J.-P. Jacques, *Pour en finir avec les toxicomanies – Psychanalyse et pourvoyance légalisée des drogues*, Bruxelles, De Boeck Université, 1999.

3. M. Foucault, *Histoire de la sexualité. La volonté de savoir*, Paris, Gallimard, 1976, p. 78 à 94.

4. « La capitulation du dépendant » dans son rapport aux substances, tel est strictement le mot qui désigne le moment de bascule, considéré comme décisif dans l'entrée dans un processus de changement par les mouvements d'inspiration A.A. Voir par exemple les documents de promotion du mouvement « Hope International ».

Au-delà des variations de ton, la structure de l'intervention comporte de fortes affinités : tôt ou tard, de gré ou de force, par paliers ou sans escale, le sujet sera prié de renoncer à son symptôme dont le professionnel sait *a priori* qu'il ne convient pas au bien du sujet lui-même : « il n'y a pas de drogué heureux », disait le psychiatre[5]. Accessoirement, le symptôme, quel que soit le bien éventuel qu'il procure au sujet, ne peut pas être respecté, à juste titre, par certains professionnels lorsqu'il paraît contradictoire avec le bien public dont ils ont la charge. Par analogie, aux fins d'en découvrir la logique inconsciente, le symptôme du kleptomane peut être respecté (sous certaines conditions) par le psychanalyste, qui n'a pas mission de préserver l'ordre public, tandis que ce même symptôme doit être combattu par l'appareil judiciaire, garant de la sécurité des biens et des personnes.

Ces évidences servent à souligner combien dans la rencontre avec le sujet dit toxicomane, elles sont prises en défaut, de manière confuse mais constante : tout à la fois au nom du bien voulu au sujet malgré lui, qu'au nom du bien général ou au nom du savoir préalable que l'on a sur le sujet dès le moment où il entre dans la catégorie « toxicomane ». On sait mieux que lui, par exemple, que la désintoxication s'impose ou s'imposera un jour, que l'abstention de la consommation de produits est toujours préférable, que la « réinsertion sociale » est une Terre Promise qu'il faut atteindre prochainement...

Contre ces avatars du Discours du Maître dans la « clinique des toxicomanies », je pose comme hypothèse, féconde selon la clinique qui s'en déduit, que les professionnels du champ de l'écoute, de l'aide ou du soin qui offrent leurs services aux « toxicomanes » peuvent reprendre à leur compte, pleinement, la position éthique et méthodologique freudienne de respect du symptôme.

Le respect du symptôme

Ce respect du symptôme, ici la dépendance aux drogues, ne s'impose pas à ces professionnels au nom d'idéaux, politiques ou

5. C. Olievenstein, *Il n'y a pas de drogué heureux*, Paris, Robert Laffont – Opera Mundi, 1977.

humanistes, quelles que soient par ailleurs leur grandeur ou leur générosité : nulle candeur rousseauiste n'est ici de mise. Ni au nom d'une revendication libertaire au droit à disposer de soi, de son cerveau, de ses synapses et de les modifier à son seul gré grâce aux moyens que mettent à disposition les végétaux ou la science : cette liberté n'est que le masque moïque de la soumission à la pulsion, non moins aliénante que la norme sociale ou la contrainte judiciaire.

Le professionnel qui fait sien l'adage freudien « *Wo Es war soll Ich werden* »[6] se donnera, en toute rigueur, le respect du symptôme de la dépendance comme un élément cardinal de sa méthode aux titres suivants :
– comme condition préalable à un transfert qui ne soit pas condamné à rejouer les impasses de la relation de maîtrise ;
– comme condition irremplaçable de l'investigation de l'inconscient, c'est-à-dire de ce qui surdétermine les conduites et symptômes du sujet bien plus puissamment que toute contrainte exogène ;
– mais aussi comme moyen d'apaisement du rapport souvent masochiste ou mortifère que le sujet peut entretenir avec la pulsion, qui en son fond tend toujours au retour à l'inanimé.

Toutefois, même éclairé par ce rappel de bonne méthode, une difficulté surgit à tous les coups : comment rencontrer ces sujets dans le champ habituel où paissent les professionnels de l'aide et de l'écoute, qui est le champ de la parole, si celui-ci est déserté par le bénéficiaire ? Or l'observation clinique, au sens le plus large, ne tarit pas sur ce point : les sujets dits toxicomanes n'accordent pas leur confiance à la parole, ni à la leur, ni à celle de l'autre.

Les déçus de la parole

Ces sujets, déçus de la parole, sont ainsi conviés au lieu même d'où tendanciellement ils s'absentent. On a en effet coutume d'observer que, sollicités à venir parler, ils se dérobent très souvent, même s'ils avaient poliment acquiescé à l'invitation. L'amer constat, rarement rendu public tant il est vexant, de nombreux psychothérapeutes qui pratiquent dans des lieux spécifiés pour « toxicomanes »,

6. « Là où C'était, le Je doit advenir », et autres traductions proposées de l'adage freudien.

c'est la fréquence avec laquelle les supposés bénéficiaires font faux bond au rendez-vous[7] qu'ils avaient pourtant accepté de bon gré, voire réclamé à grand renfort de pathos. C'est l'une des particularités qui avaient fait décréter par Freud que ces sujets étaient inanalysables ; c'est en raison du même constat que Mme Marie Nyswander, psychothérapeute très dévouée à leur cause et réputée compétente[8], avait accepté de participer aux recherches d'un médecin interniste, le Pr V. P. Dole, pour imaginer avec lui le concept des traitements de substitution[9]. Nous tâcherons plus loin d'insérer cette invention parmi la série des dispositifs d'*adossement*, susceptibles de donner à ces sujets rétifs à la parole des occasions de se la réapprivoiser ; ceci peut se concevoir par exemple comme une subversion de la légitime demande de satisfaction d'un besoin en une éventuelle demande autre, inattendue, et qui consente à en passer par la parole et ses équivoques, par-delà la déception qu'elle comporte.

Toutefois, ce type de travail du « psy », posté humblement dans l'ombre d'un prestataire de service ou d'un dispensateur de biens, n'est guère tenu en haute estime. Et c'est toujours à l'aune de la cure type, fondée sur l'amour de transfert et sur le devoir d'abstinence de l'analyste[10], que l'on croit devoir juger, encore trop souvent, la valeur du travail accompli, comme si le discours analytique ne trouvait sa pleine noblesse qu'en position d'hégémonie. Pour ensuite

7. Dans les équipes auxquelles je collabore, on estime qu'au mieux un tiers des patients consultent avec une certaine régularité les psychothérapeutes qui leur sont proposés, proportion fort basse quand on mesure les trésors d'ingéniosité déployés par ces équipes pour susciter et favoriser ces rencontres. Quant aux cures types menées avec des patients dits toxicomanes, quoiqu'elles existent, elles restent plutôt exceptionnelles, aussi bien dans la littérature analytique que dans mon expérience personnelle, pourtant orientée vers ces sujets.

8. F. Arnold-Richez ; D. Touzeau, « Marie Nyswander, la révolution permanente », dans *SWAPS*, nº 7, avril-mai 1998, p. 9-10.

9. V. P. Dole, « Implication of methadone maintenance for theories of narcotic addiction », dans *Journal of the American Medical Association*, 260 (20) – November 25 : 3025-3029, 1988.

10. Voir à ce sujet les excellents paragraphes intitulés « Quelle abstinence ? » et « Quel transfert ? », dans S. Le Poulichet, *Toxicomanies et psychanalyse : les narcoses du désir*, Paris, PUF, 1987, p. 135-144.

se désoler, malgré tout, du peu de cas que ces sujets font de notre écoute, de notre compétence et de notre dévouement.

Ce paradoxe du travail dans le champ de la parole, qui concerne bien au-delà des toxicomanes quantité d'autres bénéficiaires du travail social, est la source de moult désappointement [11] parmi les appointés du secteur psychosocial : voilà qu'ils se consacrent avec idéal et enthousiasme à des sujets qui ont, ou à qui l'on prête, des « besoins » psychosociaux, et qui pourtant, plus ou moins régulièrement, manquent au peu qu'on leur demande, parole, présence aux rendez-vous, démarches...

Évitement du désir au profit du besoin, dédain de la parole au profit de l'objet ou de l'acte, rien n'est plus conforme à la civilisation postmoderne que les « toxicomanies ». Elles condensent en un seul terme la foi dans la médecine et la science (celle qui inspire l'invention des médicaments, genre auquel appartiennent la plupart des drogues, de l'héroïne à la cocaïne et l'ecstasy) et insertion dans un marché autorégulé, credo de la mondialisation et du libéralisme des échanges réduits au *money-able* [12]. Le temps de la parole est soustrait au temps de la production, c'est un temps sur lequel on ne peut généralement prélever ni impôts ni profits échangeables en bourse. Tout comme l'esprit de l'époque, qui préfère les actes aux mots et les produits aux idées, les toxicomanies affichent leur refus, leur dédain ou leur déception à l'endroit de la parole, et se donnent comme programme de *réduire au besoin* (que des objets et des produits seraient susceptibles de satisfaire, sur le modèle ligand-récepteur en neurochimie, ou sur le modèle économique de l'offre et de la demande) ce qui autrefois appartenait au *registre du désir*, intercalé entre le sujet et l'autre, et qui requiert un assentiment à ajourner une satisfaction immédiate pour en passer par les défilés de la parole. Les « toxicomanies » sont des actes de foi dans l'économie du besoin, de sujets trop insérés, violemment épris des valeurs dominantes. Leur seule erreur est de les caricaturer d'une manière désagréable qui donne à voir le squelette mortifère de la société des marchands. Cette caricature est contrariante en ce qu'elle s'oppose aux efforts de séduction, matérialisés par les investissements publicitaires.

---

11. Déguisé sous le vocabulaire anglo-saxon de *burn out syndrome*.

12. Ces points sont évidemment développés par J.-P. Lebrun dans son ouvrage *Un monde sans limite*, Toulouse, Érès, 1999, en particulier aux chapitres II, IV et V.

Mais les professionnels attelés à rencontrer la détresse des « toxicomanes » voient surtout en ces derniers des victimes, des exclus[13], voire des rebelles de l'ordre établi, des héros d'un refus, mal formulé, de l'ordre marchand et productiviste. Le malentendu est d'autant plus poignant que la vocation de ceux qui choisissent comme métier le travail social est fondée, d'une part, sur la présupposition d'une demande d'aide qu'il suffirait de rencontrer, et, d'autre part, sur la croyance à titre personnel dans les pouvoirs de la parole, assez souvent étayée par une expérience personnelle de la cure analytique.

Autant les bénéficiaires se taisent, autant les professionnels sont prolixes. Autant les premiers ratent le rendez-vous, autant les seconds multiplient les réunions. La parole abondante des professionnels n'est pas pourtant un bavardage compensatoire, c'est plutôt une résistance : il doit bien y avoir une raison énonçable pour laquelle se taisent ces sujets alors qu'il y a, ou qu'il y aurait, tant à dire, en leur nom. Ce questionnement du professionnel en lieu et place du sujet, absent ou mutique, fait résistance à cette déception associée à la parole et ne permet pas d'entendre les griefs à son encontre.

Toxicité symbolique de la prohibition

Ici, à nouveau, il convient d'éviter une méprise. La valeur éthique de la parole n'est pas ici mise en cause, mais bien la méthode de l'écoute. Il faut donc en savoir un peu plus sur ce qui produit des sujets déçus de la parole. Et conjurer le piège qui consisterait à assimiler ce trait (« déçu de la parole ») à un repérage de structure, qui viendrait au secours d'une définition structurale de la toxicomanie, aujourd'hui récusée[14].

---

13. Pour une critique sévère de la notion d'exclusion, voir « L'Amérique dans les têtes – La nouvelle vulgate planétaire », P. Bourdieu & L. Wacquant, dans *Le Monde diplomatique*, mai 2000, p. 5-6.

14. M. Zafiropoulos, *Le Toxicomane n'existe pas*, Paris, Navarin éd., 1988 ; D. Kaminski, « Toxicomanie, le mot qui rend malade », dans *Déviance et Société*, vol. 14, nº 2, Genève, 1990, p. 179-196 ; J. De Munck, « La toxicomanie dans le conflit des normes », dans *Carnets du Centre de philosophie du droit*, Université Catholique de Louvain, Carnet, nº 17, juin 1995 ; J.-P. Jacques, *Pour en finir avec les toxicomanies*, *op. cit.*

Je soutiens fermement, avec d'autres, que la toxicomanie n'existe pas comme entité structurale [15]. Je soutiens qu'elle est un artefact des discours de la *prohibition* qui prétendent la contrecarrer. La prohibition des drogues est une invention historique, datée de la fin du XIXe siècle, qui prétendait être un traitement social du *narcotisme*, conçu à l'époque comme un amour immodéré et vicieux pour les narcotiques. Depuis les années soixante, les effets pervers de ce traitement l'emportent largement sur les effets attendus : là où l'on attendait de la loi, de la répression policière et de la condamnation morale qu'elles dissuadent la jeunesse, on découvre qu'elles contribuent à recruter en masse les sujets, pour peu qu'ils soient habités d'une douleur préalable, quelle qu'elle soit, et que les drogues soulagent si bien.

C'est vérifiable quasi expérimentalement dans ces familles qui découvrent avec stupeur que leur fils si prometteur gâche son avenir dans une débauche cannabique. Et l'on observe alors régulièrement que les parents, décidés à prévenir toute escalade et à dissuader leur héritier de prolonger sa néfaste pratique, s'acharnent à forcer la porte de la chambre de l'adolescent, à le harceler de lectures édifiantes, à imposer le dialogue qui devrait conclure à une décision de désintoxication, à scruter les yeux du fiston et de ses visiteurs, à surveiller son kilométrage et le contenu de ses poches. En riposte, l'adolescent multiplie les provocations, clame sa haine de la famille et, pour restaurer une intimité que viole la persécution parentale bien intentionnée, exaspère sa consommation aux fins de fermer les portes de la perception [16] à défaut de pouvoir fermer la porte de sa chambre.

L'erreur conceptuelle qui corrode irrémédiablement l'entreprise prohibitionniste, c'est d'avoir considéré que les drogues en elles-mêmes soient la cause de ce qui arrive aux sujets qui en absorbent, par exemple en termes de dépendance, de déchéance, d'exclusion.

---

15. Tout en courant le risque, par cette contribution même, de laisser entendre que les toxicomanes détiendraient des traits communs, qui les distingueraient sans discussion des autres sujets. Voir à ce sujet, J.-P. Jacques, *Pour en finir avec les toxicomanies, op. cit.*, p. 11 et s.

16. Expression forgée par Aldous Huxley, et « interprétée » par le mouvement psychédélique, dont le groupe rock The Doors, qui y font explicitement référence dans leur dénomination elle-même.

Un siècle après la mise en place du paradigme prohibitionniste, on peut, me semble-t-il, affirmer que les drogues n'ont ce pouvoir, cet effet causal, qu'à deux conditions capitales et préalables :
– celle de rencontrer un sujet qui, déjà avant toute rencontre avec les drogues, est en proie à une douleur, dont l'appétence pour les drogues n'est que signe d'une quête de soulagement, et donc déjà estampillé de la marque de la dépendance bien avant que celle-ci ne vienne à être révélée par les propriétés prétendument « addictives » des produits ;
– celle d'un discours sur les drogues qui frappe ceux qui en usent du sceau de la malédiction, de la diabolisation, et de l'échec couru d'avance.

Constater que parmi les sujets dits « toxicomanes » beaucoup se caractérisent par cette déception à l'endroit de la parole, nous expose au risque de faire réapparaître le concept intenable de « toxicomanie » sous l'espèce d'un nouveau diagnostic, les déçus de la parole, qui puisse refaire dénominateur commun. Il n'y a pas de dénominateur commun aux toxicomanes, hormis les effets rassembleurs du discours prohibitionniste et des maléfices qui s'en déduisent. Ceux-ci construisent une psychologie du toxicomane, qui, sous les apparences d'être descriptive, se fait prescriptive : « à force de nous dire qu'on est comme ceci, on finit par le devenir », écrit sobrement un patient. La « psychologie du toxicomane » décrit et promeut ce qui s'impose dès lors comme norme pour les sujets pris dans cette description. Ce discours sur le toxicomane, qui le pose comme sujet taré, déficitaire, et au fond prévisible, n'est pas étranger à la *défiance* des sujets ainsi épinglés à l'endroit de la parole. Le discours courant qui parle des drogues et des drogués est suffisamment explicite à cet égard pour qu'ils sachent, sans l'avoir jamais lu, ce qu'il dit d'eux. Cette défiance quant à la parole comporte donc un trait commun, qui ne tient pas à la structure du sujet, mais à la monotonie du discours sur les drogues, qui, sous prétexte de prévention, se cantonne aux refrains réductionnistes de promesse de châtiment immanent.

Une patiente investigation peut exhumer dans l'histoire du sujet des accidents psychobiographiques qui ont déconsidéré la parole, qui l'ont trahie, l'ont avilie, l'ont fait traumatique, telle en tout cas que le sujet a appris désormais à s'en défier. Alors, tandis que la cure ne peut qu'en passer par les défilés du signifiant, le sujet, mutique, distant, évasif, précautionneux ou menteur, tente par des artifices grossiers ou raffinés de ne pas donner prise à la parole. Invariablement, le professionnel interprète cette dérobade comme défaut de motivation, ou pire : *le sujet n'a pas le désir de guérir !* Ce constat, outre son effet de confirmer le professionnel dans ses présupposés désobligeants à l'égard du « toxicomane », dresse l'un contre l'autre ceux qui pourraient faire alliance dans le respect du symptôme, adversaire respectable, comme l'écrit si bien Lou Andreas-Salomé.

L'invention freudienne, de se faire docile à l'hystérique, peut être renouvelée avec ces formes modernes du symptôme, dont les « toxicomanies ». Une fois repérée cette déception, cette défiance du sujet à l'endroit de la parole, la méthode consiste à inventer des procédures qui restituent à la parole son charme, ses atours, bref son pouvoir érotique, son effet de lien. Symétriquement sera écarté tout ce qui évoque la parole comme menace, comme blessure, comme machination. À commencer par les longs pesants silences de psy et les « *je vous écoute* » qui n'augurent rien de bon pour celui qui a l'expérience de voir ce qu'il a dit retourné contre lui-même.

Parmi ces procédures qui invitent le sujet à réapprivoiser la parole, et qu'il faut choisir avec le plus grand tact et le plus grand soin, certaines méritent mieux qu'une mention. La *séance courte* amadoue celui qui garde des souvenirs cuisants de toute comparution, au tableau, au tribunal ou chez le psychologue pour enfant. Dans les dispositifs médicalisés, la *co-consultation*, ou consultation menée conjointement par le médecin et son collègue psychosocial, exploite la connivence du médecin et du patient, faits pour s'entendre dans un même credo pharmacologique, pour la subvertir tout en douceur. La *participation citoyenne* et décisionnelle de l'usager de drogue à des projets, des programmes de recherche ou de prévention, outre ses vertus démocratiques, peut être un espace de réappropriation de la parole qui réconcilie avec ses codes.

En d'autres termes, plus concrets, il semble bien que si l'on veut se donner une chance de rencontrer ceux que l'on désigne comme « les toxicomanes », il ne suffit pas d'offrir un espace de parole, un lieu d'écoute comme on le dit habituellement, qui ne peut convenir qu'à de rares sujets ; il faut plus précisément ce que j'ai proposé d'appeler « *un adossement* » à la parole. J'entends par là tout dispositif susceptible de passer pour *la réponse à un besoin* et qui puisse comme tel faire l'objet d'une demande, au sens bureaucratique du terme et non pas au sens qu'en donnent les psychanalystes. Par besoin susceptible d'être satisfait, on peut entendre aussi bien le lit d'hôpital ou de la maison d'accueil, la tasse de thé d'une permanence, la méthadone qui remplace l'héroïne interdite, la consultation médicale pour les soins d'un corps malmené par les virus ou par la rue, la consultation juridique pour assurer sa défense en justice, etc. Le besoin en question n'est d'ailleurs pas du tout factice, lorsqu'il s'agit de rencontrer les besoins considérés comme primaires par l'idéologie de notre temps, celle des Droits de l'Homme (un abri, un repas, des vêtements, des douches).

En d'autres termes, la cure type ne se rencontre pas davantage avec ces sujets dits toxicomanes qu'avec le névrosé quelconque. L'invitation à parler sans détour détourne des sujets de la parole. « Parlez, je vous écoute », et le voilà qui détale jurant qu'on ne l'y reprendrait plus. À plus forte raison quand ce sujet est, malgré lui, pris dans une compulsion qui lui impose de refuser ce qu'on lui impose ou recommande. Que le professionnel averti se garde bien de ces impardonnables maladresses, qu'il fasse partager au sujet son profond respect pour le symptôme, qu'il consente à se méfier à son tour de la parole, et il surprendra le sujet au point peut-être de lui rendre la parole aimable.

Maryvonne Febvin

Renouer avec la parole

Les remarques et questions qui vont suivre concernent les modifications – qu'en tant que psychanalystes – nous pouvons constater dans les demandes qui nous sont adressées aujourd'hui, et, du fait de ces modifications, les embarras dans lesquels nous pouvons nous retrouver, dans le cadre des débuts de cure. Mais évidemment ce sont des questions qui se posent aussi dans le cadre de notre travail en institution.

Ce point de départ de ma question, qui a un peu cheminé depuis, car, assez rapidement, je me suis dit qu'il n'était probablement pas très juste, d'un point de vue analytique, de la poser dans ces termes-là. Je ne crois pas que nous puissions, comme analystes, parler d'une clinique qui nous serait extérieure, ni nous situer à un poste, un point d'observation par rapport à cette clinique. Ce serait oublier que nous sommes impliqués dans le dialogue analytique, que ce qui se dit dépend de celui à qui ça s'adresse, que nous y sommes nous aussi interpellés au lieu de notre division subjective et que notre désir s'y trouve éprouvé ; ce qui faisait dire à Lacan que la psychanalyse était à chaque fois à réinventer. Ce serait aussi oublier que nous baignons tous dans le même discours social et que nous en éprouvons nous aussi les effets.

C'est peut-être d'ailleurs à cette question d'invention que nous sommes aujourd'hui confrontés par – mais peut-être faut-il dire grâce – les embarras qui peuvent être les nôtres aujourd'hui.

Nous pourrions aborder ces modifications subjectives auxquelles nous assistons mais aussi dans lesquelles nous sommes tous plus ou moins pris, nous pourrions les aborder non pas comme un écueil à l'égard duquel nous serions dans l'impuissance, mais comme une opportunité de mettre à l'épreuve nos concepts, de vérifier s'ils sont congruents avec ce qui se passe de nos jours, s'ils peuvent en rendre compte, ou s'il faut les affiner, les faire travailler, voire prendre le risque d'en inventer d'autres, l'enjeu étant de pouvoir continuer à occuper notre place d'analyste pour les personnes qui s'adressent à nous.

Il me semble que le sentiment d'impuissance et de découragement que nous pouvons éprouver parfois face aux modifications que connaissent le lien social et le rapport à l'Autre tient en partie au type de discours dans lequel nous baignons et qui engendre ces effets : le discours scientifique réduisant à néant la dimension subjective, c'est la dépression qui semble être de nos jours une des expressions privilégiées de la subjectivité, et je crois que nous pouvons la repérer y compris chez nous-mêmes, analystes, lorsque nous nous laissons aller à une certaine nostalgie du passé, ou que nous avons le sentiment d'être envahis par de nouvelles pathologies sur lesquelles nous n'aurions peu ou pas de prise.

Au travers de ces affects dépressifs, se posent, me semble-t-il, des enjeux fondamentaux concernant la question du désir, de notre désir d'analyste (comment nous continuons à le soutenir), et aussi concernant la question de l'Autre : quel Autre tentons-nous de restaurer (dans les deux sens du terme) lorsque nous faisons appel aux valeurs du passé ?

C'est pour cela qu'il me semble important de repérer nos embarras d'analystes aujourd'hui, dans le sens où s'y manifesterait la mise à l'épreuve par un certain discours – le discours scientifique – des enjeux fondamentaux de la psychanalyse, le désir et le rapport à l'Autre. Ce qui nous laisse – si ce n'est découragés – du moins parfois désemparés face aux modifications du lien social, c'est bien sûr aussi la rapidité et l'intensité des changements auxquels nous assistons, et donc bien sûr, si nous prétendons continuer à avoir une position à l'égard de ces changements, en dire quelque chose, nous avons le sentiment nous aussi d'avoir à faire vite, d'avoir à réfléchir vite, d'avoir à nous informer aussi très vite, nous avons le sentiment d'être pris nous aussi dans un certain emballement auquel il est difficile de résister. Avec cette crainte que si nous ne suivons pas le rythme, nous allons vite nous retrouver à l'écart, en dehors du coup, et que surtout, très vite, nous n'y comprendrons plus rien. Ça, c'est ce que chacun peut éprouver par exemple par rapport aux progrès de l'informatique, de ce qu'on appelle les moyens de communication.

Mais c'est aussi ce que nous pouvons éprouver par rapport aux « progrès » – je mets bien sûr progrès entre guillemets –, progrès juridiques, je pense, par exemple, à ceux qui nous ont été annoncés ces jours-ci concernant la famille et la parentalité. Tout ça va très vite, et l'on peut s'attendre à ce que les effets ne se fassent pas non plus beaucoup attendre sur le plan de la subjectivité.

En tout cas, pour ma part, j'ai bien souvent le sentiment de ne pas avoir le temps, de ne pas avoir le temps de prendre le temps, de réfléchir, comme on dit, à tête reposée à tous ces changements, ni de laisser travailler toutes les questions qui en surgissent, pour pouvoir en rendre compte, les formaliser, ne serait-ce que pour moi-même.

De plus en plus nous sommes sollicités de faire des choix très vite, de donner notre position très vite – là, je pense bien sûr aux nouvelles techniques commerciales, mais qui s'étendent aussi à d'autres domaines.

Tout ça crée une impression d'avoir à résister pour ne pas être aspiré par un mouvement qui s'emballe et qui ne ménage pas beaucoup de place à notre subjectivité.

Je crois que cette impression d'emballement d'un processus, nous sommes nombreux à le ressentir.

Pourtant le discours scientifique n'est pas si récent, et sa prise en compte par la psychanalyse n'est pas non plus récente. Lacan en a situé le point de départ, l'origine, avec le cogito cartésien, il en a aussi repéré les effets constatables en les formalisant, il avait également très tôt annoncé ceux auxquels il fallait s'attendre dans les décennies à venir, et nous ne pouvons aujourd'hui qu'admirer la justesse et la rigueur de sa pensée qui gardait, elle, un bon temps d'avance.

Je crois que ce sont entre autres les concepts qu'il avait forgés qui lui permettaient d'avoir ce temps d'avance, et je crois que c'est aussi un des enjeux de nos travaux, de nous donner les moyens de ce temps d'avance et donc de continuer à occuper notre place d'analyste. Je crois que cela nous demande aujourd'hui beaucoup de travail. En particulier, ce que Lacan a conceptualisé sous le terme de Nom-du-Père, concept à partir duquel il a pu penser les effets à prévoir dans le social de son déclin, est pour nous aujourd'hui un outil précieux pour penser notre clinique.

Et quand je dis notre clinique d'analystes, je prends en compte l'équivoque de la formulation et de ce de attributif, qui vient dire que nous sommes nous aussi affectés par le discours scientifique – pas trop infectés quand même je pense – et que nous avons peut-être à en repérer quelques effets chez nous, dans notre pratique des cures, dans notre travail en institution, et aussi dans le champ des institutions analytiques.

Pour en venir maintenant plus précisément à ce qui est l'objet de ces réflexions, ce que je repère comme modifications essentielles dans les demandes qui me sont adressées, et je dirais dans la manière dont ces demandes se formulent, et c'est, je crois, ce qui cause mon principal embarras, c'est ce qui a trait d'une part à la parole – je dirais son statut, son usage, sa qualité – et d'autre part à la place de l'Autre, de l'Autre symbolique, dans ces premières rencontres.

Je précise que je vais parler là des premiers entretiens, ce qu'on appelle les entretiens préliminaires, de ceux donc qui précèdent un éventuel engagement dans un travail analytique. Je ne vais pas faire un catalogue des modifications que l'on peut observer, mais plutôt essayer d'en situer le point nodal, avec quelques conséquences qui en découlent.

De plus en plus fréquemment je suis amenée à recevoir des personnes qui – pour le dire simplement – ont les plus grandes difficultés à parler d'elles ; c'est-à-dire que leur parole ne semble pas prendre appui, tenir son origine, d'une question subjective, d'une question concernant leur désir, où serait mise en jeu leur division, mais c'est une parole qui s'appuie essentiellement sur des énoncés, des énoncés de savoirs divers glanés ici ou là, ou des énoncés normatifs qui les exclut totalement dans un premier temps.

Leur démarche semble consister principalement dans une recherche d'être adéquats à une norme définie par des savoirs.

Cela donne dans ces premiers entretiens cette impression d'avoir affaire à une parole désubjectivée qui ne trouve pas sa cause en quelque sorte, lorsque nous n'avons pas affaire encore plus simplement à une impossibilité totale de parler de soi, une difficulté majeure dans ce registre, ce qui donne un discours extrêmement flou, une imprécision totale dans les énoncés, voire une inhibition majeure dans le registre de la parole.

L'effet, de mon côté, est qu'il me faut beaucoup de temps pour arriver à entendre quelque chose, à attraper quelque chose de la problématique de ces personnes, que je me retrouve aussi parfois à éprouver moi aussi des effets de flou artistique, voire de désubjectivation, et ce que je constate, en ce qui me concerne en tout cas, c'est que je suis contrainte de plus en plus souvent à allonger ce temps d'entretiens préliminaires bien au-delà des trois ou quatre qui généralement suffisaient il y a encore quelques années pour engager une cure, ou décider de ne pas l'engager, et qu'il me faut de plus en plus d'entretiens préalables pour arriver à dégager dans la parole ce nœud qui permettra de donner à la cure sa direction.

Ce que nous pouvons repérer là, il me semble, c'est l'absence de la dimension d'énonciation dans la parole, et il va falloir un certain temps et une certaine énergie de la part de l'analyste pour faire ressurgir cette dimension d'énonciation.

Je dis une certaine énergie, car en effet il me semble que de plus en plus nous sommes obligés d'y mettre du nôtre, de mettre la main à la pâte en quelque sorte, pour que quelque chose se passe, nous ne pouvons pas nous cantonner dans l'écoute, sinon nous risquons de nous retrouver au bout d'un certain temps dans la même erre – errance – que celui ou celle qui est en face de nous.

Il me semble que nous sommes donc contraints d'y aller, nous, du côté de l'énonciation, de notre énonciation, pour remettre celle-ci en circulation dans l'échange et dans le rapport à l'Autre.

Ce déploiement d'énergie dont nous sommes obligés de faire preuve, et qui est peut-être une forme de résistance à cette désubjectivation que nous sommes amenés à subir, peut générer des effets de fatigue à long terme, mais je me suis souvent demandé si cette fatigue que je peux ressentir après de tels entretiens n'est pas due à ce que nous font éprouver de telles rencontres, c'est-à-dire que nous nous trouvons nous aussi placés dans un dispositif où la parole et l'énonciation sont exclues ; nous sommes interpellés au lieu d'une pure fonction, et je crois que cela n'est pas sans un certain nombre d'effets.

Il m'est arrivé plusieurs fois ces derniers temps d'avoir affaire à des personnes qui se montraient extrêmement surprises, voire choquées parfois, que je m'intéresse à leur histoire, à leur passé, à leur vie familiale, comme si vraiment ces personnes venaient se présenter là comme de purs objets de la science – de ma science, infuse en l'occurrence – et que celle-ci pouvait opérer sur eux sans même qu'ils aient besoin de parler d'eux.

Ce qui peut produire un effet comique dans un premier temps où l'on reste un peu médusé – s'adresser à un psychanalyste et ne pas vouloir parler de soi, cela paraît un peu paradoxal – mais aussi, si la situation se prolonge, finit par produire des effets assez désagréables et assez mortifiants chez l'interlocuteur.

Ces personnes sont généralement dans une intolérance extrême à l'égard de leurs symptômes, symptômes qui sont d'ailleurs le plus souvent à peine constitués en véritables symptômes, peu identifiables je dirais, si ce n'est sous la forme d'un malaise profond d'où n'émerge aucune particularité subjective.

C'est là encore le caractère fautif de ce symptôme – eu égard à une harmonie subjective qui fait référence et qui est exigée – qui est mis en avant et, là encore, il faut un certain temps pour qu'au travers de la parole, un symptôme soit repéré ou plutôt peut-être soit constitué en termes signifiants.

Pour résumer donc, je dirais que le point nodal de ces modifications, c'est justement l'absence de point nodal, ou l'absence apparente de ce point. On ne peut pas repérer ce qui fait nœud pour un sujet, dès lors que sa parole ne part pas de ce nœud lui-même, et, par conséquent, nous sommes contraints nous aussi à certaines modifications dans notre pratique pour en arriver à l'émergence de ce point à partir duquel pourra surgir dans la parole du sujet un « dire » au sens où Lacan parlait du « dire vrai », à partir duquel s'opérera un déplacement qui pourra ouvrir la voie d'un travail analytique.

J'aurais d'autres remarques à faire concernant ces modifications à la fois que nous observons, et face auxquelles nous sommes contraints d'inventer jour après jour. Je crois qu'elles ont toutes rapport avec ce que nous repérons comme caractéristiques essentielles du discours social qui est le nôtre aujourd'hui, mais je crois qu'il n'est cependant pas inutile de les repérer dans le champ de la cure analytique.

Un certain nombre d'embarras ont trait à la perte de la dimension de pacte symbolique lié aux lois du langage et de la parole, et donc au fait que nous nous trouvons de plus en plus souvent abordés dans des termes de contrat marchand où la dimension de l'Autre est évacuée, ce qui donne un rapport à l'analyste dans un premier temps qui pose presque naturellement celui-ci dans une symétrie des places et une exigence de réciprocité.

Cela – en ce qui me concerne du moins – commence à me poser quelques difficultés : par exemple pour le paiement des séances où la personne n'est pas venue, paiement qui n'est pas pris dans sa dimension symbolique, et qui est, soit refusé comme étant intolérable, l'expression d'une tyrannie ou d'un souci mercantile de la part de l'analyste, soit donne lieu à une soumisssion de type soumission au contrat commercial, sans que cela fasse acte.

Je crois que je pourrais dire la même chose concernant par exemple la régularité des séances, la « négociation » (bien sûr, je mets ce terme entre guillemets) des périodes de congés, toutes sortes de choses qui se mettent en place dans les débuts de cure où l'on repère bien que le dispositif tend à se passer de l'Autre symbolique, et que de ce fait le rapport se trouve ramené essentiellement à une dimension imaginaire où les règles – je dirais classiques – de l'analyse sont intolérables, c'est-à-dire prises dans un registre de dépendance imaginaire en place et lieu de l'aliénation à l'Autre symbolique qui est notre lot commun.

Je crois que là aussi nous sommes contraints – non pas de faire des aménagements, puisque nous savons bien qu'il n'y a guère d'aménagement possible avec l'Autre – mais du moins d'être à l'écoute et de saisir le moment propice et la forme propice pour l'énonciation de ces règles, faute de quoi celles-ci seront de purs énoncés d'où la dimension d'énonciation sera absente, et avec elle la dimension symbolique.

Cette difficulté n'est certainement pas très nouvelle dans les premières rencontres avec un analyste ou en début de cure, mais il me semble malgré tout que ce sont des difficultés qui s'amplifient, et aussi qui perdurent parfois un certain temps après l'engagement dans la cure.

Une dernière remarque concerne le temps passé en face à face, qui bien sûr correspond à la multiplication nécessaire des entretiens préalables mais qui m'amène une autre réflexion concernant la prédominance du registre imaginaire et donc la difficulté pour ces personnes de se passer à la fois de la dimension de l'image et de celle du regard pour l'échange comme si, pendant un temps qui me semble de plus en plus long aujourd'hui, leur parole ne trouvait pas d'autre appui que dans le regard de l'autre, et que cet appui était à chaque fois à renouveler, à retrouver, sans qu'elles parviennent à trouver une assise plus symbolique à leur parole.

Le passage au divan, lorsque je le propose, est dans certains cas refusé, à juste titre probablement car il est probablement prématuré dans la mesure où la place de l'Autre symbolique n'a pas été suffisamment dégagée.

Alors, pour me sortir de ces embarras, je n'ai d'autre recours que de me dire que malgré tout, au travers de toutes ces modifications, liées aux modifications de discours, c'est encore à un mode de défense à l'égard de la castration que nous avons affaire, et qu'à ce titre, en tant qu'analyste, je ne devrais me sentir ni découragée, ni comme une espèce en voie de disparition. Après tout, c'est toujours à cette place que la psychanalyse est convoquée et à cette question du rapport du sujet au désir et à la castration. Toutefois, je crois que les avancées du discours scientifique offrent la possibilité aujourd'hui de modes de défense particulièrement redoutables et efficaces, à côté desquels les modes de défense névrotiques peuvent nous apparaître beaucoup plus faciles à entamer.

Car si la castration symbolique est mise en place par l'entrée dans le langage, quel autre mode de défense plus efficace que celui qui consiste à ne pas s'engager dans la parole, et donc dans la demande à l'Autre – c'est là que s'éprouve pour chacun la dimension de l'aliénation à l'Autre, de la division subjective, et du désir, et à ce titre le discours scientifique se révèle assez imparable pour ce qui est de permettre au sujet de se défausser de sa subjectivité.

Cela dit, il me semble que ce n'est pas une raison pour privilégier – ou regretter d'autres modes de défense – je parle bien sûr de la névrose, ni pour regretter le discours religieux, par exemple.

Je crois que le discours scientifique nous met à l'épreuve, en tant que ces mécanismes de défense particulièrement efficaces qui risquent bien de devenir notre lot quotidien, engagent notre responsabilité ainsi que nos capacités d'invention et notre désir d'analyste.

Je conclurai ces remarques par un propos de Lacan et une courte histoire d'un début de rencontre.

À la fin du séminaire *Les Non-Dupes errent*, c'est-à-dire à la fin de la dernière séance de son séminaire, Lacan dit : « Qui n'est pas amoureux de son inconscient erre. »

Je ne sais pas si j'ai saisi tout ce que Lacan développe autour de cette phrase et je ne suis pas sûre qu'il faille la prendre pour précepte, mais, en tout cas, elle m'a semblé pouvoir d'une certaine manière rendre compte des effets du discours scientifique, et il me semble opportun de rappeler ce propos de Lacan aujourd'hui où, par le discours contemporain, c'est plutôt à la haine du désir, la haine de l'Autre, et donc à la haine du sujet pour lui-même que nous sommes appelés.

La petite histoire qui m'est venue à la suite de ce propos de Lacan, c'est celle d'une rencontre. Récemment, un adolescent, lors de son deuxième rendez-vous avec moi, commence l'entretien ainsi : « J'ai retrouvé un ami d'il y a très longtemps. » J'ai trouvé que c'était une jolie manière et qui m'a semblé très juste de dire ce que pouvait être une cure. Retrouver un ami d'il y a très longtemps c'est aussi refaire ami avec soi-même.

Il faut dire qu'au premier entretien – je recevais cet adolescent dans le cadre de ce qu'on appelle une mesure de protection judiciaire – il s'était présenté prostré, la tête baissée sur ses bras repliés, mutique, dans l'attitude du coupable mortifié.

La partie immergée de l'iceberg – si je puis dire –, c'étaient des vols répétés, des fugues, des tentatives de suicide.

Je n'ai trouvé d'autre recours lors de cet entretien, pour lui faire relever la tête – c'est le cas de le dire – que de lui parler de son histoire, du moins de ce que j'en savais, qui est une histoire assez chaotique, de multiples placements, séparations brutales avec des familles d'accueil, maltraitances, jusqu'à son adoption il y a quelques années, adoption qui avait déterminé, opéré depuis, la mise en place d'un clivage entre un « avant » l'adoption, et un après. J'avais donc ce jour-là, en face de moi, celui « d'après » – l'adoption – et il me semblait qu'il fallait renouer avec celui d'avant, d'il y a très longtemps. Ce terme « renouer » s'imposait à moi quand je pensais à lui, car il ne me semblait pas du tout que ce garçon avait oublié son passé ; il avait des souvenirs extrêmement précis de sa petite enfance, j'ai pu le constater quand il s'est mis à me parler, mais ce passé était comme classé, rangé.

La position des parents adoptifs était en quelque sorte celle-ci : nous savons bien, mais quand même (nous connaissons son histoire, mais ça ne justifie pas tout ce qu'il nous fait voir aujourd'hui), bref, quelque chose comme un déni qui fait que – il me semble – cet adolescent ne pouvait pas intégrer son passé à son présent, que ce qu'il avait été n'avait pas sa place là où il devait être aujourd'hui. C'était une position d'exil, redoublée par les multiples ruptures qu'il avait connues.

Alors renouer, c'était au sens de renouer des liens d'amitié, avec soi-même, mais aussi renouer au sens d'un nouage, opérer un nouage, ou un renouage, un autre nouage – que celui qui faisait pour lui tenir les choses ensemble au travers de ses passages à l'acte –, tenter un autre nouage, ou le mettre au jour, je ne sais pas comment il faut le dire, qui selon moi ne pouvait s'effectuer qu'au travers de la parole.

Alors c'est une histoire qui commence, celle de ce renouage, nous n'en sommes qu'à quelques rencontres, mais l'autre jour il me disait – lui que ses parents adoptifs exhortent depuis longtemps à ranger sa chambre sans aucun résultat –, il me disait que, rentrant chez lui, il s'était dit en ouvrant la porte de sa chambre : « J'en ai marre de tout ce bordel » et, dit-il, « j'ai commencé à ranger mes affaires, je n'y étais jamais arrivé jusqu'à présent ».

Je crois que des histoires comme celle-là, nous en avons tous à raconter. C'est une petite histoire qui me semble assez exemplaire de cette exclusion dans laquelle le sujet est tenu et se tient aujourd'hui.

Et en tous cas, je suis convaincue que pour cet adolescent, le simple fait de se mettre à parler à quelqu'un dans une situation – un cadre – où la parole ce n'est pas rien, la parole compte, ce simple fait a produit très rapidement des effets, et des effets subjectifs. Je ne fais pourtant rien d'autre pour le moment que l'écouter et essayer d'entendre ce qu'il me dit.

Parmi ces effets, pas forcément très agréables d'ailleurs pour son entourage, j'ai appris récemment au retour de mes congés, par l'assistante sociale qui s'occupe de lui, que ce garçon, qui a depuis longtemps pour habitude de fouiller tous les papiers de ses parents adoptifs et d'intercepter tout le courrier qui arrive – que ce soient factures, papiers d'assurance de la maison, etc. – et ensuite de les éparpiller à travers la maison dans les endroits les plus incongrus qui soient, ce garçon qui, il y a quelque temps, avait réussi de cette manière à repérer les traces de sa mère – comme on dit « naturelle » – et à se procurer son adresse et son téléphone, avait, pendant l'été, essentiellement en téléphonant à cette mère, dépensé 8 000 FF sur le portable de ses parents adoptifs et, interceptant la facture, l'avait expédiée à sa mère.

Ça m'a fait plutôt rire lorsque j'ai appris ça et je trouvais l'opération un peu compliquée, mais assez pertinente. Même si les choses ne sont pas réglées pour ce garçon, j'ai trouvé que se mettre à renvoyer comme ça sa facture à chacun (puisque cette facture circule maintenant, la mère l'a réexpédiée aux parents adoptifs), c'était peut-être d'une certaine manière tenter de se resituer dans le registre de la dette symbolique, en tout cas rendre présente pour chacun cette question de la dette.

Ceci est un exemple aussi des raisons pour lesquelles, selon moi, nous n'avons pas à désespérer des jeunes et des adolescents de notre époque, quoi qu'il en soit de leurs conduites, puisque ce que nous constatons bien souvent, c'est que lorsqu'on leur offre la possibilité de s'engager dans la parole, ils parviennent le plus souvent à retrouver un rapport à l'Autre – pour reprendre le terme de mon jeune patient, qui finalement dit assez bien ce que tend à devenir cet Autre aujourd'hui – un rapport à l'Autre un peu moins « bordélique ».

Jean-Luc Cacciali

La victime : un nouveau sujet

Notre société porte la plus grande attention aux victimes, que ce soient de drames personnels ou collectifs, présents ou passés. Ce n'est pas nouveau, notre tradition religieuse et notre humanisme portent notre intérêt vers le sujet qui souffre, celui qui est exclu, mais le phénomène prend aujourd'hui une importance particulière, ce que constatent les médias et aussi les intellectuels. A. Garapon[1] peut ainsi écrire que « la figure de la victime devient la métaphore de notre condition de moderne ».

Beaucoup partagent cette constatation mais sans s'interroger davantage sur le paradoxe du phénomène car comment peut-on expliquer que le sentiment de victime envahisse des sociétés où les dommages sont objectivement moins nombreux ? Si nous employons cette expression insatisfaisante de sentiment de victime, c'est pour insister sur le fait qu'il ne s'agit pas d'établir une psychopathologie des victimes de faits avérés ou d'étudier la question des névroses traumatiques. Il s'agira de tenter l'analyse d'une position subjective qui tend aujourd'hui à se généraliser quels que soient les faits et leur gravité. Il y a bien sûr les victimes, d'événements contraires et dramatiques, d'accidents ou de catastrophes et puis il y a un véritable mouvement

1. Secrétaire général de l'Institut des hautes études sur la justice.

social qui prend de l'ampleur. Ce mouvement peut prendre des formes surprenantes ou avoir des conséquences très problématiques.

Pour en donner une idée, nous rappellerons le grand nombre de procès retentissants qu'il y a eu aux États-Unis où des personnes intentaient un procès à leurs parents pour les avoir abusées sexuellement étant enfant. Les magistrats ont ainsi rencontré la même question que Freud avait rencontrée au début de sa pratique, les faits sont-ils vrais et oubliés ou est-ce de la fabulation ? Seulement, ils n'ont pas voulu se souvenir que Freud avait élaboré puis abandonné sa théorie du traumatisme pour élaborer la théorie du fantasme. Ils ont cru régler leurs embarras en ayant recours à des thérapeutes qui aideraient les victimes à retrouver leurs souvenirs. Il y eut un grand enthousiasme pour ce mouvement qui prit le nom de la mémoire retrouvée. Ils méconnurent que ce qui était oublié c'était le refoulé inconscient et non pas seulement les faits réels, et que le fantasme, étant déjà constitué, imprimait sa marque à ces souvenirs retrouvés. Il ne s'agissait donc pas seulement de faits oubliés et de mémoire. Cette sollicitude conduisit aux pires dérives et aux pires excès.

Et puis comment ne pas être surpris actuellement par les fumeurs qui se retournent contre les manufactures de tabac dont ils s'estiment les victimes, demandant en réparation des sommes considérables, ce qui, disons-le, constitue d'une certaine façon une véritable perversion, perversion sociale et non individuelle bien sûr.

Ce grand mouvement social qui se préoccupe d'être attentif au sort des victimes touche le pouvoir politique, le pouvoir juridique, les intellectuels, les médecins. La victimologie devient une nouvelle discipline universitaire et récemment a été publié un *Précis de victimologie*. Il y est établi la liste de toutes les causes de victimation. Victimation est un nouveau mot pour désigner ce qui est susceptible de causer une victime. Dans le même mouvement, la notion de victime s'étend et sort du cadre restreint de la criminologie où elle était habituellement cantonnée. Du même coup et pour parodier une certaine expression, nous pouvons découvrir que « nous sommes tous des victimes ». Au-delà du clin d'œil, il nous faut remarquer que les causes de victimation sont si extensives, que la victime cela peut être tout le monde, c'est-à-dire que cela devient le sujet lui-même. Et c'est ce point que nous aimerions souligner. Au-delà des différents modes de prise en charge et de réparation possibles et légitimes, une telle extension de la notion de victime en fait véritablement un nouveau sujet.

Dans une société de prévisions où le risque doit être inexistant, perspective sans doute induite par les progrès incessants de la science, ce qui aurait pu être évité doit être réparé. Cette société de réparation généralisée nous pousse à imaginer qu'il y aurait toujours une cause ou des responsabilités qu'il serait possible d'identifier, même dans les cas de catastrophes naturelles, et de la sorte l'aléa tendrait à remplacer l'impossible. Dans ces conditions, la victime peut devenir une représentation dominante de la subjectivité et aujourd'hui la figure centrale n'en est plus le prolétaire mais la victime. Ajoutons que le combat de l'exploité devait être source de progrès, ce qui était une façon très différente d'envisager l'avenir de la société. La survenue de ce nouveau sujet aura des effets durables sur l'ensemble de la société, c'est pourquoi nous devons essayer de dégager les déterminations, étudier les mécanismes et préciser les conséquences de ce que nous pouvons considérer comme l'avènement d'une nouvelle figure centrale de la subjectivité.

D'ABORD DE QUEL SUJET PARLONS-NOUS ?

Si nous considérons la victime comme la figure subjective de notre modernité, il nous faut d'abord préciser ce que la psychanalyse entend par sujet. Puis nous chercherons, en nous appuyant sur l'enseignement de Lacan, à repérer quelques déplacements de ce sujet dans l'histoire des idées.

Pour la linguistique, le sujet est divisé entre sujet de l'énoncé et sujet de l'énonciation mais ce sujet de l'énonciation que prend en compte la psychanalyse ne peut se faire valoir de façon intentionnelle. Sa particularité, c'est qu'il ne peut se faire entendre que dans la souffrance, que par la plainte car nous verrons qu'il est lui-même en souffrance de par sa position. Il se plaint que ça ne va pas et c'est pourquoi, ce sujet qui se plaint que ça ne va pas, c'est aussi celui que la psychanalyse appelle le sujet hystérique et nous pouvons dire qu'il y a une dimension fondamentalement hystérique du sujet. Lui-même, le sujet hystérique, objecte au savoir du maître, il dit que bien sûr c'est très intéressant et très juste mais que, malgré tout, ce n'est pas tout à fait ça.

Ce sujet est pris en compte par la religion qui se préoccupe de l'âme et de ses tourments. Avec le développement de la science, il y a un changement qui se produit : la science contrairement à la religion cherche à ne s'appuyer que sur l'écriture d'une suite logique d'énoncés, qu'aucune subjectivité ne viendrait perturber. Elle est pragmatique et ne veut prendre en compte que des faits. Pour réaliser ce souhait, elle rejette le sujet de l'énonciation de la suite des énoncés. Elle le forclot, dit Lacan, il perd son domicile, il est, pourrions-nous dire, rejeté de la maison du père, et devient ainsi un sujet exclu. Et c'est cette exclusion qui nous permettait de dire précédemment que le sujet lui-même est dans une position de souffrance et qu'il ne pourra se faire entendre que par la plainte. Il se plaint qu'il est en souffrance d'être exclu.

Ce sujet de la science qui est exclu de la chaîne des énoncés, Lacan en fait le sujet moderne. Il ajoute que c'est le même que le sujet hystérique, celui qui est exclu du monde et qui ne cherche qu'à appartenir à la communauté d'un père. Et c'est également le même que le sujet de l'inconscient celui qui est exclu de la chaîne signifiante. Dans cette perspective, le sujet hystérique, le sujet de l'inconscient et le sujet de la science sont les mêmes, ils sont exclus et exilés.

Pourrions-nous alors préciser les traits de ce sujet moderne, pourrions-nous également en spécifier la plainte, sachant que la plainte est le mode d'expression le plus spontané d'un sujet exclu ? Est-ce que la victime en est la nouvelle figure, est-ce que c'est la façon par laquelle le sujet qui est structuralement en position d'exclusion cherche aujourd'hui à se manifester ?

L'hystérique fait valoir le sujet, c'est le sujet qui se révolte contre la science, il fait valoir la subjectivité contre la science qui elle ne le prend pas en compte. Nous essayerons d'en dégager les manifestations actuelles, mais auparavant nous allons essayer d'analyser quelques moments importants pour la psychanalyse de la subjectivité dans l'histoire.

Commençons avec Socrate

Cela peut paraître surprenant de débuter avec Socrate et pourtant ce n'est pas par souci historique mais parce que notre époque a élevé avec la science le savoir au rang suprême ; la connaissance a la plus grande valeur, c'est l'époque de la diffusion des savoirs et Socrate, lui, a opéré une bascule en ce qui concerne le savoir. Socrate va montrer à ceux qui croient savoir qu'ils ne savent pas. Il va produire un déplacement, en situant le savoir non plus chez le maître mais chez l'esclave.

Quand il est accusé de célébrer d'autres dieux que ceux de la cité et de corrompre la jeunesse, il va refuser les services d'un avocat et faire son apologie en philosophe. Il ne cherche pas à se disculper d'une faute qu'il n'a pas commise, il ne se préoccupe que du juste et du bien. Et quand plus tard on lui rendra visite dans sa cellule où il attend l'exécution de la peine de mort à laquelle il a été condamné, il dira qu'il a été victime des hommes. À l'approche de la mort, Socrate se considère comme une victime, victime non pas des dieux mais des hommes. Cela n'est-il pas surprenant, est-ce en accord avec la position de philosophe et non d'avocat qu'il tente de soutenir face à d'injustes accusations ?

Si Socrate est victime des hommes, c'est que bien sûr il est victime d'injustes accusations mais ce qui en fait leur injustice, c'est que les accusateurs croient savoir que leurs accusations sont justes et ce que Socrate veut leur démontrer dans son apologie, c'est qu'au-delà de son cas personnel ses accusateurs croient savoir alors qu'ils ne savent pas. Les maîtres de la cité croient savoir alors que ceux qui savent ce sont les esclaves, au sens antique d'une fonction inscrite dans la famille. L'esclave est inscrit dans la famille autant que dans la cité parce qu'il a un savoir-faire. Les dialogues de Platon montrent que dans le monde antique l'esclave est le support du savoir et que le maître va s'employer à lui soustraire. Il s'agit d'extraire l'essence d'une technique artisanale que possède l'esclave, pour la transmettre au maître et qu'elle devienne un savoir de maître. Cette opération va faire du savoir un savoir théorique mais sans pour autant fonder une science, nous verrons que pour cela il faudra attendre Descartes.

Socrate va s'employer à démontrer la vanité du savoir des maîtres et permettre à l'esclave de révéler le sien mais dans le même mouvement s'ouvre la porte d'une revendication possible où l'esclave devient la victime d'un préjudice, d'un dol, ce qui constitue aussi la position du sujet hystérique.

Lacan pourra dire que Socrate est un hystérique puisque par son questionnement il incite le maître à mesurer la finitude de son savoir. Le maître croit qu'il possède le savoir mais il est facile de lui démontrer le contraire, le savoir est produit par l'esclave, il suffit de savoir l'interroger correctement. L'hystérique, lui, révèle la faille qu'il y a dans le discours du maître mais soulignons que ce n'est pas par désir de savoir qu'il interroge le maître, c'est parce qu'il souffre. Les places subjectives sont symboliquement ordonnées, l'esclave est bien symboliquement inscrit dans la famille et dans la cité mais l'hystérique va en faire un damné de la terre, il va en faire une victime qui pourra prendre la figure de l'exploité et devenir plus tard celle du prolétaire.

L'hystérique fait ainsi valoir le sujet, c'est la subjectivité contre le savoir du maître, ce qui nous laisse déjà entendre une évolution possible sous la forme de la subjectivité contre le savoir de la science, et c'est à ce sujet que la psychanalyse va faire une place. Avec la psychanalyse, le sujet hystérique va être individualisé, il va être entendu et spécifié, et pourtant le terme d'hystérie a disparu de la classification de l'Association mondiale de psychiatrie, il ne subsiste que sous la forme des symptômes de conversion. La mise en évidence de l'hystérie par la psychanalyse aurait-elle provoqué son refoulement dans la culture ? Peut-être devrions-nous considérer que l'importance que prend la victime dans notre culture n'est que l'indice du retour du refoulé du sujet hystérique ?

Poursuivons avec le moment cartésien

Si le savoir est soustrait à l'esclave par le maître, cela ne permet pas pour autant de constituer une science. Pour Lacan, c'est avec Descartes que va se produire la bascule qui permet que se constitue la science. Pour cela il fallait, dit-il, que quelqu'un puisse s'arracher à ce dispositif où le savoir se transmettait de l'esclave au maître, mouvement qu'a initié Socrate.

Descartes va permettre la science en introduisant le doute systématique car il met ainsi le sens en suspens. À la différence de la religion, il n'y a personne dans l'Autre qui garantisse un sens univoque pour un signifiant, le signifiant pourra ainsi prendre toutes les significations. Nous pouvons douter de tout, il n'y a plus de certitude du sens, la seule chose dont je ne puisse douter, c'est de mon être de sujet, c'est le cogito, « je pense (donc) je suis ».

Dans cette opération, le signifiant n'est plus attaché à un sens, il va pouvoir être réduit à un simple jeu de lettres et c'est la lettre elle-même qui peut devenir le support de n'importe quelle signification comme dans les mathématiques.

Ce pas du doute systématique franchi, une nouvelle conception du monde devient possible. Un monde où les choses ne sont plus organisées par un dire, par exemple une parole révélée commc dans la religion, mais où les choses sont organisées par un système de combinaisons, un ensemble de règles établi par un système. Ce n'est plus une énonciation qui organise le monde mais un système de combinaisons.

Dans ce système, le sujet n'est plus représenté par un signifiant puisqu'il y a un jeu de lettres qui organise le monde et qui n'a pas besoin d'un dire pour fonctionner et qu'il est exclu de ce système. Nous pourrions dire qu'il perd la maison qui était la sienne avec la parole révélée, il se retrouve en dehors. Dorénavant il n'aura plus affaire à un père comme dans la révélation, il aura affaire à un Autre qui est un pur système symbolique, un simple agencement de combinaisons.

Cette possibilité d'un enchaînement logique de combinaisons qui ne soit dû qu'à un pur système de lettres va permettre le développement de la science. Il y a un enchaînement possible des causes et des effets et la cause peut ainsi devenir homogène à l'effet. C'est le pouvoir absolu du symbolique. Celui que requiert la science pour ne pas être gênée dans son progrès car même la subjectivité du savant risque de gêner les avancées de la recherche, ne serait-ce simplement que par son questionnement sur la poursuite ou l'arrêt de ses recherches du fait de leurs éventuelles conséquences.

Dorénavant le sujet en exil n'a d'autre recours pour se faire valoir comme sujet que l'expression de la souffrance de son exil. C'est le sujet moderne, mais c'est aussi le même que le sujet hystérique, ce qui lui confère une certaine proximité avec une position de victime. Freud va montrer que le sujet hystérique est victime de l'exclusion du domicile du père qu'il va chercher à réintégrer ; le sujet moderne, lui, est victime du rejet de la science qui l'exclut de son système formel qu'il pourrait contrarier dans son progrès.

Avec Freud

Dès le début de sa pratique, Freud eut à rencontrer des patients qui souffraient d'avoir été victimes d'abus sexuels dans l'enfance. Il eut à trancher sur le caractère de vérité ou de fabulation des sévices que lui rapportaient ses jeunes patientes. Cela sera difficile mais nous connaissons sa réponse. Très vite il élabore sa conception du fantasme, non pas qu'il n'y ait pas eu de faits avérés, mais, comme va le montrer Lacan, il n'y a de sujet qu'avec la mise en place du fantasme, avant il n'y a pas de sujet au sens du sujet de l'inconscient.

Freud va remplacer *les traumatismes sexuels infantiles* par *l'infantilisme de la sexualité.* Il y a toujours une grande interrogation portée sur le sexuel et particulièrement sur les abus sexuels, nous y reviendrons, mais remarquons déjà qu'au-delà des faits avérés, il y a aussi la tendance à considérer que l'enfance est innocente, c'est l'innocente victime de la tradition chrétienne.

Freud insiste pour dire que la sexualité est infantile et que d'un certain point de vue la façon dont le sexuel arrive à l'enfant est toujours traumatique. C'est l'intervention du père qui va lui donner cette allure de traumatisme. Pour qu'il y ait une réalisation sexuelle possible, il faut qu'il y ait une perte, c'est-à-dire qu'il faut renoncer à ce premier objet aimé pour pouvoir accéder à un semblant d'objet. C'est la castration, c'est une opération symbolique que l'on peut considérer comme le traumatisme psychique structural de tout homme. Elle va ainsi permettre une identification sexuée et un accès au désir. C'est là le prix à payer pour l'accès à une réalisation sexuelle.

À méconnaître ce traumatisme attribué à l'intervention du père dans notre tradition patrocentrique, c'est le sexuel lui-même qui devient traumatique. Du fait d'un changement de la place du père dans notre champ social, nous pouvons nous demander s'il n'y a pas un refoulement de cette entrée traumatique dans le sexuel qui ferait retour sous la forme de la première théorie traumatique que Freud avait élaborée à ses débuts mais qu'il a abandonnée par la suite. Aujourd'hui, semble-t-il, le traumatisme n'est plus symbolique, il est réel. Ce ne sont plus seulement les abus sexuels dont le sujet est victime qui deviennent traumatiques mais tous les événements dont il peut être victime. Cela favoriserait un retour généralisé de la théorie traumatique.

Freud, lui, retrouvera plus tard le traumatisme avec les névroses de guerre qui l'intéressent beaucoup. Il y a un problème qui le tourmente, il cherche à savoir pourquoi il y a pour le sujet cette tentative de faire réapparaître l'événement traumatisant, notamment dans les rêves, comme s'il y avait une fixation à la dernière image qui chercherait à se répéter.

Il va être contraint de reprendre sa théorisation pour élaborer la deuxième topique et avancer les concepts d'automatisme de répétition et de pulsion de mort. Il y a dans l'économie psychique une tendance à la répétition. La vie psychique est soumise, à côté d'une pulsion de vie, à une pulsion de mort. Nous connaissons la difficulté qu'eurent ses élèves à admettre cette conception, il est vrai qu'il n'est pas facile d'admettre notre goût pour le traumatisme, nous lui préférons l'innocence de la victime.

La victimation

Nous citions dans l'introduction A. Garapon qui écrit que « la figure de la victime devient la métaphore de notre condition de moderne » ; il ajoute « qu'aujourd'hui c'est à la victime qu'on s'identifie » et plus crûment que « l'enfant violenté a supplanté l'ouvrier exploité ». Il y aurait donc un changement dans nos identifications et nous pouvons déjà prévoir que cela aura des conséquences.

Cet élan social vers les victimes a, comme nous le disions dans l'introduction, contribué à la création d'une nouvelle discipline universitaire, la victimologie. Le *Précis de victimologie* qui vient de paraître établit les différentes causes de victimation. Il y a d'une certaine façon un essai de faire une entité nosologique du processus de victimation alors que la langue en fait simplement un état. Et puis il s'agit d'un nouveau mot. Il y a une tentative de rendre compte dans la langue de ce processus.

Denis Salas[2] propose, par exemple, de distinguer la victimité de la victimation. Il suggère[3] également de reconstruire un modèle de justice qui le prenne en compte puisque l'État s'est construit comme la seule victime du mal commis, en écartant la victime du procès auquel ne participent que l'accusateur, l'accusé et le juge. Nous verrons qu'il y a lieu d'être prudent car de s'inscrire exclusivement dans une demande, une victime sera toujours déçue à la suite d'un procès, une demande ne pouvant jamais être satisfaite.

---

2. Maître de conférences, École nationale de la magistrature.

3. Journées d'Étude du *Journal français de psychiatrie*, en partenariat avec la revue *Esprit*, l'INHES et l'ARTAAS, 16-17 septembre 2000, « Faut-il juger et punir les malades mentaux criminels ? ».

Avant de faire de la victime une entité de la nosologie ou de lui donner une nouvelle place dans le déroulement du procès, il est nécessaire de réfléchir aux conséquences de cette évolution sociale. Nous proposons quelques éléments pour cette réflexion.

Quelques conséquences

L'exclusion et la ségrégation

Notre humanisme social, l'attachement aux droits de l'homme, font qu'une grande attention est portée aux réprouvés, à tous les exclus, attention mêlée d'une grande méfiance. Nous rappelions que cette situation d'exclusion est celle du sujet moderne. Elle est fondatrice de notre économie psychique puisque ce qui est désiré c'est l'objet perdu et ce qui lui donne son prix, c'est qu'il manque. Et puis le sujet est divisé entre ce qui le représente dans la réalité et cette part de lui-même qu'il ne connaît pas forcément et qui le met en position d'exclusion par rapport au monde. Cette partie exclue de notre être est souvent celle que nous considérons comme le mieux nous correspondre, le mieux nous représenter. Freud avait déjà repéré dans le mythe de *Totem et tabou* que le Père, l'ancêtre qui est supposé avoir fondé la communauté, est par rapport à elle en position d'exclusion, en position radicalement Autre, disons-nous. Et le fils va devoir résoudre cette altérité essentielle, comment établir une filiation avec cette figure Autre, et nous savons que la religion propose une solution.

La figure de l'exclu est donc une figure essentielle de notre vie psychique et sociale, l'exclu vient représenter dans notre champ social celui qui est en dehors de la communauté, celui qui est différent, celui qui est Autre. Dans le mythe freudien de *Totem et tabou*, l'Autre c'est le père de la horde primitive, et Lacan va démontrer que cette position d'exception est, au-delà du mythe, nécessaire du point de vue de la logique pour que puisse se fonder une communauté. Il en faut au moins un qui n'appartienne pas à la communauté pour fonder un ensemble.

Il serait donc bon de faire preuve d'une certaine prudence avant de considérer tous les exclus comme des victimes à réintégrer dans la communauté surtout s'ils ne le souhaitent pas. D'ailleurs certaines communautés ne doivent leur richesse culturelle, leur dynamisme social et intellectuel, qu'à cette exclusion qui les a obligées à aller de l'avant.

Par contre, nous ne devons pas confondre exclusion et ségrégation. Lacan a attiré notre attention sur cette distinction, la ségrégation incite à la constitution d'un groupe ou d'une communauté sur le seul fait de l'identité de ses membres. Le groupe ne se fonde plus sur la référence à un ancêtre commun mais sur une identité commune. Il ne s'agit plus alors que d'une société des frères ; la dimension de l'Autre, du radicalement différent, est supprimée, il y a une tentative d'effacer toutes les différences y compris la différence des sexes. Dans ce cas, l'Autre se réduit à la figure de l'étranger, pouvant facilement devenir intrusif et persécuteur. Si chaque membre ne se supporte que d'être identique à l'autre, celui qui est différent pourra assez naturellement être considéré comme dangereux.

Si nous y prêtons attention, nous pouvons constater que les groupes, les bandes, qui posent tant de problèmes à notre société, sont le plus souvent constitués suivant le mode ségrégatif. Or si l'exclusion est un processus symbolique puisque cette exclusion permet de fonder un groupe, la ségrégation, elle, est un processus différent, elle se fonde, bien que cela paraisse paradoxal à première vue, sur le rejet de l'exclusion. Il est donc nécessaire d'être prudent avant de rejeter ou de réintégrer tous les exclus, même en en faisant de façon très humanitaire des victimes, le risque serait que ce qui fonderait le sujet pourrait être uniquement cette identité de victime et nous passerions ainsi de l'exclusion à la ségrégation, ce qui ne serait pas sans conséquences. Il suffit de se rappeler l'exemple de la ségrégation raciale.

Dans notre société, il y a une lutte pour la suppression de l'exclusion car nous sommes enclins à penser qu'un sujet exclu est quelqu'un qui est victime des circonstances, du sort contraire, et qu'il faut donc s'employer à la réparation. Nous devrions pourtant être plus circonspects car nous pouvons faire l'hypothèse que l'aboutissement réussi de cette tentative aurait des effets ségrégatifs.

Un sujet victime est un sujet porteur d'un traumatisme

Aujourd'hui, avec les progrès de la science, nous recherchons toujours une cause et des responsabilités même pour les catastrophes naturelles ; du coup l'événement, la catastrophe, prend la forme d'un traumatisme et la personne devient une victime de ce traumatisme. La personne n'est plus victime des risques et des responsabilités liées à l'engagement dans son désir, dans sa vie, mais elle est victime de circonstances défavorables, ce qui va la constituer comme sujet porteur d'un traumatisme et non plus comme un sujet engagé dans sa propre vie avec tous les aléas liés à l'exercice du désir.

La cause, c'est l'événement extérieur, un traumatisme extérieur. La victime est donc quelqu'un qui est réellement privé de quelque chose dont il va dorénavant demander réparation. Cela est très différent du désir qui, lui, est la conséquence de la castration, le sujet est castré par le père, ce qui provoque un manque et va permettre le désir mais c'est une opération symbolique et non pas une opération réelle. Et il y aura des conséquences très différentes à se concevoir comme un sujet dont l'identité repose sur un traumatisme seulement réel et non plus symbolique.

Une victime est un sujet de la demande

La psychanalyse distingue la demande et le désir, et la victime est quelqu'un qui demande. Il demande d'être soulagé, il demande réparation pour l'objet qui a été perdu réellement. La psychanalyse montre qu'un sujet de la demande est différent d'un sujet du désir. C'est la castration qui cause le désir et, dans nos sociétés patrocentriques, elle est attribuée à la fonction paternelle. De façon plus structurale, nous pouvons dire que c'est le propre de l'être parlant, c'est ce qui le fonde car le seul fait de parler, de vraiment parler, nous castre puisque le signifiant ne permet jamais de saisir l'objet dans sa totalité. Il y a toujours un manque et c'est ce manque qui nous constitue comme sujet du désir ; ceci a cependant un avantage, c'est qu'une satisfaction est possible. En effet, si l'objet est toujours manqué, nous allons toujours avoir affaire à un semblant d'objet, ce ne peut jamais être le véritable puisque celui-ci est définitivement perdu. Du même coup, cela introduit une limite et permet une satisfaction puisque si l'objet du désir est toujours un semblant d'objet, il n'est nul besoin de chercher indéfiniment le véritable objet.

Le sujet qui est privé d'un objet par un événement extérieur dont il est victime ne sera pas un sujet du désir ; ce qui va être privilégié, c'est sa demande. La psychanalyse distingue la demande et le besoin, celui-ci est propre à l'être humain qui, étant dépendant des autres hommes pour satisfaire ses besoins essentiels, est contraint de passer par le langage et la parole. La demande n'est ainsi plus seulement liée à la satisfaction du besoin, elle est liée à la réponse de l'autre et devient ainsi demande d'amour et de reconnaissance. Il n'y a alors pas d'objet qui puisse la satisfaire puisqu'elle est toujours en son fond demande d'autre chose, elle est ainsi sans limite alors que le désir trouve sa limite dans l'objet qui le cause.

La victime, si cela constitue toute sa subjectivité, va s'engager dans la demande à l'exclusion du désir. Elle va dès lors s'engager dans un cycle où les demandes ne pourront que se succéder, sans satisfaction possible puisqu'il n'y a pas d'objet identifiable qui corresponde exactement à une demande.

Certains penseurs remarquent qu'aujourd'hui il y a un retour de la loi morale. Dans les années 50, dans son article « Kant avec Sade[4] », Lacan notait que l'objet du désir est aussi insaisissable que l'est, selon Kant, l'objet de la loi morale, ce qui impose un rapprochement et la loi morale peut ainsi venir représenter le désir quand ce n'est plus le sujet qui est manquant mais l'objet qui fait défaut. Aujourd'hui il se produit peut-être ce changement qu'anticipait Lacan. Le libéralisme, outre sa production d'objets réels bons pour tout le monde, met en avant l'individu et pas le sujet du désir, celui que nous avons défini comme sujet manquant. Il n'est plus pris en compte cette part inconnue de notre être qui fait que nous ne pouvons pas être identifiés seulement à nos demandes et à nos comportements connus. Ce qui fait alors défaut, c'est l'objet mais un objet qui manque réellement et non pas l'objet perdu qui cause le désir, le manque est réel et non plus symbolique. Dans ces conditions, ce n'est plus le désir qui anime nos aspirations ou nos conduites, c'est une loi qui régit la conduite d'un individu et c'est la loi morale qui peut décider de ce qui est bon pour lui.

Réduire l'identité du sujet à un sujet de la demande comme l'est une victime plutôt qu'à un sujet du désir aura ainsi l'effet de favoriser un glissement vers une société où la loi morale pourra représenter la loi du désir.

---

4. J. Lacan, *Les Écrits*, Paris, Le Seuil, p. 765-793.

L'innocente victime

Dans notre tradition chrétienne, il y a une quasi-sacralisation de la position subjective de victime. L'étymologie du mot victime nous met déjà sur la voie puisque si l'étymologie du mot est inconnue, il signifie par contre animal sacrifié, sacrifice en vue de quelque chose. Le sacrifice occupe une place importante dans la tradition chrétienne, son ressort en est qu'il y aurait une image qui plairait à Dieu, elle s'adresse directement au regard de Dieu. La créature peut sacrifier son désir et se résoudre à ne donner qu'une image puisque celle-ci plairait à Dieu. Et dans ces images, celle de la victime d'un sort contraire ne peut que satisfaire le regard divin. L'imagerie de la théologie chrétienne est composée de martyrs et de saints, puis il y a Jésus victime innocente qui sacrifia sa vie pour racheter nos péchés ; il sacrifia sa vie pour notre salut, ce qui permet une rédemption possible.

Lacan attire notre attention sur le fait que l'illusion de la rédemption est le prototype de « la père-version ». Essayons de préciser cette affirmation. La clinique nous apprend que le pervers porte un démenti sur la castration de la mère ; pour Freud, le fétiche est le substitut du pénis maternel, ce que nous pouvons reprendre en disant que le pervers porte un démenti sur l'incomplétude de l'Autre et qu'il va donc s'employer à le compléter. Du fait du langage, il y a une faille dans le savoir de l'Autre et le pervers, lui qui sait ce qui est bien pour l'autre, va chercher à compléter ce savoir. Pour lui, il n'y a pas de manque dans le savoir, il n'y a pas de défaut dans l'Autre. Et c'est ce que permet la figure rédemptrice de la victime. Il n'y a plus d'inconnu, plus d'incertitude, quelles que soient nos conduites, un rachat est possible. Nous pourrions aussi dire que c'est le ressort d'une véritable perversion sociale, car la possibilité de la victime permet d'une certaine façon qu'avec la réparation un rachat soit toujours possible.

La religion protège la victime de toute critique car il y a l'innocence de la victime puisque Dieu ou son fils sont les victimes de la violence que les créatures ingrates exercent. Ainsi nous comprenons la difficulté qu'il y a à entendre Freud quand il montre que, dans le fantasme *Un enfant est battu,* pour l'inconscient il y a une violence qui est recherchée car elle témoigne de l'amour du père : un enfant est battu et c'est l'enfant préféré du père. Et si la tradition chrétienne fait du sacrifice de la victime innocente la voie de la rédemption,

René Girard ajoute que c'est l'amère victoire du bouc émissaire mais volontaire cette fois-ci.

POUR CONCLURE

Auparavant, le sujet attendait réparation de l'État, de l'État-Providence, il faisait valoir ses droits sociaux. Aujourd'hui le sujet attend réparation des droits civiques ; il y a un déplacement qui s'opère des luttes sociales vers la justice, et comme le dédommagement obtenu comme victime est souvent plus important, le phénomène ne peut que se développer au point de constituer une nouvelle conduite et de produire un nouveau sujet.

La figure subjective centrale n'est plus le prolétaire, c'est la victime, mais ce nouveau sujet n'est plus pris dans le même dispositif, il s'occupe de son propre intérêt et cherche à réparer son trauma.

Nous avons essayé de dégager certains ressorts de ce grand élan généreux porté aux victimes auquel toutes les composantes sociales participent et nous avons essayé d'en déterminer les conséquences actuelles et futures. Nous imaginons le peu de sympathie que cela peut susciter car il est difficile de proposer l'analyse conceptuelle pour ce qui peut n'apparaître que relevant de l'humanisme le plus élémentaire puisque l'événement est répertorié, le dommage causé évaluable et appelant donc réparation.

La tâche ne se simplifie pas si nous faisons remarquer qu'il y a une pente pour le sujet à se considérer comme une victime, puisque le traumatisme psychique nécessaire à la constitution subjective nous incite à considérer notre histoire individuelle comme marquée du sceau du trauma, faisant de nous d'innocentes victimes. Freud déjà pointait le rôle fondateur pour le sujet de ce traumatisme mais certains ont voulu oublier qu'il n'est pas de l'ordre des faits réels mais que c'est du fait de notre entrée dans le langage. C'est un traumatisme que nous partageons tous et le prix à payer est celui d'une perte. Le langage ne permet pas au sujet de saisir la totalité de son être, il y a un manque à être, il y a une part de nous-même qui est à jamais perdue et qui ne pourra jamais être retrouvée et cela quelle que soit la réparation apportée à cette perte initiale.

La psychanalyse montre que ce traumatisme, où une partie de notre être nous échappe définitivement, est en même temps ce qui fonde le sujet, le sujet de l'inconscient qui dès lors va chercher à retrouver cette part qui lui manque avec l'espoir que cela permette enfin d'obtenir la bonne jouissance. Il y a donc un traumatisme dont nous sommes victimes et qui est incurable. À proposer une réparation, certes légitime, mais de façon trop empressée, prenons garde à ne pas laisser espérer une réparation définitive qui serait enfin la bonne, alors qu'il manquera toujours quelque chose et que le compte ne sera jamais bon. La part de territoire qui manque, l'indemnisation financière de tel ou tel accident, la prise en charge psychologique de telle situation, ne doivent pas faire oublier qu'il y a pour le sujet un traumatisme incurable et de structure celui-là.

C'est notre fantasme et ses particularités qui fondent l'identité de chacun et pas simplement les circonstances traumatisantes de notre vie, c'est aussi cette part manquante qui pousse au désir mais qui peut également pousser le sujet à s'estimer réellement privé de quelque chose. La psychanalyse montre que c'est la voie que choisit le sujet hystérique, celui qui va dire non, non au maître, non au patron, non à la science. Nous avons vu que la puissance des avancées de la science en a permis le refoulement dans notre culture puisqu'une réponse à tout devient possible ; le savoir du maître est aujourd'hui infini, que l'on songe à Internet ou à l'Université de tous les savoirs. Nous avons essayé de démontrer que la victime est le retour de ce sujet refoulé et qu'il ne faut pas en méconnaître les déterminations ni les conséquences avant de s'engager dans une réponse à sa demande.

Nous terminerons par une question : est-il encore possible aujourd'hui pour un sujet de dire non, de s'opposer, y a-t-il une place possible pour un tel sujet dans notre société, est-il possible que sa parole soit entendue ou doit-il se résoudre à passer par d'autres voies, la victime étant l'une de celles-là ?

Françoise Petitot

On bat un enfant : à propos de la maltraitance

On bat un enfant… cette représentation convoque un cortège d'horreurs que, depuis quelques années, les médias se plaisent à mettre en scène à travers les cas les plus sordides : abus sexuels, enfants dans le placard, etc. Nous assistons à un grand déballage de l'étendue des turpitudes des adultes qui ne peut bien entendu susciter que de l'indignation et l'appel à l'ordre. La notion de maltraitance en appelle à l'urgence de « faire quelque chose », de prévenir, de punir voire parfois de soigner ce que « jamais on ne pourra oublier ».

La notion de maltraitance est cependant dans sa nomination et sa forme actuelle une notion relativement récente et dont l'acception reste encore floue. Bien sûr, on ne découvre pas ces dernières décennies les mauvais traitements que subissent les enfants. Comme le note Ian Hacking dans *L'Âme réécrite*[1], « on peut prendre l'exemple de n'importe quel comportement pervers à l'égard des enfants : on trouvera immédiatement un document attestant de son existence dans un passé plus ou moins proche ». Par exemple, ce que l'on nommait à l'époque « la cruauté mentale » à l'égard des enfants fit l'objet de nombreuses campagnes philanthropiques au siècle dernier. Si les actes répertoriés comme de la cruauté correspondaient aux

1. I. Hacking, *L'Âme réécrite, étude sur la personnalité multiple et les sciences de la mémoire*, Institut Synthélabo, Les empêcheurs de penser en rond, Paris, 1998.

théories éducatives de l'époque et ne recouvraient donc pas ce que nous considérerions comme tel actuellement, la différence essentielle est ailleurs. Ce que l'on nomme aujourd'hui les abus sur enfants dans le monde anglo-saxon et maltraitance en France a pris une tout autre figure dans le courant des années 1960-1970. Ce virage, dont je ne retracerai pas ici l'histoire détaillée[2], s'est organisé autour d'une nouvelle sensibilité à l'enfant, à ses droits, mais aussi autour de son exploration par la médecine et la psychologie. La maltraitance a acquis à ce moment-là un statut d'objet de connaissance tout en renforçant son statut judiciaire de crime ou de délit.

Ce néologisme de maltraitance, qui s'impose linguistiquement au point que l'on puisse s'étonner qu'il n'ait pas existé auparavant, reconstruit une nouvelle figure des rapports de l'enfant et de sa famille.

Un enfant « forcément » en danger

Ce nouvel aspect se caractérise d'abord par l'extension qui lui est donnée. Cette notion floue[3], fourre-tout, englobe non seulement les

2. On trouvera un historique de l'apparition de cette notion et sa reprise dans les textes officiels dans notre livre *La Fabrique de l'enfant maltraité, un nouveau regard sur l'enfant et sa famille,* en collaboration avec L. Gavarini, Toulouse, Érès, 1998.

3. Tous les auteurs au Canada, pays cité fréquemment comme modèle positif en matière de prévention en France, constatent l'indétermination du mot et conviennent que la maltraitance est une notion floue. Dans leur dernière version de *L'Enfant maltraité*, la « bible » de la maltraitance, reprise en 1997 sous le titre *Enfances en danger*, Straus et Manciaux, qui ont joué un rôle essentiel dans la mise en place de cette notion en France, reconnaissent « qu'il n'existe à ce jour aucune définition officielle ni même officieuse de ce que sont les mauvais traitements ». Ils stigmatisent d'ailleurs l'extension abusive de la définition et l'amalgame qui règne : « Le vocabulaire, écrivent-ils, est lui-même piégé, différents vocables – dont le néologisme maltraitance – sont utilisés indifféremment comme synonymes alors même qu'ils ne le sont pas, chacun ayant une signification particulière. » Cette difficulté de définition se retrouve dans les textes réglementaires ou législatifs qui constatent que les enfants maltraités constituent « une pathologie aux limites mal définies ». La notion reste dans l'indétermination constatée dès la Circulaire du 23 janvier 1981 et que les pionniers de la réflexion sociale et politique en matière de maltraitance ont formulée quasiment dans les mêmes termes : « Il n'y a de portrait-robot ni de l'enfant maltraité, ni des adultes maltraitants, et il n'existe pas de nosographie psychologique ou psychiatrique qui permettrait de caractériser avec quelque précision les familles à potentialités maltraitantes. » La visée classificatoire actuelle achoppe donc sur une épidémiologie floue, une accumulation de données qui tout en étayant la notion d'actes maltraitants renvoie la maltraitance au rang de notion fourre-tout. On pourrait d'ailleurs en dire autant de la notion de violence telle qu'elle est actuellement utilisée pour désigner des faits qui vont de l'insulte au passage à l'acte parfois meurtrier.

violences physiques mais les conduites éducatives autoritaires et les violences dites psychologiques qui vont de la cruauté mentale au non-respect des rythmes de l'enfant, fût-ce en raison du mode de vie des parents. Certes à l'intérieur de cette catégorie existent des nuances, mais la sensibilité actuelle aux mal-être de l'enfant tend à les gommer et à créer une continuité entre ces différents comportements[4].

La maltraitance, dans ce qu'elle désigne, n'est pas en effet un mal-être de l'enfant comme les autres. Elle ne vise ni la structure ni un comportement, une conduite ou un symptôme dont l'enfant serait le sujet mais une souffrance due à des « mauvais traitements » dont il serait l'objet. Le mot maltraité désigne non pas la problématique de l'enfant, mais la cause qu'on lui suppose.

L'apparition de la notion de maltraitance dans les années soixante a indissolublement noué les symptômes de l'enfant à la problématique familiale. L'acte fondateur, pourrait-on dire, de ce nouage est très certainement le travail de C.H. Kempé. En dégageant en 1962 le « syndrome d'enfant battu », ce pédiatre de Denver et ses collaborateurs organisent médicalement les sévices dont l'enfant est objet en les considérant non pas comme liés uniquement à des problèmes tels que la pauvreté économique et intellectuelle voire affective ou désinsertion sociale, comme on le pensait jusque-là, mais comme des conséquences des problèmes de santé mentale des parents qu'il convient d'évaluer psychiatriquement[5].

Cependant les symptômes repérés sont à cette époque-là essentiellement physiques : traces de coups, brûlures, fractures anciennes et non traitées, voire retard de développement physique tel que le nanisme, appelé depuis psychosocial.

---

4. La seule définition stricte que nous possédions est celle qu'a produite l'ODAS (Observatoire de l'Action sociale décentralisée) pour faire ses enquêtes épidémiologiques qui vise « les violences physiques, la cruauté mentale, les abus sexuels, les négligences lourdes ayant des conséquences graves sur son développement physique et psychologique. » S'y ajoute la définition des enfants « à risque », c'est-à-dire des « enfants qui connaissent des conditions d'existence qui mettent en danger leur santé, leur sécurité, leur moralité et leur éducation » et de l'enfance menacée dont « ni les rythmes, ni les besoins, que ce soit en raison des modes de vie des parents ou des contraintes de la vie, en particulier des enfants du divorce », ne sont respectés.

5. Cette « organisation » du symptôme se trouve confirmée par le tout dernier rapport de l'ODAS qui signale que les conditions de précarité et de pauvreté ne sont pas sur le devant de la scène dans les motifs de signalement des enfants maltraités.

Au fur et à mesure du développement de la recherche et sous l'influence grandissante des théories psychologico-psychanalytiques, les symptômes répertoriés vont évoluer vers des symptômes psychologiques. Peu à peu, l'ensemble du champ des mal-être de l'enfant va se trouver imputé à des pathologies parentales.

Les différents intervenants sociaux et éducatifs, voire les psychologues et les psychothérapeutes, sont donc amenés à suspecter derrière chaque symptôme d'un enfant le ou les parents qui non seulement seraient incompétents, carencés et inadéquats mais éventuellement sujets à une pathologie qui reste elle-même mal définie donc extensive. Par exemple les parents d'un enfant psychotique ne seraient-ils pas, du fait de la production de la psychose de leur enfant, maltraitants comme il arrive à certains travailleurs sociaux de le penser ? La responsabilité des parents dans la construction de la pathologie des enfants, déjà sujette à discussion, devient alors culpabilité[6] au sens social et juridique du terme. L'enfant, quant à lui, se trouve dépossédé de sa part de sujet aux prises avec le fantasme, le refoulement et autres mécanismes de défense puisque toute « participation » à son symptôme se trouve déniée. Tout en effet va découler de façon directe, linéaire, du comportement des parents voire de leurs pensées dites « inconscientes » mais bien évidemment décryptables par les intervenants. On pourrait dire que l'enfant devient « forcément » une victime et que tous les parents sont objets de soupçon.

Le travail va donc se déplacer de l'enfant aux parents aux prises eux-mêmes, en tant que maltraitants « forcément » maltraités dans leur propre enfance, avec leurs propres parents, voire au couple affecté d'une « conjugopathie » : c'est une affaire transgénérationnelle dans laquelle domine l'idée de répétition, au sens sociologique du terme, qui viserait plutôt la reproduction sans que l'on s'attache à examiner davantage ce concept[7].

---

6. On pourrait faire là un rapprochement avec ce qu'on a beaucoup dénoncé à propos de la psychose, à savoir le soupçon permanent et la culpabilisation qui pesaient sur les mères dites souvent « de psychotique ».

7. Lors d'un colloque d'historiens, Catherine Rollet faisait remarquer le biais méthodologique qui consiste à rechercher dans les générations antérieures la similitude avec les comportements examinés. Elle suggérait d'examiner plutôt ce qu'il advenait à la descendance des personnes concernées. Se référant à une publication de Catherine Mignot, elle signalait que les résultats sont alors tout autres : il apparaît alors que les enfants maltraités ne deviennent pas tous maltraitants, entre autres parce que certains d'entre eux évitent de devenir à leur tour parents.

De telles conceptions modifient considérablement, on le voit, le regard porté sur l'enfant et sa famille. En effet, l'enfant dans notre sensibilité contemporaine est considéré sinon comme un sujet du moins comme une personne ayant un désir et une personnalité propre dès sa naissance. La modification de notre conception de l'enfant, tout autant que la remise en cause de la notion d'autorité, entraîne à considérer que rien ne saurait être imposé à un enfant mais qu'il doit y consentir puisqu'il est dès sa naissance un sujet désirant dont la volonté doit être respectée. Aucune obligation pas plus qu'aucun interdit ne sauraient être imposés à un enfant sinon à être considérés comme un abus d'une autorité qui ne saurait se légitimer uniquement par le fait d'être adulte, encore plus d'être parent. Le regard que nous portons sur les pratiques éducatives s'en trouve profondément modifié. Il ne s'agit plus d'imposer à l'enfant des comportements, des valeurs de la famille, du groupe social auquel il appartient mais de l'accompagner dans l'élaboration de sa personnalité, dans l'élaboration de son désir : il faut non lui imposer des interdits mais le convaincre, obtenir son consentement aux limites nécessaires à sa vie personnelle et sociale. L'idée s'impose peu à peu que tous les enfants seraient potentiellement en danger de par le fait même d'être un enfant dans une famille.

Pour les générations qui ont souhaité la « mort de la famille », il ne devrait pas y avoir là de sujet d'étonnement si ces considérations ne s'accompagnaient en même temps d'un retour vers la famille, mauvaise non plus structurellement mais dans ses conduites et ses incompétences actuelles, famille qu'il conviendrait de redresser, de rééduquer. C'est ainsi que s'organisent un examen et un repérage des compétences parentales et tout un travail d'éducation des parents dont il s'agirait de remettre au goût du jour les conduites éducatives.

LE DISCOURS « PSY » COMME DISCOURS DE LA SCIENCE

Dans cette évolution que l'on peut bien entendu attribuer à une évolution sociétale plus large – disparition de l'autorité paternelle, démariage, considération des « minorités opprimées » dont fait partie l'enfant, extension à l'enfant des droits de l'homme... –, le discours « psy » a joué un rôle considérable. Ce discours, cette vulgate pourrait-on dire, n'est pas l'apanage des « psys » toutes tendances confondues. Il a envahi l'ensemble du champ social, éducatif voire même judiciaire, organisant une nouvelle vision de l'enfant et de sa famille.

Le désir de connaître l'enfant, d'une part pour l'éduquer, d'autre part pour mieux comprendre la « fabrique » de l'adulte, n'est pas récent. Si tous les parents et les éducateurs et jusqu'aux moralistes avaient nombre d'idées sur la vie enfantine et les nécessaires contraintes de l'éducation afin de produire des adultes responsables, il a pris un nouvel aspect au début du siècle avec l'apparition de « spécialistes » du comportement enfantin, pédagogues, psychologues, psychanalystes qui l'ont en quelque sorte rationalisé, « scientificisé » pourrait-on dire, en retirant par là même l'exclusivité aux parents ou autres éducateurs de l'enfant. L'apparition de ces nouveaux savoirs a d'ailleurs suscité dans les années trente les premières tentatives d'éducation des parents avec l'École des parents[8].

Ce discours a cependant acquis une nouvelle dimension dans les années 1960-1970. À partir des années soixante-dix, en même temps que se vulgarisait la psychanalyse appliquée aux enfants à travers des émissions radiophoniques, des articles dans les revues féminines ou tout spécialement destinées aux parents, en même temps qu'elle s'inscrivait dans les enseignements aux travailleurs sociaux et aux éducateurs, les enfants et plus particulièrement les bébés vont occuper une place de premier plan dans les travaux scientifiques et cliniques de la psychologie expérimentale, des sciences cognitives centrées sur le développement de l'enfant, travaux qui vont être eux aussi rapidement vulgarisés. Les observateurs scientifiques et leurs caméras « découvrent » alors, avec un certain émerveillement, que loin de n'être qu'un tube digestif, sans vie relationnelle ni psychologique, « le bébé est une personne », douée en particulier d'une capacité relationnelle importante. Les enregistrements vidéo, minutieusement analysés, montrent, à qui ne l'aurait déjà perçu, que le bébé répond aux sollicitations maternelles, aux mimiques, aux

8. L'histoire de l'éducation des parents est développée dans l'article d'A. Ohayon, « L'éducation des parents : histoire d'une illusion », *La Lettre du GRAPE*, n° 41, septembre 2000, « Les parents difficiles », Toulouse, Érès.

intonations de la voix, etc. Cette confirmation « scientifique » que les enfants dès leur plus jeune âge sont pris dans un réseau relationnel dans lequel ils sont actifs organise une nouvelle vision de l'enfance, « de nouvelles légendes concernant les bébés », comme les appelle le pédopsychiatre suisse Bertrand Cramer[9].

Ce mouvement d'observation du bébé et de ses interactions précoces va envahir toute la psychologie de l'enfant. Le bébé, et à sa suite l'enfant, devient dans le même mouvement une personne et un objet scientifique, observable, mesurable, maîtrisable. L'appareillage technique de ces observations, en donnant un gage de scientificité, les fait apparaître comme dévoilant la réalité, la vérité de l'enfant. Elles accréditent l'idée que l'on pourrait par ce moyen fonder un savoir objectif sur le développement de l'enfant.

L'allure scientifique de ce discours est essentielle. La question ne porte pas en effet sur la justesse des énoncés mais sur le mode de leur agencement qui les constitue en discours savant, savoir sur l'autre, qui se veut vérité universelle et qui organise une causalité explicative valable pour tous. Il constitue ceux qui le possèdent en experts qui se trouvent également objectivés en tant qu'ils se « démettent de leur énonciation et qu'ils se contentent d'être congruents avec des énoncés auxquels ils ont consenti à s'assujettir[10] ». Ils se trouvent ainsi soulagés du malaise de l'incertitude inhérente au fait de penser et de soutenir leur désir dans sa singularité, en s'en remettant aux seuls énoncés, et déchargés de la dette à l'égard de ce que parler veut dire, dette qui constitue le vif de la transmission.

La psychanalyse elle-même n'est pas sortie indemne de cette évolution. Elle a en effet tenu une place essentielle dans l'élaboration de ce discours en attirant l'attention sur les conséquences dans la vie adulte de la vie psychique chez l'enfant, vie psychique enracinée non seulement dans l'affect mais dans la sexualité infantile, principe organisateur de l'activité humaine. Elle a aussi placé au centre de la connaissance de cette vie psychique la parole, moyen d'accès, à travers ses particularités et ses ratés, à cette vie psychique insue du

9. B. Cramer, 1985, « Ils nous entendent », dans *Autrement*, n° 17, « Objectif bébé, une nouvelle science : la bébologie ».

10. J.-P. Lebrun, *Un monde sans limite, Essai pour une clinique psychanalytique du social*, Toulouse, Érès, 1997.

patient lui-même. Cependant en ne retenant que certains acquis de la théorie psychanalytique tout en se défaussant des conséquences de l'invention de cette sexualité infantile et en laissant de côté sa méthode, l'écoute du sujet dans le transfert, qui est aussi son éthique, le discours « psy » a fait de la psychanalyse sa complice dans la mise en place d'un discours d'expertise dans lequel disparaît précisément ce sujet au sens analytique du terme, c'est-à-dire affecté par l'inconscient. En effet cette éviction de la méthode analytique rabat les acquis de la psychanalyse sur un réalisme réducteur : ce qui était réalité psychique d'un sujet parlant, habité par un inconscient qui le divise et le détermine, et en grande partie énigmatique, devient réalité « réelle » connaissable et manipulable par le « spécialiste ».

Les « normes » psychanalytiques

La psychanalyse participe alors à l'établissement de normes développementales qui vont permettre de déterminer le bien et l'intérêt de l'enfant, et dans un second temps ses « droits ». Ainsi s'élabore, par exemple, une théorie des besoins psychiques d'un enfant sur le modèle naturaliste des besoins physiques : être désiré, connaître ses origines, avoir un père, une mère, etc. On ne cherche plus seulement à évaluer les comportements parentaux, mais à décoder les représentations inconscientes qui s'y attachent. Il faut déterminer la place que tient l'enfant dans l'économie psychique familiale. A-t-il été suffisamment désiré ? A-t-il été désiré dans son sexe de naissance ? Sa mère a-t-elle été suffisamment bonne, c'est-à-dire assez disponible pour l'accueillir et le porter ? Le père tient-il sa place de tiers pour le faire accéder à la problématique œdipienne ? L'enfant connaît-il l'histoire de sa famille ?

On peut également en déduire une typologie des bonnes et mauvaises conduites parentales propres à mettre de façon prévisible un enfant en danger : ne pas lui parler suffisamment, être avec lui dans une position fusionnelle (la mère), ne pas le confronter à la castration, ne pas donner sa place symbolique au père, etc. Le rôle fondamental de la relation mère-enfant, l'importance symbolique de la fonction paternelle, les effets « symboligènes » de la parole, la nécessité de la castration, la notion de reproduction transgénérationnelle deviennent des repères dans la compréhension des situations et leur évaluation.

Dans cette construction de normes, ce que l'on appelle « l'ordre symbolique » va tenir une place essentielle. Cette dérive de la notion de registre symbolique, noué dans la théorie lacanienne à ceux de l'imaginaire et du réel, va peu à peu légitimer une organisation sociale et juridique de la famille et se présenter comme un « ordre » incontournable pour le bon développement d'un enfant. Cette organisation « symbolique » de la famille qui reprend à son compte peu ou prou l'ordre patriarcal va se « naturaliser » et devenir le modèle par rapport auquel vont s'évaluer les effets de ce qu'Irène Théry nomme « le démariage ».

Ainsi les intervenants du champ de la Protection de l'enfance vont être particulièrement vigilants sur les places occupées par chacun des membres de la famille et notamment sur celle du père qui se trouve singulièrement malmenée par la multiplication des familles monoparentales et des familles recomposées. Cette place, qui ne tient que par une certaine architecture du social qui délègue au père la place de l'autorité, de par sa fonction même se trouve rabattue sur celle d'un « parent » qui doit partager avec la mère, de façon la plus égale possible, la responsabilité de l'éducation de l'enfant. Cette place devenue vacante que plus aucun père, aussi « requalifié » soit-il, ne peut y tenir va être attribuée au juge, celui qui énonce les droits et les interdits, sans que soit pris en compte le rabattement opéré entre la législation, qui dit quel est l'ordre social que se donne une société dans un temps et un lieu donnés, et la Loi, celle qui organise structurellement l'advenue de l'humain civilisé, à savoir le langage[11].

Ainsi le registre symbolique qui tient au langage et aux différentes places d'énonciation qu'il organise devient-il un « ordre » qui renvoie non plus aux places mais aux rôles des uns et des autres, rôles qu'ils doivent exercer avec le maximum de compétences possible.

Car ce qui inquiète le plus les professionnels, en particulier par rapport à leurs suspicions d'abus sexuels, ce sont les modes d'organisation des liens de filiation et d'alliance, la confusion des places,

---

11. Sur ce sujet, on lira l'article de J.-P. Lebrun, « Une logique d'enfer », dans *La Lettre du GRAPE*, n° 38, « Histoires de violence », Toulouse, Érès, décembre 1999.

des générations, les familles « tuyau de poêle » comme ils les nomment. La promiscuité n'est plus seulement environnementale mais psychique. On ne surveille plus seulement les lieux où dorment enfants et parents mais les discours ambigus, les appellations erronées, les grand-mères qu'on appelle Maman, les mères que l'on appelle Tatie, les enfants nés de lits différents qui se croient frères et sœurs. C'est toute l'organisation relationnelle de la famille qui se retrouve ainsi évaluée dans ce que nous avons appelé dans notre livre « la police symbolique des familles [12] ».

Ainsi à l'intrapsychique se substitue l'interpsychique. Ce n'est plus la pathologie de l'un ou l'autre des adultes mais la pathologie de leurs relations qui est sur la sellette. Ce ne sont plus les pratiques éducatives parentales qui sont visées mais la dynamique familiale elle-même. Ce ne sont plus les problématiques individuelles qui sont examinées mais plutôt la compréhension globale de l'ensemble familial qui comprend plusieurs générations puisqu'il est acquis que les discours et comportements des générations passées, même mortes, continuent à avoir des effets sur les générations suivantes. Apparaît ainsi la notion de famille maltraitante qui se définira par le type d'interrelations qui y sévit [13].

La vérité sort de la bouche des enfants

Dans ce rabattement de la réalité psychique sur la réalité « objective », toute parole de l'enfant, toute plainte, ne peut être entendue que comme une information, information transformée, souvent contre son gré, en dénonciation. La vérité subjective qui est adressée et indique la position du sujet, qui a donc à être élaborée, se transforme en vérité policière donnant lieu à une intervention sociale ou judiciaire. La considération de l'enfant comme forcément victime, organisée par la notion de maltraitance, ne vient que renforcer le

12. *La Fabrique de l'enfant maltraité*, *op. cit.*

13. On remarquera là des représentations issues des thérapies familiales systémiques et psychanalytiques. Ces théories qui analysent l'ensemble familial au sens extensif du terme et ses dysfonctionnements sont articulées autour de la répétition transgénérationnelle. Là aussi leur vulgarisation, voire leur abâtardissement, vient alimenter la vulgate « psy » sans toujours marquer les différences d'hypothèses théoriques qui les sous-tendent.

vieil adage : « La vérité sort de la bouche des enfants. » Vérité qui, dans le dispositif actuel, entraîne une intervention dans la réalité. Les services d'assistance éducative ou de placements familiaux ne comptent plus les dégâts générés par une prise à la lettre des paroles des enfants entraînant des séparations brutales, des ruptures familiales que les enfants ne sont en mesure ni de supporter, ni de comprendre ni d'élaborer. La difficulté ici ne porte pas sur la question de la foi à accorder aux paroles d'un enfant. Comme celles de tout un chacun, elles sont infiltrées d'imaginaire et de reconstruction. Il n'est qu'à examiner les différences entre divers témoignages à propos d'un incident quelconque pour en être persuadé. La difficulté porte plutôt sur la portée et les conséquences à donner à ces paroles : interventions dans la réalité familiale de l'enfant mais surtout conséquences socio-judiciaires. L'intervention thérapeutique elle-même peine à se différencier du champ socio-éducatif. La pression idéologique et sociale est telle en ce qui concerne la maltraitance, et bien davantage encore les abus sexuels, qu'il devient difficile aux thérapeutes de garder une autonomie d'intervention voire de pensée. Ne s'ensuit-il pas que tout espace de parole offert à l'enfant devient une proposition perverse puisque chacune de ses paroles peut être prise en otage d'une dénonciation annoncée ? Cette question est particulièrement aiguë dans le champ institutionnel dont se dévoile à cette occasion, s'il en était encore besoin, la fonction de normalisation sociale et éducative à laquelle, bien qu'il en ait quelquefois l'illusion dans le huis-clos de son bureau, le thérapeute-psychanalyste ne peut se dérober [14].

Cette pression idéologique s'exerce également dans la pratique privée. Culpabilisés par l'accusation qui leur a été faite d'entendre dans le registre du fantasme, ce qui n'implique pas qu'il ne contienne pas de la réalité, les récits de certains de leurs patients, certains psychanalystes remettent en cause l'abandon par Freud de la théorie de la séduction comme cause de la névrose et se rabattent sur une conception médico-psychologique du traumatisme. Ils considèrent ces récits comme témoignant d'une réalité événementielle et

---

14. Il convient de faire là une distinction entre le psychiatre, tout thérapeute qu'il se veuille, et le psychanalyste. Ils ne sont pas, de par leur position, assujettis aux mêmes références et aux mêmes contraintes.

incitent leurs patients à entamer des procédures « de réparation », arguant que le travail thérapeutique nécessite cette reconnaissance sociale du dommage.

On peut pourtant se demander quelle est pour la subjectivité la fonction de la reconnaissance sociale du statut de victime et ce qu'elle vient occulter pour le sujet.

Denis Salas, magistrat, note que, face à l'inceste, « les spécificités professionnelles disparaissent, tant le consensus est fort pour neutraliser le pervers, tant l'émotion des victimes submerge tout. [...] Il y a, poursuit dans son commentaire Denis Salas, un crime caché de nos parents à l'origine de nos nouvelles névroses qui ne viennent plus d'erreurs innocentes – comme l'a longtemps dit la vulgate freudienne – mais d'actes criminels au sein de familles ordinaires [15] ». Ce sont ces crimes cachés qui doivent être dévoilés et punis afin de permettre aux victimes d'être enfin elles-mêmes. Outre qu'elle pose de nombreuses questions sur la remémoration, ce que soulignent même les spécialistes cognitivistes de la mémoire, cette position interroge sur l'intérêt (autre que financier) pour les patients à faire condamner, voire à détruire, leurs propres parents ; car si on peut en imaginer un bénéfice pour l'individu, y en a-t-il un pour le sujet dont la division se trouve ainsi suturée dans la certitude d'être victime ? Les actions judiciaires entreprises par le patient n'ont-elles pas parfois une fonction d'occultation de ses propres enjeux et notamment de sa culpabilité inconsciente ?

On bat un enfant

Cet énoncé qui est en quelque sorte la bannière de la militance contre la maltraitance est aussi celui d'un fantasme, « avoué, écrit Freud, avec une fréquence étonnante par ceux qui demandent un traitement... mais vraisemblablement encore plus fréquent chez ceux qui ne sont pas contraints par la maladie à prendre cette décision. [...] À ce fantasme sont attachés des sentiments de plaisir à cause desquels il a été et est encore d'innombrables fois repro-

---

15. D. Salas, « L'inceste, un crime généalogique », dans *Esprit*, nº 12, « Malaise dans la filiation », décembre 1996.

duit ». C'est dire qu'il s'agit d'un fantasme de base pour l'ensemble du commun.

Ce fantasme appartient, dit Freud, à la prime enfance et n'entretient pas de rapport avec la réalité du vécu infantile : l'enfant battu n'est pas forcément de même sexe, la personne qui bat n'est pas dans sa forme finale le père et il n'est pas lié à la jouissance éprouvée devant des actes de fustigation réelle. Sans reprendre tout le développement freudien sur son développement historique et ses diverses formes intermédiaires, il montre « l'enfant empêtré dans les excitations de son complexe parental ». Dans sa forme finale, il affirme qu'une multitude d'enfants sont battus par des adultes. La force de ce fantasme qui intrique les pulsions sexuelles à la pulsion de mort, le voyeurisme au masochisme et au sadisme en fait en quelque sorte la prégnance. Il inscrit l'enfant non seulement comme forcément abusé, pour reprendre la terminologie contemporaine, mais aussi comme abuseur et comme voyeur.

Cette force du fantasme, ces « sentiments de plaisir » qui l'accompagnent ne sont-ils pas à l'œuvre dans l'acharnement que mettent certains à dénoncer les maltraitances tout autant qu'ils sous-tendraient la satisfaction prise à entendre ses « révélations », ce dont témoignent la virulence et le nombre des manifestations médiatiques sur ce sujet, ou encore la crédulité qu'entraînent les affirmations péremptoires et infondées sur l'existence de charniers d'enfants ?

Conclusion

L'émergence de la catégorie « maltraitance », qui réorganise les souffrances et les symptômes de l'enfant sous l'égide de la victimologie, indissociable du développement d'un discours « psy » qui instaure l'idée d'une causalité linéaire entre les actes et conduites des parents et les mal-être de l'enfant, incite chacun à se repenser, à réévaluer son passé, à reconstruire une nouvelle causalité à ses problématiques actuelles. Le discours qui l'accompagne modifie à son tour les discours scientifiques ou psychologiques voire psychanalytiques qui ont permis son émergence et du même coup les pratiques éducatives et thérapeutiques envahies par l'idée d'une lutte contre le « mal absolu » qu'elle représente puisqu'elle touche l'enfance, lieu imaginaire de l'innocence.

Au début des années soixante-dix, Maud Mannoni dénonçait « l'aplatissement subi par la théorie freudienne ramenée à une pure technique de comportement [...] réduite à n'être qu'un outil au service d'un idéal de rendement ». Elle lui reprochait de trahir sa vocation en servant de garant à l'ordre institutionnel lui-même et de participer alors à sa conservation. « La psychiatrie et la psychanalyse ont failli prendre dans l'histoire le relais de la Police et de l'Église, défenseurs de la moralité, elles proposent aux "patients" des valeurs standard[16]. »

Elle appelait, ainsi que les participants à ces journées, parmi lesquels des anti-psychiatres, « à l'étude du sujet qui parle, de ce sujet qui disparaît dans les classifications ».

Trente ans après, ses paroles restent d'une sinistre actualité si nous considérons que nous avons toujours à soutenir cette écoute du sujet qui parle, à prendre, comme elle le disait, la parole de l'enfant au sérieux (ce qui précisément ne veut pas dire à la lettre) en nous dégageant de l'idéologie du discours sur la maltraitance et l'abus sexuel qui actuellement instaure l'enfant comme victime obligée, le parent ou l'adulte comme forcément coupable, grille qui occulte la relation parents-enfants et porte atteinte à l'inscription du sujet dans sa filiation tout autant qu'elle fait régner le soupçon permanent dans les relations adultes-enfants.

Comme ils l'ont fait dans les années soixante-dix, les psychanalystes n'ont-ils pas à soutenir, dans la société comme dans leur pratique, l'existence, actuellement menacée face au tout judiciaire, de ces espaces de parole à l'abri de la précipitation des mises en acte dans la réalité sociale, dans lesquels puisse s'entendre et s'élaborer la parole des uns et des autres ? N'ont-ils pas à soutenir l'hypothèse de la sexualité infantile en faisant barrage à l'hygiénisme sexuel qui envahit les représentations ?

Cela n'implique bien évidemment pas de méconnaître ou de négliger de prendre en charge la souffrance des uns et des autres, pas plus qu'il n'est question de nier la gravité de certains actes mais de les regarder et de les entendre autrement.

---

16. M. Mannoni, « Introduction aux Journées d'études sur les psychoses de l'enfant », dans *Recherches*, spécial Enfance aliénée, décembre 1968.

Laurence Croix

D'une névrose diabolique au XXIe siècle

Nous sommes les enfants d'un monde dévasté, qui s'essaient à renaître dans un mode à créer. Apprendre à devenir humain est la seule radicalité.

Raoul Vaneigeim, 1996 [1]

Freud, malgré son vif intérêt pour la *Kultur*, n'a pratiquement rien écrit sur la délinquance et le crime. Il va même jusqu'à déconseiller ses élèves de prendre des individus qui transgressent les lois de la société, et écrit : « Notre art analytique échoue devant de tels gens, notre perspicacité même n'est pas encore capable de sonder les relations dynamiques qui dominent chez eux. » Ces « gens-là » auraient-ils un autre appareil psychique ?

Freud perçut très tôt un mécanisme fondamentalement distinct du refoulement – la *Verwerfung* (projection à l'extérieur, forclusion) – et ce fut pour lui la possibilité de pousser ses investigations sur le rêve et le refoulé. Avec Dora, un cas de névrose hystérique, il travaille le refoulement à partir du rapport du passage à l'acte et du langage. Dans sa lignée, Lacan a porté d'abord son intérêt essentiel-

1. R. Vaneigem, *Nous qui désirons sans fin,* Paris, Le Cherche Midi, p. 147.

lement sur le crime du paranoïaque. Mais il proposa aussi, en 1963, une conception plus large du passage à l'acte, en tant que celui-ci relève toujours d'une bascule du Symbolique vers le Réel[2]. Alors vidé du signifiant, le passage à l'acte ne peut être interprété en lui-même mais, comme pour le délire, il ne détermine pas la structure.

Depuis, de nombreux textes étudient la dynamique de l'acte pour un sujet. Ces études empiriques s'opposent fondamentalement à celles proposées en criminologie, qui depuis un siècle tentent de constituer une prophylaxie du crime ou de son auteur (voir plus bas le rapport du FBI).

Ce qui nous interroge ici est une violence produite par certains enfants, certains garçons, de plus en plus jeunes. Ces derniers se retrouvent alors soumis à la justice pour de graves délits, des actes de délinquance aux homicides, qui n'étaient connus jusqu'il y a peu de temps qu'à partir de l'adolescence. Après la génération de 1968 qui s'interrogeait sur « qu'est-ce qu'un adulte ? », puis celle des années quatre-vingt sur « qu'est-ce qu'un adolescent ? », en ce début de millénaire, il semble donc nécessaire de se demander : « Qu'est-ce qu'un enfant ? » Un « pervers polymorphe », avait répondu Freud. Mais ces enfants violents ont apparemment déjà choisi une seule voie pulsionnelle, le sadisme, pour manifester leur libido. Nos questions, non exhaustives, et encore moins exclusives, seront les suivantes :

Pouvons-nous véritablement constater une « nouvelle » clinique, autrement dit un autre rapport à la castration et à ses conséquences subjectives ? Cette capacité à la criminalité et sa croissance épidémique est-elle un pur effet du social ? Sinon, comment l'articuler à une clinique du singulier, à une formation de l'inconscient ? Enfin, nous nous demanderons ce qui peut sous-tendre lesdites « nouvelles pathologies » (hyperactivisme - violence - obésité - etc.), toutes autant massives et exponentielles les unes que les autres, qui se spécifient par leur démesure et leur visibilité de l'extérieur.

En préalable, il est important de rappeler que le rapport à l'horreur ne provoque pas les mêmes effets entre les générations et à l'intérieur d'une génération. Les enfants dans leur grande majorité se plaignent donc d'eux-mêmes de la violence subie quotidiennement

---

2. J. Lacan, *Le Séminaire, livre X* (1962-63), *L'Angoisse*, inédit, leçon du 23 janvier 1963.

à l'école ou ailleurs. Il ne faudrait pas croire que tous nos chérubins deviennent des monstres insensibles.

De certaines violences enfantines aux enfants criminels

Quand un enfant, comme Sekou, est adressé au centre médico-psychologique par l'école primaire qui l'avait renvoyé définitivement – pour vol d'argent d'une institutrice et diverses agressions physiques sur d'autres enfants –, la réaction de l'école est d'autant plus violente qu'elle fut immédiate, sans concertation avec des adultes responsables (parents, psychologue scolaire, médecin scolaire, psychiatre...) et sans temps de réflexion[3]. Or, dès que la parole lui fut autorisée, lors de notre première séance, cet enfant de huit ans a pu affirmer : qu'il savait que ses actes étaient interdits et que c'était certainement pour cela qu'il les avait commis. Mais, me dit-il, son « père » (géniteur mort, il s'agit ici de son ex-beau-père) lui aussi sait qu'il est interdit de battre les enfants et pourtant il ne s'interdit pas de le faire, ni lui, ni son frère cadet et ni « surtout » sa jeune sœur de deux ans : Sekou ne comprend donc pas pourquoi il devrait être puni de ses transgressions. La séance suivante, il avoua que son père ne battait plus ses enfants depuis que le juge était intervenu ; il fut reçu dans une autre école et reprit sa scolarité dans la sérénité. Cet enfant avait besoin de vérifier que la loi était la même pour tous, que cela lui soit signifié, ce que son passé n'avait pu inscrire.

Il est clair que la violence de Sekou, comme celle rencontrée chez un grand nombre d'enfants, est un symptôme qui porte la marque de l'identification paternelle. Il ne sera pas ici repris les différentes élaborations théoriques de la violence en tant qu'étape normale du développement psychique (cf. en particulier M. Klein et le stade sadique-anal) ou celles que l'on retrouve « normalement » dans les fantasmes fondamentaux (de meurtre, d'*Un enfant est battu*, etc.). Sans s'étendre donc, rappelons que l'agir découle d'une formation de l'inconscient, relève d'un symptôme, quel que soit le

3. Les exclusions d'établissements scolaires ne sont autorisées *a priori* qu'à partir du collège. Depuis deux ou trois ans, dans le quartier parisien où je pratique, les écoles primaires ont de plus en plus recours à ce mode radical de réponse face à la violence qui les submerge.

sens donné à ce terme, de l'idée freudienne du compromis et du message à l'une des dernières de Lacan pour qui le symptôme permet de nouer les trois registres du Symbolique, du Réel et de l'Imaginaire. En ce sens, la violence n'a rien d'un « nouveau symptôme », mais elle est nécessaire à la construction psychique du petit homme, comme elle peut, ou a pu l'être, dans certaines luttes politiques et sociales nécessaires à l'établissement de sociétés de droit…

Mais s'agit-il de la même formation dans les actes de violence pour ces enfants meurtriers dont on commence à parler dans les médias ? De celle-là qui, comme pour le jeune beur du film *Assassin(s)* de Matthieu Kassovitz, peut aller jusqu'à tuer des anonymes et lui-même, « sans raisons », c'est-à-dire sans adresse et surtout sans culpabilité ?

Koddy Scott tente de témoigner dans *Monster, the Autobiography of an L.A. Gang member* [4] de cette « folie » – « a world of which we control so little » – dans laquelle il fut plongé dès ses six ans, âge de son premier meurtre, celui d'un inconnu, pris au hasard dans la rue, dans l'unique but d'intégrer le gang des Crips et de porter le « nom de guerre » *Monster.* Là aussi, l'auteur, du fond de son quartier de haute sécurité d'une prison californienne, s'interroge sur son absence totale de sentiment de responsabilité et celui de culpabilité au moment de ses actes.

À cet effet, le FBI fit paraître en septembre 2000 un rapport qui permettrait d'évaluer la potentialité criminelle des enfants dans un but « préventif [5] ». L'objectif visé de ce document est de constituer dans chaque établissement scolaire un bureau de coordination de l'évaluation de la potentialité criminelle des enfants (chap. V). Le profil du « School Shooter » (écolier tireur) se base sur les dix-huit derniers crimes commis par des enfants la même année. Il en résulte

---

4. Sanyika Shapur, *Monster, the Autobiography of an L.A. Gang member,* Penguin Books,1994. Il existe aux États-Unis un grand nombre de biographies de ce genre, le plus souvent rédigées de la prison. Celle-ci a le privilège de ne chercher dans les descriptions des multiples crimes commis aucune fascination ou tentative d'explication rationnelle. Elle semble beaucoup plus authentique et personnelle que d'autres que j'ai pu parcourir, et de plus sans aucun repentir religieux exacerbé…

5. *The School Shooter : a threat assessment perspective*, FBI Academy, Quantico, Virginia 22135, www. fbi. gov, citations, p. 15 à 24.

(chap. IV) que la potentialité criminelle d'un enfant est certaine et doit être dénoncée à la police quand la totalité, ou la grande majorité (« there is no *magical* number of traits or constellation of traits » !), des vingt-huit « traits de personnalité et comportements », six de la « dynamique familiale », sept de la « dynamique scolaire » et cinq de la « dynamique sociale » sont observables. En se référant simplement aux quelques premiers traits décrits de ce *very big syndrome* (quarante-six caractéristiques au total), comme le « Leakage, Low Tolerance for Frustration, Poor Coping Skills, Lack of resiliency, Failed Love Relationships, *Injustice Collector*, Signs of Depression, Narcissism, Alienation, Dehumanizes Others, Lack of empathy, Exaggerated Sens of Entitlement, Attitude of Superiority, Exaggerated or Pathological Need for Attention[6] », il est certain que ces écoliers se portent en effet assez mal.

Plutôt que de pousser l'investigation sur « l'état désuni » des Américains, psychiquement et socialement (d'autant plus que la potentialité criminelle pourrait annoncer de brillantes carrières de magistrats dans ces terres où ils ordonnent plus ou moins autant de mises à mort que lesdits meurtriers), notre propre clinique sans aucun doute moins spectaculaire (voire tragi-comique) semble nous annoncer les capacités de notre vieux monde à produire aussi ses « monstres ».

Le premier que nous avons rencontré sur demande du juge, il y a trois ans, sera nommé Ali. Cet « enfant » de douze ans nous a surpris par la désinvolture affirmée tout au long de notre unique séance alors qu'il évoquait comment il avait agressé une femme dans un parking, puis tenté de la violer (l'érection semble avoir fait défaut), faute de quoi il partit avec sa voiture avec laquelle il fut arrêté plus tard.

La séance se termina par des agressions sexuelles verbales à mon égard, refusant toute autre parole ou de répondre à toute question. Dans ces conditions et face à son exigence de revenir « à cause du juge », je lui proposais de contacter le Dr X, puisque, quant à moi,

6. « Fuite, faible tolérance à la frustration, pauvre qualité de coopération, manque de souplesse, échec dans les relations amoureuses, *collectionneur d'injustices*, signes de dépression, narcissisme, aliénation, autres déshumanisés, manque d'empathie, sens exagéré de la valorisation, attitude de supériorité, besoin exagéré ou pathologique d'attention. »

je n'étais pas disposée à le revoir sous de pareils auspices. Mon collègue-analyste homme n'eut pas plus de succès et m'avoua qu'en trente ans de pratique, pour la première fois il dut refuser au juge un suivi, tant que cet enfant n'aurait pas connaissance *a minima* des relations humaines nécessaires à une prise en charge « psy ». Ce ne sont pourtant pas les capacités relationnelles des patients qui sont au fondement des exigences de la clinique psychiatrique !

Ce n'était pas pour Ali sa première agression et nous n'étions pas les premiers psy rencontrés. Il avait en effet déjà été « viré » de deux établissements scolaires pour agressions sexuelles sur mineures et sanctionné par la police pour diverses voies de fait (vols, agressions de passants, etc.). C'est évidemment cet échec auquel je fus confrontée qui m'amène à interroger ici cette clinique, d'autant plus qu'Ali n'est plus un cas particulier : d'autres depuis, de plus en plus nombreux, nous sont adressés, et la fréquence de ces « demandes » ne semble pas cesser de croître.

Citons, parmi eux, Amadou, qui à neuf ans a déjà terrorisé trois écoles primaires dont il fut exclu à chaque fois. Dans la dernière, puisqu'il est actuellement en service de psychiatrie de jour en attendant une place en « foyer éducatif[7] », à plusieurs reprises il fallut trois instituteurs pour le maintenir et éviter ses tentatives de meurtre d'enfants ou d'adultes. Alors qu'un jour il devait attendre ses parents suite à une agression supplémentaire d'une institutrice (partie porter plainte à la police) dans le bureau de la directrice, alors qu'il paraissait s'être calmé et attentif aux dires de la future victime, il réussit à plaquer cette femme d'une bonne corpulence au sol, choper une boîte de punaises pour lui en planter une centaine dans le corps. En psychiatrie, il continue de voler le personnel soignant, menacer les autres enfants, et loupa de peu un « coup de boule » sur une infirmière. L'équipe soignante n'est alors pas moins impatiente de son départ que les institutions scolaires. Quand on lui demande ce qui se passe, il ne répond rien, aucun affect ne semble l'habiter, il reste inatteignable dans un au-delà de toute limite réelle ou symbolique.

---

7. Une dizaine d'institutions éducatives de ce type doivent ouvrir en France fin 2000. Le public concerné est donc à l'évidence en croissance pour que nos timides ministères osent se prononcer.

Pour Amadou, comme pour Éric, qui à 10 ans sort pour la troisième fois, lors de notre première rencontre, d'une mise au dépôt de 48 h, aucun sentiment de culpabilité ne se fait voir ou entendre. Pourtant regretter d'avoir cassé une bouteille sur la tête d'une grand-mère qui « passait par là », objet de la première arrestation d'Éric, devrait *a priori* être plus accessible que quand il s'agit de racket ou de vol à l'arraché de téléphone portable (pris en flagrant délit ces fois-là) où l'on peut toujours supputer que la pauvreté ou la jalousie aurait été à l'origine des actes.

Pour Ali, Amadou et Éric, comme pour d'autres encore, il s'agirait de violence sans message et sans adresse. Il semble évident qu'ils seraient capables de tout acte pour peu qu'on leur en donnerait les moyens (accès à armes à feu), même s'ils ne répondent pas aux caractères énoncés par le FBI ! Mais, par-dessus tout, la constance de leur violence n'est déterminée par aucun événement déclencheur, et apparaît plutôt comme l'ultime mode pour s'inscrire dans le vivant… Remarquons cependant que les actes les plus marquants ont pour victimes des femmes.

De quelques spécificités de la (dé)subjectivité dans cette clinique

D'abord, notons que l'incidence subjective qui serait à l'origine de la violence ne donne à voir que de l'interaction et des comportements. Une expression maximale pour un minimum d'élaboration fantasmatique, pourrions-nous penser. Pourtant, parler de « passage à l'acte » suppose l'interdit. Or, dans certains délits extrêmes, et encore assez rares, rien ne nous laisse envisager que leurs auteurs sont aptes à percevoir la notion d'interdit, même dans l'après-coup. Doit-on dans ces cas particuliers encore penser en termes de « passage à l'acte » ?

Leurs actes leur permettent certainement d'affirmer une supériorité sur l'autre (l'agressé) et ainsi une possibilité d'identification à la figure du dominateur, dans la mesure où « je est un autre ». Mais l'autre reste anonyme pour ces petits « incorrigibles ». Si les actes paraissent démesurés par rapport à leur taille, sans cesse renouvelés, ils tentent de poser des limites au je(u). Le jeu du rapport impossible avec l'autre, autre insupportable au point de vouloir l'abattre.

Toutefois, chercher à atteindre l'humanité de l'autre, peut duper le sujet sur sa propre existence : en mobilisant toute son énergie pulsionnelle (le temps de l'agression) pour essayer de voler celle de l'autre, il ne fait que répéter la perte, ou l'absence de la sienne, en arrachant celle de l'autre.

Quant à *la honte*, signalée plus haut, elle nous renvoie, non pas à la Loi (symbolique), mais au Tabou. Si ces enfants sont sans doute investis structurellement du désir classique de meurtre, la compulsion mortifère à l'acte criminel ne peut relever de ce désir, qui fondamentalement s'y oppose. En revanche, l'absence de refoulement justifierait l'impossibilité de rentrer en « période de latence » pour ces enfants de cinq à douze ans. Ainsi, ils ne présentent pas au clinicien une psychose « franche », mais révèlent plutôt des *modes* pervers d'angoisser les autres, de rechercher le sentiment de terreur, de faire du lieu public un théâtre de la cruauté, auquel seules les mères semblent pouvoir parfois échapper.

Soulignons le terme donné de « modes » ; il n'est pas question ici, à partir d'actes, de symptômes et encore moins d'affects, de se prononcer sur une structure psychique quelconque et commune pour ces jeunes sujets.

Si nous n'avons trouvé aucune trace de culpabilité, une attitude commune très inhibée semble s'y substituer, tout au moins en certaines occasions : devant le psy, le juge et parfois la mère. C'est-à-dire face au regard de l'autre, pour autant que ces figures engendrent un semblant d'autre.

Si la culpabilité peut laisser la place à la question de la dette et ainsi permettre un travail analytique avec de nombreux adolescents, il en va tout autrement de l'inhibition qui, de plus, perdure tout au long des séances avec ces très jeunes hors-la-loi. En effet, l'inhibition, pour Freud comme pour Lacan, n'est pas un symptôme, et ce dernier la range avec les affects d'embarras, empêchement, émoi et émotion[8].

L'inhibition ici concernée serait plus particulièrement liée à la honte. Il n'est pourtant pas sûr que cela en soit, puisque rien dans ce qui est dit par ces jeunes patients ne s'y réfère. Si cette hypothèse se révélait juste, nous pourrions néanmoins déjà supposer que les violences agies seraient en rapport avec la sexualité.

8. Cf. premières leçons du séminaire *L'Angoisse*, *op. cit.*

Il semble nécessaire à la circonscription de la clinique dont nous nous essayons de parler, d'ajouter qu'ils ont relativement de bons résultats scolaires, s'expriment avec un langage adapté, qu'aucun sentiment de persécution ou thème délirant quelconque n'a été exprimé et aux dires de ces jeunes agresseurs aucune voix n'est entendue. Enfin, ajoutons pour le lecteur dubitatif que, pour les trois cas cités comme pour les autres, il ne s'agit pas de gavroches modernes (enfants de la rue emprisonnés pour de petits vols par la politique d'hygiène et progressiste de Napoléon III). Ces enfants ne sont ni plus ni moins immigrés, pauvres, en carence affective, etc., que d'autres enfants que nous suivons depuis longtemps dans ce secteur pour des troubles psychiques plus classiques.

D'UNE LOGIQUE DE L'USAGE DE LA FORCE (OU PREMIÈRE HYPOTHÈSE)

L'étymologie du terme *violence* renvoie à l'usage de la force. L'usage de la force est associé prioritairement à la force physique. Autrement dit, l'usage de la force parcourt autant le monde masculin (de la guerre, de la rivalité homosexuelle à la boxe, etc.) qu'il préside à la loi du monde bestial, sauvage, c'est-à-dire primaire. C'est à cette loi que fait aussi référence B. Lémérer[9] à propos de ces nouveaux jeunes errants, plus âgés que mes patients. Pour aller dans son sens, notons l'identification aux chiens de ces hordes de « punk-clodos-hippies » qui jonchent les grandes artères de nos métropoles européennes. S'ils ne sont pas purement identifiés à leurs animaux favoris, chiens et rats, les affects d'inquiétude, d'amour, de reconnaissance, etc., ne s'exprimeraient qu'à travers leurs bêtes. En tout cas, rien chez ces nouveaux errants « disjonctés », dans leur exhibition itinérante de leur position de déchet, ne nous permet de percevoir des sujets, en tant que sujets sexués. Aussi, en est-il différemment dans un véritable système tribal où l'animal aussi – par exemple, le « cola » (cheval) pour les Indiens d'Amérique – pouvait être un véritable frère.

9. B. Lémérer, « De l'errance », dans *Où en est la psychanalyse ?*, Toulouse, Érès, 2000.

Pour Freud, « développement musculaire plus puissant, agressivité, plus grande intensité libidinale sont généralement soudés à la masculinité biologique [10] ». Aurions-nous affaire par cette clinique de la violence physique de certains enfants à un retour de l'énoncé freudien « l'anatomie c'est le destin » ? Les identifications multiples à l'objet *a* dans notre civilisation, comme celle évoquée plus haut des errants, infirment l'assertion freudienne et confirment, comme nous le développerons, que le seul destin de « l'humain », en tant qu'unique espèce prise dans le langage, c'est le discours [11].

Si l'énoncé freudien est porteur de sens pour nous aujourd'hui, c'est en effet que la démonstration de puissance physique permet, dans de nombreux cas de figure, de revendiquer la masculinité. Les mises en scènes violentes de ces gamins leur accorderaient la possibilité de se cabrer contre le féminin, ultime refus, ultime résistance au savoir [12].

Si je n'ai depuis le début de ce texte à aucun moment parlé de Père pour ces enfants, cela est néanmoins l'élément le plus déterminant pour justifier cette hypothèse. En effet, si les enfants rencontrés dans le cadre d'un centre médico-psychologique à Ménilmontant témoignent en grande majorité par leur pathologie qu'ils subissent de plein fouet l'érosion de la fonction symbolique du Père, ce n'est pas nouveau. Ce qu'on croyait jusqu'ici réservé à la population immigrée atteint désormais tous les jeunes. Bien loin d'être une caricature héritée d'une morale familialiste ou d'être réductible à une crise de l'institution parentale, ces pathologies attestent d'une carence profonde de la Loi symbolique dans notre civilisation. Ils ne connaissent, le plus souvent, plus de limites sinon celles d'actes sans médiation ou celles qui leurs sont imposées par la loi réelle (des parents et/ou éducateurs divers).

---

10. Dans « Les métamorphoses de la puberté », *Trois Essais sur la théorie sexuelle*, Paris, Folio, note, p.161.

11. La lecture comportementaliste, imposée dans les médias, des différents modes actuels de violence enfantine, qui réduit la complexité des comportements à la question de l'influence du virtuel, réduit ainsi le sujet à un récepteur. Mais le virtuel restera pour le lecteur freudien une conséquence des formations de l'inconscient, sa volonté de toute-puissance, liée à la subversion moderne du symbolique.

12. Cf. S. Freud, « Analyse avec fin et analyse sans fin », *Essais de psychanalyse*, Paris, Payot.

Mais la particularité, me semble-t-il, des enfants reconnus « hors-la loi » est qu'ils ont en place de père, censée être occupée par un homme, des frères, adolescents, et déjà plus ou moins voyous. Or, un frère ne peut servir au niveau symbolique de Père (alors qu'il peut être tout à fait opérant dans la réalité). Alors si la constitution de véritables gangs, à l'image de ceux aux USA, ou des enfants de la rue au Brésil n'a *a priori* pas vu encore le jour (même dans les cités de banlieues, qui restent d'ailleurs incomparables aux ghettos américains), la fratrie – le plus souvent désormais dans le cadre de familles archi-recomposées – constituerait une horde. Rites et rituels y sont fortement revendiqués.

Mais alors, point de Père à ces hordes primitives ? En effet aucun homme idéalisé ou craint ne viendrait entraver le réel et l'imaginaire de ces jeunes criminels. Même pas ces frères présumés, qui leur ont peut-être enseigné *la haine*, mais qui restent bien en-dessous, ou en tout cas préservés, de la violence de leur cadet. Le sentiment d'appartenance à la horde ou au collectif ne se laisse entrevoir qu'à travers la souveraineté absolue de certaines marques vestimentaires (a-signifiantes) et quelques percings. Mais à la différence des jeunes protagonistes de certaines modes venues des cités de banlieue (parures elles-mêmes inspirées par une certaine jeunesse américaine de l'exclusion), les petits criminels restent « *Hors-de*[13] ».

Hors-de la consommation, du profit : la violence concernée est quasiment toujours non vénale. Même les portables volés par Éric ont été immédiatement jetés et l'argent volé par Amadou retrouvé dans les toilettes. Hors-de toute culture : ces enfants n'accrochent pas plus au rap ou à la musique techno qu'à d'autres formes d'expression artistiques, religieuses ou politiques. Hors-de leur corps, puisque physiquement ils ne connaissent aucune limite, même l'impuissance physique (viol raté par exemple d'Ali) qui pourrait les renvoyer à une certaine réalité de la castration est totalement niée. Ainsi, ils sont au-dessus de tout « senti-ment » d'angoisse ou de peur. Seule l'inhibition pourrait évoquer une forme de frustration, mais alors la frustration est restreinte ponctuellement à ne pas laisser libre cours aux habituels comportements pulsionnels. Enfin,

13. « Hors-de » est utilisé aussi par Chantal Brand-Gaborit, « À propos de l'errance des jeunes », dans *La Célibataire*, été-automne 1999.

et surtout hors du langage. Non pas de la parole, dont ils peuvent parfaitement user en certaines rares occasions. Pas, non plus, de « langage psychotique » qui tente de pallier la forclusion par la création de néologismes, association d'idées par phonèmes, etc. La constitution et l'entrée dans le langage semblent s'être faites « normalement », malgré ce qui pourrait être des phrases interrompues (en tant que phénomène élémentaire de la psychose) que nous associerons pour le moment à l'inhibition. Ainsi, le rapport au miroir n'est pas particulièrement pathologique. Mais en lieu et place du refoulement des pulsions sexuelles propres à ladite période de latence, une compulsion à l'usage de la force qui les met « forcé-ment » hors du langage.

Hors d'eux, mais *dans* une crise quasiment continuelle, ils semblent néanmoins trouver une assurance, un « moi fort », diraient les adeptes de l'égo-psychologie, par la domination physique sur l'autre. Pourtant l'absence de désir, l'incapacité d'avoir le choix (de frapper ou pas par exemple), esclaves de leur propre violence, autrement dit de celle d'un Autre qui n'est pas nommé, ne peut nous faire penser à un « bien être » quelconque.

Même les mères se retrouvent « hors-de » leur jouissance, elles aussi déresponsabilisées : prenons le témoignage de celle qui, au cours de la manifestation de la fête des mères 2000 à Washington, accuse le gouvernement d'être *le* coupable du meurtre d'un de ses fils tué par un autre de ses fils... Car, si l'accès aux armes facilite évidemment les homicides, il ne peut en être la cause.

Cette première hypothèse se doit de préciser la distinction entre cette violence enfantine et les constructions névrotiques. À partir des observations proposées, le narcissisme constituerait la ligne de partage.

Ce type de « ligne de partage », en dehors du structuralisme, avait déjà été évoqué par Lacan pour distinguer fondamentalement le phénomène psychosomatique du symptôme névrotique[14]. Or, un phénomène psychosomatique reste une possibilité pour le sujet, quelle que soit sa structure, d'imposer dans le réel un substitut de Nom-du-Père, au lieu d'une faille dans le processus identificatoire primordial.

14. J. Lacan, *Le Séminaire, livre II* (1954-1955), *Le Moi dans la théorie de Freud et dans la technique de la psychanalyse*, Paris, Le Seuil 1978 (cf. la discussion avec F. Perrier sur le cas de Malapartine).

Dans le cas de ces enfants, une faute de symbolisation du phallus, autrement dit dans le processus d'identification au Père, est là aussi indéniable. C'est ce défaut de symbolisation dans le phénomène psychosomatique comme dans la criminalité compulsive qui peut rendre compte d'une absence d'*aphanisis* du sujet, propre aux deux figures cliniques.

Mais si la psychosomatique relève du Réel, comme le soulignait Lacan, et comme il est encore souvent nécessaire de le rappeler, la violence enfantine relèverait, elle, directement du symbolique [15]. Seul un défaut de symbolisation du phallus justifierait la pulsion sexuelle non refoulée, qui les amène à revendiquer sans limite leur masculinité biologique – puisque, comme il l'a été signalé au départ, cette violence est sexuée car elle ne se rencontre à cet âge-là, selon mon expérience en tout cas, que chez des garçons. Avant de traiter plus avant de la masculinité, on peut se demander pourquoi cette dernière génération éprouve sa souffrance subjective par une telle projection au-dehors, « hors-d'eux » ? Ce qui ressemblerait à une forclusion fonctionne pourtant autrement puisque, apparemment, ces patients ne souffrent d'aucun *retour du dehors,* comme c'est le cas avec le sentiment de persécution et son cortège d'hallucinations dans toute psychose. De plus, peut-on poursuivre sur ce qui serait une tentative d'élaboration métapsychologique sur ce qui se joue au-dehors, « hors-inconscient » ? L'énoncé freudien, « ce qui commença par le Père s'achève par la masse [16] », mérite ici d'être approfondi.

Quand l'Autre est le social

Un grand nombre de textes psychanalytiques évoquent les conséquences de la mutation du Nom-du-Père. La crise dénoncée serait structurelle, pourtant les approches s'attachent à un conservatisme comme si nous n'avions affaire qu'à une crise conjoncturale. Un attachement à l'ordre symbolique connu sous les 2 000 glorieuses du christianisme, qui nous interroge quant aux capacités des

15. Quant à l'errance moderne, les toxicomanies, et autres formes de non-dupes mais où l'illusion est portée à hauteur de moi-idéal, relèveraient de l'Imaginaire.
16. S. Freud, *Malaise dans la civilisation,* Paris, PUF, 1979.

analystes, comme d'autres penseurs, à occuper leur fonction, être des interprètes de l'histoire plus que des prêcheurs d'idéologie.

Il est certain que la pratique de la psychanalyse, auprès d'adultes aussi, confirme le malaise fondamental du sujet dans une société du trop-plein, de l'absolu, de la performance, dans le droit fil des travaux d'Ehrenberg[17]. La clinique nous amène à nous interroger sur les moyens de maintenir, voire réintégrer, la dimension du désir, ce qui semble en effet, comme l'écrit Vaneigem (cité en exergue), devoir être la seule radicalité de la psychanalyse. Et, d'autant plus quand les patients, des deux sexes et de tous âges, se plaignent littéralement de leur échec à satisfaire aux normes totalitaires d'un système socio-économique psychiquement envahissant comme il ne l'a jamais été.

Prenons le paradigme des sujets dits « toxicomanes ». Ces sujets, de façon exemplaire en effet, incarnent un dysfonctionnement constitutif de la civilisation consumériste moderne. Chez eux, le sujet consommateur et le sujet consommé coïncident. Or, c'est le système même de l'offre et de la demande, sa rationalité juridique et répressive et le pouvoir absolu de la circulation de la marchandise et de l'argent, qui sont leur raison d'être[18].

Ainsi, les femmes ne sont plus les seules désormais à être touchées par cette surcharge de défis, de démonstration de puissance (dont certaines profitent parfaitement bien) qui à une certaine époque était la condition pour trouver un semblant d'existence. De façon plus générale, l'articulation entre *le travail et l'interaction,* au sens que développe Habermas[19], serait susceptible aussi de servir de base à un nouvel examen des capacités du sujet à désirer dans *Un monde sans limite*. Pour tous, les lois du langage se retrouvent perpé-

---

17. A. Ehrenberg, *Le Culte de la performance*, Paris, Calmann-Lévy, 1991. Cf., pour exemple de l'un des effets de cette performance et de la sortie de la dimension du désir, l'article de J.-L. Cacciali sur « Le sujet victime » repris dans ce volume.

18. En 1997, dans un article sur la clinique des crackers, *crackhead* (consommateurs de crack), je m'interrogeais déjà non pas sur la disparition des signifiants, mais sur ce qui semble être alors un nouveau rapport aux signifiants qui parallèlement engendre la primauté de certains d'entre eux, en l'occurrence « craquer ». L. Croix, « Ça deal ou ça crack ? les enfants du crack, une nouvelle clinique ? », dans *Revue de psychologie clinique, L'exil,* L'Harmattan, 1997.

19. J. Habermas, « Travail et interaction », dans *La Technique et la science comme idéologie,* Paris, Tel, Gallimard, 1973.

tuellement attaquées par la circulation de l'objet. Le sujet devient lui-même objet consommable. Par exemple, le recyclage permanent demandé aux salariés concerne le recyclage de leur être : ne dit-on pas « *Se* recycler » ?

Chez les plus jeunes, les « nouvelles pathologies », la violence mais aussi l'hyperactivisme, l'obésité, etc., font leur apparition massive et sous forme épidémique, et se spécifient, elles aussi, par leur démesure et leur visibilité de l'extérieur. Retenons ici brièvement « l'hyperactivité », venue comme les autres d'Amérique. D'après les écoles qui me les adressent (plus que les pédiatres, qui ont jugé que pour ces cas ils pouvaient user de drogues sur les enfants), il s'agit de « crises incontrôlables et incontrôlées », « difficulté à respecter les règles de la classe », « rapport de force permanent », « violence et agressivité dans la cour ». Les enseignants se disent « effrayés » par la « violence verbale et la violence physique », et avouent leur incapacité d'agir sur ces « crises de nerfs ». Or, pour ceux que j'ai pu suivre récemment en analyse, il n'a fallu que cet espace, et mon attention, pour que l'enfant s'autorisant à déterminer son identité sexuelle puisse enfin survivre au rapport à l'autre sans « une folle excitation ». L'obésité n'est-elle pas elle aussi un compromis qui permet à l'enfant d'exhiber un corps asexué ?

Par ailleurs, évoquons l'engouement fanatique (pathologique) pour les Pokemon, où nul enfant n'échappe à la fonction de ce fétiche collectif. Ce n'est pas vraiment un fétiche, tous les enfants des pays industrialisés ne sont pas des pervers. Et pourtant ces « monstres de poche » (Pokemon) nommés par de drôles de phonèmes, qualifiés en deux phrases sur une carte à jouer, n'obtiennent leur valeur affective qu'en fonction de chiffres et lettres codés sans sens sinon celui de leur attribuer une puissance « au-delà du réel ».

C'est à partir du « Discours capitaliste [20] », que l'Autre, trésor des signifiants, semble amené à se confondre avec la réalité sociale, c'est-à-dire passe du dedans, « entre cuir et chair [21] », au dehors : « Ce qui s'opère du discours du maître antique à celui du maître moderne, que l'on appelle le capitaliste, est une modification dans la place du

20. Dont Lacan ne parla qu'une fois le 12 mai 1972, cf. *Lacan in Italia,* 1953-1978, Milan, La Salamandra, 1978.

21. Dans J. Lacan, *Séminaire, L'Identification,* inédit.

savoir[22]. » Lacan explique ce phénomène – quand le social devient le champ de l'Autre –, à partir du moment où le Nom-du-Père est remplacé par la fonction de « nommer à ». L'enfant reste alors réduit à un statut de fonction, de projet, de *plus-de-jouir* en tant que destin.

C'est ainsi que l'on se rend compte que la *performance* peut devenir pour le petit homme, dans la force et la violence, un semblant d'existence, « Ou pire » la seule existence possible, sans autre choix.

Quelle subjectivité, en effet, pourrait subsister si tout le système de représentations se fait par l'objet ? De nombreux auteurs par rapport à l'errance, tout comme pour la psychosomatique et autres « cas limites », noteront la « quasi-absence des formations de l'inconscient », une grande pauvreté fantasmatique. Nous dirons que l'errance, se maintenir « hors-de », est une « J'errance » humaine, une réponse à l'objectivité imposée, peut-être l'ultime car « si les effets de la métaphore ne font plus d'heureux, ils ont raison de s'en méfier[23] ».

La parole de l'autre permet, même dans le cas de psychose adulte, de la coupure. Encore faut-il qu'il y ait de l'Autre incarné. La déréliction symbolique et imaginaire qui frappe alors tout un chacun dévoile les difficultés communes de cette incarnation, dans un système où la science voudrait occuper la fonction du Nom-du-Père, comme l'a très bien décrit J.-P. Lebrun dans son dernier ouvrage[24].

Qu'il s'agisse de violence, d'errance, d'hyperactivisme, de crack, de boulimie-anorexie, d'« addictions sexuelles », de fétichisme, plutôt que de chercher à répertorier ces symptômes avec des normes statistiques ou autres paramètres « scientifiques », nous remarquerons qu'ils signalent systématiquement un dedans et un dehors, une délimitation fondamentale en faillite. Les sujets paraissent se prévenir d'un manque de manque. Une recherche désespérée, face au phallus maternel, d'un Autre lieu.

Or, n'est-ce pas la fonction de la différence sexuelle que de confirmer une coupure, et qui permettra à un homme d'occuper la

---

22. J. Lacan, dans *L'Envers de la psychanalyse*, leçon du 17 décembre 1969, Paris, Le Seuil, p. 34. Puis, leçon dans *Les Noms du Père*, inédit, du 19 mars 1974.

23. J.-P. Lebrun au cours de la journée d'études du 1er juillet 2000 du Cercle d'Études « Subjectivité et Lien social. »

24. *Un monde sans limite,* Toulouse, Érès, 1997.

place de Père, à savoir celui qui pourra transmettre la Loi, fondamentale à la survie psychique du petit homme ?

De certaines conséquences diaboliques de la différence sexuelle (ou du diable et des monstres)

Quand l'écrivain Simona Da Vinci, dans un récent roman [25], met en scène des violences fictionnelles d'enfants, elle interroge pertinemment ce que peuvent comprendre les enfants des perversions sexuelles des adultes qui ne cessent de les exhiber en ramenant toute la sexualité à un objet consommable et à consommer. Là où plus aucune différence sexuelle, cause du désir, ne subsiste, nous ajouterons que le « progrès » (scientifique) va jusqu'à mettre en pratique l'inutilité du sexe masculin pour procréer.

Il semble évident que le sentiment de dette est inconnu des enfants d'aujourd'hui, qui sont alors réduits à n'être qu'un organisme à gérer au mieux. Le soin prenant la place de la filiation, la dette devient une livre de chair.

L'agitation, du corps propre dans l'hyperactivisme ou de celui de l'autre par la violence physique, manifeste donc bien une résistance à la promotion généralisée du « Tout doit disparaître ». La résistance des enfants se concentre évidemment sur le masquage ou la dénégation du Réel organisé par le social. Comme avait su le repérer, et osé l'avouer, Freud, en des temps de morale particulièrement sévère, la découverte de la différence sexuelle reste l'événement le plus fondamental dans la construction psychique de l'enfant [26]. Et, c'est

25. *Où sont les enfants ?*, Paris, Le Seuil, 2000.

26. Dans un bel essai, Monique Schneider tente de façon très argumentée de faire la *Généalogie du masculin*. Il est possible de suivre l'auteur quand elle dénonce une certaine psychanalyse qui voudrait réduire le masculin à un symbole du pouvoir. Mais si cet ouvrage complexe aboutit à l'idée que la différence sexuelle n'est qu'une différence parmi d'autres, ni plus ni moins fantasmatique, c'est alors toute la référence freudienne qui s'effondre. Il ne faudrait pas confondre les mutations sociales et les étapes fondamentales de la structuration psychique. La psychanalyse ne peut se convertir en une théorie négationiste du réel, mais doit au contraire se préserver en tant que méthode d'investigation des processus psychiques, selon la définition freudienne, dont le réel (ou La chose, la perte, le traumatisme, quels que soient les termes utilisés) est au cœur de ces derniers.

évidemment ce réel organique que la science cherche à supprimer, en réduisant notre Être même, notre corps, à n'être plus qu'un organisme[27]. La violence est alors nécessaire, d'autant plus pour le garçon que pour la fille, pour faire reconnaître et préserver son propre corps.

Par conséquent, penser le masculin, en psychanalyse, uniquement du côté de l'actif est certainement insatisfaisant. Mais penser qu'il y a chez les chérubins en question une volonté de sauver le masculin paraît être un préalable à un travail clinique avec eux. Car si la pulsion est toujours active même quand elle a un but passif et que toute « la libido est masculine » (Freud), comme l'écrit P.-L. Assoun « pour peu qu'on passe des substantifs (homme/femme) aux adjectifs (masculin/féminin), l'évidence vacille quelque peu et l'éclat de son tranchant s'estompe ». En réalité, ajoute l'auteur « point d'éternel masculin apte à susciter une passion faustienne mais bien un point obscur[28] ».

Quand, en 1923, Freud s'attelle à nouveau sur la « démonomanie[29] » à travers un cas de possession d'un homme au XVIIe siècle, il commence dans ce texte à signaler que la névrose peut se vêtir de différentes parures : au XVIIe siècle « un vêtement démonologique » sera de même consistance, à la fin du XIXe, dans celui de l'hypocondrie, lui-même « déguisé en maladie organique », etc. Ce n'est pas la névrose qui change mais les parures, les formes, nous parlions plus haut de « modes », qui s'accommodent des théories dominantes dans une culture donnée. Il peut alors affirmer que « les possessions sont l'équivalent de nos névroses, pour l'explication desquelles nous avons à notre tour recours à des puissances psychiques ».

Alors quand le peintre possédé dit avoir fait un pacte avec le diable, Freud suggère que « ce serait l'interrogatoire qui aurait

---

27. Il s'agit d'une confusion propre au discours de la science sur les notions de corps et d'organisme en s'appuyant sur la fétichisation du corps *humain*. Or, pour que l'individualité organique devienne un corps, il faut que le signifiant introduise le Un. Alors, le vrai corps, le premier, dit Lacan, c'est le langage : le corps du symbolique. « Le langage est corps, corps subtil certes, mais corps » quand même (*Écrits*, p. 301).

28. P.-L. Assoun, « Figures freudiennes du masculin », dans *Trames,* 1999, n° 28, p. 15.

29. « Une névrose diabolique au XVIIe siècle », dans *L'Inquiétante étrangeté et autres essais*, Folio. Il s'était déjà penché sur la démonomanie avec Charcot, puis traite des sorcières et de leur relation au diable dans des lettres à Fliess. Voir introduction du texte cité par J.-B. Pontalis.

suggéré à l'homme souffrant le fantasme de ce pacte ». Ce qui n'empêche pas Freud d'interpréter la figure du diable comme un substitut à celle du père mort, pour ne « pas sombrer dans la mélancolie ». De plus, le diable « a toutes sortes de choses à offrir auxquelles les humains accordent beaucoup de valeur : la richesse, la sécurité dans les dangers, le pouvoir sur les hommes [...], et par-dessus tout : la jouissance, la jouissance de belles femmes ». Mais, « comme il [le peintre] repousse la magie, l'argent et la jouissance », on peut, avec Freud, s'interroger sur les motifs de son pacte ?

La démonomanie du XVIIe siècle, comme celle du XXe, entraîne des sujets de sexe masculin à « mettre leur âme en jeu » non pour obtenir quelque chose, à la différence des femmes [30], mais pour fournir quelque chose à l'Autre, qu'il s'appelle le diable, le social ou la science. Ainsi, c'est le corps, de C. Haitzmann, comme celui de nos jeunes patients violents ou/et hyperactifs, qui se retrouve inféodé. « Être le fils inféodé de corps du diable », c'est la possibilité de renier Dieu et la Sainte Trinité ; c'est, dira plus loin Freud, l'expression de l'ambivalence entre « d'une part la nostalgie du père et d'autre part l'angoisse et le défi filial ». Si nous ne pouvons reprendre ici toute l'élaboration de Freud au sujet de ce père à la fois protecteur et démoniaque, les pères contemporains de notre civilisation ont certainement renchéri la figure du monstre, tant idéalisée chez les plus jeunes, au fil des exterminations et génocides divers qui se succèdent depuis plus d'un demi-siècle, à savoir depuis la *Shoah*.

Pour conclure sur l'hypothèse de la revendication de la masculinité adaptée au Discours actuel, autrement dit un symptôme sans enveloppe formelle, dans des comportements de violence de certains enfants, l'étude freudienne de la démonomanie révèle elle aussi, à travers des diables « bisexuels » une réaction à une difficulté de reconnaissance de la différence des sexes. C'est donc, pour Freud, la « répugnance à admettre la castration [qui] met notre peintre dans l'incapacité de liquider la nostalgie du père ». Ainsi, de tout temps, c'est la vie psychique de l'enfant qui nous enseigne le plus clairement sur le refus de la féminité. Et, en soutenant une position sadique, ces

30. Qui, des épidémies de mystiques du XVIIe aux anorexiques modernes par exemple, tirent toujours de leur pacte avec l'Autre une jouissance « supplémentaire », cf. J. Lacan, dans *Encore*, Paris, Le Seuil.

enfants refusent toute castration à l'image de qui est promu dans le social par la science – à l'envers, donc, d'un patient que cite Freud qui cherchait à accepter la castration en réalisant ses fantasmes masochistes dans des « situations perverses[31] ».

Au-delà donc du caractère « limite » de certains états[32], c'est donc bien la névrose qui « mobilise des forces qui trouveraient un emploi plus avantageux dans le règlement réfléchi de la situation périlleuse. Dans un bien plus grand nombre de cas, la névrose est plus autonome et plus indépendante des intérêts de la conservation et de l'affirmation de la vie[33] ».

Devenir humain, c'est préserver le langage comme ultime *mode* d'introduire une coupure avec le réel, plus précisément ici celui de la différence sexuelle. Au-delà des prétentions scientistes post-modernes et de la massivité nouvelle des épidémies pathologiques, le psychanalyste devrait pouvoir conserver sa fonction même dans le cas de petits patients *sans foi ni loi.*

---

31. S. Freud, *L'Inquiétante Étrangeté et autres essais, op. cit.*, p. 297.
32. Lire *Les États Limites*, de J.-J. Rassial, Paris, Denoël, 1999.
33. S. Freud, *L'Inquiétante Étrangeté et autres essais, op. cit.*, p. 315.

Christian Dubois

« Façons de parler… » : une pluriculturalité à prendre en compte

Il était venu consulter un médecin blanc pour savoir si le mal dont il souffrait était *biologique ou magique*. Était-ce son sang qui était malade ou avait-il croisé d'un peu trop près des esprits maléfiques ?

Savoir si cela relevait du biologique et donc de la médecine : telle était sa question.

Il voulait une prise de sang pour savoir s'il avait le sang noir.

Si son mal relevait de la médecine, alors il requerrait des médicaments.

Mais si par contre son mal relevait de l'occulte, de la magie, il requerrait plutôt l'intervention des guérisseurs, seuls capables de maîtriser les diables.

À moins, à moins encore, que cela ne fût religieux…

Il faut dire que, depuis plusieurs mois, les gens s'inquiètent de lui et connaissent ses pensées les plus intimes. Comment donc avoir un peu de paix ?

Les gens avaient donc acquis une inquiétante présence. Ils les nommaient des « oreillers » tous ces agents secrets qui d'ailleurs l'empêchaient de dormir.

Mais que voulaient-ils donc ces magiciens qui ne cessaient de parler de lui ?

Il en était sûr, ce n'est pas une question d'ennuis, de politique mais une question commerciale : ils voulaient de l'argent.

Cela lui était arrivé au cours d'un voyage à l'étranger.

Avant cela, bien avant, il avait percé un secret de famille.

Sa mère au risque d'être arrêtée faisait du commerce avec l'étranger. Le père l'avait découvert, non sans l'aide de pouvoirs occultes, et s'y était opposé. Trop de voyages, trop de risque. Il lui avait confisqué son passeport à cette femme commerçante téméraire et sa carte d'identité.

Alors qu'il cherchait une radio, l'enfant tomba sur des livres intéressants dans la table de chevet du Vieux. Et dans un livre, le passeport confisqué. Terrible découverte.

Qui donna sens aux absences et balades maternelles.

Et de ce savoir en trop, il devint tout de suite prisonnier. Que faire avec cela ?

Au retour de l'hôpital, où le père l'avait envoyé, le livre ne se trouvait plus là.

Le Vieux savait-il que lui savait ? Comme deux miroirs qui se font face, toujours, les secrets en appellent d'autres : étrange effet de démultiplication.

Jusque dans ses rêves maintenant, ils le traquent et savent ses pensées : ils ne cessaient d'être là au plus intime de lui-même, les oreillers magiciens. Il pouvait faire la différence entre un rêve normal et ces rêves-là.

Aujourd'hui devant nous, il expliquait longuement le terrible combat dont il avait été le terrain la nuit dernière, entre les sorciers qui menaçaient toute sa famille et les gens du centre médical. Ce « bagage qui pèse sur la tête », il nous le confiait.

Il nous sommait de décider de qui relevait son mal.

Syndrome d'automatisme mental, dit le psychiatre.

Possession d'un enfant qui a trop d'esprit et de curiosité, répond le sorcier.

Bien que le diagnostic ne fît aucun doute, la plus grande prudence sembla s'imposer.

Et si à sa question il convenait en effet de ne pas répondre ou du moins de ne pas trancher ?

Et s'il était pertinent d'y entendre son essai de mettre en mots une impasse réelle dans deux logiques qui ne relèvent pas du même ordre, *parce qu*'elles ne sont pas homologues. Tentative d'inscrire ainsi un dédoublement.

Et s'il convenait donc *simplement* de permettre à ces deux logiques de ne pas s'exclure en se disqualifiant.

Je vais parler de la folie.

Je vais parler de la folie et non de la psychose, non pas par imprécision nosographique mais en tant qu'elle est précisément irréductible à la psychose et que c'est précisément cette irréductibilité qui en fait la richesse.

Cet entre-deux champs définit le lieu d'une clinique de la réinscription.

Celle que j'essaie d'aborder quotidiennement à « La Gerbe ».

La Gerbe est un Service de santé mentale bruxellois qui se situe dans un quartier très défavorisé : la « zone ». La clinique qui s'y élabore est celle de la rencontre en milieu ouvert d'une population extrêmement défavorisée et fragilisée. Le pari qui sous-tend ce travail, c'est de rencontrer les difficultés de vie de ces consultants *dans les termes avec lesquels ils les pensent.*

À eux le choix du « code », du vocabulaire.

Celui-ci sera le plus souvent « marqué », contraint par l'origine socioculturelle de celui qui nous parle. Musulman, intégriste, immigré de la première, deuxième ou troisième génération, belge, SDF, jeune ado en révolte « décroché » de l'école et accroché à aucun wagon social, minimexé sans minimex, délinquant, etc., n'ont pas forcément la même façon de poser les questions de santé mentale. On s'en doute.

Vraiment ?

Encore faut-il alors pouvoir prendre suffisamment en compte ces *questions de vocabulaire* pour que « s'entendre » soit possible. Pour qu'un « transfert » s'inaugure.

Cette clinique impose que ces sujets soient entendus « hic et nunc » au travers des embarras que leur désinsertion leur pose.

C'est à ce prix que l' histoire d'une errance comme sujet pourra se dire, qu'une « troisième dimension » pourra se restaurer dans son parcours aux apparences métonymiques. C'est à cette condition qu'on passera d'une « prise en charge » psychosociale à une « prise en compte du sujet ». D'un sujet. De ce sujet-là.

Pas question, donc, de déléguer à qui le travail social, à qui l'écoute du sujet, à qui encore le volet médical… en d'autres termes, le joint entre ce qu'un être est comme sujet et sa place dans les réseaux sociaux ne peut plus être laissé au seul « consultant » mais doit être pris en compte, c'est-à-dire aussi pris en acte par celui qui se met en place de l'entendre.

C'est là l'objet même du travail.

Que quelque chose se renoue dépendra de la reprise au sein de *plusieurs* discours (social, économique, psychiatrique, légal, etc.) d'*une* question, d'un « passage à l'acte » par exemple.

Si c'est bien ce lien qui paraît être en souffrance dans la folie, c'est ce lien, cette jointure du sujet et du social qui est l'objet premier de la rencontre.

> « Le terme de folie, bien antérieur à l'institution du langage scientifique de la psychiatrie moderne, n'a jamais eu vraiment cours dans celui-ci. Cette relative incompatibilité a une très grande signification…
> La folie est l'autre de la raison, mais un autre dont le rapport à celle-ci varie selon les époques. La folie peut être un autre qui conteste la raison à l'intérieur d'elle-même. Elle peut être encore ce visage de ténèbres, cette certitude de mort, cette bête de désir que la raison s'efforce de vaincre mais sur lesquels il n'y a pas de victoire définitive. Il y a donc une vérité de la folie, vérité tragique et d'avertissement. De là, l'extrême ambiguïté qui caractérise l'attitude de toutes les sociétés et de toutes les cultures vis-à-vis des fous. On les chasse, ou on les exhibe comme l'image de ce qui menace chacun. Ou encore on leur donne la parole là où elle est retirée à tous les autres : les bouffons des princes et des rois [1]. »

La folie constitue bien un point central pour le devenir et la compréhension du sujet moderne et de l'histoire de la raison.

Réintroduire le signifiant *folie* permet de cerner un champ clinique nouveau : pas seulement celui de la psychose « franche, déclenchée et tapageuse », ni uniquement ce que d'autres ont défini comme « état limite » ou « nouvelles maladies de l'âme [2] », mais celle d'une rencontre avec des sujets qui sont en panne de trouver *un champ symbolique à même de pouvoir mettre en mots les impasses de leur position subjective et cerner le « Réel » qu'ils rencontrent.*

Tout simplement peut-être parce que leur subjectivité ne peut se soutenir d'*un seul* champ sémiotique. C'est qu'inscrire son dédou-

---

1. A. De Waelhens, « La folie », *Encyclopédie Universalis.*
2. Leur occurrence dans la clinique tenant à la fois des modifications de ce qui fait repère dans le « social » et qu'il est neuf que des psychanalystes s'y intéressent.

blement (et non sa division subjective) dans un champ symbolique régi par une logique unifocale (comme l'est notre monde grâce à l'opération paternelle) relève peut-être de la quadrature du cercle !

Par champ symbolique, j'entends un champ qui fait lien entre un sujet et les autres et du même coup lien entre un sujet et la part insue de lui-même. Ce qui fait que quand nous parlons à d'autres, nous en apprenons aussi sur nous-mêmes.

Hélas, pour certains, il n'est pas tout à fait sûr qu'ils s'y retrouvent dans ce monde.

Autrement dit, il n'est pas interdit de penser que ceux que nous nommons *fous* sont ceux que nous voyons errer concrètement ou mentalement à la recherche d'une signification de ce qui leur arrive mais que cela leur reste trop opaque : à eux-mêmes comme aux autres.

Exilés du discours commun, exilés d'eux-mêmes.

Enfermés dans une symbolisation par trop privée, ésotérique parfois, autofondée souvent, qu'ils doivent refonder sans cesse.

Comme un égyptologue ayant égaré la pierre de Rosette.

Tout comme l'égarement, ne serait-ce que momentané, de cette grille de lecture laisserait dès lors l'archéologue dans l'obligation d'inventer une nouvelle clef de décodage, la folie, s'il est vrai qu'elle contraint qui la rencontre de ne pouvoir se référer à l'instance paternelle pour décoder ce que lui veut le grand Autre de la vie, impose au sujet d'inventer une *façon de parler* qui lui permette de ne pas se perdre. Inventer une façon de s'y retrouver.

Si la fonction paternelle est bien ce qui nous permet de nous délier quelque peu de l'énigme de notre origine et ainsi de nous faire accéder à une existence intelligible en retrouvant un sens d'exister au cœur de chaque signifiant, par quoi ce genre de rupture s'en distinguerait-elle ?

Peut-être par le fait que le sens de l'existence serait essentiellement contextuel et momentané, toujours à refonder, toujours à repenser.

Si vous voulez bien considérer l'effet de re-symbolisation de la métaphore paternelle, effet de rétroaction en ce qu'elle vient symboliser ce qui l'a été primordialement (ce que Lacan note par le signifiant « Désir de la Mère »), c'est cet effet de rétroaction[3] qui me paraît mis à mal dans ces situations.

---

3. Qui, dit de façon plus imagée, donne sens à l'énigme du désir maternel quand elle s'éloigne de l'enfant. Cet effet de retour sur ce qui a momentanément pu faire traumatisme est proprement la temporalité induite par la fonction paternelle.

Si vous voulez bien admettre qu'il est fait appel à cette même capacité de « faire retour » sur un événement vécu chaque fois qu'il s'agit de comprendre ce que me veut l'Autre (qu'il soit maternel, familial ou social ou encore…), vous conviendrez alors, que privé de cette ressource, il y a de quoi errer quelque peu…

Or, il est de ces douleurs qui n'autorisent pas ce mouvement de rétroaction : y revenir même si « pour oublier, il faut se souvenir » est tout simplement impossible, inimaginable.

Il est de ces réels dont le vif ne se laisse pas apaiser par les mots.

Il se peut que ceux-ci ne soient pas à disposition. Il se peut aussi qu'ils n'ont plus le crédit nécessaire à ce qu'on y croie. Il se peut qu'ils ne nomment plus rien de soi.

Laissons sans plus les commenter les « structures psychiques » auxquelles chacune de ces possibilités renvoie, pour remarquer qu'à chaque fois, les mots ratent à symboliser laissant ces sujets sans défense face à la gueule ouverte de l'Autre : maternel « archaïque », diront certains, social qui ne lui veut rien ou, pire, le broyer, vous diront-ils…

Il s'agit pour moi d'aborder la clinique de la désaffiliation moins par le déclin de l'*imago paternelle* dans le social parce que ce constat comporte toujours peu ou prou l'idée d'une restitution qui peut mener au pire que par l'implosion du lieu d'inscription du sujet : le *non-lieu de l'Autre.*

Comme si la plaque de cire dans laquelle le stylet de la vie inscrit les traces de l'existence venait à fondre, rendant confus d'abord, illisibles ensuite, les chemins par lesquels il conviendrait que vous passiez. Comment donc s'orienter, dès lors ?

Comme si lors de la projection d'un film sous-titré, on s'était trompé de dialogue.

À quel code se référer alors pour comprendre ce qui se joue ?

Il me semble en effet que le « choix de la rue », le « choix de l'errance » fait basculer celui qui s'y engage dans le non-lieu, dans un no man's land psychique.

Or, la folie me semble bien souvent, dans ses moments d'errance tout au moins, relever de cette difficulté de trouver le moyen de se représenter, d'une façon qui ne soit pas trop génératrice d'angoisse insoutenable, ce que l'Autre lui veut.

En d'autres termes, ce qui focalise primordialement mon attention dans cette clinique c'est le lent re-tissage des relations et des lieux qui peuvent venir abriter voire ancrer le sujet, c'est-à-dire dans un deuxième temps permettre qu'il s'entende. Ce re-tissage est une création nouvelle : il n'est pas une « restauration ». Il importe en effet avant tout qu'il soit exempt de toute idée de restitution, de toute nostalgie. Ce sont les façons de parler et de vivre avec lesquelles le sujet construit son errance qui seront les signifiants-maîtres de ce travail de réinscription.

Notre clinique quotidienne nous fait en effet découvrir des sujets qui, littéralement, ne « savent plus à quel Saint se vouer ».

Sujets qui *« voyagent »* entre des champs symboliques différents voire contradictoires et qui se disqualifient.

C'est pourquoi je pense que la folie dans ses moments de désaffiliation est une « pathologie de la migration intraculturelle ».

Comment dire dans ces conditions ?

Et à quel interlocuteur susceptible d'y entendre un destin et non une maladie ?

Et que les « guérisseurs », à l'occasion convoqués pour les aider à s'y retrouver, se nomment médecin, psychanalyste, ethnopsychiatre ou exorciste ne change nullement leur impossibilité à libeller leur question à l'intérieur d'*un* champ symbolique *unifié*, d'*un* système sémiotique.

Ce n'est pas pour rien que dans leur quête de quelqu'un à qui parler ils se voient renvoyés par ceux qui en sont les dépositaires. Ceux-ci les refusent somme toute à juste titre parce qu'en toute rigueur, ils n'émargent pas de leur champ de compétences. Le drame c'est qu'ils sont ainsi mis en demeure de faire preuve de cohérence en réintégrant *un* champ qu'ils ne peuvent et ne veulent pas habiter.

Il me semble que c'est sans nul doute l'*unicité* du champ symbolique qui est remise en cause dans ces situations-là. En d'autres termes, l'incapacité de « faire lien social » dont on parle dans la psychose n'est-elle pas incapacité de s'inscrire dans un lien déterminé avant tout par l'impératif du *Un*.

Car le sujet « diffracté » de la folie ne peut se soutenir d'un discours unique, mais seulement peut-être de plusieurs, parfois précisément parce que leur logique propre est contradictoire.

À l'éclatement du sujet répond l'éclatement des discours de référence.

Je désigne comme *non-lieu de l'Autre*[4] cette implosion du champ d'existence d'un sujet qui le laisse ainsi « déchargé », *mais aussi du même coup* « délesté », *de la contrainte d'avoir à subjectiver son trajet.*

Pour l'illustrer, je vous propose cette rencontre.

Elle voulait les récupérer, ses enfants.

Pour cela, elle se battrait.

Elle avait d'ailleurs refusé le matin même une famille d'accueil.

Pourtant, pour la quatrième, elle ne savait pas pourquoi, cela lui paraissait moins clair. Elle avait pourtant failli la perdre. Avait demandé, puis refusé un avortement.

« Cela aurait été pire qu'un vol. » Pourquoi une telle phrase s'imposait-elle ?

Elle ne savait pas.

Elle était parfois tentée « qu'on l'en débarrasse » de cet enfant. Ne sentait que trop toute l'horreur de cette pensée.

Elle n'avait pas de « chez elle », toujours entre deux hommes. Toujours en balance entre des brutes. Qui la « basculaient ». C'est terrible parfois, « l'amour ».

Elle ne savait pas, de la dernière, qui était Le père. Tantôt l'un, tantôt l'autre. Elle ne savait pas si c'était une vraie question.

Elle était les yeux hagards. Quand les enfants étaient présents lors de la visite, elle faisait ce qu'il faut. Était-elle mère, alors ? Seulement alors ?

Ne savait pas. Elle n'écoutait pas comme une mère, toujours possédée par ce discours que « demain tout ira mieux », qu'elle les reprendra, qu'elle aura sa maison, qu'il sera là près d'elle…

Mais qui, il ? Elle ne savait pas qui il fallait perdre. Alors elle repartait. Dans ses histoires. Dans ses errements.

Aujourd'hui, savait-elle ce qu'elle disait : elle avait eu cinq enfants. Le premier avait disparu. Où ? Elle ne savait pas. Elle avait, disait-elle aujourd'hui, été accouchée par sa mère. Elle avait quinze ans. Elle avait été violée par son père. La mère avait fait disparaître l'enfant. On s'en était débarrassé.

Elle ne savait pas le garder. Elle ne savait pas ce qu'elle en ressentait.

Et si son impression, de devoir « récupérer », venait mettre en acte une impossible symbolisation d'une impensable perte ?

---

4. C. Dubois, « 201, rue de la Limite – 1030 Bruxelles », *Le Bulletin freudien*, n° 29.

Sait-on jamais ?

Elle reviendra mardi. Pour sûr, elle va les récupérer... d'ailleurs, elle ira chez le juge pour refuser une famille d'accueil. Elle en a parlé à son avocat. Mais, pour cela, il faut une maison...

Etc.

Le non-lieu de l'Autre est ainsi le lieu de l'hypothèque du sujet. Le lieu d'un sujet hypothéqué, virtuel. Le lieu des projets éphémères qui vivent le temps que vivent les roses. L'espace d'un matin. Le temps d'un dire.

Il me semble aussi que parler de non-lieu peut aider à concevoir la *folie ordinaire*, celle que tout sujet « hors de lui » est susceptible de rencontrer et qui le pousse à tenter de se « dédouaner » d'avoir à prendre en compte ces moments de dépossession de soi comme l'attestent ces signifiants modernes « avoir pété les plombs », « avoir disjoncté »...

Tout l'embarras étant bien de subjectiver, de prendre en compte ce qui vous est arrivé à ces moments.

Il s'agit aussi bien d'aller à la rencontre du sujet « ultra-contemporain » dont M. Gauchet dans une interview en 1997 disait *« que grossièrement il a un inconscient, mais qu'il s'en fout ! »*.

Sujets « pas suffisamment dupes » de leur inconscient et insuffisamment à l'écoute de ce qui leur arrive, sujets « globe trotter », citoyens du monde pour lesquels tous les chemins paraissent aptes à les vectoriser.

Pourvu que le profit s'en mêle de nos jours...

La folie est à penser avec la culture.

La psychose est à penser avec la structure.

Toute la question étant de concevoir leur nécessaire articulation : car je ne conteste nullement que parmi les désaffiliés on rencontre davantage de psychotiques. Je ne conteste pas plus l'affinité de la psychose pour l'errance et le no man's land, mais je pense que la *modernité, précisément parce qu'elle a mis à mal l'imago du père*, ou autrement dit *la* référence unique et peut-être du même coup le *principe* d'une seule référence (le principe de l'exception qui fonde la règle), au profit d'une référence *multiple* (la trop décriée « crise des valeurs ») *recèle peut-être la possibilité pour le sujet fou d'y trouver une place autre que celle de l'exclu ou du reclus.*

C'est peut-être bien ce qui rapproche notre société ultrascientifique des modes de pensée des sociétés « primitives » et fonde aussi l'intérêt du Service de santé mentale où je travaille pour l'ethnopsychanalyse.

Penser ainsi l'institution du sujet de la folie devrait du même coup permettre de concevoir autrement les institutions qui parfois sont amenées à lui donner asile.

L'enjeu de ce débat est donc aussi *politique.*

En effet, faute de repérer d'où se soutient un sujet quand il se désaffilie (et la folie à certains égards est peut-être le paradigme de la désaffiliation qui peut aller jusqu'à l'exclusion de la langue), quand il est « enfermé dehors[5] », enfermé dans un non-lieu sans bornes, la tendance sociale actuelle masque son incapacité à entendre par le développement de politiques de contention.

Imposant un *carcan en place de structure*, nos « nouvelles » politiques ressemblent à s'y méprendre à l'enfermement concentrationnaire.

Davantage, espérons-le, par incapacité à penser le Un autrement que sous sa forme unitaire que par souci de l'ordre.

Que par haine de l' « Autre ordre ».

À l'errance de celui qui se soutient d'un non-lieu répond l'incapacité récurrente à penser une organisation sociale qui ne serait pas pyramidale.

À l'exclusion de soi et du monde répond encore et toujours au XXe siècle la réclusion :

– version « hard » : l'hôpital, les « centres fermés »... ;

– version « soft » : le SAMU social...

Chacun à sa façon donne « asile » aux exclus de tout lieu.

Deux exemples pour illustrer ces difficultés contemporaines :

– La réforme hospitalière en Belgique où dans la mise sur pied des « réseaux et circuits de soins » se décèle la volonté de ne pas reconnaître le cheminement du sujet, parfois erratique il est vrai, comme *son* choix de patient-sujet de rencontrer ses interlocuteurs : ceux avec lesquels il s'entend ;

– « L'accueil » des candidats réfugiés politiques : où leur enfermement « temporaire » dans nos tristement célèbres « centres fermés » révèle un *déni de l'acte* de rupture dont se soutient un exilé et l'illusion « qu'un retour à la case départ » pourrait être possible. Politique de contingen-

5. S. Rabinovitch, *La Forclusion*, Toulouse, Érès, 1998.

tement tout entière fondée sur le déni que l'origine est toujours à perdre et que c'est mort subjective que de vouloir y demeurer.

Je voudrais donc insister sur l'importance pour le sujet fou et dans l'errance *du trajet* grâce auquel il tente de s'orienter (au propre et au figuré) et de donner un sens à sa question. Son savoir inconscient, il le *parcourt*. Réellement.

Car pour d'aucuns c'est bien *le trajet* qui est instituant.

L'enjeu serait donc de penser un lieu instituant, ce que nous nommerons l'institution, dont « l'architecture » serait *homologue* à la structure : celle de l'errance, à l'occasion.

Ce qui exige un renoncement majeur : celui de vouloir inclure tout sujet dans la même logique instituante.

L'ambition est bien de concevoir un lieu non plus sur le mode de *Totem et tabou*, orthonormé, unifocal, mais sur le mode plurifocal.

Un lieu que nous emprunterions parfois pour les rencontrer en n'omettant pas de nous y considérer comme « invités ».

Invités dans la rue, sur les sentiers de l'errance, invités à parcourir avec eux *leur* réseau. Invités à se faire scribes de leur savoir... avec toute la déférence que les invités doivent à leurs hôtes.

Un lieu qui vaudrait surtout par le *réseau* et le *parcours* qu'il impose à celui qui s'en réclame. *Trajet* qui serait l'équivalent, dans le réel de la métaphore, de la substitution signifiante qui donne sens à l'existence de tout sujet.

Un lieu « ouvert », c'est-à-dire dont la partition « dedans/dehors » ne définirait pas la frontière.

Un lieu dont la topologie ne serait pas définie comme un espace euclidien mais davantage par la relativité.

Un lieu dont l'origine ne serait pas bannie mais reconnue dans sa dimension de contingence.

La topologie des nœuds nous permet en effet de concevoir, à côté de la distribution *« verticale »* du Nom-Du-Père qui centre ainsi la batterie signifiante autour d'*un* manque fondamental qui se rappelle dans *chaque* signifiant, une distribution *« horizontale »* des noms du père qui, elle, permet de faire tenir un lieu sur le mode du réseau dont tous les signifiants ne seraient pas nécessairement marqués du même manque.

Pourrait-on concevoir un espace qui ne serait pas à trois dimensions, ni même à quatre ou cinq, mais un espace fractal, c'est-à-dire dont le nombre de dimensions ne serait pas un nombre entier déterminé. Tout dépendrait au fond de l'échelle avec laquelle vous l'abordez : vu de très loin, une pelote de laine est un point à une dimension, de plus près, elle se révèle être composée de lignes (deux dimensions), ces lignes étant elles-mêmes des fils torsadés (trois dimensions), eux-mêmes ...

Certaines dimensions n'apparaissant de plus que dans certaines circonstances...

Vue de l'esprit ? Que nenni : la clinique fourmille d'exemples où tel symptôme ne peut se comprendre qu'en référence au Sacré qui régit tel lieu mais qui n'a pas cours dans tel autre, ou en référence à l'Autre familial en certaines circonstances, en référence à l'exil en d'autres, puis encore ...

« Mouton blanc parmi les noirs, mouton noir parmi les siens », évangéliste à ses heures et sorcier à d'autres... aveugle mais « voyant » au sens de la voyance..., me disent-ils pour me préciser d'où ils (me) parlent à l'occasion.

Que la logique de la voyance, par exemple, diffère de celle de la vision, cela donnerait-il l'occasion d'inscrire autrement un rapport amoureux embarrassant ?

De quel lieu, dans ces conditions, ce qui à l'occasion fait retour sous la forme de voix ou d'apparitions porte-t-il en définitive la trace ?

> « [Or] il semblerait qu'une fois prisonnier de sa psychose, le malade ait un parcours à accomplir. Il est en quelque sorte embarqué pour un voyage d'exploration qui ne sera terminé qu'avec son retour au monde normal, où il rentre avec des vues différentes de celles des gens qui n'ont jamais fait ce voyage. Une fois engagée, la crise schizophrénique semble suivre un déroulement aussi précis qu'une cérémonie d'initiation – une mort et une renaissance – où le néophyte peut avoir été entraîné par sa vie de famille ou par des circonstances adventices, mais qui dans son développement est en grande partie dirigée par un processus endogène.
>
> Dans ce processus, une guérison spontanée n'a rien de surprenant : elle est seulement l'épilogue naturel du processus. Ce qui demande explication, c'est pourquoi beaucoup de ces "voyageurs" n'en reviennent pas[6]. »

6. G. Bateson, cité par R. Laing, *La Politique de l'expérience*, Paris, Stock, 1969, p. 82.

Au centre de cette réflexion se trouve la métaphore du *voyage*.
– Pour certains le *voyage* se définira par cette irréductibilité du sujet à son *être* : irréductibilité à son nom, son rang, sa condition… Irréductibilité du fait du Symbolique. Voyage dont l'impulsion est la nomination.
– Pour d'autres, le *voyage* sera peut-être dans le Réel ce qui leur préservera cet écart vital d'avec soi-même. « N'être pas ce qu'on est », ne pas s'y réduire, s'équivaut alors à « n'être pas où l'on est ».

La subjectivité qui en résulte est préservée au prix d'un mouvement perpétuel, d'une circulation réelle.

Mais, toujours, il s'agit là de l'articulation entre le sujet de l'inconscient et le sujet social, soit ce qui constitue le lien social.

Par lien social, j'entends le lien entre le sujet et ses semblables de telle sorte que chaque « un », sujet de son inconscient, fasse dialoguer la part d'insu de sa subjectivité avec la part de savoir inconscient de l'autre.

Pour le névrosé, cela se passe en général sans trop de mal, dans la mesure où celui-ci partage le refoulement « commun ». C'est ce que Lacan développe à l'aide de ses quatre discours.

Le refoulement étant bien cette opération qui, d'articuler au sein d'un même champ, symbolique, ce qui en est exclu et ce qui ne l'est pas, noue le signifiant dans le Réel. Cette articulation fonde l'intime d'un sujet.

Qu'en est-il pour la folie s'il est bien juste qu'elle se caractérise par l'hypothèque de cette capacité à s'inscrire dans un tel lien et par une modification des rapports de l'intime et de l'extime ?

J'ai décrit dans « Hic et nunc[7] » les chemins de la désaffiliation et de la désaffectation qui peuvent en venir à isoler le sujet de son histoire. Parcours de sujets dont tout l'effort est tentative de ne plus croiser des signifiants qui renverraient à des traces trop douloureuses. Traces qui insistent dès lors d'autant plus, on s'en doute.

Pour rendre compte d'une issue possible à ces impasses de folie, il me semble qu'il y aurait à distinguer, comme l'y autorisent à mon sens les derniers séminaires de Lacan :
– le *processus primaire de dissociation* : forclusion du Nom-du-Père, qui signe la psychose ;

7. C. Dubois, « Hic et nunc », *Le Bulletin freudien*, n° 32.

– du *processus de mise au travail par rapport à cette dissociation*, ce que Lacan a amené en parlant du *sinthome* comme de ce qui permet au fou de nouer un lien social (ne serait-ce qu'avec une communauté à défaut de ce que ce soit avec « le social » tout entier) et du processus de l'*appensée*[8], soit la façon dont un processus de pensée peut « s'appuyer » sur un signifiant pour jeter un pont au-dessus d'un « trou » dans le symbolique.

Il me semble que l'abord de la psychose par le *seul* discours médical, parce qu'il ne prend en compte que la cause *intrinsèque* de la dépossession de soi, décharge le sujet de son travail de mise en perspective de sa conception du monde avec celle qui fonde le social.

Et ainsi le « soulage » d'avoir à inscrire son discours dans le discours commun.

Mais déchargé de son institution comme sujet dans son dialogue avec l'institution sociale, celui-ci se retrouve le plus souvent hospitalisé, « institutionnalisé ». Curieux effet retour.

Et tout son travail pour mettre en mots les impasses de sa situation subjective en utilisant les points de butée qui font insulte au social s'en trouve discrédité.

Tout autre est l'abord « traditionnel » de la folie : parce qu'ici la folie ne se pense *que* dans son articulation avec la culture, il n'est pris en compte que la cause *extrinsèque.*

La visée de la cérémonie de guérison n'est en effet jamais de se débarrasser de ce qui se manifeste, ni l'exorcisme, ni même une « alliance symbolique » avec la possession *« mais la transformation d'un corps-dans-le-corps en un corps-à-corps ou, si on préfère, d'un rapport interne et inclusif avec un être anonyme en un rapport externe et exclusif avec un rab*(diable) *nommé*[9] *».*

C'est la re-fondation d' un autre type d'alliance qui est recherchée, une modification du rapport avec cet « autre en soi », une redéfinition de la frontière du privé et du public, des limites entre moi et l'autre : comme si la nomination de ce qui possède et la cérémonie remodelait (de façon mœbienne) le lien du plus intime avec cette autre chose dont tout sujet est doublé et qui s'appelle le Sacré.

---

8. J. Lacan, *Séminaire*, *Le Sinthome*, 1975/1976, inédit.
9. A Zempleni, « Du dedans au dehors, transformation de la possession-maladie en possession rituelle », *Revue de psychopathologie africaine*.

N'y aurait-il pas intérêt à faire dialoguer ces deux conceptions de la folie, à permettre à qui le souhaiterait de se référer tant à l'une qu'à l'autre comme l'exemple clinique qui ouvre cet article nous le proposait ?

La « mort de Dieu », si l'on entend par là l'effacement d'une référence majeure patrocentrée dans le social, venant en écho d'une défaillance de la fonction paternelle chez certains, laisse somme toute peut-être une *chance* au sujet de la folie de réinvestir cette place de manière *plurivoque*, sans doute de façon plus imaginaire et privée, et ainsi de pouvoir s'inscrire de *façon multiple* dans des communautés plus restreintes dont les logiques sont hétéronomes.

Chaque discours comporte ses propres contraintes, ses propres impossibles, ses propres taches aveugles. C'est bien l'impossibilité d'unifier ces *façons de parler* qui donne l'occasion d'y inscrire l'irréductible qui opère dans la folie.

Si ce n'est certes pas sans danger (les sectarismes guettent souvent…), ce n'est pas non plus sans intérêt.

C'est que si leur réinvestissement du Sacré est « marqué d'irréel », marqué de la possession par les signifiants auxquels ils ont recours « trop personnellement » (et c'est là que réside toute la différence entre être possédé par le signifiant et être divisé par lui : l'un ne laissant guère de marge de manœuvre et imposant une conduite là où l'autre permet de s'écarter de cet impératif), il est cependant susceptible de symboliser quelque peu les impasses auxquelles ils ont affaire et parfois, du moins, d'apporter un certain apaisement.

En termes analytiques, devrait-on entendre que leur espace subjectif se soutient d'un investissement imaginaire des noms du père ? Investissement imaginaire dont le caractère non résolutif entraîne une nécessité réelle à parcourir ces « entre-champs » symboliques ?

Toute la question à la fois clinique mais aussi politique consiste sans doute à redonner une place, leur place, à ceux qui seraient peut-être appelés « Organismes Symboliquement Modifiés » par d'aucuns, mais en étant capable de les entendre sans tenter de les faire entrer dans une logique qui est celle de la névrose.

La spécificité de celui qui les rencontre ne serait-elle pas dès lors d'être *le lieu où ces champs contradictoires, même marqués d'irréel, s'articulent et sont pris au sérieux* : l'articulation de la cause comme intrinsèque et extrinsèque dans l'exemple que nous donnons au début de cet article. Non pas dans une tentative de synthèse qui ne saurait être qu'inutile au mieux, désastreuse au pire, mais de les faire coexister.

N'est-ce pas dès lors là une *validation d'une construction qui s'apparente à une initiation*, à une création d'un type de rapport nouveau à la folie qui le possède ?

C'est bien à cette *constitution imaginaire de ce qui peut faire « Autre Scène » que l'analyste* a à prêter main-forte.

C'est en effet la validation de ces voyages parfois réels, mais aussi entendus comme passages entre des champs symboliques différents, qui restitue cette « troisième dimension » : celle qui donne sens à l'existence, celle qui nous préserve un espace subjectif.

Mais faut-il encore parler d'*analyse* dans ce cas où il ne s'agit plus « uniquement » de repérer avec le sujet l'impossible à dire qui l'a saisi dans son esprit et dans son corps tout aussi bien, lors de telle rencontre, non plus « seulement » d'en entendre la cause, mais primordialement de constituer avec lui, ou plus souvent de valider en se laissant initier, le code avec lequel il peut tenter d'en avoir raison : la façon dont *il y croit*.

Si le premier travail de celui qui le reçoit consiste bien en cette *validation de l'adoption par tel sujet aux prises avec la folie, du code qui lui permet de s'entendre*, il ne me paraît pas inutile que ce soit un analyste, ou à tout le moins quelqu'un qui ait quelque sensibilité à l'inconscient, qui soit appelé à cette place.

Il s'agit, en effet, de pouvoir être un interlocuteur qui ne le laisse pas seul, capable d'ouvrir un champ de dialogue sans complaisance ni tentation d'un délire à deux, mais sans volonté de le ramener dans une logique pour lui inassumable.

Car il ne s'agit pas seulement de savoir si le sujet croit à cette construction, ni de se demander si elle est crédible mais de savoir comment il *y croit*, soit ce que de lui-même il pense pouvoir *y entendre*.

C'est dans cette *localisation* de la croyance que gît son effet de nouage, c'est-à-dire de re-création d'un lieu subjectif en place d'un non-lieu.

Guy Lérès

D'un usage singulier de la marque[1]

Cela s'est mis en place depuis une quinzaine d'années. Peut-être un peu plus tard, cela a gagné les facultés, de là conquis les cours de récréation du monde entier allant jusqu'à décider de l'agrégation ou de l'exclusion à un groupe – signe où il est possible de reconnaître un exemple du caractère ségrégatif de la culture moderne.

Un jeune patient avait attiré mon attention sur ce phénomène qui accompagne l'avancée de la modernité et de ses effets ségrégatifs. C'était il y a quelques années. Il alimentait son sentiment de persécution de l'ostracisme où le tenaient les autres élèves de son collège. À ma question au sujet de ce qui pouvait bien, selon lui, motiver un tel comportement à son endroit, il me fit cette réponse : « Je ne porte pas de marques. » Même si j'étais porté à y entendre une autre résonance plus conforme à la structure du patient, ce dit se référait spécifiquement aux marques déposées des confectionneurs qui vêtaient ses condisciples. Se montrait que la marque relèverait moins d'un principe identitaire que d'une dimension de la ségrégation généralisée, en appelant plus au prochain qu'au semblable.

---

1. Ce texte est paru parallèlement dans *Carnets*, n° 32, revue de l'Ecole de psychanalyse Sigmund-Freud, novembre 2000, sous le titre « Des marques ».

Tenter de définir la marque entraîne très vite plus loin que ce qui paraît. La marque est un signe qui est appliqué sur chaque objet pour indiquer une origine, une provenance, des caractéristiques. Ce n'est pas la signature d'un facteur même si certaines corporations ont usé du poinçon, ou du coin de façon équivalente à une signature. Son signe distinctif peut aussi bien être apposé sur la peau d'un être vivant, animal ou… humain. Le tatouage ou les scarifications sont à ce titre des marques. Tout comme l'est la trace d'un coup de sabre sur la joue d'un étudiant allemand. La marque peut attester de la classe, de l'ethnie, d'un degré dans l'initiation. Toutes fonctions identificatoires dont on sent que ce cadre est déjà débordé. Si l'on remarque par exemple que les scarifications se pratiquent à des âges précis, essentiellement à l'entrée dans la vie ou au basculement pubertaire, on peut se dire, par exemple, qu'elles ne sont pas pour rien dans la manière de vivre son corps. N'est-ce pas de cela qu'atteste le corps marqué du psychotique de signer ainsi son impuissance à cerner Autrement les limites de ce corps débordant d'un innommable jouir ?

Archaïque la balafre du sabre corporatiste, mais l'éclair répété, le double coup qui croyait orner les vareuses noires des laquais nazis ? Moderne comme le matricule qu'ils appliquaient sur les poignets de ceux qu'ils réduisaient à l'état d'objets de série, de pur produit d'une fabrique de Choses. Marque indélébile celle-là, griffant des peaux qui pourtant allaient être anéanties pour la jouissance nue d'une bureaucratie folle.

Le jeune patient de tout à l'heure s'est mis aux marques, pour être comme tout le monde, un parmi les autres. Ce ne sont plus des quolibets qu'il reçoit mais des coups pour les lui piquer ses marques.

Il en est une qu'il semble chérir. Elle s'inscrit en blanc sur le genou d'un pantalon noir « Eider ». Lui, dont la famille fut « résistante et déportée », essaie, à son corps défendant, cette dérisoire et ambiguë limite pour tenir enclose une jouissance qu'il dédie à l'Autre.

La question qui me porte est alors celle-ci : y a-t-il si loin de ces marques qui griffent ces vêtements, ces vêtures, idéalités de formes, et voiles du corps, de celles qui y font cicatrices ? Ces marques ne se portent pas dans la chair, pas à même la peau mais par-dessus. Est-ce suffisant pour écarter l'hypothèse que la langue nous propose et qu'une clinique certaine ne saurait contredire ? Et si le futile, l'amovible et le facile n'étaient que modernes façons d'user d'un semblant plus grave en faisant avec un nom offert par le marché ce qui serait une nécessité de discours ? Ne devrions-nous pas être plus vigilants aux aventures significatives du phallus et admettre qu'elles ne furent permises que par son amovibilité. N'est-ce pas Petit Hans ? Et puis ne voyons-nous pas comme ce phénomène des « marques » est accompagné d'autres qui, eux aussi, concernent le corps et ses limites ? J'en oublierai sûrement quand j'aurai cité, outre le tatouage, le percing et les inclusions sous-cutanées. Il est toujours possible de soutenir qu'il ne s'agit que des symptômes ou de piètres manœuvres pour suppléer à la défaillance du symbole phallique. Mais ce serait refuser le problème, au nom d'une solution sans doute obsolète.

Le Japonais doit sans doute à la structure imposée par sa langue et ses écritures (les raisons mêmes qui ont pu faire dire à Lacan qu'il était inanalysable) d'avoir expérimenté bien avant nous l'usage des marques en faisant glisser la notion bouddhique de iki, qui se connote à la fois de pureté et d'adaptation, vers la recherche effrénée des marques qui se portent. Comme pour les aventures du phallus, la dérive du symbolique vers l'imaginaire est sensible mais se tenir tant uniment à le constater ne serait-ce pas payer à l'imaginaire le tribut qu'il appelle ? Se passer de l'esthétique de l'impermanence au profit d'un snobisme généralisé ne peut être dû qu'à des raisons économiques profondes, imposant une façon de nouage nouvelle des éléments structuraux. L'imaginaire y prend, certes, le dessus mais ne peut compter sans les autres brins qui sont le symbolique et le réel.

Il y aurait un nouage différent mais il n'est pas impossible que notre culture, elle aussi, à un certain moment de son économie, ait recours à un semblant qui permette au discours de tenir, de ne pas trop errer et qui se signale non seulement par des traits d'identification mais, au sens plein, pour des « manières d'être ». Ce sont des « manières » en effet par lesquelles ceux qui en usent se reconnaissent entre eux comme participant d'un même. Mais cela intéresse bien plus que la frime, l'être même, et la marque joue du quiproquo spéculaire entre phallus et objet *a*.

L'être, c'est quelque chose qui comprend la jouissance. Freud nous a appris que celle-ci excédait de beaucoup le plaisir car si ce dernier vise à l'homéostase, à l'équilibre des forces intimes, elle va jusqu'à se manifester en terme de pulsion de mort. En fait, c'est le symbolique qui est l'instrument qui permet à l'être parlant de « civiliser », comme disait Freud, de canaliser la jouissance. Le symbolique détient aussi cette qualité double d'introduire l'être parlant à la dimension de la mort et en même temps de lui offrir l'outil propre à « borner » ce qui y mène. Mais il est impuissant à le faire tout à fait. Quelque chose de sa jouissance lui échappe, soit qu'elle ne puisse se dire ou s'écrire, soit qu'elle ne puisse se « saisir » *(Begriff)*. L'être est rebelle au symbolique. Ne pouvons-nous voir là ce qui permet à la marque de profiter de sa parenté avec la lettre ?

Nous pouvons donner une idée de l'objet *a* dans le champ scopique où il n'est pas sans rapport avec la marque puisque c'est là où celle-ci sollicite le plus souvent le chaland. Lacan nous l'a indiqué sans ambiguïté[2] : c'est la tache entendue comme ce qui manque à l'image. La tache, c'est moins quelque chose qui se rajoute que quelque chose qui manque, ce qu'elle recouvre et dont on ne peut jamais être sûr. La tache, c'est bien quelque chose qui souligne une absence.

Chaque névrose articule avec précision une part de savoir. Savoir au sens plein en ce qu'il est savoir sur quelque chose de la jouissance. L'obsessionnel sait quelque chose de la tache en tant que s'il déteste les taches, ne croyez pas que c'est parce qu'il est méticuleux et propre. Non, s'il l'est, c'est justement parce qu'il sait la tache : il la déteste parce qu'elle est signe de jouissance. Non pas à cause de cette saleté qu'elle peut être crotte, reste, merde de mouche, souillure d'oiseaux, éclaboussure de sauce. La référence métonymique à la jouissance si elle est déjà présente ne fait que dissimuler un lien plus intime qui est le manque que la tache voile et avec elle la jouissance de l'objet intègre. La tache « est la place du manque dans toute vision », disait Lacan alors. Il y a là un effet littéralement métaphorique, puisqu'il réfère autre chose que ce qu'il semble signifier. Cet effet de métaphore s'effectue à partir « du point nié dans le champ de la vision ».

L'effet de métaphore produit par ce « point nié dans le champ de la vision » manquant renvoie tout sujet « à un autre manque plus radical qui est celui qui le concerne en tant qu'être sexué ». Et pour Lacan, « c'est là ce qui fait apparaître comment la vision du désir

2. J. Lacan, *Séminaire XVI, De l'Autre à l'autre*, inédit, séance du 30 avril 1969.

s'insère dans le désir ». Tant il est que le désir ne peut naître qu'à partir d'un manque ? Mais quel manque ? Car le désir n'est pas l'envie, il ne s'attache pas à ce que quelqu'un d'autre aurait. Il n'est pas besoin, car ce qu'il vise ne saurait jamais le combler quand il l'obtient. Un manque courant, dirai-je, courant d'être le quotidien de chacun et qui tient au croisement de l'être sexué et du parlêtre, à ce que celui qui est parlé est doté dès l'origine du manque d'un sexe.

L'évidence de la présence de la tache nous égare et c'est de cet égarement que profite la « marque » en faisant tache mais pour n'indiquer qu'objet « en toc ». Avec les névroses qui forment le gros de la chalandise, la marque joue sur du velours, puisque c'est leur propre de prendre la demande pour du désir et de jouer au plus fin avec la castration. La marque ici répond qu'elle est du côté du désir, qu'elle peut faire limite à la jouissance mais non en s'appuyant sur le manque de la castration. Elle va plutôt proposer un truc pour le combler et un nom à substituer à l'opérateur du désir.

Pouvons-nous poser une hypothèse analytique quant au rôle des scarifications dans les sociétés traditionnelles ? Remarquons que la société y a recours à des moments précis : moment de forte prégnance pulsionnelle où le sujet a besoin à la fois de se refaire une unité et de connaître sa place dans le groupe. Les deux choses sont en fait intimement liées et l'on voit mal pourquoi il en serait très différemment dans notre culture. Ce qui semble nécessiter le recours direct sur le corps dans les sociétés traditionnelles est d'abord la difficulté rencontrée par ces cultures pour offrir un repérage fortement unificateur aux identifications singulières. Les scarifications sont le reste d'une opération qui supplée à un manque d'unité phallique pour civiliser, rendre maniable la jouissance, la faire passer à l'ordre de la pulsion puis du discours. Ce qui est (a) dans la scarification ce n'est pas ce qui se voit, ce qui est spécularisable c'est au contraire ce que cela cache de chair vive et peu « domptée » selon le mot de Freud. Les « marques », Nike, Vuitton et d'autres, en reprennent la forme mais ce qu'il y a derrière n'est pas jouissance de l'être mais pur profit.

Les discours fondés sur un monothéisme semblent mieux armés pour offrir un principe unificateur non seulement à la société mais aussi au monde pulsionnel de chaque sujet. En effet ce monde pulsionnel a parfois tendance à diffluer, à échapper à la trame signifiante qui maintenant l'unité du corps ne lui reconnaît droit de cité qu'en ces points cernables où les pulsions partielles l'ont civilisé. C'est au signifiant unitaire phallique que ces discours auront recours pour ordonner la libido. Les cultures traditionnelles ne manquent non plus de l'invoquer mais s'il y représente le plus souvent l'aspect bouillonnant de la vie, il n'est pas le grand signifiant unificateur. Les traces signifiantes de la scarification offrent au sujet une aide symbolique à faire Un de ce corps diffluent tout en se rendant cohérent avec son groupe d'appartenance. C'est alors la société tout entière qui fait office de Nom-du-père et en atteste par le marquage réel du corps pour symboliser l'unité de son image. Elle permet donc au sujet de disjoindre cette image du corps de tout reste de jouissance incivile, et elle l'a fait d'une manière qui n'est pas sans évoquer une castration. Le sujet paie cette séparation de quelque part de sa chair, comme si le symbolique de l'acte, pour marquer, pour compter, devait opérer dans le réel du corps. Ce qui est imposé dans les cultures traditionnelles sur le mode indélébile devient dans la culture libérale capitaliste un choix apparent du sujet et impermanence. Et pourtant ce n'est pas sans un recours au réel. Et c'est par l'abord qui autorise son inscription dans un discours mû par la science : la lettre.

Les marques, traces, incisions, brûlures attestent pour le moins de leur relation à l'écriture, de leur proximité à une lettre. Comme telles, elles participent de la logique du langage accentué de ceci qu'elles y ajoutent une matérialité. Comme la scarification, la lettre croise symbolique et réel, mais elle seule, de ne se référer à aucune signification, peut supporter la dimension du semblant. Elle peut être opérante par rapport à la jouissance sans l'obole de chair et rend plus facultative la relation métonymique au phallus. Sans doute la marque y réussit-elle pour une part, prenant le relais d'un symbole phallique défaillant en proposant au chaland des objets qui n'en sont pas moins très rigoureusement versés à l'ordre des semblants.

D'ailleurs il y a au moins une marque commerciale qui a parfaitement saisi cela. Si je vous dessine :

chacun aura parfaitement reconnu de quelle marque il s'agit. Une des plus célèbres bien sûr pour nos jeunes. Ce signe, de se lire Nike, est tout aussi bien un calligramme qui peut barrer au front ou en toute partie du corps où il se pose. Objet ou symbole phallique ? L'ambiguïté persiste et sert la marque.

Ne faut-il pas y voir quelque signe de ce que ce phallus, qui faisait le pilier de la société bourgeoise, ne remplit plus son rôle et que du même coup le Nom-du-Père se problématise. En tout cas, il est patent que son pouvoir unificateur n'est plus suffisant à contenir la jouissance lorsqu'elle tend à sortir d'où les pulsions partielles l'ont enclose. Aussi le sujet ira chercher ses marques au marché, là où la culture les lui offre. À la logique collective de la société traditionnelle répondent l'individualisme et l'isolement conséquents à la société capitaliste. Au rituel séparateur mais intégrateur, le choix, ou tout au moins la préférence individuelle, qui uniformise le groupe tout en affirmant la personne alors jouet du vent de la mode. Faux lien social qui ne tend qu'à isoler aussi bien le travailleur-denrée que le consommateur-proie.

L'effectivité du désir appuyé sur la castration fait place à un repérage en terme de plaisir entendu comme la réalisation d'une satisfaction. La marque alors devient la garantie de la satisfaction imaginaire du symbolique. Elle tente pourtant de contenir le pulsionnel tout en favorisant la demande et n'est appel à l'Autre que dans une manœuvre ségrégative car c'est là que la séparation s'opère.

Il ne s'agit pas de s'inquiéter ni de regretter les temps très freudiens où un Nom-du-Père assez solide et garanti par la religion permettait un certain type de nouage de la subjectivité : la fameuse « réalité psychique » de Freud dénoncée par Lacan. La société tout comme le sujet, donc l'économie et par conséquent la culture, s'établissent maintenant de façon telle que nous assistons à la mise en place des nouages nouveaux entre les éléments de la structure. Ce n'est pas la première fois dans l'histoire de l'humanité que la Tresse du symbolique, de l'imaginaire et du réel doit se refaire, se reprendre.

Sa manœuvre dépasse complètement les bonnes volontés individuelles mais c'est sans doute une nouveauté dans l'histoire qu'un discours nous en prévienne. Les analystes ont les moyens, en suivant leur éthique, de ne pas participer à l'occultation généralisée, à condition de ne pas se tromper d'époque, c'est-à-dire de nouage structurel. Encore faut-il qu'ils ne restent pas prisonniers des schémas qu'ils ont aidé à établir et des pratiques qui leur sont conséquentes.

Jacqueline Hiltenbrand

Père, à quel titre ?

« Que se passe-t-il à partir du moment où ce qui fonctionne à l'état larvaire dans l'inconscient, quitte à se manifester par des conduites, se trouve par Freud nommé ? Est-ce que cette nomination dissipe les sentiments complexes et contradictoires qui caractérisent ce complexe d'Œdipe ? » Et de répondre : « Non seulement cette nomination ne les dissipe en rien, mais en outre, dans la mesure où les sentiments d'amour à l'endroit du père étaient déjà ceux célébrés, soutenus par la religion, le fait de nommer dans la réalité donne droit à l'existence au désir de meurtre à l'endroit du père. »

Ces propos, extraits d'un des séminaires récents de Charles Melman, mettent l'accent sur une des conséquences du discours psychanalytique.

En effet, s'il est patent que l'on n'a pas attendu Freud pour constater la mise en cause de la figure paternelle, il nous faut bien admettre néanmoins que Freud, en dégageant le complexe d'Œdipe, fait de la mise en cause de l'autorité paternelle quelque chose de quasiment normal. Désormais, grâce au complexe d'Œdipe, le père est désigné nommément comme étant l'empêcheur de tourner en rond.

On peut penser que cette nomination n'a pas été sans participer à l'état de délabrement actuel de l'institution de la famille.

D'office, qu'il soit par ailleurs effectivement un empêcheur ou pas, le père est désigné à cette place de gêneur, d'empêcheur. La logique qui anime l'Œdipe implique du même coup que si on supprimait le gêneur en question, tout s'arrangerait. L'espoir initial de Freud d'une possible levée complète du refoulement, et donc d'une mise en jeu de son désir sans restriction, est pris dans la même logique : en supprimant l'obstacle, l'impossible deviendra possible. Nous savons que par la suite, avec l'introduction des concepts de répétition, de pulsion de mort, Freud va reconnaître l'existence d'un impossible.

Néanmoins, l'Œdipe, une fois qu'il a été nommé, a volé de ses propres ailes et n'a plus jamais cessé de le faire : le nom de Freud lui est couramment associé, et ne pas reconnaître en soi des pulsions meurtrières à l'endroit du père est désormais considéré comme un signe d'infantilisme, un manque de personnalité, bref, ce n'est pas normal.

En nommant le père comme étant le gêneur, on provoque une confusion, entre la personne du père et la fonction paternelle.

Cette dénonciation du père témoigne exactement simultanément d'un appel à un père digne de ce nom. Cet espoir, cette attente sont constamment perceptibles, et viennent alimenter la dénonciation du père de la réalité.

Il se trouve que la famille, à sa manière, ménageait autrefois une certaine place au Réel de par l'hétérogénéité des places, des rôles qu'elle imposait, et cela que ça plaise ou non. C'était comme ça, il n'y avait pas à discuter. Nous ne sommes pas là pour regretter l'époque où l'autorité paternelle était quelque chose d'indiscutable. Je soulignerais plutôt comment ce dispositif familial ménageait une place à ce Réel de structure.

Aujourd'hui, grâce au complexe d'Œdipe entre autres, ça discute ferme et il n'est pas question que l'on se voie imposer quoi que ce soit. Toute différence de place est vécue comme une injustice. On sait comment la notion d'autorité parentale est venue réparer cette injustice : désormais les places symboliques du père et de la mère n'ont plus rien d'hétérogène, et, surtout, le dispositif familial qui en résulte ne prend plus en compte ce Réel.

Aujourd'hui, le complexe d'Œdipe, du fait du changement du dispositif familial, ne fait plus de place au réel en tant qu'impossible de structure. Cet impossible est consécutif à un fait de langage, et de ce fait ne peut être attribué au mauvais vouloir du père comme le suggère l'Œdipe, qui le réduit ainsi à un accident de parcours.

Il ne paraît pas abusif de dire que le succès remporté par cette notion de complexe d'Œdipe ne peut être attribué qu'à cette promesse illusoire de venir résoudre cet impossible auquel jusque-là tout un chacun devait se confronter sans discuter.

Il est intéressant de remarquer que Freud introduit cette notion de complexe d'Œdipe en même temps qu'il écrit la science des rêves, et ceci dans les mois qui suivent la mort de son père. C'est en analysant son transfert à Fliess que Freud introduit l'Œdipe : il se remémore sa passion pour sa mère, sa jalousie à l'endroit de son père, et, dans un franchissement qui n'est pas tout à fait anodin pour nous, il en conclut que ces sentiments étaient propres à tous les humains.

Ce qui ne fait aucune doute, c'est que l'Œdipe concernait son propre roman individuel, à savoir sa façon personnelle de mettre en scène les termes de l'impossible auquel il avait affaire. En généralisant l'Œdipe, il ne s'agit plus d'un roman individuel, bien sûr, mais d'une explication, d'une solution proposée à cet impossible, en mettant l'accent sur les personnes. Ce qui est par contre effectivement généralisable, c'est la façon dont le langage nous expose à un impossible incontournable, qui se traduit notamment, par exemple, par le caractère hétérogène des places du père et de la mère, du père et des fils. À l'époque de Freud, la famille prenait en compte le caractère hétérogène de ces places. Nous savons aujourd'hui combien c'est de moins en moins souvent le cas.

L'Œdipe était généralisable du temps de Freud dans la mesure où il était une façon de dire, de parler de ce caractère hétérogène des places parentales : à cet égard, il était congruent avec le dispositif familial. Aujourd'hui, le dispositif familial n'étant plus à même de prendre en compte ce caractère hétérogène des places, l'Œdipe est devenu totalement désuet. Il n'en reste plus guère que l'accent mis sur la personne du père comme gêneur.

Dans ce franchissement du cas particulier qui est le sien à cette généralisation à tous, on peut repérer la trace de la visée incestueuse du désir inconscient de Freud (tout désir inconscient est de nature incestueuse). En quelque sorte, avec ce franchissement, Freud pense avoir trouvé la solution, avoir résolu l'énigme du désir. Avec cette généralisation, en introduisant l'Œdipe comme solution, comme explication, Freud commet une sorte de passage à l'acte qui contredit sa découverte de l'inconscient. Il clôt ce qu'il vient de découvrir. À l'évidence, nous ne sommes pas sortis de cette contradiction.

Du même coup, il est plus aisé d'entendre pourquoi ce branlebas actuel qui vise à restaurer l'autorité paternelle paraît si factice et si vain. Car cette restauration de l'autorité paternelle ne prend en compte que l'autorité des personnes et non pas les contraintes liées au langage.

Qu'entendons-nous par contraintes liées au langage ? Elles peuvent s'énoncer ainsi : dès lors que deux personnes parlent ensemble, elles n'occupent pas des places symétriques. L'un parle, l'autre écoute. L'un se risque à émette un souhait, un ordre, une demande, etc., l'autre y répond ou n'y répond pas. C'est dans cette disparité des places, mise en jeu de façon automatique, que nous repérons ce que nous appelons la dimension Autre. « L'Autre est donc le lieu où se constitue le je qui parle avec celui qui entend, ce que l'un dit étant déjà la réponse et l'autre décidant à l'entendre si l'un a ou non parlé[1]. »

Si la famille est de moins en moins souvent un lieu où la rencontre avec la dimension Autre peut se faire pour un enfant, où cette rencontre peut-elle encore se faire ? Il me semble qu'aujourd'hui c'est davantage cet aspect de la rencontre avec l'impossible de structure, avec la dimension Autre qui est à prendre en compte, à inventer, plutôt que le rafistolage de la famille dans le contexte juridique actuel. Ce caractère hétérogène des places fait qu'il ne peut y avoir de réponse solidaire entre le père et le fils, *a fortiori* entre l'analyste et les analysants, sauf à éluder cette dimension Autre. Celui ou celle qui assume cette dimension Autre, dans le social actuel, est facilement accusé d'abus de pouvoir, alors qu'en réalité ce qui lui donne autorité est un fait de langage. Le véritable parricide, c'est avant tout de supprimer cette dimension Autre : ici aussi le terme de parricide met l'accent sur la personne.

---

1. J. Lacan, *Écrits*, Paris, Le Seuil, 1966, p. 431.

Cette dimension Autre, qu'elle soit assumée par un homme ou par une femme, n'est concevable qu'en référence au phallus. Cette référence au phallus met en scène un père mythique qui est évidemment de plus en plus à mille lieux du père de la réalité du fait de l'évolution de la famille, père mythique qui est lui-même un fait de langage. Cette dimension Autre, qui est indispensable à toute possibilité de parole, est évidemment complexe et justifie à elle seule qu'un travail lui soit consacré.

Tout ceci pour montrer, à partir de ce constat, que désormais si le social et la famille en particulier ne sont plus à même de prendre en compte ces contraintes inhérentes au langage, ces contraintes n'en restent évidemment pas moins prégnantes et conditionnent toute possibilité de paroles. Le pari qui est le nôtre, me semble-t-il, est d'envisager d'autres modalités de prise en compte de ces contraintes de langage. À cet égard, la psychanalyse est un exemple très parlant d'une modalité autre que celle de la famille. Le caractère de plus en plus déroutant de la clinique à laquelle nous avons affaire, ces sujets sans famille, sans histoire, voire sans plainte nous obligent à inventer de nouvelles modalités de prise en compte de ces contraintes du langage, de nouvelles modalités de faire fonctionner cette dimension Autre.

Il est clair qu'autrefois le dispositif familial impliquait d'office cette dimension Autre. Aujourd'hui tout se passe comme s'il nous fallait désormais la faire valoir activement.

Gérard Amiel

À propos du sujet « after-post-moderne » ou de l'exclusion à l'existence

La peur ainsi s'empara de lui et elle ne se distinguait en rien de son cadavre. Le désir était ce même cadavre qui ouvrait les yeux et, se sachant mort, remontait maladroitement jusque dans la bouche comme un animal avalé vivant (...) Le fait qu'à aucun titre il ne pouvait passer pour vivant ne suffisait à le faire passer pour mort. Il était réellement mort et en même temps repoussé de la réalité de la mort. Il était dans la mort même, privé de la mort, homme affreusement anéanti, arrêté dans le néant par sa propre image[1].

Maurice Blanchot

Quel rapport la clinique – c'est-à-dire le symptôme dont elle traite – entretient avec le fait social, disons avec la vie de la cité ? Que serait un sujet « after-post-moderne[2] », à savoir confronté à un certain type de savoir : le scientifique, alors qu'historiquement il l'était plutôt à celui de la religion ? Quelles peuvent être les consé-

1. M. Blanchot, *Thomas l'obscur*, Paris, Imaginaire Gallimard, p. 19 et 40.

2. Selon la dénomination innovée par Charles Melman.

quences d'un tel déplacement ? Nous entendons partout que ce qui caractériserait ce sujet, du moins dans sa rencontre avec l'analyse, serait sa grande difficulté à articuler le symptôme qui l'habite, voire l'extrême labilité de ce symptôme, au point de risquer de laisser close la porte d'entrée de la cure, puisque rien d'une demande dans ces cas ne peut encore se dire, même si par définition personne ne sait ce qu'il vient demander quand il sollicite une analyse. Pourtant, un point de départ parmi d'autres mérite d'être signalé. Il s'agit de la question de l'exclusion à laquelle ces sujets semblent ancrés, question qu'il nous faut essayer d'entendre un peu au-delà de son habituelle lecture imaginaire.

Alors, qu'est-ce que l'exclusion ? Tiré de *claudere* (fermer), exclure est issu du latin *exclaudere*, c'est-à-dire :

– ne pas laisser entrer (ne pas admettre) ;
– faire sortir (expulser) ;
– empêcher (couper, barrer) ;
– clore (terminer, achever, finir).

Ainsi dans son acception contemporaine, l'exclusion s'avère être un très mauvais terme, parce que, générique et galvaudé, il superpose de fort nombreux aspects qui n'ont pas nécessairement grand-chose à voir les uns avec les autres. Nous allons donc tenter, non pas d'ordonner ce vaste champ, mais de préciser trois orientations distinctes qu'il recouvre, pour développer ensuite l'axe sur lequel nous déploierons la question de l'actualité de l'exclusion en clinique, dans son articulation à l'adoption que nous qualifierons de symbolique.

D'abord, existe-t-il sans doute une *exclusion réelle*. Elle concerne le fait que certains sujets soient socialement écartés de la possibilité d'entrer dans la grande aliénation générale qui a frappé de tout temps l'homme, c'est-à-dire dans ce symptôme universel qui s'appelle le travail. Il y a vingt-cinq ans à peine, les revendications salariales et syndicales réclamaient un allégement des conditions de travail, aujourd'hui est demandé le droit de pouvoir y participer presque à n'importe quel prix, afin de ne pas déchoir de sa condition humaine (on jugera à cette occasion de la pertinence des discours sur la liberté !). Dans le monde occidental, toute une frange de la population n'y a plus accès, autrement dit est écartée de la prise assurée par la logique du discours et des contraintes symboliques qui y sont attachées, tel que l'exemplifie l'avènement du néolibéralisme, repoussant dans les marges de plus en plus d'individus. Ils n'ont d'ailleurs plus de nom et sont désignés par des abréviations ou des suites de lettres (SDF, RMiste, SIDAïque). Une véritable ségrégation s'installe, elle est amplifiée par le discours de la science et ses procédures féroces, puisque référée à une norme implacable du modèle unique, forme soft d'un totalitarisme. La logique de la spécialisation qui en découle fabrique à sa périphérie un rebut qui vient grossir les rangs.

Mais à côté de ce qu'il convient d'appeler, ici, un nouveau symptôme au sens sociologique du terme, il est également possible de distinguer une *exclusion physiologique* comme fait de structure commun pour tout sujet, tenant aux propriétés mêmes de la fonction symbolique et du langage. Pour Freud, l'ordre symbolique implique que cette donnée, éminente chez l'homme, ne puisse se supporter qu'à partir de la mise en place de traces effacées, traces concernant les premières satisfactions liées à l'éveil orificiel de la pulsion qui est opéré classiquement par la mère ; allumage à la source des émois érotiques initiaux. Ces traces, bien que refoulées, restent vives en sous-main, et sont à l'origine de nombreux effets déterminants, tels les symptômes, ou encore le désir, ce dernier découlant constamment de cette marque perdue qui vient à manquer, de ce reste inconscient originel d'inceste. Ainsi, le désir du sujet étant articulé dans l'Autre Inconscient, il obéit aux règles édictées par ce système signifiant de l'Autre, par ce savoir (tout savoir étant une organisation particulière de signifiants), le sujet ignorant dès lors quel pourrait être l'objet de ce désir qui reste une énigme opaque. La demande devant emprunter la parole, elle implique également le passage par les signifiants de l'Autre pour tenter de se faire reconnaître. Ainsi, l'ordre symbolique qui règle un certain nombre de fonctions décisives du sujet : le symptôme, la demande, le désir, l'exclut dans son procès même en tant que c'est au lieu de l'Autre que lesdites fonctions doivent être tout d'abord envisagées et que ce lieu lui est d'un accès habituellement barré. L'ek-sistence est donc à appréhender comme l'effet d'une exclusion normale du sujet, tenu à l'écart de ce qui constitue sa propre intimité.

Comment appréhender maintenant ce qui se donne dans le registre d'une impression plus ou moins confuse, celle de *se sentir exclu* ? Un tel trait est d'ailleurs très fréquemment audible au lieu d'une position féminine. Peut-on alors considérer cette exclusion comme effective ? Il n'est sans doute pas inutile de rappeler à ce propos que l'interdit de l'inceste, à l'origine de l'exogamie et de la circulation des femmes, confère à ces dernières un statut les prenant en considération dans cette logique, celui d'être un objet d'échange dans le commerce phallique. Le parlêtre peut ainsi figurer dans le tableau de la sexuation, soit à gauche, côté sujet (position masculine), soit à droite, côté objet (position féminine). C'est à partir de cette loi universelle que l'ensemble du système symbolique va pouvoir assurer sa tenue et son efficace. Cette circulation sexuelle des femmes parmi les biens (et non parmi les sujets) peut recevoir chez certaines d'entre elles une désapprobation traduite du côté d'un sentiment d'exclusion, ce qui demeure structurellement faux, car, à l'opposé des personnes socialement rejetées, cette répartition des femmes reste sous le coup de la logique symbolique et des effets d'un discours qui ménage des places, certes hétérogènes, mais néanmoins solidement définies.

Voici donc pour ce premier défrichage. Il nous permet d'aborder maintenant un certain aspect de la clinique after-post-moderne, celle du sujet qui n'aurait pas été adopté par le père ou pour qui le pacte symbolique par lequel il est possible « de se faire l'enfant de » serait resté dans la nuit et le brouillard.

Développement

Tout un chacun, après avoir été mis au monde, a dû être d'abord adopté par ceux qui ne deviennent ainsi qu'après coup ses parents, cela y compris pour les enfants dits légitimes, puisque nous n'aborderons pas ici la question des enfants effectivement abandonnés par leurs géniteurs. Dans le cas où cette adoption symbolique reste problématique, quel type de conséquence pouvons-nous repérer ?

L'accès immédiat au principe de la vie, c'est-à-dire au signifiant phallique, est généralement empêché, l'héritage comme la transmission paternelle restant en défaut, le père n'a pas conféré à l'enfant l'accès à ce signifiant un, qui lui est refusé.

Mais l'absence d'accès direct à ce signifiant (absence directe ne signifiant pas qu'il n'y ait aucun accès possible) n'équivaut pas nécessairement à une forclusion, soit à une déchirure irrévocable dans le tissu symbolique. En témoigne régulièrement la présence cruelle dudit phallus, démesurément pesant par son défaut et régulièrement invoqué par son manque.

Le problème ainsi soulevé, est-il donc à situer plutôt du côté de la fonction paternelle ou plutôt sur le versant de la fonction du Nom-du-Père ? Pour trancher dans cette délicate interrogation, nous allons devoir opérer quelques distinctions préalables.

La métaphore paternelle ne fournit jamais en elle-même le signifiant phallique, qui comme tout signifiant s'attrape d'abord dans la parole. Pour commencer, c'est au lieu de l'Autre primordial que l'enfant l'appréhende, c'est-à-dire chez la mère qui porte cette marque phallique d'avoir été nécessairement désirée sexuellement pour que trivialement un enfant soit conçu, à la différence de la procréation assistée qui permet l'avènement d'une naissance sans implication d'une sexualité. La métaphore autorise à s'appuyer sur la référence phallique pour la question du désir, conférant au signifiant phallique sa juste place en tant qu'il devient la visée du désir et que sa métonymie en devient la cause. Enfin, il permet l'accès à une position sexuée subjective qui se décline dans les registres ou de l'avoir, ou de l'être : ainsi est-il possible de l'avoir ou pas sur fond d'y avoir préalablement renoncé (castration), côté homme ; de l'être ou non sur fond de ne jamais réussir à l'être vraiment, côté femme.

Ce que concède la métaphore paternelle, c'est seulement l'usage du phallus. Si la métaphore opère à sa juste fonction, le sujet en a usage, si elle n'opère pas, il en est privé.

La non-adoption laisse donc la métaphore en suspens, c'est-à-dire également le désir en délicatesse, car ne pas avoir l'usage du phallus signifie ne pas pouvoir se référer au père par le biais de cette métaphore au niveau du désir, ne pas se référer pour le désir à son autorisation. Ceci s'énonce couramment par le sujet comme une impossibilité à désirer (le monde manque de cette petite étincelle qui l'arracherait à sa lourdeur grise et monotone), ou par la survenue trop fréquente de pannes dans le champ du désir qui le plongent dans un espace triste et glauque, mais aussi comme l'impossibilité momentanée d'avoir accès à la parole, à l'altérité, à l'existence, ou à la vie.

Entre le père et le fils, il y a donc classiquement métaphore ; quand ce n'est pas le cas, c'est la restauration de l'empire de l'amour (ou de la haine) pour sa personne, témoignant de l'échec de l'inscription signifiante. À la place de la métaphore, c'est alors l'ouverture vers le champ des identifications dans lequel le père et ses figures substitutives occupent toujours la fonction principale de la cause, puisqu'il en reste le pilier central. Régulièrement le père est invoqué comme cause des défauts du monde, ou comme seul réparateur possible de ces défauts, et la vie de ces sujets se déploie à travers la copie des orientations ou des impasses qui furent siennes. D'ailleurs l'hainamoration pour le père, au-delà de sa connotation homosexuelle (fraternelle), se dresse comme une nouvelle impasse, puisque ce qui devra s'apprendre de l'analyse avant tout, c'est à faire sa vie, autrement dit à dégager les balises de sa propre route. Ainsi, il ne peut y avoir de cohabitation possible entre le père et le fils, sous le même toit. Voilà à quoi introduit la structure du langage : à l'impossible abolition de la distance qui me sépare d'avec le père, à l'impossible considération de ce dernier comme un prochain.

Ainsi, l'échec de l'adoption, s'il semble toucher la question de l'accès au signifiant phallique par la métaphore paternelle, n'affecte pas nécessairement le Nom-du-Père qui peut se trouver situé à sa place par une autre voie que celle de la génération génitale. Nous en voulons pour preuve que l'automatisme de répétition, dans ces cas, cerne un point d'impossible, répète une lettre en souffrance, le phallus. En début de cure, l'analyste doit sans doute de façon caricaturale mettre tout son poids sur les récits furtifs de la réitération de certains actes à peine appréhendés par le sujet, afin d'ouvrir vers la remémoration et la parole. Là, la répétition signale qu'il est loisible en effet que le Nom-du-Père ait pu s'inscrire par le truchement de la prévalence première donnée au signifiant dans la structure. La parole implique quasi automatiquement le ménagement d'un domicile pour le Nom-du-Père au lieu de l'Autre, la parole le transmet, parler l'implique, c'est-à-dire situe le sujet dans un double mouvement, par rapport à l'ancêtre, mais également par rapport aux autres membres du groupe au regard de l'ensemble des obligations socialisées. D'ailleurs, remarquons que les vœux de s'engager dans une analyse, autrement dit de vouloir malgré tout assumer sa structure, comme d'accepter de s'en remettre au transfert, peuvent constituer en eux-mêmes des Noms-du-Père.

Entendons que pour de tels sujets, les ennuis redoublent dès lors que l'ère sociale entérine le déclin de la parole et s'affirme dans une référence unique donnée à l'objectivité hors parole de la science. L'éjection de la parole, si elle évacue le Nom-du-Père, élimine aussi la loi symbolique qui a pour vertu de tempérer les relations entre sujets, récusant un lien fondé sur la suspicion paranoïaque.

Mais afin que ce travail ne semble pas trop abstrait, évoquons maintenant une *clinique* minimale qui illustrera quelques impasses propres à l'échec de cette adoption symbolique, aux effets plus graves et ravageurs pour le garçon que pour la fille.

C'est peu dire que de rappeler les difficultés de ces sujets à assumer, non des responsabilités attribuées aux fonctions qu'ils occupent souvent avec soucis et compétence, mais plutôt la kyrielle d'avantages ou de prérogatives attachées à ses fonctions. Le trait peut parfois être poussé jusqu'à faire refuser la jouissance stable et les honneurs qui incombent aux titulaires pour préférer les emplois subalternes (remplaçant, intérimaire, faisant fonction, vacataire).

D'emblée notons une prévalence de la fonction de l'image sur celle du signifiant dans la subjectivité, avec un maintien de la capture spéculaire régissant un certain type de lien au semblable, comme l'accent mis sur le flash amoureux qui préside à la rencontre et aux choix du ou de la partenaire, modalité qui se teinte aisément d'une touche volontiers passionnelle.

Aussi, ces sujets ne semblent pas complètement détachés du diktat de la pulsion ($\$ \lozenge D$), c'est-à-dire que se retrouve la prévalence de la question de la demande dans son économie, associée au cortège des diverses insatisfactions et frustrations qu'elle traîne derrière elle.

L'objet petit *a* peut être facilement voué à une circulation aléatoire, entrecoupée d'éclipses plus ou moins durables, ou encore dans une parfaite nébuleuse, prendre l'aspect d'un objet volant non identifié. C'est mettre ici l'accent sur les difficultés rencontrées par ces sujets quant à la question de l'orientation sur un objet qui peut sembler plus ou moins énigmatique, tout du moins pour un temps, au point d'apparaître eux-mêmes comme satellites en rotation à la périphérie du monde, renvoyés aux extrêmes confins des banlieues de la structure.

Confrontés aux murs de l'impossible qui se dressent égaux à la moindre tentative, écorchés vifs comme si les signifiants étaient reçus ainsi des flèches qui viendraient directement transpercer la cible du sujet, ces patients révèlent une sorte de moi inconsistant, prêt à fondre au premier regard, ne filtrant rien, n'arrêtant rien ; moi troué qui témoigne une fois de plus de la mise en attente du signifiant phallique, puisque le moi, à savoir cette instance représentant ce qui se reflète au niveau de la jouissance, n'est jamais que le décalque de la disposition signifiante symbolique.

Enfin, il n'est pas rare, dans cette clinique à peine esquissée, d'entendre l'émergence de moments de délire ou de pseudo-délire, traductions instantanées chez ces névrosés, dans le registre de l'Imaginaire, d'incidents qui prennent leur source dans celui du Réel et pour lesquels le sujet n'a momentanément pas à sa disposition de mots, de mots pour dire. Dans la même veine, ce qui paraîtrait pouvoir constituer une quelconque participation au discours du maître est scrupuleusement évité, toute réussite ou reconnaissance dans ce dernier pouvant produire une véritable catastrophe subjective.

Remarquons encore qu'une des impasses majeures du défaut d'adoption est atteinte quand ces sujets se tiennent fixés dans l'impression plus ou moins nette d'avoir subi un dommage dans lequel ils se logent et qui maintient, à portée de main, la révolte, les revendications et la rage. Impasse supplémentaire donc puisqu'elle redouble la précédente, cristallisant la jouissance dans ce symptôme de la victime partout socialement acclamée, point d'arrêt qui témoigne d'une métaphore bloquée, verrouillée, interdisant le procès de la substitution signifiante. Le sujet reste ainsi assis sur ce qu'il croit constituer l'essentiel de son savoir et qui organise cette métaphore gelée. Ce point n'a d'ailleurs rien de très nouveau et ne différencie pas nos cas de n'importe quelle névrose puisque Freud dans sa lettre 52 à Fliess signale déjà que : « La particularité des névroses est que la traduction de certains matériaux ne s'est pas effectuée », à savoir que la névrose est un refus de traduction, un refus de substitution, disons de métaphore.

Alors, la question qui se pose maintenant est donc bien celle de savoir si le social de nos jours est à même d'offrir des possibilités de suppléance, des opportunités de substitution symbolique, autrement dit, dans ces cas, des possibilités d'adoption symbolique ?

La psychanalyse, qui peut s'entendre comme un lien social particulier et la mise en acte d'un discours spécifique, en est une. L'analyse peut offrir en effet un lieu où exister, en constituant une raison suffisante de vivre. C'est pourtant toujours la surprise, quand une adresse se fait ainsi à l'analyse à travers ce désir de vouloir néanmoins assumer sa structure et ses conséquences malgré ce ratage inaugural avec le père, c'est-à-dire malgré le père lui-même ou malgré le refus de l'enfant vis-à-vis de son père, désir qui se formule généralement à travers cette visée d'essayer tout de même d'occuper une position sexuée, d'assumer une sexualité, en récusant la pente naturelle qui trouverait dans le social une oreille trop compatissante.

La difficulté avant d'embarquer pour ce long voyage de l'analyse, comme pour parvenir à dégager une demande exigible au principe de la cure, consiste à devoir faire préciser au sujet une formulation nécessaire de ce qu'il ne sait pas encore, une énonciation qui emporte avec elle un bout ignoré du Réel auquel il a affaire.

Ainsi, s'il est rare que la demande d'analyse s'articule directement comme une demande d'adoption, d'adoption par le travail symbolique de la langue, il sera plus fréquemment repérable pour untel une détermination à vouloir en finir avec la tyrannie maternelle qui ne lâche pas le morceau et continue à sévir dans la sphère mortifère des besoins. Autre primordial persécutif duquel il devient urgent de se déprendre, ce que la métaphore en fonction aurait spontanément permis. Donc ici, l'analyse pour monter en toute hâte un barrage contre le déferlement non pacifique de la mère. Pour tel autre, la demande se dégage de ce qu'il perçoit confusément comme abandon, appréhendant le vœu de mort de l'Autre, d'autant plus ravageur que refoulé par l'entourage.

Bien engagé, le procès de la cure peut pourtant ne pas trouver toute son amplification, s'infléchir sous le coup du transfert, moteur, mais principal obstacle, puisque l'analysant risque de tomber dans le travers d'essayer de se faire adopter par l'analyste. La difficulté étant que le sujet doit alors accepter de manière encore plus radicale que quiconque de renoncer à ce à quoi il a dû s'arrimer dans un premier temps (le transfert à l'adresse de l'analyste, cet amour issu de la langue), faute de quoi il risquerait de s'inscrire plus dans la complétude que dans le manque.

Il restera donc qu'en son temps se soulève le transfert et qu'il se déporte dans le champ du travail, migration qui relève de l'arrachement, voire du deuil, et qui n'est pas sans faire écho, comme répétition, à la question de l'abandon dans laquelle le fantasme a pu déjà s'engager. Le sujet devant donc sans compromis dégager dans le transfert à l'analyste ce qu'il avait préalablement engagé dans son fantasme.

Il semblerait, c'est une indication, que ce qui permette et accompagne cette transition dépende de la place supposée de l'oreille de l'analyste, qui au lieu d'entendre dans la structure, défect, handicap et défaillance, entend la tentative de mise en place d'un désir particulier chez ces sujets, tenus de se tenir au plus près de la fonction symbolique de la parole, bien que la disposition initiale soit celle d'un désir, d'une parole ou d'une existence, interdits.

Conclusion

Quand quelqu'un est orphelin symboliquement, c'est-à-dire qu'il n'a pas été adopté par le père ou n'a pas accepté de se faire adopter par lui, le sujet n'a pas reçu le ticket qui le légitime dans l'accès au signifiant phallique.

La position d'exclusion relève du refus d'être adopté et du choix fait pour la métaphore bloquée, c'est-à-dire pour le maintien de la jouissance.

Envisager l'adoption, c'est déjà une manière d'en appeler, pas tant à la personne du père qu'à la question de la métaphore. Déplacement qui en découd avec la tentative d'établir avec lui du rapport, ce qui le renvoie à sa juste place, dans l'altérité.

D'ailleurs, pour faire un pas de plus, le refus de la métaphore aujourd'hui ne fait plus tant des exclus que des inclus. Les nouveaux inclus sont ceux qui, conformes à ce que propose la société, acceptent de ne pas faire fonctionner le Nom-du-Père.

Adopter la métaphore concerne la question du courage et du choix qui se pose à chacun, celui d'assumer le désir et ses conséquences, c'est-à-dire également le Nom-du-Père, hors du champ de l'idéal qui le paralyse. Au bout du compte, c'est une question qui se pose à tout sujet quelle que soit sa structure, que l'on ait été reconnu, nommé, accueilli comme un don du ciel à sa naissance ou au contraire que l'on ait dû se débrouiller autrement. C'est ainsi une question qui concerne chacun dans sa responsabilité. La position de victime, d'exclu ou d'abandonné, relève en dernière instance d'un refus qui barre l'opérabilité de la métaphore.

Ceci nous conduit donc à poser la question cruciale du choix dans l'analyse : ces sujets vont-ils accepter de quitter leur orbite pour devenir des enfants de l'analyse ? Des enfants de la parole ?

Ce point ultime ne peut pas être *a priori* tranché par l'analyse elle-même, c'est donc que le courage d'engager l'adoption relève avant tout d'une décision parfaitement solitaire, puisque, comme aime à le rappeler Marcel Czermak, l'analyse échoue à donner du courage à qui en manque.

Christian Demoulin

L'amour dans le discours du capitaliste

Dans le Séminaire XVII, *L'Envers de la psychanalyse*[1], Lacan avance une thèse forte, qui radicalise ses positions précédentes : l'Œdipe, rêve de Freud. Lacan a pris bonne note des travaux de Lévi-Strauss sur la structure des mythes[2]. Sans doute a-t-il eu connaissance également de l'ouvrage de Marie Delcourt, *Œdipe ou la légende du conquérant*[3]. Le point vif est le suivant : à suivre Sophocle, Œdipe ne devient pas roi et époux de sa mère parce qu'il a tué son père, comme le pense Freud, mais parce qu'il a résolu l'énigme du Sphinx. Or, pour Freud, l'Œdipe est un mythe du meurtre du père et c'est un thème central de sa théorie. C'est ce thème qu'il reprend dans ses élaborations suivantes, *Totem et tabou*[4] puis *Moïse et le monothéisme*[5]. La thèse du meurtre de Moïse, défendue à l'époque de Freud par Sellin, un exégète renommé, n'est plus admise par les biblistes contemporains. Mais c'est dans *Totem et tabou* que le mythe

1. J. Lacan, *Le Séminaire, livre XVII* (1969-1970) *L'Envers de la psychanalyse*, Paris, Le Seuil, 1991.
2. C. Lévi-Strauss, *Anthropologie structurale*, Paris, Plon, 1958.
3. Paris, Belles Lettres, 1981.
4. S. Freud, *Totem et tabou*, Paris, Payot, 1947.
5. S. Freud, *Moïse et le monothéisme*, Paris, Gallimard, 1948.

trouve sa forme la plus extraordinaire ; il s'agirait du meurtre d'un père primitif qui incarnait la jouissance : il jouissait de toutes les femmes, ce qui est tout à fait mythique, le propre du mythe étant de donner forme à un impossible.

Il n'y a pas de meurtre du père parce qu'il n'y a pas de père qui soit roi comme Laïos – tout au plus fait-il des laïus – et encore moins de père qui incarne la jouissance de toutes les femmes. S'il réussit à tenir le coup pour une femme, ce n'est déjà pas mal. *Exit* l'Œdipe freudien comme meurtre du père mais il reste l'interdit de l'inceste dont on connaît la portée universelle et le complexe de castration qui se révèle essentiel dans la pratique analytique. En effet, pour Lacan, la castration ne se réduit pas à l'anecdote du fantasme de castration. Il la définit dans le Séminaire IV, *La Relation d'objet*[6], comme une symbolisation du manque du phallus imaginaire, symbolisation dont l'agent est le père réel, soit le partenaire de la mère en tant qu'investi de la fonction paternelle (il n'y a pas de père réel sans mise en place du Nom-du-père). Mais l'Œdipe freudien cache le fait que le père réel, dès l'origine, est castré. Aussi n'est-il pas nécessaire de le tuer : la succession, de père en fils, est transmission de la castration d'une génération à la suivante de sorte que la mort du père est souvent, pour le fils, révélation de la castration méconnue jusqu'alors. Le père réel n'est l'agent de la castration qu'en tant que c'est par lui que ça passe. Mais la castration elle-même est le fait du signifiant. Elle est, précise Lacan dans *L'Envers* (p. 149), « l'opération réelle introduite de par l'incidence du signifiant quel qu'il soit, dans le rapport du sexe ». C'est le signifiant qui interdit la jouissance primordiale en substituant le mot à la chose. Le père réel n'est que l'agent du signifiant-maître. Ajoutons que dans le Séminaire XX, *Encore*[7], Lacan fera du phallus symbolique un signifiant-maître. Aussi propose-t-il, dans *L'Envers*, de substituer à l'Œdipe freudien sa théorie des discours.

Le discours premier, c'est le Discours du maître. Lacan l'illustre par le rapport du maître et de l'esclave où le maître soutire du savoir-faire de l'esclave un gain de jouissance. Mais il s'agit essentiellement d'une structure discursive. Le signifiant-maître S1, en position

---

6. J. Lacan, *Le Séminaire, livre IV* (1956-1957), *La Relation d'objet*, Paris, Le Seuil, 1994.
7. J. Lacan, *Le Séminaire, livre XX* (1972-1973), *Encore*, Paris, Le Seuil, 1975.

d'agent, est le signifiant auquel le sujet s'identifie comme sujet divisé $. C'est aussi le signifiant en tant qu'il ordonne, qu'il commande à la jouissance. Le savoir sur la jouissance S2 lui échappe mais il en soutire un plus-de-jouir (a), lequel cependant n'arrive pas au sujet. La castration dès lors peut être pensée comme la perte de jouissance qu'induit la répétition signifiante. C'est parce qu'il y a cette perte de jouissance qu'il y a l'objet (a) comme plus-de-jouir à récupérer. (Le plus-de-jouir est un terme construit par Lacan sur le modèle de la plus-value selon K. Marx.)

Ce que Lacan cherche à formuler par sa théorie des discours, ce n'est rien d'autre qu'une énergétique de la jouissance. Cette énergétique qu'il appelle de ses vœux fonderait le « champ lacanien », comme champ de la jouissance. Ceci, pour Lacan, est à entendre au sens fort, sur le modèle où la physique décrit le champ thermodynamique ou l'électromagnétique.

Dans ce Séminaire de 1969-1970, Lacan décrit quatre discours fondamentaux qui font lien social. Il situe le Discours du psychanalyste comme l'envers du Discours du maître. Les deux autres sont, respectivement, le Discours de l'hystérique et le Discours de l'Université.

Discours du Maître

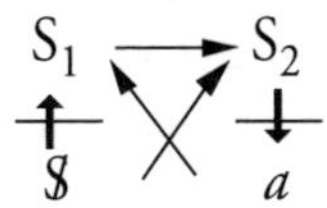

Discours de l'Université

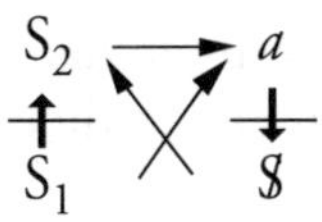

Discours de l'Hystérique

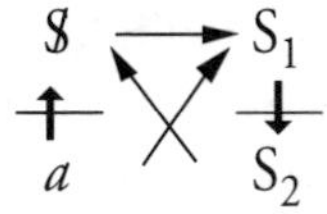

Discours de l'Analyste

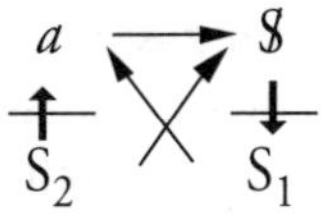

Discours du Capitaliste

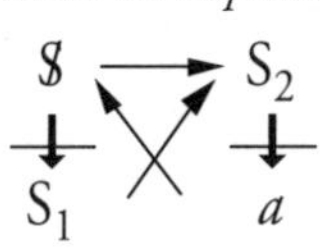

Or dès 1972, Lacan introduit un cinquième discours, variante moderne du Discours du maître, le Discours du capitaliste. C'est le Discours du maître à une inversion près, inversion du sujet $ et du signifiant-maître S1. C'est le sujet qui devient l'agent et qui se trouve dès lors en position de maître du signifiant, ce qui lui permet de récupérer le plus-de-jouir. Le Discours du capitaliste, commente Lacan, c'est quelque chose de follement astucieux, mais voué à la crevaison : ça marche comme sur des roulettes, ça ne peut pas marcher mieux mais justement, ça marche trop vite, ça se consomme si bien que ça se consume. Et Lacan n'hésite pas à pronostiquer le remplacement du Discours du psychanalyste par un discours tout entier voué au Discours du capitaliste, sur le modèle de ce qui se passe en Amérique, là où Freud pensait avoir apporté la peste[8].

À suivre Lacan, un aspect important de la modernité est le passage du Discours du maître au Discours du capitaliste. Évidemment, le capitalisme ne date pas d'hier mais il y a une accélération de l'histoire dont le dernier épisode significatif est sans doute la chute du mur de Berlin, marquant le triomphe du capitalisme libéral sur le capitalisme d'État, lequel était une sorte de compromis entre le Discours du maître et le Discours du capitaliste.

Le Discours du capitaliste met le sujet à la place d'agent, un sujet débarrassé de son assujettissement à son histoire et à sa généalogie, libéré de toute inscription signifiante. On peut dire que, de nos jours, le Discours du capitaliste tend à transformer le prolétaire, esclave moderne écrasé sous le Discours du maître, en libre consommateur. Il est le prolétaire comme producteur, à la place de l'esclave (S2) et il est le sujet ($) en position d'agent comme consommateur. On pourrait croire, suivant une vue optimiste, que l'alliance du Discours du capitaliste et de la démocratie politique, soit le capitalisme libéral ou même socio-libéral, permettrait de compenser l'exclusion du sujet (forclusion) par le Discours de la science. Il n'y aurait qu'à réguler le marché au profit de la justice distributive, pour que les prolétaires de tous les pays deviennent d'heureux consommateurs. Tout serait dès lors pour le mieux dans le meilleur des

8. J. Lacan, « Du Discours psychanalytique », Conférence du 12 mai 1972, *Lacan in Italia*, Milan, La Salamandra, 1978.

mondes possibles. Comme dit Lacan, ça ne peut pas marcher mieux. Mais il y a un hic que Lacan épingle d'un « c'est intenable », « ça marche trop vite », « ça se consomme, ça se consume ». Ce hic, c'est le rejet, la forclusion de la castration qu'opérait le Discours du maître[9]. La forclusion de la castration, c'est la mise en place du « monde sans limite » qu'évoque Jean-Pierre Lebrun[10]. La Volonté de jouissance[11] du Discours du capitaliste ne s'arrête devant rien.

Tentons d'appréhender ce qu'il en résulte, sans que ce bilan soit exhaustif. Tout d'abord, ce qui est devenu le plus évident de nos jours, ce sont les problèmes écologiques de plus en plus graves, comme réponse du réel au Discours du capitaliste. Lacan évoquait la poubellification accélérée de la planète. Évidemment, on cherche à y répondre en ajoutant la dimension écologique au capitalisme social-libéral. Mais rien n'assure que cela suffira. La Volonté de jouissance du capitalisme et du sujet consommateur pourrait bien engloutir la planète entière, sans s'arrêter aux limites nécessaires à l'équilibre des écosystèmes.

Le second point est que le sujet consommateur n'est en position d'agent que comme semblant d'agent, avec un semblant de liberté. Il est commandé, non plus par le signifiant-maître S1 mais par le plus-de-jouir (a), victime consentante des plus-de-jouir prêts à porter de la société de consommation. Ici, nous sommes au plus proche de notre clinique. La montée en force de la toxicomanie en est le paradigme. On stigmatise le toxicomane mais c'est pour ne pas voir que nous le sommes tous devenus, à des degrés divers. La médecine elle-même induit de nouvelles addictions sous l'influence conjuguée de la demande de bonheur des consommateurs et de l'industrie pharmaceutique.

En troisième lieu, un sujet libéré de la contrainte signifiante du Discours du maître est d'autant plus désarmé devant les figures du Temps, maître absolu selon Baudelaire. Vieillir, mourir, s'inscrire dans la succession des générations, tout cela devient de plus en plus

9. J. Lacan, *Le Savoir du psychanalyste*, leçon du 6 janvier 1972, inédit.

10. J.-P. Lebrun, *Un monde sans limite – Essai pour une clinique psychanalytique du social*, Toulouse, Érès, 1997.

11. J. Lacan, « Intervention suite à l'exposé de C. Bardet-Giraudon », *Lettres de l'École freudienne de Paris*, nº 9, décembre 1972.

difficile. La place de l'enfant même en est affectée. Si l'on vit dans l'illusion d'un éternel présent, l'enfant risque de n'être plus qu'un gadget comme un autre, plus encombrant qu'un teckel et moins original qu'un chien-robot.

Quatrièmement, si la volonté de jouissance fonde le lien social, la solidarité fraternelle des prolétaires laisse sa place à la concurrence et à la rivalité compétitive. D'où une exacerbation de la haine sociale. Le racisme moderne se fonde sur la haine de l'Autre en tant que cet Autre, étant différent par quelque trait, est supposé avoir accès à une jouissance pleine dont le sujet se sent frustré (frustration et non castration). Lacan évoque cette question dans *Télévision* [12]. Au racisme proprement dit, il faut ajouter les différents modes de ségrégation. La ségrégation à tous les niveaux pourrait bien prendre le relais des systèmes hiérarchiques propres au Discours du maître. Au lieu de reposer sur un système symbolique préétabli qui distribuait la jouissance en fonction des places, elle se fonde directement sur le mode de jouissance. Cela peut paraître inoffensif, si l'on songe par exemple au sympathique club des fumeurs de pipe, mais la ségrégation c'est aussi le principe du camp de concentration que Lacan n'hésitait pas à situer comme étant à l'horizon de la psychanalyse en extension [13].

Mais ce qui est sans doute le plus important du point de vue psychanalytique, c'est l'effet du Discours du capitaliste sur l'amour et la sexualité [14]. L'amour n'a pas sa place dans le capitalisme, qu'on l'envisage au niveau de la production ou de la consommation. On peut même se demander si le capitalisme n'était pas apparu par l'effet d'un rejet de l'amour. Sur ce point, il vaudrait la peine d'interroger les historiens. On situe généralement les débuts du capitalisme au XVIe siècle, avec l'apparition de puissants banquiers, comme les Fugger, banquiers créditeurs des Habsbourgs dont la puissance culmine sous Charles-Quint. Le XVIIe siècle s'ouvre sur l'œuvre géniale de Cervantès, *Don Quichotte de la Manche* [15], considérée

---

12. J. Lacan, *Télévision*, Paris, Le Seuil, 1973.

13. J. Lacan, « Proposition du 9 octobre 1967 sur le psychanalyste de l'École », *Scilicet*, n° 1, Paris, Le Seuil, 1968.

14. J. Lacan, *Le Savoir du psychanalyste*, *op. cit.*

15. Cervantès, *L'Ingénieux Hidalgo Don Quichotte de la Manche*, Paris, La Pléiade, NRF, 1934.

généralement comme le premier roman moderne. On sait qu'il s'agit d'une satire des romans de chevalerie. Mais c'est aussi une satire de l'amour courtois. Don Quichotte transforme une pauvre paysanne en sa Dame, Dulcinée de Toboso, et il combat pour elle les moulins à vent. On sait l'importance des moulins comme source d'énergie au départ de l'industrialisation. Le déclin de l'amour courtois, ridiculisé par le Quichotte de Cervantès, aurait-il quelque rapport avec la naissance de la banque moderne et du capitalisme ? Ce n'est pas impensable si l'on songe qu'il s'agit d'un changement de discours impliquant une mutation de toutes les valeurs. Quelle que soit la pertinence de cette hypothèse concernant l'origine du capitalisme, force est de constater que, dans son état actuel, le Discours du capitaliste ne fait nulle place à l'amour, et en particulier nulle place au sublime de l'amour courtois. Le comble est que certains analystes participent au dénigrement de l'amour, en le ramenant à l'illusion narcissique.

Si l'amour n'a pas sa place, reste la sexualité, libérée comme on sait par le Discours du capitaliste mais au prix d'une difficulté toujours plus grande des sujets à se situer quant à la différence des sexes, puisque l'identification sexuée (sexuation) dépend du complexe de castration. On sait l'importance de l'androgyne ou du bisexuel dans nos représentations culturelles. Freud [16] avait repéré la difficulté de concilier l'amour et le désir. C'est le thème devenu classique de la maman et la putain. L'amour s'adresse à la femme comme mère tandis que le désir renvoie à la mère comme femme. La conséquence clinique rencontrée par Freud, c'est l'homme impuissant avec la femme qu'il aime et ne pouvant jouir qu'avec une prostituée. Freud [17] avait aussi décrit, à côté du choix d'objet par étayage lié à la mère, un choix d'objet narcissique lié à l'image idéalisée du semblable. Dans le cadre du Discours du capitaliste, la sexualité est de plus en plus souvent vécue sur le mode narcissique. Mais il ne s'agit plus d'un choix d'objet stable car la sexualité relève ici de la rivalité compétitive et de la consommation. Il s'agit avant tout de séduire. Côté mâle, c'est la jouissance de l'acte sexuel qui est

---

16. S. Freud, *Contributions à la psychologie de la vie amoureuse – La vie sexuelle*, Paris, PUF, 1969.
17. S. Freud, *Pour introduire le narcissisme – La vie sexuelle*, *op. cit.*

mise en avant. D'où le prestige nouveau d'une certaine catégorie d'homosexuels, valorisés par leur score sexuel. Côté féminin, c'est souvent l'énamoration narcissique qui est au premier plan, confondue avec l'amour. Dans les deux cas, il s'agit de marquer le but et d'obtenir le plus-de-jouir, après quoi le ou la partenaire perd toute importance, réduit(e) à la fonction d'un de ces multiples objets jetables produits par l'industrie. Il ne s'agit plus de concilier l'amour et le désir mais seulement la conquête et le désir. C'est ce que Colette Soler[18] dans son cours inédit épingle du vocable de narcynisme, alliage étroit de narcissisme et de cynisme de la jouissance. Michel Houellebecq[19] a écrit un court roman *Extension du domaine de la lutte* qui rend compte de l'extension du Discours du capitaliste au domaine de la vie sexuelle. Il s'agit d'un monde où, en effet, l'amour n'a plus de place et où il n'y a plus que des gagnants et des perdants dans la rivalité sexuelle. Un monde aussi où la psychanalyse est disqualifiée et où le maître mot est finalement l'amertume : amer au lieu d'amour.

La psychanalyse est en difficulté dans ce monde régi par le capitalisme parce qu'elle a un rapport étroit avec l'amour puisque le transfert, condition de la cure, c'est de l'amour. Ceci permet d'éclairer les difficultés de la psychanalyse aujourd'hui. En effet, dans la clinique actuelle, on rencontre de plus en plus de ces patients que les Américains nomment *borderline,* c'est-à-dire cas limite. Dans la perspective génétique de Kernberg[20], il s'agirait d'un trouble de l'intégration de la personnalité. Le *borderline* est décrit comme un sujet sans identification stable, dont les choix d'objets sont fluctuants, clivés, qui passe facilement à l'acte et qui est le plus souvent toxicomane. La relation transférentielle est considérée comme particulièrement difficile, étant donné l'instabilité de tous les investissements affectifs. Ne faut-il pas considérer que le *borderline* n'est rien d'autre que le libre sujet du Discours du capitaliste, résultant de l'inversion des rapports entre le sujet et le signifiant-maître

18. C. Soler, « Les symptômes du transfert », cours inédit, 1999.

19. M. Houellebecq, *Extension du domaine de la lutte*, Paris, Nadeau, 1994.

20. O. Kernberg *et al.*, *La Thérapie psychodynamique des personnalités limites*, Paris, PUF, 1995. On consultera aussi P. Bruno, « Discours analytique, discours capitaliste », Toulouse, *Trèfle*, nº 1, 1999.

et fonctionnant sur la forclusion de la castration et le rejet de l'amour ? C'est ce rejet de l'amour qui fait obstacle au transfert, mettant en échec la cure psychanalytique.

La cure analytique, en effet, peut servir de refuge à l'amour déçu. Les difficultés de la vie amoureuse sont au centre de la clinique analytique. Mais si cette déception va jusqu'au rejet, il n'y a plus d'ouverture au transfert analytique. Plus le Discours du capitaliste remplace le Discours du maître, plus l'amour est exclu du champ et il ne reste que le fugace de l'énamoration narcissique. Le corollaire est vrai aussi et cliniquement vérifiable : plus un sujet renonce à l'amour suite à quelque déception non surmontée ou n'y croit plus suite à l'histoire de ses parents, plus il devient l'otage du Discours du capitaliste. Mais ce n'est pas tout. Cet amour exclu peut faire retour dans le réel sous forme de l'amour du gourou et de la secte. D'où la tentation, pour le psychanalyste, d'occuper cette place. En se faisant leader charismatique, prophète d'une bonne nouvelle ou même simplement directeur de conscience garant de la réalité, il peut tenter de restaurer le Discours du maître pour les sujets égarés du Discours du capitaliste. Mais ce n'est pas la tâche de la psychanalyse. Elle ne doit pas se transformer en mouvement sectaire sous peine de faillir à sa mission. Elle ne doit pas non plus se mettre au service de quelque ordre établi. Sa tâche est plutôt l'exploration de l'inconscient qui doit permettre au sujet de s'y retrouver par rapport au fantasme qui détermine à la fois son désir et ses symptômes. Selon Freud, il s'agit par là de rendre le sujet capable d'aimer et de créer. Lacan, de son côté, en espérait la sortie du Discours du capitaliste, tout en regrettant que ce ne soit que pour quelques-uns. Sortie du capitalisme qui laisse sa chance à un amour véritable. Mais au niveau collectif, comment sortir de ce Discours du capitaliste qui marche si bien qu'il pourrait mener notre planète à sa perte ? Peut-être faudrait-il inventer une nouvelle forme d'amour courtois ?

Janine Marchioni-Eppe

L'école : toujours entre enseignement et éducation ?

L'école est en grande difficulté. Aujourd'hui, nul ne peut plus en douter. Les réflexions, les analyses, les cris d'alarme se multiplient. La cause en est souvent attribuée à une augmentation des effectifs qui a eu lieu dans les années cinquante, secondaire au baby-boom et à l'allongement de la scolarité pour un nombre croissant de jeunes – l'école étant jusque-là, pour la grande majorité des enfants, limitée au seul niveau élémentaire – mais s'agit-il seulement de cette cause si facilement invoquée ?

On assiste depuis cette date à une succession ininterrompue de rapports, de réformes avortées ou plus ou moins réalisées portant tour à tour sur les différents niveaux de l'école, de la maternelle à l'enseignement supérieur. Depuis 50 ans, il n'est pratiquement pas un gouvernement qui n'ait mis à l'ordre du jour la réforme de l'école et l'on peut comprendre qu'elle soit toujours d'actualité si l'on se réfère aux statistiques assez inquiétantes, les plus optimistes faisant état de 20 % d'enfants entrant au collège sans savoir lire, les plus pessimistes de 40 %.

Pourquoi l'analphabétisation ou la faible alphabétisation, qui jusqu'au XIXe siècle et encore au début du XXe siècle étaient essentiellement liées à la non-scolarisation ou à une scolarisation très partielle

– comme dans les campagnes par exemple –, sont-elles encore aujourd'hui aussi importantes, tous les enfants étant scolarisés régulièrement et ce dès la maternelle ? Comment en sommes-nous arrivés là ?

Il faut tout d'abord se rappeler qu'après le démantèlement des écoles municipales mises en place par l'Empire romain, c'est l'Église qui, dès le VIe siècle, se décida à reprendre à son compte l'initiative d'un enseignement organisé, de manière hésitante dans les premiers siècles, un peu plus assurée au Moyen Âge avec la création d'écoles et d'universités, mais qu'il faudra attendre le XVIe siècle et la réforme protestante pour assister à un démarrage décisif.

En faisant de la lecture individuelle de la Bible une exigence fondamentale, Luther puis Calvin postulèrent par là même la nécessité pour chaque fidèle d'un minimum d'instruction, acquis dès l'enfance, d'où la création de nombreuses écoles, mais d'écoles qui, du fait d'être sous la houlette de l'Église, visaient une instruction religieuse, c'est-à-dire non tant un enseignement que la transmission d'une morale chrétienne.

En France, il faudra attendre les toutes dernières années du XVIIIe siècle pour que prenne fin le monopole ecclésiastique et que soit attribuée à l'État la mission de scolarisation sans que soit pour autant tranchée la question sous-jacente du rôle « politique » de l'école dès lors qu'il reviendrait à l'État, donc à un pouvoir politique, d'en assumer la responsabilité. Cet État devrait-il se contenter, autant que faire se peut, d'instruire ou aurait-il pour ambition de former des « consciences » donc de véhiculer une morale ?

Comme nous le voyons, l'ambiguïté de l'action dont l'institution scolaire s'est autorisée pendant de nombreux siècles semble tenir, comme le dit Charles Melman [1] à propos de toute institution, « à une hésitation entre l'apprentissage (scolaire, professionnel) et la formation du sujet (morale et donc civique), ou plutôt à la tendance de résoudre l'une par l'autre : grâce à un savoir qui rendrait le sujet assez maître de son désir pour le sublimer dans une vocation sociale ». Cette ambiguïté entre enseignement et éducation a pu longtemps être, d'une certaine façon, assumée par l'institution

1. C. Melmann, Introduction à la question de l'économie de l'institution, *Journal français de psychiatrie*, n° 10, 2e trimestre 2000.

scolaire : les écoles ecclésiastiques avaient pour visée d'obtenir, grâce à un enseignement, une bonne éducation chrétienne, et celles de la IIIe République, la formation de bons citoyens républicains dépris de l'emprise ecclésiastique.

Si une fois la laïcisation de l'école définitivement assurée la visée de l'institution scolaire a été de plus en plus floue, faute de voir la question réellement posée et débattue par le pouvoir politique, pouvons-nous encore reconnaître une visée à l'école d'aujourd'hui ?

Sans aller jusqu'à affirmer, comme Liliane Lurçat[2], qu'il y a eu avec l'arrivée des réformes, et tout particulièrement de la réforme Langevin-Wallon, une destruction de l'enseignement élémentaire, nous pouvons cependant constater, en nous référant aux statistiques précédemment citées, qu'il y a eu une fragilisation de ce premier maillon de l'enseignement.

Qu'en était-il avant ces premières réformes ? En ce qui concerne les enfants : ceux-ci étant scolarisés – du moins la majorité d'entre eux – tardivement, au moment de l'entrée en primaire, après six années passées le plus souvent au sein de la famille, l'entrée à l'école avait en quelque sorte valeur d'initiation, c'est-à-dire de rupture avec la mère et le monde maternel, d'autant plus que l'enfant était confié au maître et que les parents n'intervenaient que fort peu à l'école. Cette entrée à l'école se faisait au début de la phase de latence et correspondait à la période où l'enfant devait renoncer à une part de jouissance. Or, comme l'a bien souligné Freud[3], la relation du sujet au savoir n'est possible que si le sujet renonce à une part de jouissance et ce renoncement ne peut se faire que sous l'effet de la castration symbolique pour aboutir à une désexualisation partielle des motions pulsionnelles. C'est ce renoncement qui représente le prix de l'accès au savoir en tant que désexualisé, c'est-à-dire le prix de l'accès à la connaissance, et ce renoncement est à tel point nécessaire que tout enfant qui ne pourrait en passer par là resterait, pour Freud, inéducable.

Quant aux maîtres, relais de l'autorité paternelle, ils occupaient une place d'exception comme en témoignent d'ailleurs le respect et la considération qui leur étaient accordés encore dans la première

2. L. Lurçat, La destruction de l'enseignement élémentaire et ses penseurs, François Xavier De Guibert, 1998.

3. S. Freud, *Trois essais sur la théorie de la sexualité*, Paris, Gallimard, Idées.

moitié du siècle, et se considéraient, dans leur grande majorité, investis d'une mission de transmission et, à ce titre, pouvaient s'autoriser non seulement de leurs connaissances mais de leur savoir propre. Il est vrai que si le maître s'autorisait plus de la férule que de son discours cette pédagogie pouvait aboutir à une désexualisation trop importante des motions pulsionnelles et favoriser un clivage entre un savoir déshabité et un sujet en exil, séparé de son savoir inconscient. Mais dans la plupart des cas il n'en était pas ainsi et les maîtres prenant appui pour leur enseignement sur leur savoir pouvaient venir ébranler, au moins chez certains enfants, des certitudes plus ou moins conventionnelles et permettre, à partir de cet ébranlement, une modification des enfants dans leur mode d'être et leur façon de penser. Ce sont ceux dont on peut dire qu'ils ont été de bons maîtres et ont fait transmission, c'est-à-dire ceux qui ont permis à la fois l'accès au savoir et aux connaissances propres au discours sans pour autant couper l'enfant de son savoir propre.

Enfin, retenons un dernier point, et non des moins importants, qui marque cet enseignement : bien qu'une démocratisation se soit indéniablement accomplie dans la première moitié du XXe siècle grâce, entre autres, à la mise en place dans les écoles primaires de cours complémentaires, l'idée de démocratisation de la réussite en tant que telle était absente. L'école n'avait pas la prétention de permettre à tous les enfants, ni même à la majorité d'entre eux, une réussite couronnée par un accès à l'université. De ce fait, elle prenait en compte, à son insu, une limite, donc un impossible.

Que s'est-il passé dans les années cinquante avec l'arrivée des réformes sous l'influence des théories dites modernes et d'abord faut-il attribuer à ces réformes les difficultés que rencontre aujourd'hui l'école ou faut-il penser qu'elles sont elles-mêmes le fruit d'un mouvement beaucoup plus ample et qui les déborde, amorcé bien avant et qui concerne un changement radical de notre société, secondaire à un déclin, voire un effondrement de la fonction patriarcale et donc de la place d'exception et d'autorité qui était dévolue au père et à ses représentants, comme l'a souligné Jean-Pierre Lebrun dans son ouvrage : *Un monde sans limite*[4] ? Nous pouvons certaine-

---

4. J.-P. Lebrun, *Un monde sans limite, essai pour une clinique psychanalytique du social*, Toulouse, Érès, 1997.

ment répondre par l'affirmative sans pour autant négliger le rôle de ces nouvelles théories, prises elles-mêmes dans ce mouvement, sur la détérioration de l'enseignement.

Il est à noter d'abord que dans cette ambiguïté de l'institution scolaire entre enseignement et éducation un parti semble avoir été pris puisqu'à partir de ces réformes il n'est plus question ou presque dans les textes d'enseignement mais d'éducation. En témoigne d'ailleurs le changement du ministère de l'Instruction publique en ministère de l'Éducation nationale.

Sous l'influence du discours de la science, la pédagogie s'est transformée et l'on a vu disparaître peu à peu l'école de la République et ses maîtres au « profit » de l'école des sciences de l'éducation dans laquelle le privilège n'est plus accordé à la transmission des maîtres mais à l'activité de l'enfant censé construire seul, ou presque, ses savoirs. Roger Cousinet[5], abondant dans ce sens, n'hésite par à écrire : « L'éducation nouvelle n'est pas autre chose que la substitution à l'enseignement du maître de l'apprentissage de l'écolier. » Au nom de quoi peut-on soutenir une telle opposition si ce n'est, comme l'a noté Hannah Arendt[6], de l'idée nouvelle « que l'on ne peut savoir et comprendre que ce que l'on a fait soi-même » et de sa mise en pratique dans l'institution scolaire : substituer, autant que possible, le faire à l'apprendre, non plus enseigner un savoir mais inculquer un savoir-faire. Rien d'étonnant alors que dans un tel contexte de moins en moins de temps soit consacré aux apprentissages de base qui pourtant nécessitent des exercices répétés pour que les connaissances soient assimilées.

Nous ne pouvons que constater combien avec de telles théories la légitimité d'occuper une place différente qui était jusque-là accordée au maître est entamée, voire invalidée, et combien loin de la place d'altérité qu'il occupait autrefois il ne devient plus, en tant qu'interlocuteur, qu'un élément contingent du système.

Dans le même mouvement, l'alphabétisation est remplacée par la « lecturisation » car « l'école n'a plus guère de raison d'être en tant qu'instrument d'alphabétisation », elle doit « rompre avec ses

5. R. Cousinet, *L'Éducation nouvelle*, Delachaux et Niestlé, 1972.

6. H. Arendt, *La Crise de l'éducation, la crise de la culture*, Paris, Folio essais, 1972.

pratiques historiques[7] » et le plan Rouchette de réforme du français en 1970 donne priorité à la langue orale, le français devenant essentiellement un moyen de communication. L'écriture devient la parente pauvre du système avec de plus en plus d'exercices « à trous » et de contrôles à l'aide de questions à choix multiples qui détruisent l'expression écrite. Nous sommes loin des théories de Maria Montessori qui considérait que l'écriture devait précéder la lecture dans l'apprentissage du langage écrit. En même temps que les finalités de la lecture sont redéfinies, changent, bien entendu, le corpus des textes (documentaires, rapports, sciences sociales) et la manière de lire (lecture rapide, recherche d'information).

L'école est devenue peu à peu, comme le dit Liliane Lurçat, non plus une école qui prépare au monde mais une école qui immerge dans le monde. Plus aucune rupture n'est introduite entre famille et école, l'école primaire entrant dans un continuum famille, crèche, maternelle, primaire et les familles s'immisçant de plus en plus dans les décisions de l'institution scolaire. Enfin, avec l'introduction du tiers temps pédagogique – un tiers de disciplines de base, un tiers d'éveil, un tiers d'éducation physique – les limites entre travail et jeu se font de plus en plus floues, tout comme est de plus en plus floue la fonction de l'enseignant au moins tout autant animateur et éducateur que chargé de la transmission des savoirs.

Mais la perte de limite ne s'arrête pas là. En raison du privilège donné aux causes matérielles et sociales de l'échec, la famille et l'enfant devenant les principaux responsables de cet échec, une place centrale et excessive est donnée à l'évaluation. Dès le plus jeune âge, c'est-à-dire dès la maternelle, on va traquer ce qui ne va pas chez l'enfant et dans sa famille et marquer l'enfant d'une étiquette qui le suivra tout au long de son parcours scolaire.

Ce qui est visé est la connaissance totale de l'enfant : « C'est de la connaissance totale de l'enfant, de sa santé, de ses capacités physiques, de son intelligence, de ses qualités de caractère, de son comportement social, de ses intérêts, de son milieu familial, de ses antécédents biologiques et scolaires, de toute l'histoire de sa scolarité que nous partirons pour le guider, pour le suivre et le connaître tout au long de son enfance et de ses études, pour l'aider de toutes les

---

7. J. Foucambert, *La Manière d'être lecteur*, OCDL, 1976.

ressources que la pédagogie peut inventer, pour le faire se dépasser, accéder à un développement supérieur. Telle serait une orientation continue, non morcelée et complète de l'enfant. C'est une observation continue qui seule pourra exercer cette fonction de guidage positif. Elle ne s'interdira pas le contrôle et les tests, elle les multipliera même[8]. »

L'enfant qui, jusque-là, à l'école était un enfant observateur devient un enfant observé. L'investigation psychologique et sociale aboutit non seulement à une confusion entre la connaissance de l'enfant et son instruction mais, plus grave encore, à une perte totale de la séparation entre dedans et dehors, entre famille et école, perte qui n'est pas sans conséquences graves. Car d'une part, comme le souligne très justement Hannah Arendt, « plus la société supprime la différence entre ce qui est privé et ce qui est public, entre ce qui ne peut que s'épanouir à l'ombre et ce qui demande à être montré à tous dans la pleine lumière du monde public, autrement dit plus la société intercale entre le public et le privé une sphère sociale où le privé est rendu public et vice versa, plus elle rend les choses difficiles à ses enfants qui par nature ont besoin d'un abri sûr pour grandir sans être dérangés[9] » ; mais d'autre part une telle école qui ne se pose jamais la question du jusqu'où peut-on et doit-on connaître les enfants dans le cadre scolaire manque du minimum d'éthique que l'on serait en droit d'attendre d'elle et se fonde, en visant une connaissance de l'enfant que l'on peut dire paranoïaque, sur une méconnaissance radicale, celle de l'impossible de connaître totalement.

Dans ce mouvement, qu'il n'est pas excessif de qualifier de fou, les enseignants observateurs et évaluateurs deviennent eux-mêmes des enseignants observés et évalués, envahis qu'ils sont d'interminables circulaires réglant dans le moindre détail non tant ce qu'ils doivent enseigner que la façon dont ils doivent l'enseigner et l'on voit les interdits qui ne sont plus posés aux élèves, au nom de la liberté de l'enfant, déplacés sur les enseignants qui ne doivent plus exiger trop d'efforts, qui ne doivent plus être trop sévères, qui ne

---

8. R. Gal, « Connaissance de l'élève, orientation et cycle d'observation », *Enfance*, nº 1, 1960.

9. H. Arendt, « La crise de l'éducation », dans *Crise de la culture*, Paris, Folio essais, 1972.

doivent plus punir et qui se voient même, par circulaire, interdits d'utiliser certains mots, on ne sait dans quel but, durant leurs cours [10].

En effaçant cette place d'exception, cette place Autre qui était celle du maître, il n'y a plus au sein de l'école que des relations duelles entre maîtres et élèves ou, comme le dit judicieusement Adrien Barrot, « que des "moi" qui disent "je" et l'on ne voit pas alors à quel titre un de ces "moi" serait fondé à le dire plus qu'un autre [11] ». On ne peut alors s'étonner qu'une des questions fondamentales devienne celle du partenariat, celle de la négociation. On est passé de l'enseignement à la communication et de la transmission à la négociation.

Il ne faut attribuer le malaise de l'école ni au manque de moyens – seule cause pourtant de consensus entre les différents acteurs – ni à la massification liée à l'allongement de la scolarité, ni aux enseignants car il y a certainement, aujourd'hui comme hier, de bons enseignants même si, dans ce métier devenu encore plus difficile, certains peuvent se trouver dans une grande solitude, voire un désarroi, mais à un lent processus de destitution de l'enseignement qui culmine à présent.

L'école semble aujourd'hui dirigée par un pouvoir acéphale. Elle néglige de plus en plus « le devoir de transmission, l'acte même d'enseigner et l'impératif civique d'apprendre à grandir [12] ». Ceci témoigne qu'elle est prise, en tant qu'institution, dans le discours que Lacan a nommé le discours capitaliste, c'est-à-dire le discours du maître moderne dont les caractéristiques sont de séparer le sujet de son savoir propre – et il suffit de lire les textes de certains réformateurs pour le constater – et de forclore la castration, c'est-à-dire ce qui inscrit une limite, un réel et la différence des places, faisant ainsi de tous des « égaux » mais nous avons vu à quel prix. Comme ce qui est forclos ne peut que revenir dans le réel, il ne faut plus s'étonner

10. On peut lire dans les consignes adressées aux professeurs de sciences de la vie et de la terre concernant les leçons sur la reproduction cellulaire : « Sont interdits les mots suivants : méiose, mitose, ADN, ARN… »

11. A. Barrot, *L'Enseignement mis à mort*, Paris, Librio, Flammarion, juillet 2000.

12. J.-P. Rioux, « Sur les ruines de mai 68 », *Le Monde des débats*, n° 17, septembre 2000.

de constater que l'école de la deuxième moitié du XXe siècle ait échoué dans son projet de démocratisation.

On peut même se demander si l'école, loin de l'hésitation entre enseignement et éducation qui la caractérisait précédemment, n'a pas tout simplement « cessé de fonctionner comme institution en tant qu'instrument, organisation, instance[13] ».

S'il est inutile et stérile de vouloir retourner au passé, il serait cependant grand temps que le pouvoir politique engage un véritable débat sur la question car on ne peut continuer ainsi, sans plus aucune visée, sans la moindre définition de ce que doit savoir au moins chaque élève sortant de l'école obligatoire et sans réflexion sur la manière dont on pourrait penser aujourd'hui une dimension d'altérité indispensable à tout enseignement.

---

13. M. Tardif, « L'internationale des réformes », *Le Monde des débats*, nº 17, septembre 2000.

Claire Caumel-Feltin

Violences sans paroles

La violence dans les institutions éducatives n'est que le symptôme de la violence familiale, de la violence sociale, actuelles. Elles ne sont, ces violences institutionnelles, que la caricature de ce que nous vivons au quotidien. Nous vivons dans une société qui bénéficie des progrès de la science, progrès qui prétendent nous offrir la solution à nos embarras de tous ordres, qu'ils soient d'ordre pratique ou psychique.

Une science qui viendrait nous soulager de nos devoirs d'hommes, de femmes, de parents, d'enfants, pour nous garantir ce à quoi nous avons droit : droit au bonheur, droit de consommer, droit des enfants, des femmes, etc. Plus de devoir, mais des droits. C'est-à-dire qu'il n'y a plus de raison d'avoir des difficultés, elles ne font plus partie de toute existence humaine, de toute rencontre. Si vous énoncez une difficulté, cela ne relève plus de l'humanité, mais d'une pathologie. L'homme moderne n'a pas de problème, vit dans le plaisir, s'adonne à ses loisirs, se détend, il est « cool ». À écouter les gens parler sur nos divans de leurs difficultés, à entendre ce que nous rapportent les travailleurs sociaux, c'est à se demander si nous vivons dans le même monde.

La violence fait partie de la vie

Pourtant la violence fait bien partie de la vie et c'est à ne pas vouloir le savoir que cette violence nous revient dans le réel.

En effet, se séparer de la mère, reconnaître cet autre qu'est le père, est la première violence, le premier traumatisme ; se rendre compte que nous ne comblons pas la mère, que la mère regarde ailleurs, est branchée, dans le meilleur des cas, sur le père, est la première violence faite au petit humain. C'est à partir de cette découverte, de cette violence, qu'il va se mettre à parler. Nous nous émerveillons des premiers mots d'un enfant ; or, s'il parle, l'enfant, c'est qu'il souffre. Il parle à partir de cette béance, de ce vide qui s'ouvre devant lui à découvrir qu'il n'est pas tout pour la mère, il parle du lieu de sa solitude. Il va falloir y aller dans le monde des autres, devenir ce que nous appelons, nous analystes, un parlêtre.

Certains enfants, pour diverses raisons, ne peuvent affronter la violence de l'entrée dans le monde et vont rester sans voix, sans mots, ce sont les autistes. D'autres vont parler, mais dans une langue qu'ils n'habitent pas ; ils vont être habités par la langue, mais ne peuvent se l'approprier, ce sont les psychotiques.

La violence et la langue

Nous qui habitons la langue sommes des névrosés, et nous nous débrouillons, chacun comme nous pouvons, pour vivre avec notre parole.

Nous nous débrouillons comme nous pouvons, car, parler, c'est toujours une violence ; d'ailleurs souvent nous nous taisons ou tenons un discours courant qui n'engage pas, autre manière de nous taire ; car accepter de parler, c'est accepter l'altérité, c'est prendre le risque de rencontrer l'autre. Violence de cette entrée dans le chemin qui fait que la demande peut s'inscrire dans un désir, parce que, justement, elle n'a pas été satisfaite. C'est du lieu de cette insatisfaction, de cette violence de la non-réponse, que nous pouvons parler et entendre. Parler pour vivre et dire, du lieu de cet embarras qu'est la vie, qu'il n'y a pas d'acte possible sans parole, que vivre c'est, à moins d'en mourir comme tente de le faire le toxicomane, savoir que nous ne pourrons pas saisir l'objet, l'objet maternel. Le pervers tente de nous faire croire que lui y est arrivé, à le saisir cet objet, qu'il l'a dans la main, mais il paye sa tentative du prix d'être lui-même cet objet, dépourvu de toute humanité. Il n'y a pas d'autre accès à l'existence que de prendre le risque de parler.

Une société sans parole

C'est de cette violence d'où émerge l'existence, de cette parole, pourtant, que la société du bien-être propose de nous débarrasser. Des objets de substitutions en tous genres nous sont proposés à la consommation et devraient venir répondre à tous nos besoins, visant à ce que besoin, demande et désir soient confondus. Mais c'est alors la parole qui perd sa fonction, celle de dire ce qui ne peut pas se saisir.

C'est cette fonction de la parole dont notre société ne veut plus, puisqu'elle échappe à l'économie de marché, c'est le seul produit non commercialisable ; bien qu'on tente pourtant de commercialiser la parole sous sa forme pervertie qu'on nomme actuellement communication. Tentative qui vise à objectiver la parole, la rendre transparente, pour qu'enfin nous puissions nous comprendre, être les mêmes, à défaut de pouvoir nous entendre. Être les mêmes dans l'égalité, la liberté et la fraternité. Vous reconnaissez là l'idéal de nos démocraties, auquel nous aspirons tous, mais dont nous ne pouvons que constater les effets ravageants. À vouloir nous comprendre, être les mêmes, à passer des contrats, nous ne pouvons que prendre la mesure, actuellement, que c'est la différence qui n'est plus entendue, tolérée.

Différence à partir de laquelle nous parlions, débattions, constituions des pactes pour régler nos conflits, lorsqu'une certaine confiance animait nos rapports, et que nous n'en référions pas systématiquement à la justice, pour régler le moindre différend entre nous. Au nom du bien-être, de la liberté, nous avons cru pouvoir nous libérer des chaînes qui constituent l'aliénation de chacun à sa propre histoire et qui nous fait tous différents. Au nom de l'égalité, nous avons cru pouvoir nous passer de ce qui fait l'humanité, à savoir nos conflits, nos rivalités, nos jalousies, mais aussi nos amitiés, nos amours, nos rencontres, et c'est à la pire violence que nous avons affaire.

Actuellement, et dans des quartiers pas du tout repérés en difficultés, on ne peut plus laisser en maternelle une paire de ciseaux aux enfants pour découper du papier, c'est trop dangereux. Les instituteurs ne comprennent pas, ils disent avoir parlé aux enfants pendant tout un temps du droit des enfants, croyant bien faire, mais que faire quand ce droit se dit dans le droit de blesser son voisin ? Ces mêmes instituteurs, devant un tel constat, proposent maintenant de travailler le devoir des enfants. Tentative dès le départ vaine, car le devoir, pas plus que le droit, ne se travaille.

Le devoir est inscrit dans la langue là où l'interdit a été inscrit par quelqu'un. Si l'interdit n'est pas inscrit pour un sujet, vous aurez beau lui apprendre toutes les leçons que vous voulez, il pourra vous les réciter, mais ne pourra pas les expérimenter.

VIOLENCE DE LA PERTE

Dans ce que nous avons pu entendre depuis des années de ce que les éducateurs, leurs chefs de services et leurs directeurs ont bien voulu me rapporter des situations auxquelles ils ont affaire, la violence est toujours le témoignage de cette séparation d'avec la mère qui ne peut se faire. Nous le savons tous d'ailleurs si nous voulons bien nous interroger sur nous-même.

Nous savons que la violence vient de cette douleur de ne pouvoir dire ce que nous avons à dire, de ne pouvoir vivre ce que nous souhaiterions vivre. Nous voulons nous dispenser de la douleur de la séparation, de la douleur de parler donc, et nous voulons en dispenser nos enfants, que nous ne voulons pas voir souffrir. Mais c'est nous condamner et les condamner à la violence, seule manière alors d'exprimer la douleur de ne pas pouvoir vivre la séparation avec l'objet, lorsque la parole nous manque. Il faut nous entendre sur ce dont il est question lorsque nous parlons de séparation avec la mère ; il ne s'agit pas de décider de prendre son baluchon et de partir, pour être séparé de sa mère.

Nous savons même que ce sont souvent ceux qui ne peuvent vivre cette séparation qui voyagent en errance dans une tentative souvent vaine de séparation justement. Se séparer de la mère, ce n'est pas se séparer physiquement, c'est une opération langagière avant tout, dont les conséquences bien sûr aboutissent à vivre ailleurs, à pouvoir prendre son envol, pour sa propre vie.

Les personnes qui demandent à être hébergées par une institution sont des personnes qui n'arrivent pas à opérer de manière effective cette séparation.

Nous ne faisons pas fi des raisons économiques des personnes démunies qui demandent un hébergement, mais nous pouvons constater que lorsqu'une personne demande un hébergement, uniquement pour des raisons économiques, cet hébergement sera provisoire, le temps de trouver un travail, de trouver de quoi vivre.

Sinon quelles que soient les raisons avancées par les hébergés, si nous acceptons de les entendre, c'est toujours au nom d'une impossible séparation qu'ils demandent un hébergement. Et pendant leur hébergement ils pourront se montrer violents, voire très violents, au point que l'institution ne pourra les garder à long terme.

Mériter un hébergement

Alors que faire avec ces personnes qui expriment leur douleur dans la violence ? Nous n'avons aucune recette à proposer bien sûr, mais nous pouvons dire, à partir de notre pratique, que si nous voulons inviter certains usagers des centres d'hébergement à prendre la mesure de leur violence, pour essayer d'en sortir, quand c'est possible, il n'y a pas d'autres moyens que de nous demander si nous sommes en règle avec les lois de la parole ; cela, les usagers le repèrent très bien et il est certain, et nous l'avons tous expérimenté, que si nous savons parler, nous déclenchons beaucoup moins de violence. Car savoir parler, c'est savoir entendre. Savoir parler, c'est témoigner, en parlant, que nous-même nous avons affaire à la difficulté d'exister, comme eux, et notre discours alors n'est pas un énoncé qui égrène des principes éducatifs qui sont une protection à une relation dont nous nous défendons.

Si nous parlons, notre discours est une énonciation qui nous engage et parle de la manière dont nous nous sommes débrouillés pour vivre, sans que nous ayons nullement besoin de raconter notre vie ; c'est notre manière de parler qui en témoigne et peut donner envie à un usager de s'atteler, lui aussi, à prendre sa vie en main.

Nous ne réglerons pas pour autant toutes les violences mais simplement nous saurons repérer si quelqu'un est en mesure de décider de quelque chose pour mener sa vie et s'il mérite d'être hébergé. En effet pourquoi ne poserions-nous pas la question du côté de mériter un hébergement, plutôt que du côté du droit à l'hébergement.

Prendre le risque de dire non

Pourquoi le fait d'être démuni et malheureux serait une carte d'identité suffisante pour entrer en foyer d'hébergement ?

Nos autorités nous demandent d'héberger les gens qui ont ce profil, nous n'avons pas le choix. C'est vrai que nous avons tous des obligations et des responsables à qui nous devons rendre des comptes. Mais nous faisons fonctionner ces responsables comme alibi. Car il n'est pas si difficile d'avancer à des responsables d'établissement que rien ne sert de vouloir héberger sans condition puisque au bout du compte on devra mettre à la porte des gens qui empêchent le fonctionnement de l'institution.

Nous avons beau héberger, les rues sont de plus en plus envahies de gens dits « démunis ». Ce qui se passe, c'est que nous préférons la place de victimes passives d'une violence qui nous oblige à exclure certaines personnes d'un foyer, nous n'en sommes alors pas responsables, mais victimes ; nous préférons cette place de victime, que d'être responsables d'avoir décidé que la carte du malheur ne suffit pas pour être hébergé, que nous demandons aussi comment untel envisage d'en émerger de ce malheur, que nous cherchons avec lui quel fil il essaye d'attraper, hors malheur, justement. Cette responsabilité, nous n'aimons pas la prendre car elle nous engage. Elle nous engage non pas à ignorer le malheur, mais à ne pas mirer notre propre malheur dans le malheur de l'autre en appelant cela, comprendre l'autre. Cette responsabilité nous engage à apprendre à entendre le lieu d'où quelqu'un souhaite émerger de son malheur, lieu singulier pour chacun. Entendre ce lieu, c'est savoir parler du lieu dont nous-même nous avons émergé du malheur de la séparation.

Parler pour dire à l'autre que nous l'avons entendu, hors compassion, et que s'il le souhaite, par notre parole, nous le soutiendrons le temps qu'il s'approprie pour lui ce lieu, ce lieu d'hébergement dans la langue. Notre responsabilité, c'est d'être le lieu d'accueil de ce lieu d'hébergement qui émerge dans la langue de ceux qui se risquent à la parole. Ceux qui s'y risquent savent combien cette tâche est difficile, violente, solitaire, c'est pourquoi peu d'entre nous s'y risquent.

La violence sociale, la violence en institution sociale, témoigne de nos refus à prendre des risques. Peu d'entre nous s'y risquent, car tenter de se mettre en règle avec les lois de la parole et du langage ne mène à aucune société idéale : c'est prendre en compte la violence comme faisant partie de la sexualité, en tant qu'elle signe le détachement de l'objet, sur le chemin du désir. Nous préférons nous plaindre de la violence de l'autre que de prendre le risque de la reconnaître en chacun de nous.

Jean-Pierre Lebrun

Une logique d'enfer [1]

Là où la parole se défait, commence la violence.
Jacques Lacan

De quel tabac serait faite la violence que nous rencontrons aujourd'hui chez les jeunes tant dans les écoles que dans les familles ou que même dans les rues ? Bien sûr, il n'y a pas de généralisation abusive à faire, chaque histoire est au singulier, mais nous ferons ici l'hypothèse que, bien souvent, il ne s'agit pas d'une pure et simple réduplication de la violence du conflit des générations d'antan. Pour le dire succinctement d'emblée, nous pensons avoir affaire à une violence hors conflit, à une violence qui ne naîtrait pas tant d'un affrontement qu'elle ne résulterait de l'évitement, voire de l'impossibilité d'une confrontation.

Comment rendre compte de notre interprétation ? Tentons de le faire en sept temps : 1) Il existe une violence que nous qualifierons de structurale à la nature humaine. 2) Cette dite violence se représente au sujet au travers des générations et de la différence des

---

1. Cet article est paru initialement dans *La Lettre du GRAPE*, n° 38, décembre 1999, Toulouse, Érès.

places que celles-ci instituent. 3) L'autorité est une conséquence de la reconnaissance de la différence symbolique des places et elle a depuis toujours armé la génération la plus ancienne pour négocier la violence de la génération la plus jeune. 4) Cette autorité se trouve aujourd'hui entièrement subvertie suite à la modification de son mode de légitimation. 5) Cette subversion a pour effet de délégitimer l'autorité, et sans plus de légitimité pour soutenir la confrontation, la génération du dessus est amenée la plupart du temps à abandonner la partie. 6) Les jeunes n'ont de ce fait plus d'interlocuteurs à qui adresser leur violence. 7) Ceci équivaut à nier la violence structurale – autrement dit, la pulsion de mort – et paradoxalement engendre une violence supplémentaire qui donne son caractère spécifique à la violence que nous rencontrons aujourd'hui.

Reprenons pas à pas.

1. *Il existe une violence structurale liée à ce que l'être humain est un animal malade de la parole.* Il nous faut prendre la mesure de ce que la violence fondamentale, de structure, c'est celle du langage qui nous définit comme humains. Le mot est le meurtre de la chose, disait Hegel : quoi de plus violent ? La violence fondamentale qu'implique le langage est celle d'un « Non ! » à l'immédiat : c'est une vraie violence que d'interdire l'inceste, que de contraindre à cette perte à laquelle chacun doit consentir pour être sujet. Remarquons d'ailleurs que dans la langue, contrairement à ce que nous pensons spontanément, le sens du terme « violence » n'est pas toujours, ni d'emblée péjoratif. Ainsi par exemple, dans une expression comme *la violence du désir,* nous entendons qu'il n'y a pas qu'une connotation négative. La violence ne peut donc pas être purement et simplement proscrite, car cela signerait la proscription de l'humain, elle doit plutôt trouver sa place juste à l'intérieur du sujet. Nous ne pouvons dès lors nous contenter d'espérer, encore moins d'exiger qu'elle ne soit plus là.

Cette violence structurale se présentifie au sujet de mille et une façons, par exemple dans le fait qu'on ne choisit pas ses parents. C'est une violence que de ne pas pouvoir choisir ses parents ! C'est d'ailleurs souvent porteur d'injustices flagrantes. Les premiers mots de la mère à l'égard de son enfant sont une violence parce que la mère va supposer un savoir à son enfant et que ce savoir est un savoir limité à ce qu'elle perçoit. Donc c'est un forçage. Mais néanmoins, mieux valent les mots limités d'une mère que pas de mots du tout. L'intervention du père qui vient s'interposer dans le rapport mère-enfant et introduire l'altérité est une effraction. La position des parents, tant de la mère que du père, lorsqu'ils refusent à l'enfant la persistance de sa toute-puissance infantile, implique une violence. Tout cela constitue une violence primordiale, positive, constructrice de l'identité humaine. Simplement parce qu'elle est symboligène : le sens de cette violence consiste à reconnaître que des places différentes existent, que donc nous ne pouvons pas les occuper toutes en même temps, que nous ne pouvons être de toutes les générations, ni de tous les sexes à la fois, que donc nous sommes limités, que tout n'est pas possible.

Trop sommairement ici rappelé, disons que cette violence structurale est le prix que nous payons à cette faculté de langage qui nous spécifie dans notre humanité. Pas moyen d'entrer dans le monde des humains comme sujet si je n'accepte pas la violence fondamentale en quoi consiste l'interdit de l'inceste, qui au sens psychanalytique désigne la perte d'immédiateté nécessaire au développement du registre symbolique.

2. *L'impact de cette violence fondatrice se marque particulièrement dans les différences de générations.* La génération d'avant s'impose à celle d'après. Celle d'après ne choisit pas celle d'avant, elle est soumise à l'obligation d'héritage. Elle peut refuser ou consentir à prendre sa place dans la chaîne générationnelle, mais elle n'a pas le pouvoir de décider de quoi s'est constituée celle qui précède. Cette violence fondatrice s'est donc toujours déjà perpétrée dans les générations précédentes, et la transmission de son inscription va tenir à la façon dont la génération qui l'a produite y a elle-même consenti. Si ce consentement n'a pas eu lieu à la génération précédente, son obligation ne se transmet forcément pas, et c'est alors à la génération d'après de se charger du problème sans avoir ni témoignage, ni modèle qui atteste de ce qui, au départ, ne peut être vécu que comme un impératif, mais peut et doit se transformer en acquiescement, sans pour autant que le sujet se retrouve dans une position de honteuse soumission. Ceci est bien ramassé dans la formule célèbre de Goethe : « Ce que tu as hérité de tes pères, acquiers-le pour le posséder ! »

Nous devons constater que le déchaînement de la violence adolescente vient souvent de la confrontation à la génération du dessus. C'est comme ça que depuis des lustres, on entend la violence obligée des fils – et des filles – et qu'on s'en accommode comme d'un mal nécessaire parce qu'il permet aux fils de faire leurs armes comme les chats font leurs griffes. Mais une violence peut aussi survenir parce que la violence structurale ne s'est pas inscrite, que la frappe du langage n'a comme pas eu lieu dans les générations précédentes, que les pères n'avaient pas noué le désir à la Loi, qu'ils n'avaient pas inventé leur manière de conjoindre leur désir singulier et la Loi commune. En ce cas, ils laissent la génération qui suit avec la charge de régler le problème dont ils ont fait l'économie, charge pesante s'il en est, qui n'est pas sans la laisser dans un sérieux désarroi.

3. *L'autorité résulte très directement de la différence de places dans les générations.* D'abord rappelons qu'il ne s'agit pas de confondre autorité avec autoritarisme ; ce dernier est un abus d'autorité, une manière de profiter jusqu'à l'excès de la suprématie spontanée qu'offre la différence de places. S'il fallait définir l'autorité, cela supposerait, comme dit Hannah Arendt, de la différencier aussi bien de la contrainte par force que de la persuasion par arguments[2]. « Ce qu'ils [celui qui commande et celui qui obéit] ont en commun, c'est la hiérarchie elle-même, dont chacun reconnaît la justesse et la légitimité, et où tous deux ont d'avance leur place fixée[3]. » L'autorité est donc du registre symbolique dans la mesure où elle repose sur la reconnaissance de la différence des places par chacun des protagonistes. Possède l'autorité celui à qui est reconnu qu'à partir de la place qu'il occupe, son dire n'a pas la même valeur – même s'il dit la même chose – que le dire de ceux qui n'occupent pas cette place. Une différence de statut à la parole est ainsi supposée en même temps que reconnue symboliquement à celui qui occupe une place différente. Elle a pour conséquence logique l'autorité du patron ou celle du chef de service mais tout aussi bien celle de la femme

2. Cf. à ce sujet H. Arendt, « Qu'est-ce que l'autorité ? », dans *La Crise de la culture*, Folio-essais, nº 113, p. 121-185.
3. *Ibid.*, p. 123.

d'ouvrage qui nettoie la pièce qu'il faut traverser. L'autorité est donc à différencier du pouvoir car elle s'exerce à partir de la reconnaissance symbolique de la différence des places alors que le pouvoir désigne davantage le registre imaginaire où c'est la puissance de l'un qui prédomine sur celle de l'autre. L'autorité reconnue symboliquement implique que cette reconnaissance ne dépende pas seulement de l'accord de l'autre, mais bien plutôt de l'adhésion à un pacte qui antécède et dépasse les interlocuteurs en présence et qui légitime celui ou celle qui occupe cette place différente.

Mais où l'autorité trouve-t-elle sa légitimité ? L'autorité est donnée à qui il est reconnu légitime d'occuper une place différente ; cette reconnaissance vient faire référence, tiers pacifiant, cour d'arbitrage pour les protagonistes des éventuelles conflictualités. La légitimité d'occuper cette place peut cependant être attribuée de deux façons, soit du seul fait de dire, soit du fait de la cohérence reconnue à ce qui est dit. Soit du fait de dire, c'est ce qui fait l'autorité du père, du patron, de celui à qui est reconnu d'emblée qu'il n'est pas sur le même pied que les autres, qu'il n'est pas à la même place que tout le monde, mais donc aussi de chacun lorsqu'il parle *de son propre chef*. Relevons d'emblée le caractère d'autovalidation que *semble* avoir cette place. Soit du fait de la cohérence de ce qui est dit, c'est ce qui fait l'autorité du professeur, du scientifique, de l'expert, du savant, *lorsqu'il est dans le champ de ses compétences*, de celui dont les connaissances nécessaires ont été validées par d'autres – par le biais d'un diplôme par exemple – mais donc aussi apparemment de chacun lorsqu'il se réfère à un savoir reconnu pour prendre une décision.

Ces deux raisons pour lesquelles l'autorité est reconnue et ainsi légitimée coexistent donc en chacun de nous. Pour soutenir notre parole, il nous arrive de nous référer au seul fait de l'avoir dite, mais il nous arrive aussi de nous référer à un ensemble de connaissances.

Néanmoins, il y a un lien intime entre l'autorité et la première façon d'être légitimé parce que c'est elle qui indexe la structure de la parole. D'où d'ailleurs que ce qui est habituellement désigné par le terme d'*autorité* vise toujours la légitimité par le seul fait de dire d'une place différente. C'est par exemple cette modalité de l'autorité qui est évoquée dans ce qu'on avait coutume d'appeler *l'argument d'autorité*.

Ceci pour rappeler que, de par la structure de la parole, le fait de s'énoncer engendre d'emblée une certaine autorité ; le fait de soutenir une énonciation recouvre d'un voile un lieu de paradoxe, où ce qui est dit ne se réfère qu'à celui qui le dit, où ce qui est dit fait vérité singulière mais sans pour autant faire vérité absolue. C'est ce que Lacan a désigné sous le terme de *semblant.* Ce lieu de l'autorité, né avec la parole, indexe donc aussi bien la certitude que l'incertitude, la vérité que le mensonge, la suprématie que la servitude. Cette autorité fait point fixe bien qu'elle n'en soit pas vraiment un. Elle fait repère mais peut tout aussi bien être destituée. Elle est solide, mais en même temps fragile ; elle est justifiée en même temps qu'elle ne se justifie pas. En ce sens, et pendant des siècles, c'est en assumant ce paradoxe qu'elle a fondé et organisé l'ordre du monde.

4. *Nous soutenons que cette autorité spontanée liée à la parole s'est trouvée remise en cause par l'évolution de notre société et, de ce fait, aujourd'hui entièrement subvertie.* En effet, tout se passe comme si le paradoxe à quoi renvoyait l'autorité d'antan avait été récusé par la modernité. Avec le surgissement de la science moderne, l'argument d'autorité est battu en brèche et s'y est substituée une autorité légitimée seulement par la cohérence logique. Tel était au fond l'enjeu de l'affaire Galilée. Celle-ci peut être interprétée *a posteriori* comme le stigmate de la nouvelle donne en vigueur dans l'affrontement entre deux lectures du monde : au-delà du conflit entre un homme de religion et un homme de science, c'était la première fois que l'autorité d'un pape était salutairement contrée par celle de la science. Au-delà d'un simple conflit de personnes, c'était le conflit des deux conceptions quant à ce qui pouvait légitimer l'autorité, dont il s'agissait. Le procès Galilée signe le crépuscule de la légitimité qu'autorisait la toute-puissance de Dieu, au profit de la légitimité nouvelle que permet la scientificité ; le début de la fin d'une légitimité fondée sur l'autorité de l'énonciateur au bénéfice d'une légitimité fondée sur l'autorité que donne la cohérence interne des énoncés.

Il nous faut constater que la survenue du discours de la science moderne a progressivement déplacé la primauté du premier de ces modes de validation sur le second à tel point que dans notre social d'aujourd'hui, la légitimité de l'autorité par le seul fait du dire est bien souvent déconsidérée, voire jugée désuète, si pas même abusive.

Toute la difficulté de l'autorité aujourd'hui est là : on nous a subrepticement laissé croire que *l'argument d'autorité* délégitimé à juste titre dans la controverse scientifique pourrait ne plus jamais devoir être utilisé et que l'arbitraire, l'ambigu, le paradoxal de cette place de *semblant* pourrait être levé : plus les connaissances prévalent, plus il devient non fondé de faire appel à *l'argument d'autorité.*

Ce déplacement d'une autorité légitimée par la parole vers une autorité légitimée par la connaissance a progressivement envahi tout notre champ social et aujourd'hui, l'inflation des savoirs aidant, c'est à un ébranlement en profondeur de toute autorité que nous assistons. Car ces deux légitimités n'ont pas les mêmes caractéristiques, et ceci n'est pas sans conséquences.

À l'autorité légitimée par la parole se serait substituée une autorité légitimée par les faits. Nous devons ici employer un conditionnel car, en réalité, la légitimation de l'autorité par la compétence ne se débarrasse qu'en apparence de la dimension symbolique dans laquelle elle se meut. Les découvertes scientifiques sont en effet toujours faites dans la parole et même si elles se trouvent confortées ou infirmées par les faits, elles restent en dette à l'égard du langage[4]. Néanmoins, ce caractère consistant des faits a bel et bien été et est toujours utilisé pour se libérer du joug de l'autorité liée à la seule parole, ainsi que nous l'avons vu dans l'affaire Galilée. C'est aussi la raison pour laquelle il est aujourd'hui sans cesse demandé des preuves, à la psychanalyse par exemple, et que de ne pouvoir en donner suscite aussitôt le discrédit, au risque d'oublier que *les preuves fatiguent la vérité*, ainsi que le disait Georges Braque.

La différence majeure entre ces deux légitimités, c'est que l'autorité reçue de la parole prend du plomb dans l'aile pour ce qui est de sa certitude – désormais identifiée comme incertaine, comme du semblant, autrement dit comme de l'illusion ! – ceci eu égard à l'autorité que confèrent les faits susceptibles d'être démontrés.

Ainsi, par exemple, pour ce qui est d'établir la paternité, l'autorité de la parole a mené à reconnaître qui était le père, toujours selon l'adage bien connu *mater certissima, pater semper incertus*, alors que l'autorité reconnue à la génétique aboutit pour cette même question à fournir – quasiment sans risque d'erreur – des garanties concernant la paternité d'un sujet. L'exemple est d'ailleurs éloquent pour

---

4. Nous renvoyons ici à l'ouvrage de R. Gori et C. Hoffmann, *La Science au risque de la psychanalyse*, Toulouse, Érès, 1999.

notre propos puisqu'en fait celui pour qui il y a preuve en l'occurrence, ce n'est pas le père, c'est le géniteur ; tandis que, pour être père, il va falloir être *dit* père, ce qui met bien en évidence que la génétique – les faits – restent, en dépit des apparences, en dette à l'égard de la parole.

5. *L'effet de cette modification va donc être une délégitimation de l'autorité de la parole* : l'autorité de la science donne au profane le sentiment d'une légitimité davantage consistante – ce qui est d'ailleurs le cas dans de nombreux domaines – et se propose comme une autorité moins sujette à caution puisqu'elle peut faire appel au registre des preuves. Dans ce mouvement, la légitimation de l'autorité par la parole, incapable de fournir de tels arguments, est dévalorisée si pas purement et simplement désavouée.

Pourtant, lorsqu'il s'agit d'autres problèmes que les controverses spécifiquement scientifiques, le modèle apparemment désuet est loin d'être périmé. Dire « je t'aime » n'attend aucune justification que le fait de l'avoir dit. Si dire « Non ! » demande bien sûr à pouvoir être justifié, il n'en reste pas moins qu'à un moment donné, il devient impossible de trouver une justification qui garantirait à ce « Non ! » d'avoir été dit à bon escient. Prendre une décision, bien évidemment, peut renvoyer à de nombreux paramètres, mais il faut toujours finir par risquer sans tout savoir.

C'est donc abusivement que l'autorité de la parole est délégitimée, non qu'il ne faille tenir compte des connaissances et du savoir partout où cela se peut, mais parce que le champ de l'humain ne peut être entièrement recouvert par du savoir ; il y aura toujours un reste qui n'est pas hors la connaissance seulement aujourd'hui, mais qui est et sera toujours présent en son sein même.

Nous pouvons donc avancer que l'équilibre entre les deux façons dont nous disposons pour valider un propos est aujourd'hui rompu : tout se passe désormais comme si les réussites de la méthode scientifique avaient laissé croire que la seule légitimité dont pouvait se soutenir désormais une autorité était celle de la cohérence du savoir, de la réalité des faits. Bien sûr, à la réflexion, chacun sait que ce n'est pas le cas, que la parole reste notre bain quotidien, mais il est difficile de ne pas nous laisser attirer par les promesses implicites de la méthode scientifique, lorsqu'elle se propose comme étant en mesure de nous débarrasser de cette encombrante incertitude, pourtant partie intégrante de notre condition humaine.

La connaissance scientifique a balayé l'argument d'autorité, et c'est tant mieux si, comme c'était le cas bien souvent, celui-ci justifiait des situations d'abus et réduisait au silence ceux qui n'occupaient pas sa place. Mais la préséance du mode de validation qui fonctionne dans la méthode scientifique a eu pour conséquence de délégitimer la notion d'autorité elle-même. Elle a frappé de suspicion tout qui voudrait s'appuyer sur autre chose que des justifications par les connaissances, les savoirs, les faits. Elle a fragilisé magistralement quiconque voulait – osait – encore prendre appui sur le bon sens, par exemple, ou sur le seul fait de la place d'exception qu'il occupait. Elle a discrédité d'emblée tout qui se réfère seulement à la parole, n'y voyant qu'un retour de l'autoritarisme, voire de la tyrannie. Elle a obligé quiconque à être compétent pour soutenir une parole singulière, alors qu'elle sait bien que connaître est sans fin. Qui dès lors pour oser encore soutenir une position quelconque en dehors du champ très restreint de sa discipline, alors qu'il sait ne pas avoir la consistance que donnent aujourd'hui les preuves ?

En un mot comme en cent, l'autorité, celle qui se tient de la parole, de la différence de places a été radicalement dévalorisée en même temps que suspectée dans notre contexte social marqué par les implicites du discours de la science, et tous ceux qui s'en trouvaient hier affublés se retrouvent aujourd'hui orphelins de la légitimité qui leur permettrait de l'exercer correctement ; néanmoins, ils n'en sont pas quittes pour autant, car ils restent obligés de l'exercer s'ils ne veulent pas purement et simplement démissionner de leur tâche. Tel est le paradoxe – pour ne pas dire la double contrainte – auquel sont convoqués aussi bien les parents que les enseignants, et ceci, faut-il le préciser, les laisse bien souvent dans le plus profond des désarrois.

Ainsi, comme l'avance Laurent Demoulin dans son pamphlet *L'Hypocrisie pédagogique*, « dans la classe, le professeur est celui qui occupe cette place différente. Il est donc logique que les griefs des élèves se retournent contre lui. Mais plus aucun système symbolique ne le protège de ces griefs, ne le met à l'écart et ne le valorise. Dès lors les plaintes, au lieu d'être proférées dans son dos, lui sont envoyées à la face. Il est comme sans cesse en ligne directe, comme un homme politique qui devrait répondre personnellement à chaque citoyen dès que l'un d'eux perd son emploi ou a mal aux dents. Après chaque interrogation, les professeurs sont désormais tenus de justifier leurs notes au cas par cas, ce qui prend un temps et une énergie considérables. Et c'est sa personne qui est sans cesse prise à partie et non sa fonction[5] ».

Sans légitimité pour soutenir leur autorité, les enseignants, tout comme les parents, sont en effet condamnés à la confrontation directe, sans la protection symbolique qu'assurait la reconnaissance de la différence des places. D'où que certains n'osent plus s'y frotter, qu'ils préfèrent esquiver, si pas fuir purement et simplement. Et qui pour jeter la pierre dans un tel contexte, d'autant plus que, cercle vicieux aidant, les jeunes s'avèrent de moins en moins perméables à l'autorité, de moins en moins sensibles aux consignes orales par exemple. En une génération, la capacité des parents à soutenir un « Non ! » s'est considérablement érodée en même temps qu'a progressivement diminué l'âge de l'enfant sensible à la consigne orale de l'enseignant ou du parent. Dès lors, les réponses pullulent et vont dans tous les sens. Les stratégies s'avèrent multiples pour se dérober : retour crispé derrière le rempart du savoir, restauration d'un pouvoir fort au prix d'une escalade, reconstitution de ghettos bien-pensants, nostalgie jusqu'à la mélancolie pour la situation d'antan, ou au contraire tentatives de séduction pour faire avaler la couleuvre, soumission pour obtenir l'amour de la jeune génération, mais aussi angoisses de ne plus être aimés, manœuvres démagogiques pour faire émerger de l'intérêt chez l'enfant à qui on n'ose plus *imposer* quoi que ce soit.

Comment pourtant ne pas repérer que là où deux sujets se confrontent, l'un à une place de maître, l'autre à une place d'élève, l'un à une place de parent, l'autre à une place d'enfant, il n'y a de possibilité de dépasser le pur et simple affrontement, de soutenir une confrontation que parce qu'ils se respectent mutuellement comme sujets, donc qu'ils excluent toute mise au pas dans un sens aussi bien que dans l'autre. Ceci implique de la part de celui qui occupe la place de parent ou de maître qu'il soutienne sa position, sans être sourd à l'autre, mais en renonçant à toute jouissance d'assimilation.

---

5. L. Demoulin, *L'Hypocrisie pédagogique*, Mons, Éd. Talus d'approche, 1999, p. 23.

Ceci implique que celui qui est en position d'élève ou d'enfant puisse soutenir son altérité, jusque dans sa violence, sans arriver à faire tomber l'autre, pas plus qu'en se vassalisant. Nous avons lourd à parier que cette dialectique ne peut être tenue jusqu'au bout si celui qui est en position d'autorité ne dispose plus de la légitimité qui lui permette de soutenir cette conflictualité, si « l'enseignant est dans une relation immédiate avec sa classe, s'il est seul avec elle et ne bénéficie plus d'aucun recul, si aucun tiers ne vient rompre cette immédiateté[6] ».

Or, dans le contexte actuel, cette légitimité semble faire défaut, et nombre de ceux et de celles qui doivent assumer d'être l'adresse de cette violence ne se sentent plus en mesure de soutenir ce qui ne peut être qu'un assaut. Ils préfèrent mettre leurs potentialités au service des louvoiements possibles. Combien, dans un tel dispositif, ne finissent pas par laisser tomber les bras, si pas se déprimer, en tout cas fatigués de ce qui ne peut leur apparaître que comme une impuissance.

À y regarder de plus près, on verrait que la légitimité ne leur a pas été totalement retirée, mais que c'est seulement le modèle qui asseyait leur légitimité d'antan qui les a abandonnés. Mais dans un social organisé par le modèle de la science, tout se passe comme si le « Non ! » qu'implique la compétence métaphorique définitoire de l'humain n'était plus signifié. Prenons l'exemple de la limite, de l'interdit : jusqu'à hier, celui-ci se rencontrait, la plupart du temps, dans la confrontation à la voix du Père ou du maître ; cette dernière suffisait à donner consistance à son autorité. Aujourd'hui, cette consistance s'avère devenue caduque, et l'interdit oral ne suffit bien souvent plus à faire limite, si tant est qu'il soit même encore énoncé. Du coup, nous sommes dans un moment éminemment délicat, ne pouvant plus nous appuyer sur une légitimité ancien modèle, effondrée, tentant au mieux de trouver ailleurs de nouveaux points d'appui, mais bien souvent comme exsangues et donc devenus inconsistants.

6. *De ce fait, il n'y a plus d'interlocuteur pour la génération d'après.* La génération d'avant ne soutient plus d'être l'adresse de la génération

---

6. *Ibid.*, p. 25.

d'après. Le jeune est fait comme un rat, livré au « sans limite ». Sa violence, il ne peut l'adresser à quiconque ; la haine qu'il doit épuiser, de ne pouvoir consentir à ce qui le détermine, elle ne peut s'éponger, faute de rencontrer un autre qui lui témoigne de comment il assume la dualité pulsionnelle en lui. Il ne lui reste alors que deux voies, soit la déprime, l'autoconsommation de la haine ou le débordement sans cible, dont le bénéfice escompté est simplement cathartique. C'est alors souvent la riposte qu'il provoque et voilà l'escalade qui commence. Lorsque les jeunes disent « qu'ils ont la haine », l'expression est éloquente : ils l'ont comme on a la gale ou la grippe ; ils sont porteurs d'un virus dont ils ne savent comment se débarrasser, faute de trouver une adresse à qui la faire parvenir. C'est comme s'ils étaient laissés à eux-mêmes avec leurs jouissances illicites et que plus personne ne leur signifie que *grandir,* c'est renoncer à la persistance en soi de l'infantile toujours incestueux ou meurtrier. Nous ne pouvons ici que renvoyer à Daniel Sibony lorsqu'à propos de la violence en milieu scolaire, il avance : « Elle est l'expression d'une rencontre possible mais ratée entre deux partenaires (ici, enseignants et élèves). Quand la rencontre problématique est évitée, cela dégage une énergie appelée violence, celle-là même que la rencontre aurait pu transformer, élaborer, traduire en termes jouables. [...] Sur ce point précis – *fuite ou évitement face au conflit* – il faudrait intervenir, l'expérience ayant montré qu'un grand nombre de situations dégénèrent en violence à cause de cette fuite, qui s'explique chez des gens non préparés[7]. »

Mais qui est préparé aujourd'hui ? De ne plus être armés pour soutenir la conflictualité, les adultes, enseignants et parents, sont bien souvent obligés à un consensus qui fait l'impasse sur le désaccord, et comme mis dans l'impossibilité de risquer un conflit qui n'aurait d'autre issue qu'un affrontement meurtrier. Dans un tel contexte, renforcer l'autorité ne ferait que provoquer l'escalade ; or, la violence de ceux qui cherchent à sortir d'un monde sans limite n'attend pas la punition du père ; elle attend plutôt que des limites soient posées. Répondre par la punition, pourquoi pas, mais tel n'est pas l'enjeu, même si parfois c'est nécessaire ; mais ce qui est l'enjeu,

7. D. Sibony, *Psychopathologie de l'actuel,* Paris, Le Seuil 1999, p. 199. Les mots mis en évidence le sont par l'auteur lui-même.

c'est que soit énoncée la limite, le « Non ! » pas tellement pour qu'elle soit respectée mais pour qu'elle situe l'interlocution, pour qu'elle donne consistance à la rencontre. C'est un appel à ce que se présentifie *l'imminimisable minime minimum,* comme le dit Samuel Beckett[8], ce point d'appui irréductible de l'humain, de la place de l'autre, de l'altérité.

7. *Métapsychologiquement, nous pourrions montrer que ceci équivaut à nier la présence de la pulsion de mort et paradoxalement engendre une violence supplémentaire qui donne son caractère spécifique à la violence d'aujourd'hui.* Vouloir supprimer l'existence de la haine, refuser d'admettre que la violence est à l'origine de la civilisation et que cette dernière ne résulte que du lent travail de renoncement à la jouissance de la violence et de la haine, cela équivaut à pousser la pulsion de mort à s'emparer des pulsions de vie pour les détourner à ses propres fins. En effet, si le discours de la science a pour effet de modéliser notre vie sociale, si tous les savoirs se valent pour autant qu'ils soient cohérents, si l'autorité de la parole ne peut plus légitimer une différence de places, nous en serons très vite à penser que toutes les violences se ressemblent et que, de ce fait, il faut s'interdire toute violence. Mais si nous nous refusons à la violence que nous avons décrite comme structurale, si nous nous refusons à soutenir un « Non ! » à l'immédiateté, c'est comme si nous démissionnions de l'humain : celui-ci suppose de renoncer à la toute-puissance infantile, d'accepter l'interdit de l'inceste comme fondateur, de perdre la Chose.

Nous pourrions encore pour terminer rappeler une formulation de Serge Leclaire à laquelle nous ne pouvons qu'acquiescer : « La violence est la mise en acte d'une tentative de sortir de la relation incestueuse. Ce qui est interdit dans notre société, ce n'est pas l'inceste, c'est de sortir de l'inceste. Alors, il ne reste plus que la violence[9]. »

Il ne nous resterait plus qu'à nous demander s'il est possible de sortir de cette *logique d'enfer* dans laquelle nous sommes aujour-

8. S. Beckett, *Cap au pire*, Paris, Éd. de Minuit, 1991, p. 10.
9. S. Leclaire, *Écrits pour la psychanalyse*, tome I, Strasbourg, Demeures de l'ailleurs, Arcanes, 1996, p. 245.

d'hui, bon gré mal gré, bien souvent entraînés, et si oui, comment. Sans doute cela devrait faire l'objet d'un autre article, néanmoins nous pouvons avancer ce qui en serait la colonne vertébrale. L'autorité qui semble avoir abandonné tant le parent que l'enseignant doit être identifiée dans sa nouvelle configuration : l'évolution de notre modernité fait que la condition humaine ne s'appréhende plus par le biais d'un garant donné d'avance, légitimé par son essence divine. Désormais c'est par la seule élaboration psychique – que Freud a appelé *Kulturarbeit* – qu'une position subjective peut et doit asseoir sa consistance. Cette nouvelle donne n'évacue pas pour autant l'ancienne, il s'agit toujours de faire place à l'altérité. Seulement, elle inverse les paramètres : ce qui hier était donné d'avance doit aujourd'hui être découvert et atteint. Cela demande donc d'identifier la nouvelle configuration : l'autorité doit s'apprécier moins au fait d'être obéi qu'au fait de continuer à être l'interlocuteur de celui qui est censé s'y soumettre ; il s'agit de trouver sa voie face à des repères multiples plutôt que d'assumer un repère unique et identique pour tous ; il faut faire et refaire des choix plutôt que suivre des voies tracées d'avance ; il convient de construire plutôt que d'introjecter des valeurs ; c'est un témoignage qu'il faut donner ou recevoir plutôt que diffuser ou suivre un modèle ; c'est à un deuil que nous devons consentir plutôt qu'accepter un sceptre. La fin de l'impossible d'hier n'entraîne pas l'accomplissement du tout-possible pour demain. Entre les deux, il y a aujourd'hui et ce qui s'avère simplement *possible*, donc praticable.

Claude Jamart

La mort : figure hospitalière de l'impossible

Le génocide est le rêve des pouvoirs modernes[1].
La mort se moque de savoir quelle langue parlent ses laquais[2].

« QUE RESTE-T-IL DES MORTS QU'IL Y A EUS DANS MA VIE[3] ? »

À la mort de sa mère, l'écrivain néerlandais Jeroen Brouwers revisite leur passé commun :

« Il s'agit essentiellement des deux années de la Seconde Guerre mondiale que Brouwers a passées au camp de Tijdeng à Batavia, durant l'occupation japonaise de l'Indonésie, avec sa mère, sa grand-

1. M. Foucault, *La Volonté de savoir*, Paris, Gallimard, 1980, p. 180.
2. J. Brouwers, *Rouge décanté*, Paris, Gallimard, 1981, p. 44. « Les laquais de la mort ont parlé allemand et ils ont parlé japonais. Parfois, par l'entremise de mon téléviseur, j'entends que la langue de laquais de l'un de ces deux peuples policés est remplacée par la langue de laquais de l'autre, et je vois que : le Jap parle allemand, comme il est concevable qu'au Japon, le japonais eût été substitué à la langue du Boche au doublage. La mort se moque de savoir quelle langue parlent ses laquais. »
3. *Ibid.*, p. 57.

mère et sa petite sœur. Témoin de scènes effroyables, Brouwers, qui y resta de quatre à six ans, ne faisait pas alors la part du bien et du mal. Ni le rire ni la fascination pour les Japonais ne sont donc absents de ses visions d'enfant[4]. »

Cet ouvrage nous a en quelque sorte imposé sa présence durant l'élaboration de ce travail : l'horreur et sa fascination qui courent dans le texte participent sans doute de cette remémoration forcée de certaines scènes hospitalières. Mais c'est surtout le sort réservé dans la collectivité néerlandaise au souvenir de cet épisode de son histoire qui établit des rapprochements avec la médecine. Comme l'écrit Brouwers :

> « L'histoire de ces camps japonais risque de tomber dans l'oubli, car ceux qui ont traversé cette épreuve n'en ont pas parlé, et ceux qui ont rompu le silence l'ont fait trop tard : quand leur indignation et leur haine s'étaient attiédies et même éteintes et quand ils étaient déjà morts de cette mort qui a pour nom : indulgence.
> Plus tard, j'ai toujours entendu ceux qui ont survécu à l'enfer des camps japonais parler de ces camps d'un ton attendri et même nostalgique, cela contribuant à faire naître dans l'esprit de ceux qui n'ont pas vécu cette expérience l'impression que finalement tout ça n'aura pas été si terrible[5]. [...] Plus tard, jusqu'à la fin des années soixante, chaque fois que le camp sera évoqué, ma mère aurait aussi cette expression de "lointain" dans les yeux, comme si elle avait la nostalgie de Tijdeng et de ces années-là. "Bah ! on a beaucoup ri aussi[6]." »

À l'hôpital aussi, parfois on a beaucoup ri. Faute sans doute d'avoir parlé, d'avoir écrit.

Faute aussi d'avoir gardé dans les mots trace vive de nos morts, d'avoir en quelque sorte consenti à garder à la mort son statut d'impossible au prix du renoncement à l'excitation jubilatoire de l'omnipotence qu'il y a à « sauver des vies ». Faute d'avoir choisi

4. *Ibid.*, quatrième de couverture.
5. *Ibid.*, p. 28.
6. *Ibid.*, p. 58.

d'aussi « sauver la mort[7] ». Subtilité de ce que ce n'est que d'un énoncé de l'impossible, que de la reconnaissance de ce qui est impossible à l'homme que du possible devient possible.

Sauver la mort : car, comme nous l'avancions il y a peu[8], s'il est un génocide dans la médecine aujourd'hui et qui fait de l'hôpital un lieu potentiel de barbarie, ce n'est pas tant celui du sujet que celui de la mort.

Sans doute meurtre des morts car aucun lieu pour eux hormis celui de la morgue dont la filiation sémantique avec l'arrogance[9] nous donne bien à entendre où l'institution exige de les tenir et dont témoignent les interdits administratifs que les soignants transgressent pour malgré tout, dans le secret, maintenir quelques rites. Si la mort existe bien et de façon souvent insupportable au plan du réel, si elle existe bien au plan de l'imaginaire, même s'il s'agit le plus souvent d'un imaginaire instrumentalisé, opératoire et local parce que uniquement référé à la médecine, c'est au plan symbolique qu'on assiste à un véritable meurtre de la Mort. À son effacement

---

7. H. Piralian, « Génocide et transmission : sauver la mort », dans *Le Père*, ouvrage collectif, Denoël, 1989, p. 133. S'interrogeant sur le but que se proposent les responsables d'un génocide (il s'agit ici du génocide arménien), elle pose l'hypothèse « qu'au-delà du meurtre collectif des sujets singuliers, ce serait celui du symbolique lui-même et de sa transmission dont il serait question. Ainsi la visée génocidaire serait celle de la mémoire signifiante collective qui structure l'humanité d'un groupe et qui y inscrit ses membres. Meurtre qui détruisant l'avant et l'après fait qu'il ne peut y avoir ni passé ni futur. Peut-on pour un groupe parler de déni, de forclusion de la fonction symbolique, déni qui se constituerait en un mythe collectif protecteur qui ne serait tenace que parce qu'il serait seul à imaginairement s'opposer au retour imaginaire de la destruction. Le déni viendrait doubler la destruction, le meurtre collectif d'un effacement. »

8. C. Jamart, « Du devoir d'écrire », Congrès de l'Asbl Orphéo, « Soins palliatifs à domicile – Continuité et transmission », Liège, 6 et 7 mars 1998.

9. A. Rey, *Dictionnaire historique de la langue française*, Le Robert, 1995, p. 1273. Morgue est le déverbal du verbe morguer : traiter quelqu'un avec arrogance ; ce verbe a probablement été introduit en français à la fin de la guerre de Cent Ans par les mercenaires du Midi. Morgue procède du précédent par une dérivation sémantique que les valeurs modernes du mot ne permettent plus de comprendre. Originellement, le mot désigne l'endroit d'une prison où les guichetiers examinaient les prisonniers avant de les écrouer, sans doute avec un mélange d'arrogance et de mépris. Au XVIIe siècle, une nouvelle dérivation lui donne le sens moderne de lieu où les cadavres sont exposés pour être identifiés. Par extension, il désigne la table où reposent les morts avant l'inhumation.

dans le discours hospitalier, dont on ne sait s'il relève d'un refoulement, d'un désaveu ou d'une forclusion [10], mais qui s'inscrit dans une œuvre de non-mémoire dont les moyens manifestes sont multiples : absence de supports susceptibles de garder trace nominative, absence de possibilités matérielles d'évocation, entre autres. Moyens qui ne sont cependant pas à mettre au compte de l'exigence de confidentialité qu'impose le secret professionnel mais bien à celui du statut de la mort en médecine. Mais c'est plus subtilement, au lieu même de la langue, que divers mécanismes coopèrent dans une visée d'éradication de la mort en tant que signifiant et dont rend compte par exemple l'utilisation d'euphémismes comme « la fin de vie », « la phase terminale », de bien meilleur augure que le mot mort dont on note la disparition dans les dossiers et son remplacement par un sigle « DCD », voire un signe « † ».

Le recours au sigle, y compris dans une langue étrangère, est amplement utilisé dans les procédures officielles destinées à repréciser et harmoniser les décisions médicales en matière de non-escalade et de désescalade thérapeutique : ainsi pour la décision de ne pas entreprendre de réanimation, on utilise le sigle « NTBR » – not to be resuscitated – y compris dans le langage parlé où l'on entend « on l'a mis NTBR », voire « il est NTBR », sans que ne paraisse s'entendre dans le même temps l'enténèbrement dans lequel « on l'a mis », ni les ténèbres dans lesquelles « il est » et encore moins la haine (que supporte dans la parole la lettre N) pour celui qui par sa mort nous confronte une fois encore à l'impossible. PME – qui signifie pas de moyens extraordinaires – trouve dans le rapprochement avec les petites et moyennes entreprises une certaine banalisation, une rassurante familiarité. Il est difficile de déterminer le statut de ces indications – sigle ou signe – comme le montre l'indistinction entre les deux termes à l'intérieur d'un même texte [11] : « Le sigle NTBR implique seulement l'absence d'intervention en cas d'arrêt

10. Il ne s'agit pas des mécanismes défensifs repérables dans les discours singuliers mais bien de ceux à l'œuvre dans le discours « officiel – on pourrait également l'appeler le discours hospitalier » où il semble bien qu'ils appartiennent le plus souvent soit à un « Je sais bien… mais quand même », soit à des formes encore plus radicales de déni.

11. J.-L. Vincent, « Quelques réflexions relatives à la fin de vie à l'hôpital Érasme », Lennik Street Journal, nº 180, mai-juin 1999, p. 14.

cardiaque, quelles qu'en soient les mesures (massage cardiaque, défibrillation, injection d'adrénaline, intubation endotrachéale, [...]. Chez bon nombre de patients, il s'agit de la reconnaissance de l'évolution terminale de la maladie. En tant que tel, le signe NTBR ne peut rien impliquer d'autre. » On notera la disparition de la ponctuation à l'intérieur du sigle et le glissement de sens d'une notation de décision thérapeutique vers un signe relevant d'une sémiologie médicale. En outre, la partie devenant le tout, c'est le patient qui devient dans le texte « le malade NTBR ».

Cette réduction n'autorise aucune ouverture quant à la question de « la vie qui vaut la peine d'être vécue » qui traverse cependant mais de façon masquée derrière « la qualité de vie » tout le champ hospitalier dans les questions qui concernent la mort [12]. Cette sténographie, y compris celle maintenue dans la forme verbale, neutralise effectivement l'émergence d'affects mais trouve son efficace en ce qu'elle disloque et taille la langue en pièces jusqu'à l'os empêchant toute mise en jeu signifiante.

Il ne s'agit là qu'un des multiples procédés déployés dans ce qu'il faut bien considérer comme un novlangue [13] hospitalier, procédés dont le point commun semble être de disjoindre fonction sémiotique et fonction sémantique de la langue, polarisant l'une dans le

---

12. Comme le rappelle G. Agamben dans le chapitre « La vie qui ne mérite pas de vivre » (dans *Homo sacer – Le pouvoir souverain et la vie nue*, Paris, Le Seuil, 1997, p. 147), c'est en 1920 qu'est publié chez un des plus sérieux éditeurs allemands de philosophie l'ouvrage *L'Autorisation de supprimer la vie indigne d'être vécue*. Ses auteurs sont Karl Binding, spécialiste de droit pénal, et Alfred Hoche, professeur de médecine préoccupé de questions éthiques. Agamben souligne : « Le fait que Binding utilise cette expression inquiétante pour désigner simplement le problème de la légitimité de l'euthanasie ne doit pas faire sous-estimer la nouveauté et l'importance décisive du concept qui fait ainsi son apparition sur la scène juridique européenne : la vie qui ne mérite pas d'être vécue, ainsi que sa contrepartie implicite et plus familière : la vie digne d'être vécue (ou de vivre). »

13. G. Orwell, *1984,* Paris, Gallimard, 1950, p. 419. Voir dans l'appendice « Les principes du novlangue ». « Le but du novlangue était, non seulement de fournir un mode d'expression aux idées générales et aux habitudes mentales des dévots de l'angsoc mais de rendre impossible tout autre mode de pensée. [...] Le novlangue était destiné, non à étendre, mais à diminuer le domaine de la pensée, et la réduction au minimum du choix des mots aidait indirectement à atteindre ce but. [...] En comparaison avec le vocabulaire actuel, il y en avait un très petit nombre et leur sens était délimité avec beaucoup de rigidité. On les avait débarrassés de toute ambiguïté et de toute nuance. »

discours formel, l'autre dans le discours informel[14], l'une dans le discours médical, l'autre dans le discours soignant, l'une dans le discours écrit, l'autre dans le discours parlé. Bifocalisation qui n'est qu'apparente, il s'agit plutôt d'une multifocalisation qu'il convient de repérer et d'analyser plus finement en fonction de différents paramètres, les adresses, les lieux, par exemple, interdisant ou exigeant l'utilisation de telle ou telle langue.

La langue formelle, toute du côté de la dénomination, renvoie chaque mot à sa seule signification et échoue dans sa fonction de représentation par l'annulation des oppositions signifiantes. Elle prête à croire en une possible coïncidence entre le mot et la chose et ne peut exercer ni sa fonction tierce ni venir représenter l'impossible. La langue informelle reste seule à permettre la création métaphorique, l'ouverture à la pluralité d'interprétations, aux processus de représentation et à l'énonciation. C'est une langue qui par elle-même vient rappeler l'impossible. C'est une langue qui permet de parler des morts et de la mort.

Mais son désarrimage – au stade actuel de notre réflexion, cette description permet de rendre compte de la partition de la langue sans préjuger des mécanismes en cause – de la langue formelle rend son usage et sa reconnaissance extrêmement problématiques, voire grossiers ou violents, avec ce paradoxe d'être transgressive au regard de la langue formelle alors qu'elle soutient l'impossible et reconnaît les deux interdits fondateurs de toute culture : l'interdit du parricide et l'interdit de l'inceste. Comment en tant que soignants se sentir repris et arrimés par ses mots dans ceux de la communauté humaine à laquelle on appartient quand la langue de cette communauté ne vous y autorise pas ? Comment garder trace des morts, reconnaître et assumer leurs legs d'homme et femme et transmettre aux générations soignantes à venir ce non-savoir sur la mort en tant que structure d'avenir ? Non-savoir sur la mort mais savoir de sa mortalité, c'est bien de cette prise en compte pour un sujet et une collectivité que s'ordonnent et le désir et la vie.

---

14. Langue formelle, langue informelle, nous les désignons ainsi pour noter non seulement leur caractère d'usage dans l'institution hospitalière, mais également des aspects de structure. La langue informelle serait du côté de l'informe et pourrait être regardée comme une langue en attente de formation, faute d'avoir accès à des possibilités plus riches d'élaboration.

Dès lors, assurer une inscription des morts et de la mort comme condition de maintien du symbolique et de sa transmission dans ce champ privilégié d'exercice de la médecine que constitue l'hôpital universitaire relève pour le soignant d'une exigence. Une des façons de reconnaître notre dette à l'égard de ceux et de celles qui sont morts pour nous instruire. Parler et écrire devient alors pour le soignant un devoir éthique. Une des façons de sauver la mort.

Ce texte relève aussi d'une question, devenue lancinante : quelle langue parlent donc aujourd'hui les laquais de la mort ? Et si c'était la nôtre ?

UN PACTE DE PAROLE EN DISLOCATION

> *Nous vivions, dans la réalité, des choses aussi terribles, et le plus terrible, c'était : que finalement nous ne pussions plus être choqués, que finalement nous ne pussions plus être émus, que finalement nous ne fussions plus capables d'éprouver encore quelque sentiment que ce fût – nous étions devenus semblables à nos plantes de pieds calleuses*[15].

Lieu électif de naissance et de mort, de soins donnés et reçus parfois à l'échelle temporelle d'une vie, de transmission de savoir et de pouvoirs hétérogènes, d'entrecroisement de discours, d'histoires collectives et singulières, d'innovations scientifiques et techniques et de productions financières, l'hôpital serait en ce sens exemplaire. Il soutiendrait aujourd'hui la révélation des figures du questionnement de tout être humain : le sexe et l'amour, le corps et ses empreintes, la mort et ses mémoires, le désir, sa loi et la Loi, la souffrance et la jouissance, le social, ses enjeux, ses utopies. Lieu du rappel pour chacun et pour tous que « l'homme est placé au milieu de toutes les contingences – la mort, la femme, le père[16] ». Ainsi

15. J. Brouwers, p. 105.

16. J. Lacan, *Le Séminaire, Livre 1, Écrits techniques*, Éd. de l'Association freudienne internationale, 1999, p. 10. « Brucke, Ludwig, Helmholtz, Dubois-Reymond, avaient constitué une sorte de foi jurée – tout se ramène à des forces physiques, celles de l'attraction et de la répulsion. Quand on se donne ces prémisses, il n'y a aucune raison d'en sortir. Si Freud s'en est sorti, c'est qu'il s'en est donné d'autres. Il a osé attacher de l'importance à ce qui lui arrivait à lui, aux antinomies de son enfance, à ses troubles névrotiques, à ses rêves. C'est par là que Freud est pour nous un homme placé comme chacun au milieu de toutes les contingences – la mort, la femme, le père. »

d'un monde en devenir l'hôpital serait le reflet avancé, mais dans ce miroir nous reconnaissons-nous encore humain de n'y retrouver ni la mort, ni la femme, ni le père ? En ce lieu, des hommes et des femmes de tous âges, des enfants et des adolescents, des vieillards constituent une communauté humaine, un groupe social dont on peut se demander ce qui vient en assurer aujourd'hui le lien social. S'agit-il d'une communauté d'intérêts dont la valeur serait une fonction universitaire de production au service de la Science, d'une fonction académique de transmission au service du Savoir ou celle d'une fonction économique de production au service de la Fortune ?

Ou est-ce toujours cette fonction séculaire d'hospitalité [17] qui assurerait le lien social, cette hospitalité du temps où les soins du corps étaient subordonnés à un pacte de reconnaissance : celle d'une existence assujettie à la parole inscrivant tout homme dans une lignée ? Mais également à un pacte de parole : celle d'un Maître d'hospitalité dont le oui signifiait l'adoption temporaire d'un sujet affaibli et le non son rejet ? Comme le souligne Renault, la coutume d'hospitalité a ainsi inscrit dans l'inconscient collectif un groupe d'oppositions signifiantes qui bien que refoulées sont toujours vivantes : elles concernent le corps muet et la parole vivante, l'inclusion et l'exclusion sociales, le soutien de la vie et l'abandon à la mort. L'angoisse du malade ne repose pas uniquement sur les incertitudes liées à son avenir, mais « tient d'abord à l'indécidable d'une parole supposée souveraine alors même qu'il éprouve son impuissance devant la portée d'une telle énonciation. Ne va-t-elle pas révéler le sort qui l'attend ? Adoption ou délaissement [18] ? »

Mais qui donc occupe cette place du Maître d'hospitalité dans l'institution hospitalière d'aujourd'hui ? Pour Renault, cette fonction de maîtrise dépendrait de ce qu'il appelle « l'homme sans

---

17. M. Renault, *Le Désarroi hospitalier*, Paris, L'Harmattan, 2000, p. 17. Il rappelle que, jadis, la relation hospitalière impliquait des obligations réciproques. À celui qui accueillait, les soins corporels, l'abri et la nourriture ainsi que les droits en vigueur dans sa communauté. À l'accueilli, le respect des coutumes du lieu et sa participation, en fonction de ses forces, aux ouvrages du groupe social hospitalier. L'accueilli contractait à l'égard de ses hospitants une dette symbolique dont témoignait la moitié de l'anneau de pierre brisée qu'il emportait avec lui à son départ. Il avait pour obligation d'accueillir à son tour quiconque en détresse lui présentait l'autre part.
18. *Ibid.*, p. 18.

place », condensée dans un vocable familier « On » et représentant n'importe lequel des « Ils » parlant quelque part. Pour lui circulerait dans l'institution le signifiant d'un maître possible mais demeurant introuvable. Vision anonyme, acéphale et atopique que nous ne partageons pas. Plus proche des thèses de Foucault et d'Agamben, la place du pouvoir et de la parole souveraine nous apparaît comme réellement occupée dans la réalité hospitalière par qui s'autorise à la prendre. Le médecin se trouve dans une place privilégiée pour ce faire non seulement en raison de sa fonction mais bien plus en raison de l'avènement de la biopolitique caractérisant la modernité où l'état d'exception conférant le pouvoir de « faire mourir » n'appartient plus au seul souverain. Comme le dit Agamben, « dans l'horizon biopolitique qui caractérise la modernité, le médecin et le scientifique se meuvent dans ce no man's land où, autrefois, seul le souverain pouvait pénétrer [19] ».

Nous y trouvons un écho dans un article paru dans le journal d'entreprise de notre institution : « La médecine moderne nous amène souvent à décider du moment exact du décès de chacun. Jusqu'il y a quelques décennies, l'arrêt thérapeutique n'était pas à l'ordre du jour, puisque les efforts pouvaient être poursuivis sans se poser trop de question ! Les progrès considérables de la médecine nous amènent aujourd'hui à souvent influencer le moment exact du décès de chacun. Les chiffres sont disponibles pour le montrer. La revue des décès de toute nature dans nos régions indique que la mort est brutale dans un tiers des cas, ne laissant pas d'opportunité d'intervention, mais que la mort survient à un moment déterminé par une intervention médicale dans un autre tiers des cas ! Dans une USI, le moment de la mort est déterminé par le médecin dans plus de 80 % des cas [20]. » Dans ce même texte, il est fait rappel dans un encart des quatre grands principes d'éthique médicale : l'autonomie, la bénéficience, la non-maléficience, la justice distributive. Cette dernière étant définie comme : « Les ressources disponibles doivent être distribuées de manière juste envers les citoyens. » Ce dernier principe jouxte des principes qui n'appartiennent pas à l'éthique médicale mais qui ressortissent aux principes de rentabilité finan-

19. G. Agamben, *Homo sacer – le pouvoir souverain et la vie nue*, *op. cit.*, p. 171.
20. J.-L. Vincent, p. 14.

cière dont on sait la place de plus en plus importante qu'ils occupent dans les prises de décisions dans les institutions hospitalières.

Demain ou peut-être déjà aujourd'hui, la place du pouvoir et de la parole souveraine pourrait être occupée par le gestionnaire hospitalier. Ce serait lui le maître d'hospitalité disant le oui ou le non en fonction de la rentabilité des actes médicaux et soignants, disant le oui ou le non en fonction des ressources financières du patient. Au-delà de la question de qui s'autorise à occuper la place du maître d'hospitalité, il nous apparaît que c'est sa fonction même qui se trouve disjointe : dans la plupart des cas, la part exercée par le corps médical concerne la fonction décisionnelle au sujet du corps – il faudrait d'ailleurs dire au sujet de l'organisme. La fonction de reconnaissance de ce que toute existence est assujettie à la parole [21] se trouvant du côté des psychanalystes quand l'institution hospitalière consent à leur donner une place ou du côté des psychologues quand leur référence prend en compte la question du sujet et de l'inconscient et qu'ils pensent leur rôle autrement que dans une perspective de complément à la fonction médicale. Mais c'est aussi, bien que le plus souvent à leur insu, du côté du corps infirmier que la part subjective du pacte de parole se trouve préservée et assumée comme en témoignent ces paroles de femmes soignantes. Telles qu'elles nous ont été données à entendre [22] dans les « Groupes de parole » où leur présence même est signifiante de leur investissement dans la parole.

Une infirmière d'Unité de soins intensifs

« Pour l'instant, c'est très calme, on n'a pas de problèmes éthiques, on n'a pas de gros cas. Comme c'est très, très calme, quand il y a pas de cas litigieux. Un petit vieux, on n'a pas dû décider de sa vie, on l'a laissé mourir. Tout ce mouvement quand on doit aller vite… ça se déshumanise. Tous les jours "un" : on sait pas avoir toute

21. Comme le dit M. Renault : « Est-il un seul homme hospitalisé qui ne soit d'abord fils ou fille d'une lignée ? »

22. Il s'agit de notre retranscription des notes que nous avons prises, à la volée, durant les groupes de paroles. Ce qui pourrait apparaître comme une pauvreté de langage, des incorrections syntaxiques, témoigne en fait d'une parole qui, en s'énonçant, se cherche dans sa forme singulière, le langage formel ne le lui permettant pas. Cette langue informelle souffrirait en quelque sorte de son caractère « à la sauvette ».

une semaine un décès tous les jours sans que ça fasse quelque chose. Pour le moment, on a le temps de les bichonner. Pour le moment, on est dans autre chose, on peut redevenir des infirmières, pas seulement des techniciennes de soins. On est content de soi. Quand on rentre à la maison, c'est pas : j'ai encore eu un décès aujourd'hui. Qui débranche qui ? Peut-être que j'encaisse trop. Je devrais en parler. Pour les gens pas habitués de travailler en milieu médical, ça a un air fantastique. La réanimation, c'est l'attrait du sang. Cette réa, qu'on avait amenée avec le bras dans le mixer. Le labo de choc plein de monde. On a dû amputer. C'était tellement impressionnant. Puis, c'était vide en un coup. Cette machine dans le labo de choc. Laissée plusieurs jours... Personne ne voulait l'enlever. Cette chair qui pourrissait, ça puait la rage. Les machines à l'Usi, c'est quelque chose de capital. On saute sur le monitoring, c'est comme un cordon ombilical. Il y a pas de patient qu'on trouve mort en faisant son tour. Les machines, c'est une sécurité, quand on a branché toutes les machines, on ne sait plus rien faire pour lui. Pas d'Usi sans machine.

Réanimer quelqu'un sur le trottoir, t'as rien. Les infirmières en salle, t'as rien. On est contente d'avoir des machines, tout le temps de nouvelles manipulations, on sait les employer. Toutes nos machines sont des monstres. Je parle beaucoup plus vite quand on parle de machine.

C'est très calme. J'ai envie d'avoir un gros patient. C'est valorisant de les utiliser pour sauver le patient. Ça me valorise.

Sans machine, sans truc concret, les gens sont perdus.

Ce Monsieur de 44 ans, rompre un anévrisme, il est devenu un objet dans un lit, tout le staff autour de lui, et lui : qu'est-ce que j'ai, qu'est-ce que je vais devenir ici ? Il a plus rien, il est tellement perdu.

Le côté jouissance du côté du personnel : j'ai envie d'un bon gros Samu. Avec le groupe de parole, des fois des trucs quand je parle, ça remet en question quand je suis au chevet d'un patient : on prend le patient pas comme un objet, comme sa chose dont on est le maître. Je veux pas devenir quelqu'un qui lave un objet. »

Une autre infirmière d'Unité de soins intensifs

« La fin de vie à l'Usi, il y a tout un cheminement ; avant ça se passait à domicile, puis dans le home, puis en hospitalisation, maintenant c'est à l'Usi. Après ça, qu'est-ce qu'on fait ? On va reculer l'échéance jusqu'où ? On va dire que ça regarde la médecine jusqu'où ? Jusqu'où on va reculer le principe de l'acceptabilité que ça s'arrête ? La fin de vie appartient au patient, pas à la médecine. Les patients hospitalisés à l'Usi : on passe de l'acharnement thérapeutique à une mort en direct : je ne vois pas de palier entre les deux. Parfois on va trop loin en ne respectant pas le patient. Il y a aussi la non-réponse à des traitements anti-douleur, et parfois quand on a été très, très loin, et puis le lendemain, c'est fini. Je sais pas comment on passe de l'un à l'autre. Parfois les patients ne sont pas confortables au point de vue douleur, mais il y a beaucoup de souci diagnostique et thérapeutique, on choisit ça. C'est incohérent : la fin de vie appartient au patient. Parfois des familles s'expriment très clairement : c'est pas sûr que les patients voulaient venir à l'Usi, pas sûr que ceux qu'on a arrêtés voulaient être arrêtés.

On demande notre avis, ça oui, mais on n'en tient pas compte. On croit pas qu'on a droit à un avis. Le problème, c'est qu'il faut toujours prendre les décisions très, très vite ; je sais pas pourquoi. Le problème des anti-douleurs, c'est qu'on est entendu comme si c'était pour notre confort. On dit : il est pas confortable, on nous répond que c'est pour que ce soit plus confortable pour l'infirmière. On se comprend pas. C'est pas le même langage. Ça pèse lourd chez les infirmières, il y a beaucoup de départ. S'il y a un traumatisé au labo de choc : tout le monde court, tout le monde en veut. Et le lendemain on a tout arrêté. C'est parfois incohérent. Maintenant on ne court plus. Ça a pas toujours été comme ça. À l'époque, il y avait une réflexion axée sur le malade. Je n'ai jamais connu d'arrêt thérapeutique pour faire de la place : là le débat est encore plus choquant. À l'époque, les décisions étaient prises graduellement. On arrêtait l'escalade, avant de faire l'arrêt thérapeutique. Ça se jouait pas sur un coup de poker. Il y a une grande incohérence, des jours on a de la chance. Ça dépend des médecins qui tournent. Il y a pas de ligne de conduite dans le service. Ce n'est pas quelque chose qui se construit avec le personnel par rapport à un même patient. Je vais conduire le patient à un scanner, une scinti, au moment où le tour passe, on n'y croit pas. Hier, on y croyait, aujourd'hui, on s'acharne plus. C'est le tour qui fait les arrêts thérapeutiques : la faucheuse c'est le tour. À l'époque, les décisions s'échelonnaient sur plusieurs jours, c'était plus homogène, on confrontait les idées sur plusieurs jours.

Les décisions de "thérapeutique de confort", c'est-à-dire d'arrêt thérapeutique, est-ce qu'on entend ce que voulait le malade, est-ce que le médecin de salle s'implique, le vécu du patient est-ce qu'on en tient compte, c'était quoi sa vie avant. Le tour, on décide sur des chiffres, il y a aucun contact avec la personne. »

Une infirmière d'un service d'hospitalisation

« Ici à l'hôpital, on nous demande un fonctionnement comme Hitler en demandait dans les camps de concentration. On doit s'adresser à une masse. On nous demande de fonctionner par rapport à une masse. Le type de la liste de Schindler, il a pas fonctionné dans l'idée de la masse. Il en a sorti quelque chose. »

Vers un nouveau statut de la mort en médecine

> *La mort est une énorme grenouille écarlate. Elle est assise, vorace, au bord d'un large fleuve, qui est le fleuve des âmes. Elle projette sa langue comme un harpon, elle laisse placidement ses mâchoires broyer sa proie, celle-ci frémit avant qu'elle ne l'avale, puis elle pointe à nouveau son harpon. À l'endroit où elle est assise, retentit un coassement dans d'innombrables langues postsynchronisées, que poussent ses laquais*[23].

À ces paroles très actuelles, un étrange écho, quasi prémonitoire : les paroles de Michel Foucault de mars 1976. Dans son cours au Collège de France consacré au problème de la guerre envisagée comme grille d'intelligibilité des processus historiques, Michel Foucault donne une dernière leçon : « Faire vivre et laisser mourir : la naissance du racisme[24] ». Mais un racisme compris comme racisme d'État. On y trouve une lecture de la genèse du pouvoir biopolitique dont la mise en perspective avec les travaux de Giorgio Agamben montre une évolution vers un pouvoir thanatopolitique

23. J. Brouwers, *Rouge décanté*, Paris, Gallimard, 1998, p. 115.

24. M. Foucault, « Faire vivre et laisser mourir : la naissance du racisme », *Les Temps modernes*, février 1991, p. 37.

dont nous commençons seulement à prendre la mesure des effets en médecine.

Cette mise en perspective permet de dégager les trois temps d'un processus évolutif commencé au XVIIe siècle :
Premier temps – Le pouvoir souverain : Faire mourir et laisser vivre.
Deuxième temps – Le pouvoir biopolitique : Faire vivre et laisser mourir.
Troisième temps – Le pouvoir thanatopolitique : Faire vivre // Faire mourir.

Pour Michel Foucault, un des phénomènes fondamentaux du XIXe siècle est la prise en compte de la vie par le pouvoir, la prise de pouvoir sur l'homme en tant qu'être vivant, une sorte d'étatisation du biologique. Il analyse ce phénomène, en référence à la théorie classique de la souveraineté, celle qui reconnaît comme un des attributs fondamentaux du souverain le droit de vie et de mort : il peut faire mourir et laisser vivre. En ce sens, vie et mort ne sont pas des phénomènes naturels, immédiats, originaires et radicaux tombant hors champ du pouvoir politique, mais ne deviennent des droits que par l'effet de la volonté souveraine.

Ce droit de vie et de mort s'exerce de façon déséquilibrée : c'est le droit de tuer que détient effectivement le souverain, c'est le droit de faire mourir ou de laisser vivre. Au XIXe siècle, ce vieux droit du souverain est complété par un autre droit, nouveau, ou plutôt un pouvoir[25] exactement inverse : pouvoir de faire vivre et de laisser mourir. Par cette transformation, c'est le problème de la vie qui commence à se problématiser dans le champ de la pensée politique. C'est au niveau des mécanismes, des techniques et des technologies de pouvoir que peuvent se mesurer les effets de cette transformation : aux XVIIe-XVIIIe siècles, les techniques de pouvoir sont centrées sur les corps individuels et visent d'une part à assurer leur distribu-

25. Notons ici le passage dans le texte d'un droit à un pouvoir sur lequel il est important de réfléchir. Une rapide et superficielle recherche étymologique et historique nous incline à penser que le souverain avait le pouvoir de faire mourir en fonction d'un droit qui trouvait sa légitimité dans l'autorité qui lui était reconnue en raison de la place qu'il occupait ; la référence à une instance tierce nous apparaît présente. Par contre, un pouvoir qui ne relève pas d'un droit trouve sa légitimité dans une autoréférence : c'est au nom de sa seule capacité que quelqu'un a le pouvoir d'agir ; la fonction tierce n'est pas présente.

tion spatiale et leur visibilité et d'autre part à prendre ces corps en charge afin de majorer leur force utile par l'exercice et le dressage. C'est une technologie disciplinaire qui se met en place.

Durant la seconde moitié du XVIIIe siècle, on voit apparaître une autre technologie de pouvoir emboîtant la première mais s'aidant de tout autres instruments. Elle s'applique non pas à l'homme-corps mais à l'homme vivant, à l'homme-être vivant. Elle s'adresse à la multiplicité des hommes en ce qu'elle forme une masse globale affectée de processus d'ensemble propre à la vie comme la naissance, la mort, la production, la maladie. On voit apparaître dans la théorie du droit une nouvelle notion : celle de population.

On passe d'une anatomo-politique du corps humain à ce que Foucault appelle une biopolitique de l'espèce humaine, un biopouvoir dont les premiers objets de savoir et les premières cibles de pouvoir seront les processus de natalité, de mortalité, de longévité en liaison avec des considérations politiques et économiques. On passe de la question des épidémies à celle des endémies, c'est-à-dire qu'on s'intéresse à la maladie comme phénomène de population avec pour effet un véritable changement du statut de la mort. On ne s'intéresse plus à la mort qui s'abat brutalement sur la vie : c'est l'épidémie, mais à la mort permanente qui glisse dans la vie, la ronge perpétuellement et l'affaiblit. Dans le même temps, on assiste à la mise en place d'une médecine dont la fonction majeure sera l'hygiène publique et dont la perspective sera d'optimaliser la vie : avec la technologie du biopouvoir apparaît un pouvoir bien différent du pouvoir absolu du souverain, un pouvoir continu, savant : le pouvoir de faire vivre. La manifestation de ce pouvoir apparaît concrètement dans une disqualification progressive de la mort. Outre la progressive disparition de ses grandes ritualisations publiques (avec ses cérémonies auxquelles les individus, la famille, le groupe, voire la société participaient), la mort devient au contraire la chose la plus privée et la plus honteuse.

> « À la limite, dit Foucault, le sexe est aujourd'hui moins objet de tabou que la mort. Je crois que la raison pour laquelle la mort est devenue cette chose qu'on cache, ne réside pas dans une sorte de déplacement de l'angoisse ou de modification des mécanismes répressifs. Elle est dans une transformation des technologies de pouvoir. Ce qui donnait autrefois son éclat à la mort, c'est qu'elle était la manifes-

tation d'un passage d'un pouvoir à un autre : d'un pouvoir qui était celui du souverain d'ici-bas, à cet autre pouvoir qui était celui du souverain de l'au-delà. La mort, c'était également une transmission du pouvoir du mourant, pouvoir qui se transmettait à ceux qui survivaient : dernières paroles, dernières recommandations. Maintenant que le pouvoir est de plus en plus le droit d'intervenir pour faire vivre, de majorer la vie, la mort comme terme de la vie est en même temps la limite du pouvoir. La mort est du côté extérieur, par rapport au pouvoir : elle est ce qui tombe hors de ses prises. Ce sur quoi le pouvoir a prise, ce n'est pas sur la mort, c'est sur la mortalité. La mort va être le moment où l'individu échappe au biopouvoir, retombe sur lui-même et se replie sur sa part la plus privée. Le pouvoir ne connaît plus la mort, littéralement le pouvoir laisse tomber la mort[26]. »

Prenant l'exemple de la mort de Franco, Foucault fait remarquer combien nous sommes entrés dans un nouveau champ de pouvoir qui consiste à faire vivre l'individu au-delà même de sa mort. « On fait tellement bien vivre les gens qu'on arrive à les faire vivre au moment même où ils devraient biologiquement être morts depuis longtemps[27]. »

À la fin de sa leçon, Foucault introduit la question du meurtre dans l'espace biopolitique. « Comment, dans cette technologie de pouvoir qui a pour objectif la vie, comment va s'exercer le droit de tuer et la fonction du meurtre ? » « Comment, interroge Foucault, un pouvoir comme celui-là peut-il tuer, réclamer et donner l'ordre de tuer, d'exposer à la mort ses ennemis et ses propres citoyens ? Comment peut-il laisser mourir ? C'est là qu'intervient le racisme comme racisme d'État, en ce qu'il est le moyen d'introduire une coupure biologique entre ce qui doit vivre et ce qui doit mourir, façon de fragmenter le champ du biologique que le pouvoir a pris en charge en subdivisant l'espèce en sous-groupes qui seront les races. Ce racisme aura aussi pour rôle d'établir une relation positive du type : plus tu tueras, plus tu feras ou laisseras mourir, et plus, du fait même, toi tu vivras. C'est la relation guerrière que le racisme fait fonctionner d'une manière nouvelle et compatible avec l'exercice du biopouvoir. Ce racisme va permettre d'établir entre ma vie à moi et

26. *Ibid.*, p. 45.
27. *Ibid.*, p. 46.

la mort de l'autre une relation qui cesse d'être guerrière pour devenir biologique. La mise à mort, l'impératif de mort n'est recevable dans le système du biopouvoir que s'il tend à l'élimination du danger biologique. Le racisme, c'est la condition d'acceptabilité de la mise à mort dans une société de normalisation. Si le pouvoir de normalisation veut exercer le vieux droit de tuer, il faut qu'il passe par le racisme. »

Par mise à mort, Foucault entend aussi tout ce qui peut être mort indirecte : le fait d'exposer à la mort, de multiplier pour certains le risque de mort, ou, tout simplement, la mort politique, l'expulsion, le rejet, etc.

Nous pouvons rapprocher cette fin de leçon de ce dont nous tentons de rendre compte par ce que, faute de mieux – c'est-à-dire de pouvoir en désigner les mécanismes –, nous avons représenté par ce signe // qui sépare radicalement le « faire vivre » du « faire mourir ». Nous retrouvons cela, nous semble-t-il, dans les témoignages infirmiers sur le passage sans transition des décisions médicales investies dans un « faire vivre » à des décisions médicales investies dans un « faire mourir » sans qu'une place ne soit préservée au possible d'un « laisser mourir ». Nous retrouvons cela également dans l'incapacité fréquente – tant des familles que des soignants – de supporter le temps de l'agonie, amenant les uns et les autres à demander, voire exiger, « que cela aille plus vite » au nom d'une compassionnelle humanité. Actes et langue mettent en évidence ce dont nous tentons de rendre compte par l'utilisation d'expressions comme disjonction, dislocation, partition, focalisation (refusant pour le moment toute dénomination comme déni, clivage).

Agamben, reprenant vingt ans plus tard les thèses de Foucault, s'étonne toutefois qu'il ne les ait pas développées plus avant dans l'analyse du camp de concentration comme espace biopolitique. Ce qu'il fera en s'appuyant sur les travaux d'Hannah Arendt et en faisant retour à la figure de *l'homo sacer*[28] du droit romain. L'avancée

28. G. Agamben, *Homo sacer – Le pouvoir souverain et la vie nue*, *op. cit.* Pour le droit romain, l'homme sacré est placé en dehors de la juridiction humaine sans pour autant passer sous la juridiction divine ; sa vie est insacrifiable et pourtant elle est exposée au meurtre licite. La thèse majeure de cet ouvrage est la transformation de la politique en biopolitique caractéristique de l'époque moderne qui a rendu à elle seule possible sa constitution en politique totalitaire.

théorique d'Agamben met en évidence le troisième temps du processus : celui du passage d'une biopolitique à une thanatopolitique. Dans le fil de notre propos, nous ne reprendrons que ses considérations sur la politisation de la mort[29]. Il rappelle que c'est en 1959 que deux neurologues français (P. Mollaret et M. Goulon) ajoutent à la phénoménologie du coma une nouvelle figure extrême, celle du coma dépassé : c'est-à-dire le coma dans lequel se surajoutent à l'abolition totale des fonctions de la vie de relation, non des perturbations mais une abolition également totale des fonctions de la vie végétative. Formulation paradoxale à propos de laquelle les auteurs suggéraient que le coma dépassé était la rançon des nouvelles techniques de réanimation, le sujet cessant automatiquement de vivre dès l'interruption des traitements de réanimation, alors que si l'on prolongeait les traitements de réanimation la survie pouvait être prolongée. Et Agamben de s'interroger : « S'agissait-il vraiment de survie ? Quelle était cette zone de vie au-delà du coma ? Qui est ou qu'est-ce que ce sujet en état de coma dépassé[30] ? » L'intérêt de la notion de coma dépassé allait bien au-delà des problèmes technico-scientifiques de la réanimation, en ce que ce qui se jouait là était une nouvelle définition de la mort, des critères de la mort. La notion de coma dépassé rendait caducs les critères traditionnels de la mort et ouvrait un no man's land entre le coma et la mort. La question était d'autant plus complexe que le progrès des techniques de réanimation s'était produit dans le même temps que le perfectionnement des techniques de transplantation, le sujet en coma présentant les conditions idéales pour le prélèvement d'organe. Il s'agissait de définir avec certitude le moment de la mort pour éviter au chirurgien qui devait pratiquer la transplantation d'être accusé d'homicide. De nouveaux critères de mort furent établis et apparut le concept de mort cérébrale, sorte de zone obscure au-delà du coma. Ainsi, comme le fait remarquer Agamben, le concept de mort loin de devenir plus précis flotte non seulement dans un champ d'indétermination mais finit également par devenir un épiphénomène des techniques de transplantation. Ainsi les mots de mort et de vie

---

29. *Ibid.* Voir dans la troisième partie, « Le camp comme paradigme biopolitique du moderne », le chapitre « Politiser la mort », p. 173.
30. *Ibid.*, p. 174.

perdent leur signification. Pour Agamben, la vie et la mort ne sont plus dès lors à proprement parler des concepts scientifiques mais sont devenus des concepts politiques qui comme tels n'acquièrent une signification précise qu'à travers une décision. La frontière entre la vie et la mort est devenue une frontière biopolitique. Il cite ensuite une série de travaux qui ont en commun la perplexité de leurs auteurs quant à la dénomination de ces êtres – ou plutôt comme ils disent de ces corps – qui occupent les lits de réanimation : néo-morts, faux-vivants, êtres intermédiaires entre l'homme et l'animal… Ainsi pour Francois Dagonet : « Le corps qui gît dans la chambre de réanimation est un faux-vivant sur lequel il est permis d'intervenir sans réserve. » Il sera d'ailleurs le vigoureux défenseur d'une « nationalisation du corps », estimant que les organismes appartiennent à la puissance publique.

Pour Agamben, tout ceci signe que la biopolitique a franchi un seuil nouveau : « Dans les démocraties modernes, il devient possible de dire publiquement ce que les biopoliticiens nazis n'osaient pas dire[31]. »

Ne pas céder sur la mort

> *Faire comme si une chose n'est pas ce qu'elle est, mais autre chose, peut-être les gens qui en sont capables sont-ils heureux, sereins et immunisés contre l'angoisse*[32].
>
> *Que dois-je faire de mon « syndrome concentrationnaire » qui consiste dans des remords que j'essaie de chasser en me donnant des gifles chaque fois que, tout à coup, des scènes du film de ma vie dans ce camp défilent devant mes yeux*[33] *?*
>
> *Immobile, je dois continuer à regarder ce qui se passe tandis que mon visage dégouline le long de mon corps parce que mes yeux pleurent*[34].

Et nous, allons-nous encore longtemps faire comme si une chose n'est pas ce qu'elle est, allons-nous encore longtemps ne rien vouloir savoir de notre syndrome concentrationnaire et continuer à nous

31. *Ibid.*, p. 178.
32. J. Brouwers, *Rouge décanté*, *op. cit.*, p. 94.
33. *Ibid.*, p. 139.
34. *Ibid.*, p. 143.

donner des gifles pour chasser nos sentiments ravageants d'impuissance et de culpabilité quand nous nous remémorons certaines scènes de la vie hospitalière ? Ou allons-nous nous affronter, si douloureuse et difficile à penser soit-elle, à la structure même du champ qui est le nôtre et qui, par bien des aspects, révèle son caractère totalitaire.

Si, comme le dit Lacan, « la clinique psychanalytique, c'est le réel en tant qu'il est l'impossible à supporter », la médecine aujourd'hui, en ses divers lieux de soins, relève, elle aussi, d'un réel en tant qu'il est, là aussi, l'impossible à supporter.

Toutefois, c'est bien dans nos propres modalités inhérentes au champ hospitalier qu'il nous faudra articuler les deux acceptions de « c'est le réel en tant qu'il est l'impossible à supporter », nous permettant tout à la fois de rendre supportable cet impossible sans l'évacuer, tout en le soutenant dans le maintien de son inscription. Diverses pistes nous apparaissent dans ce sens : reconnaître, au lieu même de la langue, le manque constitutif de tout désir humain, donner et redonner place à la ternarité garante de l'altérité, réintroduire dans la langue par les oppositions signifiantes fondamentales – la vie/la mort, le passé/le présent, le masculin/le féminin – la dialectique du symbolique, condition pour un sujet de son énonciation, identifier et prendre la mesure des effets du pacte de jouissance sur lequel nous fonctionnons et qui concerne sans doute la non-reconnaissance de l'impossible de jouir d'un accès à son propre corps et de jouir du corps de l'autre (autre façon de dire qu'il n'y a pas de rapport sexuel), reconnaître l'impossible du langage à tout dire et accepter de ne pouvoir que mi-dire, réarticuler langue formelle langue informelle dans le discours hospitalier, …

Dans le champ hospitalier, la mort nous semble occuper une place privilégiée permettant d'ouvrir ces diverses perspectives.

De là, une prescription impérative : ne pas céder sur la mort.

Anne Joos de ter Beerst

Répondre à tout prix ?

Dix ans d'entretiens dans le cadre d'une unité de fécondation *in vitro* (désormais FIV), insérée dans un service de gynécologie. Que peut-on en dire ? Y aurait-il des lignes conductrices qui, au-delà de la singularité de chaque entretien, rendent plus compréhensible cette clinique particulière de la stérilité conjugale (ou humaine) ainsi que la spécificité du cadre médical dans lequel se déploient l'offre et la demande ou plutôt la plainte et la réponse ?

Mais c'est déjà avancer une hypothèse que d'en parler ainsi. Cela suppose qu'il y ait une demande. C'est pourquoi il nous faudra nous centrer sur son objet, *à savoir de quel ordre serait cette demande et s'agit-il bien d'une demande ?*

Une des premières caractéristiques qui frappent le psychanalyste dans les consultations prévues à l'hôpital, appelées *briefing fivette*, concerne la pauvreté des entretiens, du moins par rapport à ce qu'en attendrait son désir d'analyste. En effet le dispositif médico-psychologique de la consultation ne semble pas permettre que quelque chose d'une parole subjective s'y déploie. À moins que le sujet y soit acculé par un trop de souffrance ou par une injonction médicale. L'exemple suivant tiré de ma clinique illustre bien ce « pousse à la parole ».

Je reçus une dame, introduite « de force », pourrait-on dire, par le médecin dans le local où j'assure les consultations « psy en fiv ». Ce local sert aux consultations gynécologiques, avec microscope, table d'examen, spéculums. Tel est le cadre de la consultation, et c'est dans ce local exigu que je tâcherai d'être à l'écoute de ce qui bien souvent ne peut se dire là.

Cette dame, je la reconnaissais, l'ayant déjà rencontrée auparavant. Le souvenir de l'entretien précédent me revint, un entretien éteint, stérile pourrais-je dire (la stérilité renvoie à cette absence de jeu avec les gens, les mots, le désir). Il y était question de justifications et de plaintes concernant ce désir d'enfant tellement légitime, de son mari qui ne comprenait pas son acharnement, des traitements si éprouvants et peu commodes par rapport à son horaire de travail. Il me semblait avoir entendu que le couple se faisait mal, elle s'obstinant dans son souhait d'avoir un enfant et lui ne sachant plus que faire. Devait-il tenter de la satisfaire ? Même la médecine ne le pouvait, renforçant ainsi le sentiment d'impuissance du mari. Fallait-il continuer les tentatives de FIV ? L'époux souhaitait arrêter les traitements, constatant la déchéance physique et morale dans laquelle plongeait son épouse. Le médecin semblait ne plus pouvoir y croire et elle réalisait petit à petit qu'elle se retrouverait seule sans enfants, sans lieu où venir déposer sa plainte ou plutôt son désir enfoui sous sa plainte.

C'est dans cet état que je la rencontrais pour un entretien qui « de toute façon ne servirait à rien », selon ses dires. N'ayant plus rien à espérer ni de la FIV, ni des médecins, ni de son mari (ils s'étaient disputés le matin même), elle se mit à parler, plutôt à hoqueter une histoire entre les sanglots qui l'étouffaient. Une histoire tissée de culpabilité autour d'un proche parent décédé accidentellement dont sa mère s'était occupée quand il était jeune. Elle était petite à ce moment, il était comme un frère pour elle. Elle souhaitait tant avoir un enfant mais ne savait si elle devait encore entreprendre une tentative de FIV. Elle voulait tant offrir un enfant à sa mère déjà âgée… Dans son chagrin se mêlaient le décès de ce « comme un frère » et son incapacité d'enfanter « un enfant à sa mère ». À la fin de cet entretien, où je n'intervins que peu, elle se leva, se demandant pourquoi elle m'avait raconté tout cela. Elle n'en avait jamais parlé à personne et puis cela n'avait rien à voir avec l'hôpital et la FIV. Deux mois plus tard, on m'apprit qu'elle était enceinte, spontanément.

Dans l'après-coup, nous pouvons faire l'hypothèse que l'histoire de sa stérilité était intimement mêlée à l'histoire de cet amour frappé d'interdit, parce que incestueux, et de mort. La mort venant confirmer l'interdit. Il n'y avait qu'une parole qui pouvait la délier de ce poids, mais il fallait qu'elle puisse s'y autoriser. Alors, dans l'impasse où se trouvait son désir, au plus profond de sa souffrance, elle avait lâché ce qui lestait son désir d'enfant, à savoir une souffrance d'enfance. Comme s'il lui avait fallu choisir inconsciemment entre le *souvenir secret*, gardien de sa stérilité, ou le *lâchage* de cet amour infernal, garant de sa fécondité.

Dès à présent, nous pouvons repérer que la conception d'un enfant est en lien étroit avec un *lâcher prise* plutôt qu'avec *un garder prise,* autre version de ce que nous appelons *maîtrise*. Nous y reviendrons.

Nous pouvons faire un deuxième constat à partir de cette vignette clinique. Ce n'est qu'au moment où la médecine ne peut plus rien pour elle, c'est-à-dire au moment où la médecine cesse de répondre à sa demande qu'un espace, une faille s'ouvre, où quelque chose d'elle en tant que sujet peut venir se dire. Mais encore faut-il que le médecin se prononce lui-aussi, sujet lui-même, ne serait-ce que d'un ras-le-bol. Il importe qu'il lui signifie quelque chose de sa limite à lui, qu'il lui dise : « Je ne peux plus entendre vos plaintes, ce n'est pas chez moi qu'il faut aller », lui signifiant en même temps qu'il a entendu qu'au-delà de ses plaintes se profilait une autre souffrance mais qu'il ne pouvait rien en faire, ses études de médecine lui ayant appris à manier davantage le bistouri et le forceps que le complexe d'Œdipe et l'interdit de l'inceste. Tout cela en ne la laissant pas seule avec ses questions, mais en lui indiquant une adresse pour son désir resté en souffrance.

Ceci laisse donc apparaître un volet important de la réflexion actuelle concernant la prise en charge médicale de la procréation humaine[1]. À savoir que ce n'est pas en répondant sans limites à la

---

1. Nous constatons également un glissement « soft » de la terminologie utilisée à ce propos. En effet nous sommes passés de la procréation médicalement assistée (désormais PMA) à l'assistance médicale en procréation (désormais AMP).

demande de la patiente que quelque chose du désir entravé qui soustend cette demande peut émerger en une parole. Autrement dit : répondre sans cesse peut avoir l'effet d'un couvre-feu, qui mettrait provisoirement le patient *et* le médecin à l'abri d'un questionnement sur leur désir. Méconnaître ainsi la question qui anime tant le patient que le médecin à ce niveau précis aura pour effet de mettre en sourdine toute l'économie de leur désir. Il me semble que c'est dans ce sens qu'est à entendre le renforcement de la stérilité chez les couples traités par les méthodes de procréation assistée[2].

L'argumentation qui est ici proposée se voudrait être une contribution à la réflexion concernant les demandes d'aide en matière de stérilité adressées à la médecine. Quel serait l'enjeu de ces demandes et pourquoi le médecin contemporain est-il si enclin à y répondre[3] ?

Y AURAIT-IL UNE SPÉCIFICITÉ AU DÉSIR D'ENFANT ?

Dans le cadre de ces demandes d'assistance médicale à la procréation est toujours présente, fût-ce implicitement, la notion du désir d'enfant. Qu'en est-il de ce désir ? Cette notion, fort à la mode de nos jours, mérite d'être explicitée pour mettre en évidence la dynamique du désir et le rapport qu'entretient le désir d'enfant au désir en général. En effet cette notion du désir d'enfant est double en ce qu'elle recoupe d'une part ce qu'il en est du désir humain et d'autre part cet objet particulier que représente l'enfant.

Vouloir un enfant, désirer un enfant, semble vouloir dire dans le langage courant la même chose, à savoir un souhait présenté comme une démarche consciente, raisonnable, maîtrisable.

« Désirer un enfant signifie s'imaginer père, mère, parents. C'est, conformément aux idéaux sociaux et familiaux de chacun, souhaiter élever auprès de soi cet étranger-familier, son enfant. C'est

2. Lire à ce propos : J.-F. Daubech, M. Commenges-Ducos, « Les PMA sont-elles stérilisantes ? », *J. Gynecol. Obstet. Biol. Reprod.*, 1994, nº 23, p. 20-27.

3. Il me paraît important de faire ici la distinction entre *la médecine* et *les médecins*. Ces derniers étant des hommes et des femmes, ayant la possibilité de prendre une position critique par rapport à ce que la médecine discourt comme idéologies, poursuit comme buts, développe comme technologies, déploie comme pratiques et produit comme enjeux biopolitiques.

encore faire comme ceux qui nous ont précédés, comme nos parents. Vouloir un enfant, c'est vouloir fonder une famille… c'est enfin une manière d'installer son couple dans le temps[4]… »

Ne pourrait-on pas déjà lire entre ces lignes que, dans le désir d'enfant, sont incluses nos introjections parentales : faire comme papa et maman ou inversement, surtout ne pas faire comme eux, ce qui vise encore la même chose ? Fonder une famille, n'est-ce pas aussi réaliser un souhait d'immortalité ou un désir d'inscrire sa lignée dans un continuum de vie et de mort ? « Élever son enfant auprès de soi », n'est-ce pas encore avoir son enfant près de soi, combler un manque par l'avènement de quelque chose, de quelqu'un qui viendra obturer un vide ? Déjà nous apparaît ce qui peut venir peser sur les épaules d'un enfant, du moins dans le vœu inconscient qui inaugure sa venue. Mais rien n'oblige ce dernier à y adhérer totalement au point de ne pouvoir à son tour désirer ailleurs. À moins de n'y avoir jamais été invité. Cela est une autre histoire.

Le désir d'enfant trouve son origine, comme tout désir humain, dans la recherche de ce qui pour lui est définitivement perdu, à savoir ce lieu fantasmatique du bonheur illimité. Le désir advient de ce manque, il se distingue donc du besoin naturel et même de la demande puisque aucun objet, aucune personne ne peut venir le satisfaire au point de le faire taire. La particularité du désir d'enfant réside dans le fait qu'il vise au-delà de l'objet perdu un objet bien réel, l'enfant en chair et en os. « À la différence des autres désirs, son objet a une consistance toute particulière, sans doute parce qu'il est un bout de corps, “à venir” et “à perdre” mais pas encore perdu[5]. »

Dans cette formulation, nous pouvons constater le renversement topologique qui s'y opère. Car dans le désir l'objet (objet *a* dans l'algèbre lacanienne) est cela dont le manque fait le sujet désirant et est le moteur même de son désir. L'objet est ici *cause* du désir, de ce qu'il manque ($a \rightarrow \not{S}$). Mais cette structuration du désir, nous n'en voulons rien savoir et donc nous agissons dans la méconnaissance de ce qui est cause de notre désir en nous donnant des

4. B. Fonty, *Bonjour l'aurore ! Chemins de la mise au monde*, Paris, Éd. Joseph Clims, 1986, p. 45.

5. N. Stryckman, « Le désir d'enfant », dans *Dictionnaire de la psychanalyse*, sous la direction de R. Chemama, Paris, Larousse, 1995, p. 78-79.

objets qui le finalisent. Ainsi, dans le « désir d'enfant », s'opère cette bascule qui fait que l'objet enfant est moins cause que *visée*, voire *fin* ($ → enfant). C'est sans doute ce basculement qui fait que le désir peut venir s'articuler à une demande *au point de s'y confondre.*

Ce vœu inconscient n'est pas sans adresse. Par la demande, il est adressé à l'Autre. Lorsqu'il n'y a pas de problème, lorsque l'enfant advient, l'Autre est le bon, celui qui accède à la demande. Par contre, quand les circonstances sont telles que le sujet s'imagine que l'Autre ne répond pas, cela fait problème. Et s'inaugure alors bien souvent la quête d'une maîtrise qui *malgré tout* permettrait la réalisation de ce projet d'enfant. On l'aura compris, c'est la médecine de la procréation assistée que les femmes et/ou les couples frappés de stérilité mettent le plus souvent à cette place de toute-puissance imaginaire.

La stérilité

À l'horizon du couple se profile la question de l'enfant, des enfants. Et ce depuis la nuit des temps. Aujourd'hui, cette question s'entend plus fréquemment par la formule négative : « Non, pas d'enfant tout de suite, nous allons d'abord nous installer puis nous verrons. » Les pratiques contraceptives actuelles permettent en effet de dissocier et de déplacer dans le temps, sous la forme du « projet enfant », ce qui est, en fait, une résultante du couple. Cela ne signifie pas pour autant que ces termes « couple » et « enfants » soient si dissociés dans nos représentations contemporaines. Au contraire, la formule négative maintient ces deux termes associés. La plupart des rituels traditionnels qui accompagnent le mariage des époux s'accompagnent de vœux de fécondité, telle cette très belle formulation chez le peuple mandingue, citée par Jean Reboul[6]. Lors d'un mariage, les parents, les amis, les connaissances et tout le village formulent ces souhaits aux époux : « Que Dieu bénisse votre union, qu'il en fasse une union sans regret, qu'il en fasse jaillir des têtes, des bras et des pieds. »

Ces vœux de fécondité, signifiés au couple sous la forme de gestes rituels toujours accompagnés d'une parole, témoignent d'une mise à distance de leur envers, à savoir la stérilité, ce fléau que les peuples cherchent à éviter, voire à combattre.

---

6. J. Reboul, *La Femme, le médecin et la stérilité*, Toulouse, Privat, 1976, p. 131.

L'histoire de la langue française[7] nous apprend que le terme *stérilité* signifie au sens propre le fait d'être stérile, et s'emploie en parlant d'un être vivant (1050) ou d'un sol (1332). Au figuré, stérilité se dit d'un défaut de fécondité intellectuelle et par extension d'un écrivain, désignant plus généralement ce qui n'aboutit à rien, ce qui est inefficace. En biologie et en médecine, pour signifier le fait d'être stérile, il ne semble pas employé avant le XXe siècle[8]. Dans le cadre de ce travail, qui se consacre à la question de la stérilité humaine, nous devrons entendre combien ce terme peut renvoyer à des significations bien différentes et personnelles à chacun.

De nos jours, en effet, comme de tout temps, certains couples sont confrontés à « l'enfant qui ne vient pas ». La médecine distingue actuellement les notions d'« infertilité », quand il y a eu un ou plusieurs avortements spontanés et de « stérilité » pour absence de conception. Le critère défini vers 1950 par Palmer[9], et retenu par la communauté médicale, considérait qu'un couple était stérile quand après deux ans de cohabitation régulière et sans prophylaxie la femme n'était pas enceinte. Actuellement ce terme a été raccourci et l'on parle de stérilité conjugale quand après six à douze mois de vie sexuelle normale[10] une grossesse ne survient pas. Étrange glisse-

7. *Dictionnaire historique de la langue française*, Le Robert, sous la direction de Alain Rey, Paris, 1998.

8. Ce couplage de la fécondité et de l'efficacité, et donc de la stérilité et de l'inefficacité, répond bien à la conjoncture moderne de l'immanence. Pour un moderne, l'enfant ne peut venir d'un Ailleurs, il ne peut être que le produit d'un développement biologique, d'où la demande adressée par les couples à la médecine.

9. R. Palmer et E. Palmer, « Stérilité conjugale. Facteurs étiologiques et traitements », *Encycl. méd. chir.*, Paris, 3, 1964, Gynécologie, 739 A 50, p. 8.

10. D. Bayot, « Questions relatives à la stérilité » ; dans *Schémas de consultation en gynécologie*, Prodim, Ellipses, 1989, p. 53. On notera également tout un savoir et un savoir-faire médical concernant la *vie sexuelle normale,* à savoir que les relations sont estimées fécondantes si elles ont lieu tous les deux à trois jours, par ailleurs peu fécondantes si plus espacées car elles diminuent les possibilités de rencontres entre gamètes mâles et femelles ; peu fécondantes également si elles sont quotidiennes car elles diminuent la concentration en spermatozoïdes. Sans réfuter ni critiquer le contenu de ces informations, il apparaît déjà combien la pression apportée par ce type d'information risque d'aller dans le sens d'un comptage, d'un renforcement d'une maîtrise technique au sein du couple, ce qui n'avantage pas nécessairement ladite rencontre.

ment dans le temps d'un diagnostic dont on sait qu'il est en lien étroit avec les avancées techniques dans ce domaine. Celles-ci sont-elles à même de produire un diagnostic qui justifie leur développement ou, au contraire, est-ce la précision du diagnostic qui stimule l'invention technique ? La question reste ouverte mais mérite qu'on s'y attarde quand la question de l'offre et de la demande est abordée.

Par ailleurs, on distinguera une stérilité primaire d'une stérilité secondaire, la première signifie qu'aucune grossesse n'est survenue, et la seconde renvoie à une stérilité survenant après une ou plusieurs gestations.

Quelle que soit la définition de la stérilité, il semble néanmoins qu'il soit difficile de la classer nosologiquement. Si d'aucuns disent qu'elle ne peut être regroupée parmi les pathologies car elle n'est pas une maladie en soi, d'autres l'abordent en tant que trouble de fonction. Mais alors de quelle fonction ? Fonction organique, fonction parentale, fonction désirante ? Le difficile classement physiopathologique auquel nous renvoie la stérilité, ne trouve-t-il pas son origine précisément dans le fait qu'elle conjugue plusieurs fonctions et se situe donc dans une zone frontière, dans un champ limite de la médecine ?

Dysfonctionnement, maladie ou anormalité ? Quel que soit l'angle de vue, l'absence d'enfant chez un couple, qui pourtant en souhaiterait, renvoie tant l'un que l'autre partenaire au négatif de ces vœux de fécondité exprimés au moment de leur union.

Les consultations médicales de stérilité

Dans ce lieu, les couples et/ou les femmes viennent bien souvent y dire combien ils souhaitent ardemment que ce désir d'enfant se concrétise, combien cette attente devient insupportable et combien ils espèrent qu'enfin on prenne leur demande au sérieux. Entendons par là que la prise en charge soit réelle, efficace et rapide. Il est vrai que le parcours médical qu'ils ont déjà suivi incite ces couples et/ou ces femmes à une demande de plus en plus pressante puisque, envoyés de généraliste en spécialiste et de spécialiste en hyperspécialiste, leur espoir est à chaque fois ébranlé (au sens littéral du terme : mettre en péril de ruine, faire chanceler, mais aussi au sens analytique du terme : en perte de tension libidinale). En même temps, il est déplacé vers un autre à qui adresser leur requête. L'autre ainsi hypertrophié devient l'objet d'une demande ne tolérant plus aucune défaillance, « ne supportant ni échec, ni attente, comme si la frustration était quelque chose d'inconcevable et d'inacceptable[11] ». Une demande qui évince la possibilité de jeu[12], qu'il soit de refus ou de mise à distance, est-ce encore une demande ?

Quand la stérilité est évoquée en consultation, nous ne pouvons qu'être frappés par la manière dont le discours des patient(e)s semble collé ou emprunté au discours médical. Et cela d'autant plus que le couple consulte médecins et spécialistes en procréatique depuis plusieurs années. Leur plainte se formulera en courbes de température, en rapports sexuels en fonction de l'ovulation, en qualité de spermatozoïdes, en qualité d'embryons. Pour le dire autrement, dans leur discours médicalisé, rien ou si peu d'eux-mêmes, de leur histoire individuelle ou de couple ne transparaît. Leur demande, adressée au médecin, s'efforcera d'être audible et sera donc traduite en termes supposés l'intéresser. Dans cette opération, le sujet de l'énonciation risque d'être élidé. Ceci se produit bien souvent à l'insu des protagonistes eux-mêmes, consultés et consultants.

Il est d'ailleurs frappant de constater combien le mot stérilité est peu prononcé en consultation. La question pourtant si présente semble ne pas pouvoir être dite. Telle cette femme, me disant : « Chez moi, ce sont les trompes qui sont bouchées », renvoyant à une réalité tubulaire cette question qui pourtant la dépasse.

Dans le contexte médical, l'organisation des consultations pour problèmes de stérilité est ainsi faite qu'elles sont souvent regroupées dans une même plage horaire. Elles sont centrées d'abord sur l'infertilité du couple et donc sur l'offre d'une prise en charge, qu'elle soit diagnostique ou thérapeutique. Il s'ensuit que le médecin (et/ou le

11. C. Guillaumont, « Ce que le couple veut », Intervention aux Premières Journées pédagogiques d'éthique médicale d'Amiens, Colloque organisé par l'APEEM, septembre 1997.

12. Tout comme au début de cet article (p. 1), la notion de jeu désigne l'activité ludique en tant qu'elle est organisée par un système de règles définissant succès et échec, gain et perte. Ce mot, riche en développements métonymiques, signifie également l'espace où l'on joue, et par extension, un espace aménagé pour la course d'un organe, le mouvement aisé d'un objet (*Dict. historique de la langue française,* Le Robert, sous la direction d'Alain Rey, Paris, 1998). Ce qui caractérise la demande, contrairement au besoin, ce sont l'espace et le temps qu'elle introduit entre l'objet de la requête et la réponse.

psy) n'écoute plus ce qui, au-delà de l'histoire médicalisée, tenterait de se dire.

Pourtant à être attentif à la manière dont les couples vont reprendre ce discours médical tout en le modifiant, nous pouvons entendre ce qui, dans ce discours, se profile de leur désir, de la manière dont leur fécondité est sous-tendue par leurs représentations fantasmatiques. Telle cette femme qui me dit : « Je ne suis que stérile secondaire, pas stérile tout court. Mon mari a été bon avec sa première femme, avec moi il ne l'est pas. »

La médicalisation du discours où vient se dire la plainte de stérilité engendre à son tour et paradoxalement quelque chose de stérilisant. D'une part, les couples et/ou les femmes multiplient leur insistance auprès du corps médical, quelles que soient leur souffrance et leur difficulté. D'autre part, les médecins multiplient les investigations et traitements jusqu'à ce que les patients abandonnent, par dépit, par fatigue, par désespoir, à moins que ce ne soit par renoncement au profit d'autres choix de vie (dans le meilleur des cas). Peu de consultations sont organisées dans le but de permettre que, de part et d'autre, consultants et consultés remettent en question la poursuite des traitements en fonction de critères non médicaux. Ce qui renvoie au fait que dans notre société les problèmes de périnatalité ne peuvent être pensés que dans le paradigme du biologicomédical[13].

Quelque chose de stérilisant encore à écouter les couples égréner leurs plaintes parce que trop souvent elles se réduisent à l'énumération ou la récitation de leur dossier médical, dans un énoncé où la trace de l'énonciateur se perd. Tel un pisteur, un archéologue, le psychanalyste tente de pointer l'oreille à la recherche de cette trace afin de la saisir, à l'occasion d'un au-delà de la plainte, d'un en deçà du désir médicalisé. C'est au prix de cette subversion, qu'une parole vraie pourra s'y déployer.

Il est vrai que tenir cette place du tenant-lieu d'un dire, dans le dispositif hospitalier de la consultation médicalisée, est une

13. Deux remarques méritent d'être faites à ce propos : la première a trait au fait que dans les équipes médicales en charge de l'AMP, la figure du biologiste tend à être prépondérante à celle du médecin. En effet, et c'est là notre deuxième remarque, il convient de distinguer médicalisation et biologisation. La médecine n'est pas une biologie appliquée. Elle est une praxis du sujet souffrant, laquelle s'appuie sur les savoirs disponibles (dont la biologie).

acrobatie peu confortable quand tout le courant qui préside à l'engagement des psys en médecine est dirigé vers un soulagement de la plainte ou vers une compétence diagnostique, ce qui confond les psys dans une position et une logique de soignant ou de médecin. La position de l'analyste en diffère radicalement : il se veut avant tout à l'écoute d'un dire en rapport au désir.

Le silence

Nous ne pouvons qu'être surpris par la disproportion majeure entre l'énorme bruit médiatique qu'ont connu les techniques de procréation médicalement assistée et le silence qui accompagne presque toujours la stérilité.

Si la clinique quotidienne nous confronte à une stérilité peu parlée en consultation, nous nous rendons compte que, même dans l'entourage de ces couples, très peu de personnes sont au courant de leur situation. La raison invoquée concerne presque toujours l'enfant : « Il ne faut pas qu'il l'apprenne par quelqu'un d'autre. » L'enfant à venir deviendra-t-il porteur de ce que ses parents ne peuvent se dire l'un l'autre ? Les seuls qui sont mis au courant sont les parents ou une personne plus proche d'eux. Ceux-ci seront alors mis en position de confidents, voire de gardiens d'un secret trop lourd à porter seul.

Alors que la plupart des couples qu'ils côtoient ont déjà des enfants, ces couples s'isolent par crainte de questionnements mais aussi par crainte de commentaires.

Les hommes évoquent souvent les railleries ou les moqueries dont ils pensent faire l'objet concernant l'enfant qui ne vient pas. Que ces moqueries soient formulées ou qu'ils en aient la crainte, cela les conduira souvent à vouloir maintenir le silence là-dessus. Si leur compagne éprouve la nécessité d'en parler, elles le feront à leur insu ou dans un certain désaccord conjugal.

L'isolation se poursuit parfois au sein du couple quand ni l'un ni l'autre des partenaires ne réaborde ce sujet douloureux, quand, après les consultations médicales, chacun reste seul avec ses questions, avec cet état diagnostiqué de stérilité. Mais par conséquent seul aussi avec ses regrets, ses désirs et ses souffrances. Et ce souvent dans un but de protection mutuelle. Protéger l'autre et soi-même des reproches qui surgissent mais qui ne peuvent se dire. Pourtant, vouloir protéger l'autre par le silence ne met ni l'un, ni l'autre à l'abri de l'agressivité latente renforcée par les non-dits.

Il n'est pas difficile de comprendre que l'enfant issu d'un tel couple, où le silence « protecteur » règne en maître, deviendra à son insu porteur de ce que ses parents ont tu. La clinique nous confirme qu'être le reproche vivant de ce que les parents ont évité de regarder en face, de traverser et d'accepter n'est pas pour un enfant synonyme de bienvenue.

Certains couples rencontrés dans ces circonstances témoignent de l'effritement de leur vie de couple, de l'appauvrissement de leurs projets. Sans paroles vraies, le désir au sein du couple ne circule plus.

La demande insistante ou la question du manque d'enfant

Les raisons de ce silence ne seraient-elles pas les mêmes que celles qui sont à l'origine de la demande insistante des couples en faveur d'une prise en charge médicale de leur problème ?

Quelles seraient ces raisons ? Nous ne souhaitons pas les classifier ni les répertorier mais bien indiquer ici quelques pistes qui nous permettront d'éclairer cette insistance.

D'une part, il semble que cette demande soit en lien (direct) avec la difficulté narcissique à laquelle renvoie la stérilité. Une difficulté narcissique qui est double : elle concerne la question de couple, mais aussi chacune des deux personnes qui forment ce couple, à savoir un homme et une femme. La stérilité de l'autre n'est-elle pas aussi intolérable que la sienne ? Une patiente me disait : « Chez nous c'est les deux, au moins on est sur pied d'égalité », retrouvant un équilibre dans ce double diagnostic, cette double marque. Il y a quelque chose du couple qui ne fonctionne pas, quelque chose qui empêche que ce projet d'enfant se réalise. Quelque chose qui résiste mais aussi quelque chose qui se brise.

Dans le miroir, ce n'est plus un corps parfait, jeune, désirable qui est renvoyé mais bien l'image d'un corps ne répondant pas aux attentes que l'un et l'autre du couple s'en sont fait, un corps manquant à ses devoirs, un corps défaillant. L'idée de complétude (le couple avec l'enfant) se voit soudainement balayée au profit d'un imaginaire rimant avec désert et aridité (la stérilité). Cette bascule affectera tant l'homme que la femme dans leurs projets personnels et parentaux mais de façon différente. Car la stérilité ne signifie, dans ses représentations inconscientes, pas la même chose pour un homme que pour une femme, ni même pour chaque personne individuellement. La brisure narcissique qui s'ensuit entraîne crainte, perte de repères et crise identitaire. Comme toute crise identitaire, elle concerne des valeurs et un idéal de vie préétablis et constitue un face-à-face entre soi et les autres, voire entre soi et soi-même. C'est un moment propice aux questions et aux repositionnements, et finalement une crise structurante quand on peut la traverser.

Pourtant peu feront, suite à cette annonce, la démarche d'un questionnement à ce propos. Beaucoup préféreront consulter d'emblée un médecin pour qu'il trouve remède à leurs maux. Et l'attitude médicale contemporaine ne permet que trop peu qu'un temps de questionnement soit laissé ouvert.

Par ailleurs, le manque de l'enfant amène dans son sillage la question plus fondamentale du manque en général. Et plus particulièrement du manque dans l'Autre. Ce que la psychanalyse désigne par le terme de castration. Dans l'Autre, il n'y a ni assurance, ni garantie totale permettant de venir y accrocher ou décrocher toutes les raisons d'exister. L'enfant-qui-ne-vient-pas dévoile cette béance, ce vide qui lui est implicitement, inconsciemment demandé de venir *masquer* ou même *combler*. Masquer ou combler ne signifient certes pas la même chose, seule la clinique peut nous éclairer à ce propos. Le masque du manque, comme son nom l'indique, est bien sûr une mascarade, un leurre où l'adulte (parent) sait bien que son manque à être ne pourra se trouver comblé par un avoir (l'enfant). Dans l'autre forme, la demande faite à l'enfant de boucher le manque ne lui laisse pas d'espace pour devenir autre chose qu'un objet comblant, un bouchon, exilé de la possibilité d'être sujet à son tour.

Cette confrontation soudaine à la question du manque, révélée ici par la stérilité, engendre chez certains couples une telle angoisse qu'ils se précipitent vers un ailleurs afin que cette question cesse, qu'elle soit obturée par une réponse, évacuée dans un agir.

Il est certain que si la grossesse prévue tarde à venir, cela confronte *tant le couple que le médecin consulté* à la question difficile de la planification ratée, de l'imprévu, du manque qui s'installe. Ainsi, comme nous l'avons déjà souligné, la stérilité, bien que peu dite, peu évoquée, demeure pourtant l'objet d'une grande anxiété. Nombreux sont les couples qui consultent leur médecin si, dans les six mois qui suivent un arrêt de contraception, une grossesse n'est pas survenue.

« Jusqu'à présent, *j*'ai tout réussi : études, emploi, mariage, maison. Pourquoi ici, *ça* ne réussit pas ? »

Cette remarque d'une patiente, rencontrée en FIV, dit le sillon par où se creuse sa question. Une question qui n'aura pas l'occasion d'être déployée à ce moment-là puisque d'emblée cette patiente se lancera dans une procréation médicalement assistée.

Néanmoins l'urgence et l'empressement avec lesquels sont formulées et prescrites les demandes d'investigations et de traitement font preuve de la difficulté avec laquelle non seulement *les couples* (l'âge du couple est un élément souvent imposé par les consultants comme argument butoir afin d'accélérer la prise en charge médicale de leur problème) *mais également les médecins* gèrent ce vide, ce blanc d'enfant. Vide qui peu à peu risque de se remplir par les préoccupations matérielles et organisationnelles qui résultent de la prise en charge médicale. D'ailleurs ces préoccupations ne sont pas des moindres. La stimulation hormonale calculée et monitorée au jour près, la ponction des ovocytes, leur fécondation en laboratoire, la réimplantation des ovocytes ainsi obtenus instaurent un climat de vigilance au respect et à l'exécution de la prescription médicale à la lettre et à l'heure prévues. Grande, disons même énorme, sera l'attente par rapport à la réussite de la tentative de fécondation. Telle une session d'examens, les essais de fécondation sont appelés échecs quand une grossesse ne suit pas.

Une réponse certaine ou une certaine réponse ?

Nous sommes donc en demeure de questionner pourquoi tant de couples font appel à une technique si lourde, physiquement et psychiquement, si coûteuse et, somme toute, pas si performante que ça ? L'acharnement ne réside-t-il pas, du côté du couple, à foncer dans une technique qui offrirait, illusoirement peut-être, la levée du symptôme de stérilité mais qui permettrait une mise à distance de l'épreuve du manque ? Une mise à distance par un agir effréné dont il sera difficile de se déprendre.

Un rapport quasi toxicomaniaque s'installe parfois entre certaines femmes et la technique. Tout en disant qu'elles savent que petit à petit ça les détruit, elles ou leur couple, elles ne peuvent se résoudre à abandonner, entendons par là : à lâcher prise. D'autres disent combien elles se sentent mieux quand elles savent qu'elles vont pouvoir recommencer une nouvelle tentative. La prise en charge médicale fonctionnerait alors comme un antidépresseur momentané.

« Le pire, c'est l'attente, si je savais qu'au bout je serais enceinte, si quelqu'un pouvait me dire avec *certitude* que j'aurai un enfant même après autant d'essais, je ferais toutes les tentatives qu'il faut. »

Tel est le propos de cette femme ayant déjà eu cinq tentatives de fécondation par assistance médicale. Et cela après deux ans d'inséminations régulières. Qui pourrait lui dire et avec quelle certitude qu'elle aura un enfant ?

Bien que formulés chaque fois de façon singulière et à des moments précis de leur trajet en procréatique, ces propos se retrouvent dans d'autres entretiens avec d'autres femmes. Cette attente, si longue, ne serait-elle pas *attente d'une parole qui ne vient pas* ? D'une parole de quelqu'un qui en sait un bout concernant la femme, la féminité, la fécondité. Le gynécologue, comme son nom l'indique, celui qui est certifié avoir le « logos » de la « gynè », le savoir sur la femme, est sans doute bien placé pour en savoir quelque chose, d'autant plus s'il représente pour elle celui de qui elle attend cette confirmation, cette bénédiction, cette autorisation, à savoir son père. C'est à cette certitude-là qu'elle fait appel, la certitude d'un dire paternel [14] qui la délie d'un interdit frappant son désir d'enfant, et non à la certitude du scientifique, celle des chiffres et des courbes statistiques qui ne sont jamais que calcul et mesures de probabilité.

---

14. Le père en tant que représentant de la loi n'offre aucune certitude de contenu mais agit en tant que repère symbolique. De sorte qu'il introduit un savoir-faire avec l'incertitude. Ce qui le distingue de l'expert.

C'est pourquoi la question des pourcentages d'échecs ou de réussites revient si souvent dans les entretiens, même chez le psy. C'est par le biais de cette mise en chiffres que la demande de certitude, de cette autre certitude, va se parer. Le médecin d'aujourd'hui, peu coutumier de cet habillage de la demande, entendra par certitude celle que peuvent lui garantir son savoir et sa science et il ne pourra, s'il est honnête, que répondre que cette certitude il ne peut la lui offrir que sur fond d'incertitude.

Dans les entretiens proposés en cours de traitements ou même dès après que le médecin en a expliqué la marche à suivre, nous pouvons entendre combien l'angoisse liée à la stérilité sera, petit à petit, balayée au profit d'une anxiété plus matérielle et liée à l'efficacité de la thérapeutique proposée. Une anxiété portant sur un objet extérieur, les traitements, et non sur un questionnement subjectif. Ainsi, tel que nous avons pu le développer plus haut, nous pouvons comprendre que l'appel à un agir technique, quand bien même éprouvant à tous points de vue, est avant tout sous-tendu par une demande implicite de venir mettre une sourdine à l'angoisse suscitée par la présence du symptôme de stérilité.

Un jeune couple rencontré dans ces circonstances en témoignait à sa manière. Une stérilité sans étiologie organique avait été mise en évidence par le spécialiste consulté à ce propos. Ce diagnostic n'avait pas empêché ce dernier de proposer une FIV au couple. Ce couple m'avait expliqué que s'ils n'avaient pas d'enfants ils s'en feraient une raison. La jeune femme précisa que l'enfant n'était pas un but en soi. À mon interrogation quant à leur souhait de se lancer dans une procédure si lourde, j'obtins la réponse suivante, non dénuée d'agressivité de la part de la jeune femme : « Je ne vais quand même pas remettre en question ce que le médecin propose. S'il le fait c'est parce qu'il sait que c'est bien pour nous. » Dans l'après-coup, je compris que la violence dans le ton de cette réponse n'était pas sans lien avec l'angoisse suscitée par mon questionnement lequel portait précisément sur la structure même de la demande. La demande d'un sujet est toujours la demande qu'il suppose à l'Autre et qu'il lui retourne sous une forme inversée.

Autrement dit, l'enfant-qui-ne-vient-pas renvoie à l'homme ou à la femme cette question dont déjà il semblait porteur. La question fait retour. Dans ces situations-là, quand la stérilité témoigne du symptôme de l'incapacité dans laquelle une femme ou un homme se trouve à donner forme à ce désir d'enfant, une forme autre que mortifère, cette stérilité devient l'insupportable révélateur de son désir insatisfait. Mais il n'est pas exclu d'entendre, au-delà de la demande de taire cette souffrance, qu'une plainte se maintienne, une plainte en rapport avec son désir : « L'enfant ainsi obtenu, ça ne guérit pas de la stérilité. » Devant cette demande si complexe, il se peut que le médecin y emmêle ses pinceaux et réponde afin que cesse, pour lui cette fois, la souffrance.

Si donc, vu du côté du couple (ou de la femme et/ou de l'homme), la demande pressante de recours aux techniques de procréation peut être entendue comme une demande adressée à un corps (médical) sommé non seulement d'obturer le vide creusé par le manque d'enfant, mais encore de voiler tout questionnement qui pourrait émerger à partir de ce symptôme, nous ne pourrons faire l'économie de nous interroger quant à ce qui, du côté médical, incite à une telle réponse. En d'autres termes, quel serait le moteur qui inciterait les médecins, ainsi sollicités, à une prescription d'examens et de traitements dans un tel empressement ? Pour le dire encore autrement, qu'est-ce qui, de cette demande ou dans cette demande, fait écho chez le médecin pour qu'il soit ainsi enclin à y répondre ? Pour cela, il nous faudra dans un premier temps analyser les enjeux de cette demande particulière (qui n'est sans doute pas une demande de guérison) et ensuite interroger la résonance particulière de cette demande qui suscite chez le médecin un tel désir d'y répondre.

Une double demande

Tout en n'étant pas une maladie en soi, c'est pourtant chez ceux qui détiennent « l'art de guérir » que sont déposés le poids de cette plainte : « Je veux, je voudrais un enfant… et il ne vient pas » et la requête qui l'accompagne. Mais cette requête est en fait une *double demande* adressée au médecin. Il est fait appel d'une part à son savoir et d'autre part à son pouvoir. C'est là une des difficultés à laquelle le médecin est confronté.

L'adresse au savoir est une demande de savoir adressée *à* un médecin.

L'entretien suivant en témoigne : « Je ne sais pas pourquoi ça n'a pas pris. J'ai posé des questions mais je n'ai pas appris grand-chose. Je ne sais pas encore ce que je porte dedans… J'attends des explications, mais la vérité ? Qu'est-ce que j'ai ? Comment c'est venu ? »

Les deux interrogations, « qu'est-ce qui m'arrive ? » et « qui suis-je pour que cela m'arrive ? », sont deux faces d'un même questionnement. Le savoir et la reconnaissance vont de pair. Ce qui est visé, c'est le savoir du médecin et la reconnaissance qui l'accompagne. Concernant la stérilité, cette demande implicite vise ici *une reconnaissance sexuée en tant que femme mais également une reconnaissance de sa souffrance*. Ainsi le médecin, mis en position de savoir, est sommé de répondre à cette demande concernant le corps de la femme, son défaut de fécondité et même sa vérité.

Le médecin, malgré un savoir largement développé sur la question, ne pourra y répondre. (Elle attend toujours des explications.) Cela ne concerne nullement la quantité ou la qualité de son savoir médical car ce n'est pas celui-ci qui est l'enjeu de cette demande. Ginette Raimbault précise que le savoir du médecin porte sur une partie du corps, sur l'organique, et que ce savoir ne permet pas d'appréhender la question de la vérité, autrement dit la logique du corps vivant qui, elle, est différente pour chacun, subjective et chiffrée dans un discours propre [15].

En effet la demande de cette patiente concerne bien davantage la question de *sa* vérité (c'est ainsi qu'elle le formule) qu'elle déploie d'ailleurs autour de la question de son corps de femme et de la jouissance féminine. La vérité de la patiente n'existe sans doute pas dans un ailleurs, en dehors d'elle, chez quelqu'un qui saurait ce que signifie pour elle être femme. Cette vérité réside en elle, mais elle n'a la forme d'aucun contenu auquel une femme pourrait s'identifier. Elle est broderie autour d'un vide. De cette vérité, il n'y a qu'elle qui puisse venir en dire quelque chose.

De cela, non seulement la femme ou le couple, mais également le médecin, n'en sont pas toujours conscients. Parfois l'envie de savoir *du* médecin peut prendre le pas sur la consultation elle-même et engager une patiente, un couple dans une démarche d'analyses médicales à finalité diagnostique alors que leur demande ne se situe

---

15. G. Raimbault, *La Clinique du réel*, Paris, Le Seuil, 1982, p. 23-26.

pas là. Marie-Madeleine Chatel nous en fournit un exemple très évident[16]. Elle relate comment une jeune femme se trouve engagée dans une série d'examens exploratoires et ensuite de FIV alors que « ni elle ni son ami ne savent encore vraiment s'ils souhaitent avoir un enfant ». Ceci à partir de la proposition faite par le médecin de vérifier pourquoi sans « contraceptifs sûrs » elle n'est jamais devenue enceinte.

Ainsi nous pouvons faire remarquer que l'anxiété dont il était question plus haut peut également être entendue comme une demande d'être rassuré(e) quant à une fécondité probable ou possible, et même d'être assurée par un tiers de sa position de femme. Or ce qui définit cette position est qu'elle ne peut être « toute » assurée par un autre, aussi savant soit-il. Il importe donc que le médecin auquel cette patiente s'adresse manque de ce savoir, ne croit pas indispensable d'avoir réponse à tout, ne le vive pas comme sa propre faillite car c'est justement à partir de ce manque-là, de cette faille qu'une relance de sa question sur une autre scène devient possible.

Ne trouvant pas de réponse, plus exactement la bonne réponse, c'est-à-dire celle qu'elles attendent et qui pourrait clôturer ce questionnement, certaines continueront leur pérégrination dans l'espoir qu'il y en ait « au moins un » qui puisse la leur fournir. D'autres auront parfois la chance de rencontrer en face d'eux un « répondant », à savoir un médecin qui sait qu'il ne sait pas, qui accepte de ne pas savoir, de prêter attention aux préoccupations de la consultante, ce qui permettra du même coup à celle-ci de déployer sa question.

L'autre demande a trait au pouvoir du médecin. Il lui est demandé de lever cette barre, cette entrave sur la fécondité. En d'autres termes, qu'il réussisse, grâce à sa technologie, avec ou sans son équipe, ce que le couple ne peut réaliser à lui tout seul. C'est donc l'aide d'un autre qui est sollicité, un autre-homme ou un autre-femme mais qu'ici je nommerais l'homme-médecine, faisant allusion à son outillage.

Le médecin est ainsi mis en position de *pouvoir lever le symptôme, lieu de souffrance*. Cette mise en position ne veut pas dire qu'il soit obligé d'y répondre immédiatement dans un agir

16. M.-M. Chatel, *Malaise dans la procréation*, Paris, Albin Michel, 1993, p. 115.

technique. Pourtant, le plus souvent, cette demande va susciter une réponse médicale de cet ordre, en ce qu'elle rencontre et nourrit les désirs du médecin quand il se fait le relais des vœux de toute-puissance de la médecine contemporaine, une médecine qui s'applique davantage au symptôme, c'est-à-dire à la maladie qu'à celui qui l'habite et la parle, à savoir le malade. Parler ainsi de désir du médecin n'est pas à entendre comme une entité généralisable et applicable à tout médecin. Pas plus que celui du consultant d'ailleurs. Néanmoins leur repérage permet de comprendre ce qui dans le cadre de ces demandes se trame au sein de la relation médecin-consultant.

En guise de conclusion

J'avancerais que ce qui caractérise la méprise de la demande en médecine, c'est d'une part le fait que le patient formule sa demande de manière à pouvoir être entendu par le médecin. Il travestit sa plainte dans un discours où sa propre subjectivité n'apparaît pas ou en tout cas pas au premier abord. D'autre part, le médecin entend la plainte comme une demande qui lui est adressée personnellement, le sollicitant dans son vœu le plus cher, celui de guérir ce ou cette patient(e), de le/la débarrasser de ce symptôme qui le /la fait tant souffrir. Quand la plainte se fait incessante et qu'il ne parvient pas à la faire taire, cela conduira le médecin à relancer, voire à augmenter son intervention technique. Pourquoi ? Probablement pour parer à une demande hautement transférentielle. « Docteur, faites en sorte que je sois enceinte » peut être entendu comme une demande d'amour, une demande débordante, dont il esquive les assauts derrière son bouclier technoscientifique. C'est que le transfert ne se manie pas aisément. Il ne sait pas ou il oublie que cette demande s'adresse à un Autre qu'il ne fait que représenter. C'est une invitation à être présent sans pour autant s'y croire. Ses élans philanthropes masquent à peine son besoin de reconnaissance et de valorisation narcissique présent dans les réponses qu'il propose au nom du bien de l'autre. Mais probablement aussi que le fait d'échouer dans son vœu, d'être mis en échec par la patiente, le couple ou la technique elle-même, lui fait courir un grand risque, celui de la dépression qui s'ensuivrait. Il n'aura pas été capable de répondre à la demande, de débarrasser la patiente de sa souffrance et c'est alors la sienne qui apparaît.

Certaines situations cliniques, certaines discussions de cas confirment l'embarras dans lequel ces possibilités techniques plongent le médecin. Embarras légitime puisqu'il est produit par la négation de ce qui fonde l'humanité, à savoir qu'un enfant ne se fabrique pas mais se conçoit dans un rapport à l'autre langagier, déployant du même coup la dimension désirante et le maintien d'une altérité radicale spécifiquement humains. D'où l'importance de soutenir un questionnement à propos de cet embarras sans le clôturer par telle ou telle prescription dite bioéthique. Ne pas tenir compte de cet embarras va dans le sens de ce que Marie-Magdeleine Chatel qualifie de perversions altruistes, quand ce qui pousse à continuer se fonde dans un « je sais bien… mais quand même[17] ».

Le désir de maîtrise et de pouvoir sur la fécondité humaine est éminemment présent dans la réponse techno-médicale offerte aux couples stériles. C'est bien évidemment ce désir-là qui est sollicité par les couples puisqu'il s'agit de demander à un autre plus savant, plus outillé, de pouvoir concrétiser ce vœu d'enfant qui leur échappe et ce quel que soit le risque d'augmenter leur propre sentiment de dépendance, voire d'impuissance. Mais il est également sollicité par notre société contemporaine qui applaudit à chaque nouvelle prouesse réalisée dans ce domaine en la qualifiant de progrès. Nous ne pouvons que nous étonner de cet engouement qui permet de pratiquer ces nouvelles techniques sur l'humain sans en avoir vérifié l'innocuité. Innocuité à tous les niveaux, pas seulement au plan de la biologie.

Reconnaître la souffrance. Lever la souffrance. Deux attitudes différentes et parfois contradictoires devant cette bivalence de la demande. Le médecin d'aujourd'hui, très outillé par ses connaissances et par ses possibilités technologiques, demeure néanmoins malmené par la question de la souffrance de l'autre. Malmené au sens où le malaise qu'il éprouve devant cette souffrance le mène à répondre sans entendre et sans attendre, à vouloir réparer en bien ce mal-être.

---

17. *Ibid.*, p. 118-123.

Reprenons, à titre d'exemple, la vignette clinique qui a introduit cet article. Nous y sommes renvoyés à un trait, peu perceptible dans un premier temps, entre deux séquences. La première séquence est celle où le médecin sort de sa neutralité bienveillante, affirme son impossibilité à œuvrer pour elle dans ce qu'elle lui demande tout en lui assignant un lieu autre *(ein anderer Schauplatz)* pour ce faire – c'est-à-dire qu'il l'introduit à la dimension inconsciente de son désir. La deuxième séquence est celle où, par cette assignation, la patiente autorisée par l'acte du médecin s'autorise à son tour, parle en y incluant la dimension de souffrance subjective dont son désir d'enfant était enrobé. Nous voyons apparaître un lien entre une position qui cesse de répondre à tout prix et la dimension décalée qui s'ensuit. Ce n'est pas un simple lien de cause à effet. Il ne suffirait pas de dire aux patientes : je ne peux plus rien pour vous, allez voir ailleurs. Au contraire, nous l'avons vu, cet ailleurs renverrait toujours vers un autre imaginé plus fort, plus outillé, plus malin qui peut plus.

Dans ce cas-ci, il s'agirait davantage d'une *limite* qui permet à la patiente de reprendre à son compte son histoire concernant ce désir d'enfant. C'est parce que le médecin vient indiquer une limite à laquelle il est également soumis, c'est-à-dire non une limite extérieure qui ne le concerne pas mais une limite symbolique à laquelle il est engagé, qu'un espace s'ouvre. Il ne s'agit pas de se dégager de la relation avec le/la patient(e) comme d'un paquet encombrant. La limite est externe à la logique techno-scientifique et de ce fait est à réintroduire *par* le médecin au sein de la consultation avec le/la patient(e) pour que la dimension du sujet puisse émerger de la demande. La limite comme renoncement ouvre un espace creux dans le champ de la relation médecin-patient. C'est ceci qui permet que dans cet espace le/la patient(e) ne sombre pas dans un gouffre mais vient lâcher quelque chose d'elle, de ce qui cause son désir.

Yvette Thoua

L'implant cochléaire : pour un langage biologiquement correct[1]

Humains, nous sommes nombreux à nous débattre avec la surdité. La nôtre. Celle d'autrui. À rêver qu'elle puisse être guérie, car elle nous donne du mal. Il arrive même qu'elle nous conduise auprès d'un de ceux qu'on appelle analyste, supposé entendre mieux ou autrement que les autres. Mais il arrive que ça ne parle plus en vous, que vous n'entendiez plus qu'un silence mortifère du fond de vous. Et que l'analyste en devienne sourd, confronté à ce désir muet. Personne n'est à l'abri de la surdité. Il se peut, alors, que sortant de son silence à lui, il vous déclare inapte au transfert et conseille de ne pas vous attarder. Parole en souffrance. Écoute en souffrance. Tous des parlants, cherchant à s'entre-reconnaître comme habitants du langage. Humains quoi. Avec cette façon si commune d'attribuer à l'autre ce qui nous met à l'épreuve dans la rencontre : « Il lui manque quelque chose, sinon on pourrait s'entendre… » Le lieu de notre impuissance est difficile à soutenir. À nommer. C'est peut-être lié. Le non-nommé en nous est l'inhumain en nous. Penser l'autre déficient nous sort d'embarras. Nous gagnons en toute-puissance,

1. Ce texte a été initialement publié dans *Transhumances II*, « Discours, organisation et souffrance au travail », Presses universitaires de Namur, 2000, p. 170-176.

mais nous perdons la présence de l'autre. Et qu'y a-t-il de mieux que la présence de l'autre ?

L'IMPLANT COCHLÉAIRE

Et puis, quelques-uns traitent la question matériellement, et se passionnent pour la surdité organique, ce réel du corps de certains parlants. En général, ils se considèrent comme normaux par rapport à la question de l'ouïe : eux, ils l'ont. Ceux qui ne l'ont pas sont nommés sourds. Et dans la logique du « l'avoir ou pas », il s'agit de restaurer l'audition. L'implant cochléaire est l'objet le plus perfectionné actuellement proposé à cette fin.

Du côté de l'offre, nous trouvons, en début de chaîne, les chercheurs dans les laboratoires. Ils accumulent du savoir sur la physiologie de l'ouïe et la micro-informatisation. Et pour faire ce travail, ils reçoivent de l'argent. Sans rapport à l'industrie, l'implant ne serait pas aujourd'hui sur le marché. Redoutable fécondité du couple économie/science quand n'est pas questionnée l'articulation entre savoir et pouvoir, ni celle qui distingue le possible du licite[2].

Ni les fondamentalistes, ni les industriels ne connaissent les humains nommés sourds et leur vie.

Ils ne leur veulent ni bien ni mal. Les uns cherchent, les autres vendent. Ils travaillent à dominer, d'une part, le monde de la nature et celui des choses, d'autre part le monde du commerce. Leurs domaines sont respectivement celui de l'expérimentation objective et celui des liens marchands.

Du côté de la demande, à l'autre bout de la chaîne, nous trouvons un enfant sourd… qui ne demande rien. C'est ici qu'à mes yeux se pose une question éthique, c'est-à-dire référée au champ du sujet et à celui de l'expérience subjective. Dans ce domaine, il n'est pas possible d'accumuler des données, et le savoir qui s'en dégage n'est pas objectivable.

Je ne parlerai que des enfants nés ou devenus précocement sourds, « avant l'acquisition d'une langue », selon l'expression consacrée. La même logique de la chose à acquérir, que l'on peut posséder

---

2. I. Stengers, *Sciences et pouvoirs*, Bruxelles, Labor, 1997.

ou pas, est à l'œuvre. Et donc, pour la donner, il faut l'avoir. La voir ? Tiens, justement les Sourds parlent une langue qui se voit. Leurs langues gestuelles s'écrivent dans l'espace avec les mains et le visage (principalement)…

Mais n'allons pas trop vite. Je disais que les enfants sourds ne demandent rien, même s'ils sont appelés « candidats à l'implant ». Dans cette formule souffle l'esprit d'une élection et de l'aspiration à une dignité. Celle de parlants ? Le malentendu serait consommé. Ils sont là en bout de chaîne, ceux qui vont recevoir un véritable fleuron de l'intelligence technico-scientifique, ceux dont le rapport à cet objet est parlé en termes de convoitise… Qui parle ? Les discours scientifiques habituellement ne contiennent pas ces petites traces de désir. Ils énoncent ce qui est exact et inexact. Non, ce sont bien des personnes de chair et d'os, ce sont les soignants experts en surdité, partenaires essentiels de la chaîne pour que l'objet arrive un jour dans la tête des enfants. Leur discours sur l'implant dit ceci : « L'enfant percevra les sons de la voix humaine, mais restera sourd. Par le travail rééducatif, il aura accès au langage. »

Le langage

Le langage… Considéré comme quoi ? une qualité, un instrument, un moyen de communication supérieur, un code ? L'enfant, sourd ou pas, est dans le langage et le langage l'habite comme ceux qui l'entourent. Le langage, c'est cette rencontre indissociable entre l'image et les symboles, qui nous loge tous à la même enseigne : le verbe est incarné dans la chose. Comme habitants du langage, nous vivons dans un monde de signes et notre réalité n'est pas le monde mais une scène faite d'images et limitée par des symboles qui sont la frontière avec le monde. La scène est le lieu habituel d'exercice de la subjectivité.

À l'annonce de surdité, les parents, qui avaient chacun une scène quotidienne, se trouvent tout à coup projetés, chacun de façon singulière, dans le monde pur. Les mots pèsent trop. L'enfant est sourd. Eux ils entendent… Comment se représenter la surdité ? Les Sourds disent : « C'est un handicap qui ne se voit pas, alors c'est difficile à comprendre. » Jolie allusion à la dialectique de l'image et du symbole, non ? Là où il n'y a rien à voir sur le corps de la fille, le sexe aussi est plus difficile à symboliser que celui du garçon. Et Freud, puis Lacan, ont tenté de nous éveiller à la dissymétrie dans le signifiant pour ces deux moitiés de l'humanité sur le sentier de la castration[3]. C'est-à-dire sur la façon de nous débrouiller les uns et les autres avec ce qui est et ce qui n'est pas, à partir de ce qu'on a et de ce qu'on n'a pas. Oui… mais entendre, ça ne se voit pas non plus. Comment penser la différence, alors ? En quoi les parents et l'enfant ne sont-ils plus semblables depuis le diagnostic ? Ils ont mal à l'enfant, à la relation entre eux. Ils ne supportent plus leur scène. Ils tombent. Car la perception du monde implique une chute dans un espace où le sujet perd tous les objets qui soutenaient son illusion de totalité. Et leur chute est recueillie dans un des grands réservoirs de scène mis en place par la société : une structure sociale[4]. En l'occurrence un centre d'audiophonologie, seule forme instituée à ce jour pour accueillir ces familles. Sans délai, ils sont invités à monter sur la scène de la rééducation et à devenir acteurs.

L'INSTITUTION RÉÉDUCATIVE

La scène de l'institution appartenant à l'univers de l'image – comme la scène du sujet –, si elle n'intègre aucune limite, peut devenir totalitaire. Seuls garants d'une frontière avec le monde, pour qu'elle ne se prenne pas pour le monde : les symboles. C'est ici que le pas est risqué. Car les parents sont précisément en recherche de symboles pour élargir leur scène à eux et la rendre à nouveau habitable. Des symboles : trouver les mots, nommer ce qui affecte. Des mots qui contiennent la mémoire du corps traité jadis par l'environnement quand nous ne pouvions pas encore parler. Des mots qui reconduisent vers les relations de l'aube de la vie, d'avant la parole, relations à jamais perdues mais vivantes en même temps dans ces mots-là justement et parce que vivantes, dans nos mots à nous, transformables selon les lois de la vie même. Des mots qui parlent d'aujourd'hui en lien avec hier et ouvrent un passage pour demain. Passage original d'être relié à l'origine mais non confondu.

3. J. Lacan, *Les Structures freudiennes des psychoses*, Séminaire 1955-1956.
4. I. Gárate-Martinez, *L'Institution autrement*, Paris, G.M. éditions, 1996.

Les symboles, c'est ce qui nous permet d'inventer la vie, de ne pas répéter comme des robots la scène conçue par d'autres. C'est ce qui nous rend auteurs et pas seulement acteurs de la vie que nous avons reçue. Ces mots-là nous arrivent dans une relation, quand nous associons librement en parlant avec un autre de ce qui nous trouble. Il nous faut la présence d'au moins un autre, et une loi entre nous pour garantir l'altérité, c'est-à-dire l'insu. Là, peuvent surgir de la surprise et du savoir qui ne se sait pas. Comme le grain meurt et donne de nombreux fruits, la souffrance peut devenir de la joie. Mais pas tout de suite. Dans le temps nécessaire à la germination. S'il y a une aide dont les parents ont besoin à ce moment, c'est d'être aidés à penser ce qui leur arrive dans leurs mots à eux. Dit autrement, autour de l'enfant sourd qui représente l'indicible et en ce sens fait symptôme, il s'agit de rétablir le symbole qui unit celui qui souffre à l'Autre. Or ce qu'ils trouvent est une réponse d'emblée à leur malheur, du côté de « avoir » et « faire[5] », dans un discours qui parle leur désir et celui de l'enfant, assimilant l'un à l'autre, autant qu'il amalgame ceux qui parlent dans l'institution et ceux auxquels il s'adresse dans la famille. Discours qui tend un piège : celui du général devenu le même et l'autre, à partir de quoi tout le monde est unique[6].

Affrontée depuis quinze ans à ce discours, aux pratiques qui s'y rattachent et à leurs effets, je l'entends aujourd'hui comme ceci : « Le monde lui appartiendra à cet enfant, comme il nous appartient, quand il sera comme nous. Lui que la nature a privé de la bonne marche d'un organe que nous avons le pouvoir de réparer. Mais il faudra le mériter. À condition que vous, parents et lui fassiez bien ce qu'on vous dit et pendant assez longtemps, il sera élevé au rang des nôtres et vous pourrez être fiers de vous. » N'est-ce pas le discours type du diable ? Promesse de la chose qui manque, au prix de la soumission. Abdication de la pensée. Déni de l'altérité. Assimilation de l'autre prise pour son intégration. La prothèse cochléaire est la dernière technique mise au service de la logique même qui a conduit des générations de Sourds dans la difficulté voire l'impasse d'advenir comme sujets. Et la pénétration par effraction dans le corps de

---

5. S. Ginestet-Delbreil, *La Terreur de penser*, Paris, Diabase, 1997.

6. Sami-Ali, *Le Banal*, Paris, Gallimard, 1980.

l'enfant a été totalement banalisée. Pour le grand corps indifférenciant de l'institution absorbant les familles, la différence entre dedans et dehors du corps de l'enfant n'est pas un concept pertinent. L'enfant sourd et l'institution sont dans un espace d'inclusion réciproque. La réalité qui présente l'adaptation comme seule issue raisonnable n'est que la scène de l'institution soignante tronquée du processus historique dont elle est l'aboutissement. Pour elle, sa scène équivaut au monde, dans un présent indéfiniment répété, soustrait au devenir. L'identique y jouit de l'éternité du factice.

Cet enfant du bout de la chaîne de production finit par se confondre avec l'objet produit. S'il perçoit les sons de la voix humaine et s'il finit par les articuler, il sera le résultat d'une technique de réalisation dont le mode d'emploi est enseigné aux parents. Le système industriel aurait rendu possible de fabriquer de la parole sonore pour ceux qui en manquent ? La méprise est triplement tragique : d'abord, la parole advient hors maîtrise, ensuite ceux qui en manquent ne sont pas ceux qu'on croit, et enfin si ceux-là reçoivent éventuellement du son, en tout cas ils ne reçoivent jamais la parole ! L'obstination des Sourds à raconter inlassablement l'histoire de leur communauté dans des circonstances variées et parfois inattendues m'apparaît comme une forme de résistance majeure au régime qui annule la temporalité et la mémoire.

La parole des Sourds

Je disais que le pas était risqué pour les parents dans la rencontre avec les soignants. Car aucun Sourd n'y est convié. Cela même devrait alerter la raison ! En tant que sujets parlants, les Sourds sont hors scène. Et quel partenaire pourrait mieux aider les parents à advenir dans une relation différenciée à l'enfant ? Qui, sinon un qui parle à partir du manque, dont la parole est chevillée au réel du corps, et qu'aucune autorité ne peut soumettre ? Un qui peut décrire, l'ayant vécu lui-même, l'état d'hypervigilance nécessaire pour percevoir et discriminer les phonèmes d'une langue sonore avec l'aide d'une prothèse ? Cet état de tension et d'effort permanent pour être en relation avec des parlants qui vocalisent, se sentir reconnu et pouvoir croire lui-même qu'il existe au monde humain ?

État qui l'épuise finalement, l'empêche de rêver, au point de n'avoir plus que des banalités à échanger… Freud a insisté plus d'une fois, sans varier, sur l'incompatibilité de la conscience et de la mémoire *(Lettre 52)*[7]. Que disent, à propos, les Sourds de l'implant ? « Nous avons peur. » Je suis toujours bouleversée, lors d'un colloque, quand les scientifiques et les pseudoscientifiques ont fini leur conférence, et que se lève un intervenant sourd pour dire le souci des enfants, suscité dans sa communauté. Comme il s'exprime en langue gestuelle, il est traduit en langue orale, et cela réduit l'écart de la différence entre lui et les orateurs précédents. Toutefois le contenu de ce qu'il dit et la forme dans laquelle il est interprété ont souvent cet effet de fraîcheur et de naïveté qui fait sourire à une parole d'enfant. La violence feutrée qui imprègne ces lieux désertés par le sujet ne concerne pas le débat qui s'ensuit. Il n'y a *pas* de débat. Ce n'est pas *ce* que disent les Sourds qui n'intéresse personne, c'est le fait même qu'ils disent quelque chose qui n'intéresse personne ! Y a-t-il plus déshumanisant ? À ce titre, au titre de celui qui est autre et qui apporte d'être autre justement, à ce titre-là, ils n'existent pas. La communauté des Sourds a dit son opposition à l'implant cochléaire. Parole perdue dans le désert. Des centres d'implants ont été saccagés. Violence de la vie parlante qui ne veut pas mourir, qui se débat pour être reconnue humaine, qui montre parce que dire ne suffit pas…, qui détruit la coquille dans laquelle les poussins pourraient être empêchés de naître.

Le système, que rien ne prend au dépourvu, a, depuis lors, adjoint ici ou là un Sourd *raisonnable* à l'équipe implants. Le symptôme, qui faisait un peu sauvage dans l'exquise politesse du milieu, a disparu. La parole des Sourds a le statut des palmiers qu'on peut louer pour une réception chic.

La vague d'implantation cochléaire qui déferle dans les pays industrialisés gagne momentanément sur la terre promise au sujet. La reine de la nuit a lancé ses irrésistibles vocalises et le public enchanté s'est levé pour applaudir. Mais la pièce n'est pas finie. L'alliance avec les puissances des ténèbres n'est pas conclue. Car enfin, ces langues gestuelles, elles existent. Elles ont même survécu

7. S. Freud, « Lettres à Fliess », dans *Naissance de la psychanalyse*, trad. A. Berman, Paris, PUF, 3e éd., 1973.

aux générations successives de ceux qui ont œuvré pour les perdre. Ne témoignent-elles pas justement d'autres forces qui défient les lois de la nature, c'est-à-dire les lois de la jungle ? Ces enfants sourds que les experts soignants veulent guérir d'être sourds, ne démontrent-ils pas, sortis de la relation d'emprise, et de façon visible pour le coup, qu'ils restent sourds et se débrouillent gaiement avec le manque ? que leur drôle de parole gestuelle, la bonne parole d'être simplement la leur, y est enracinée ? Ne seraient-elles pas ces langues gestuelles – et quoi qu'on en dise aujourd'hui –, ce qui est insupportable aux yeux de certains ? Gouvernés par la vision, n'y voient-ils pas ce qui présentifierait leur manque à eux, à partir de quoi ils se sentent quasi rien de n'avoir pas tout ?

Malheureux soignants experts, mis en place d'honneur dans la cité…

Dites-nous, quand l'implant cochléaire « ne marche pas », au nom de quel savoir dites-vous si tranquillement : ce sont les parents, ils n'ont pas pu accompagner… ?

Jean-Paul Hiltenbrand

Du délitement du lien social

« On n'arrête pas le progrès » : ce n'est pas un slogan, c'est un constat plutôt modeste. L'accord des auteurs là-dessus est unanime. Les faits sont suffisamment bien décrits, explicités et coordonnés en leur interprétation pour qu'il ne soit pas nécessaire d'en rajouter. La tâche des analystes n'est pas de se plaindre ni d'entonner des regrets sur la modernité et ses effets. Il faut travailler avec ça et si possible de manière éclairée. Voilà sans doute la raison du soin des auteurs à expliciter ce qui se passe dans notre société contemporaine et de montrer comment chacun se débrouille – plutôt mal évidemment – dans ce contexte.

Néanmoins les analystes divergent avec les observateurs, commentateurs, critiques du monde contemporain, quelles que soient la finesse et la perspicacité de leur observation : l'homme n'est pas malade parce qu'il vit dans un siècle de misère, il est malade parce qu'il est un être de langage et que c'est ce rapport primordial au langage qui le met en porte à faux avec son désir et ses semblables. Ainsi, *Malaise dans la civilisation* décrit ce rapport tordu du parlêtre à son monde. Toutefois, ce rapport problématique et donc jamais satisfaisant n'est pas déréliction. On l'aura compris, l'alarme des analystes dénote le constat d'un franchissement au-delà du symptôme habituel : celui de l'abrasion des fonctions de la parole et de la loi symbolique qui lui est attachée. Ce fait a des conséquences incalculables dont nous n'avons pas fini de mesurer les effets. La plupart des textes de cet ouvrage marquent bien la ligne de partage entre ce qui tient de la difficulté ordinaire de l'existence (conflit et névrose) et quelque chose d'autre que l'on peut qualifier d'état de déshérence. Le problème que rencontre l'analyste, comme le soulignent certains, est que dans une situation de déshérence, les lignes de forces habituelles du conflit psychique (lié au refoulement) n'existent plus. Il devient alors difficultueux d'identifier le nœud du problème et du symptôme. C'est ce que j'appellerais volontiers les conséquences subjectives et structurales d'un *père sans nom*.

Cette dénomination offre l'avantage de sortir des descriptions d'une causalité liée au père carent, au père absent, descriptions qui ne sont fomentées que par le père idéal que le névrosé a dans sa tête, dans son rêve, mais que personne n'a jamais rencontré sinon lors de quelque moment fécond de déclenchement de la psychose. La formule du *père sans nom* rend compte, par contre, du double aspect du rapport de la mise en place du Nom-du-Père à la parole. C'est sa fonction qui rend la parole possible (comme le souligne Jean-Pierre Lebrun), ne serait-ce que parce qu'il présentifie l'énoncé de l'interdit de la mère pour l'enfant. Néanmoins, l'efficacité de cette opération ne saurait être validée que si la fonction de la parole a encore cours dans l'aire sociale. En sorte que si ce n'est plus le cas, le père dans cette fonction n'apparaît plus que comme un dérisoire tyranneau domestique. Or l'essentiel en jeu en arrière-plan de ce dispositif (celui de l'interdit), c'est qu'il conditionne la mise en place du refoulement et de l'Autre inconscient qui dans le cas inverse se trouve expulsé de la condition subjective. Effectivement, un monde sans inconscient devient « un monde sans limite ».

La chicane dans laquelle se trouve pris l'enfant de l'immigré illustre fort bien cette dimension. Pour être bref, disons que le discours traditionnel qui règne dans la famille privilégie l'ordre symbolique ancestral où assurément la parole dicte les règles (par exemple, celles qu'indiquent les places dévolues aux hommes, aux femmes et aux enfants). Cependant, dès qu'il a franchi la porte du domicile, l'enfant, le jeune, rencontre un discours libertaire, égalitaire devant lequel les « exigences du vieux » apparaissent soudain caricaturales, surannées et non fondées. Bien entendu, lorsque ce jeune rentre à la maison, c'est pour contester les énoncés d'autorité et questionner la légitimité de leur fondement. Le problème est encore plus crucial lorsque le père est socialement déconsidéré en raison de ses origines ou de sa situation sociale. Ajoutons pour faire complet que le garçon ou la fille trouve là occasion pour faire ligue avec la mère, en raison des insatisfactions engendrées par l'ordre symbolique et leur auteur présumé.

Cette vignette a le mérite de montrer que la fonction du père existe (même un peu trop au goût de l'enfant) mais que son nom avec ce qu'il supporte du registre symbolique ne parvient plus à se transmettre. Le nom n'est plus invoqué mais transmis comme le stigmate d'un destin maudit, avec la violence habituellement attachée à son cours et qui s'exprime socialement sans fard. Il y aurait encore beaucoup à dire à ce propos mais restons-en là pour préciser que l'extinction de la fonction de la parole engendre un remaniement en cascade : élidez, désavouez, censurez, expulsez un signifiant fondamental de la subjectivité humaine, un autre, d'autres signifiants arrivent au galop, se mettant à pulluler et pas forcément de manière congruente avec le précédent. Situation qui peut s'énoncer de la manière suivante : « Vous n'avez pas voulu de ce maître de chair et de désir, un peu bancal et baroque, somme toute bienveillant à votre endroit, vous aurez à présent un maître de fer, un ordre d'airain, celui de l'objet. » Voilà ce que dicte la fonction du signifiant lorsqu'elle n'est pas tempérée par les lois de la parole (la loi de l'Autre). « Ne murmurez pas contre le néolibéralisme, la civilisation techno-scientifique, les nouveaux gadgets qui vous submergent et pénètrent votre intimité ; c'est vous qui avez murmuré contre vos pères et qui avez fait de la marchandise votre fétiche. »

Toutefois, depuis le constat de Marx, il convient de souligner que l'objet a subi lui-même une métamorphose considérable – et sans doute l'effondrement desdites démocraties populaires est lié à leur incapacité à avoir su anticiper ce changement. Car aujourd'hui, ce n'est plus l'objet de la production qui prévaut, c'est l'objet de la consommation qui tient le haut du pavé. L'indice de consommation est la boussole qui, désormais, guide l'action politique de nos gouvernants car, à leurs yeux, il est synonyme d'indice de satisfaction : à nouvel objet, nouveau citoyen-consommateur. Du même coup, la visée politique se résume à veiller à faciliter la vie de chacun : nous sommes là dans le règne d'un utilitarisme abouti. Cette métamorphose porte ses conséquences encore plus loin car l'objet de la production accentuait le rapport de l'homme au travail, à la dette, aux patrons exploiteurs, etc., c'est-à-dire à une structure symbolique établie, certes décevante et injuste, où le symptôme servait de référent essentiel alors que l'objet de la consommation porte l'accent sur le loisir, le ludique, c'est-à-dire sur une Jouissance autonome enfin libérée. Cet objet-là est hors lien symbolique à l'Autre et c'est en ce point d'émancipation que vient à se poser, au clinicien, la question de la perversion ou de la psychose collective. L'objet est le nouveau maître – comme le souligne avec insistance Charles Melman –, objet qui n'en détermine pas moins une destitution subjective où l'existence n'est plus réglée que par des slogans, c'est-à-dire par une parole déshabitée. Restons-en là de ce développement puisqu'il suggère suffisamment les conséquences de la folle cavale du signifiant lorsque la parole n'opère plus son point d'arrêt.

D'autres champs, plus intimes, vont s'en trouver partiellement contaminés : relisons la fine étude de Anne Joos de ter Beerst sur les demandes d'Assistance médicale à la procréation (AMP) avec cette question sur la nature de l'objet revendiqué (l'enfant) par ces couples infertiles. Ne suggère-t-il pas déjà l'objet qui fait défaut sur le rayon vide de la consommation et de la représentation sociale, objet révélant ici sa face grimaçante et angoissante, gros de cet Autre schrebérien ? C'est ce trait de vérité qui conduit en retour l'auteur à s'interroger sur la nature de la demande et du désir de ces hommes et de ces femmes en peine : étrange relation d'objet qui oblige les analystes à réviser quelque peu leurs catégories qu'ils croyaient écrites dans le Livre de l'humanité pour l'éternité. Lacan les avait pourtant prévenus, dès les années soixante, des métamorphoses en cours. La question mérite d'être posée de savoir si cet objet-enfant est encore inscrit dans le registre de la dette ou s'il n'est que pédicule détaché du système symbolique et dès lors comment réinscrire un tel objet de fiction dans les lois de la parole ? L'expérience montre que des montagnes de tendresse n'y suffisent pas (référence à ce que Freud avait déjà, en son temps, désigné du terme de rêves de nourrices).

Les analystes, pas moins que les autres hommes, resteraient aveuglés par la lumière de la vérité s'ils ne pliaient pas leurs considérations et leur action aux principes des références freudiennes. Lorsque Freud, dans *Psychologie des masses*, décrit la prééminence d'un objet devenu rassembleur et organisateur des foules, il ne peut échapper à personne que le même empire de cet objet peut s'exercer à l'endroit d'un individu considéré isolément. Car enfin, aujourd'hui, ce qui tisse le lien-pseudo de la communauté des hommes, ce n'est plus un projet commun dans et pour la Cité (le politique désintéresse), c'est un objet commun qui rassemble des semblables qui jouissent du même objet : club de VTT, club d'amateurs d'orchidées, club de roller.... et Internet pourvoit à constituer des réseaux. Ainsi, le réseau supplée au délitement du lien social. Pourquoi pas, d'une certaine façon. Toutefois ceci ne saurait constituer remède à la déshabitation de la parole et à la déshérence qui s'ensuit.

C'est à ce carrefour que nous retrouvons l'analyse et sa fonction, si ce n'est son rôle possible, car sa part et son action restent modestes au regard du caractère généralisé actuel de l'effondrement du lien social. Au-delà des raisons strictement singulières qui poussent telle ou tel à entreprendre une cure, l'analyse consiste moins à resituer pour le sujet son histoire, son épopée et ses aléas que d'en marquer les jalons comme tels pris dans les articulations du langage et dans les incidences de la parole. Démarche qui permet au sujet de jauger sa dépendance à l'égard de la demande et au désir de l'Autre – qui sont des faits de langage, faut-il le préciser ? –, demande et désir de l'Autre qui sont les seuls véritables acteurs de son existence et à l'origine de la constitution de sa subjectivité. Démarche qui, du même coup, et nous dirons de surcroît, réintroduit le caractère essentiel de la parole, autrement dit, amène le sujet à réhabiter sa parole, et, s'il veut en convenir, le réintroduit à un lien social possible.

Présentation des auteurs

AMIEL Gérard (Grenoble), psychanalyste, membre de l'Association freudienne internationale. Médecin psychiatre de formation, ancien chef de clinique des universités, ancien assistant du CHU, a participé à l'enseignement de la sémiologie et de la clinique en faculté de médecine.

BRAND-GABORIT Chantal (Grenoble), psychanalyste, membre de l'École Rhône-Alpes d'Études freudiennes, membre de l'Association freudienne internationale, a longtemps travaillé dans un service de prévention spécialisée.

CACCIALI Jean-Luc (Grenoble), psychiatre, psychanalyste, membre de l'Association freudienne internationale, membre de l'École Rhône-Alpes d'Études freudiennes.

CAUMEL-FELTIN Claire (Grenoble), psychanalyste, membre de l'École Rhône-Alpes d'Études freudiennes, membre de l'Association freudienne internationale, assure depuis 1988 des supervisions dans plusieurs institutions éducatives.

CROIX Laurence (Paris), psychanalyste, membre d'Espace analytique et de Psychanalyse actuelle, maître de conférences à Paris X-Nanterre (secteur de recherche de J. Pain sur « Crise, violence et jeunes »), a travaillé pendant plusieurs années dans des CHS pour pharmaco-dépendants, puis pour enfants et adolescents.

DEMOULIN Christian (Liège), psychiatre, psychanalyste, membre de l'Association des Forums du champ lacanien, collaborateur de l'hôpital de jour universitaire La Clé (Université de Liège).

DUBOIS Christian (Bruxelles), psychanalyste, membre de l'Association freudienne de Belgique et de l'Association freudienne internationale, psychologue au Service de santé mentale « La Gerbe » à Schaerbeek (Bruxelles), responsable du projet À MI-MOTS d'intervention et d'accueil précoce en pouponnière, psychologue au projet SA.M.O.A. (Santé mentale en milieu ouvert en Afrique).

FEBVIN Maryvonne (Gap), psychanalyste, membre de l'Association freudienne internationale, psychologue de formation, membre de l'École Rhône-Alpes d'Études freudiennes.

HILTENBRAND Jacqueline (Grenoble), psychiatre, psychanalyste, membre de l'Association freudienne internationale, membre de l'École Rhône-Alpes d'Études freudiennes.

HILTENBRAND Jean-Paul (Grenoble), psychiatre, psychanalyste, ex-président de l'Association freudienne internationale, fondateur de l'École Rhône-Alpes d'Études freudiennes.

JACQUES Jean-Pierre (Bruxelles), psychanalyste, directeur du Projet Lama (centre de consultation pour toxicomanes), auteur de *Pour en finir avec la toxicomanie - Psychanalyse et pourvoyance légalisée des drogues*, Louvain-la-Neuve, De Boeck, 1999.

JAMART Claude (Bruxelles) psychanalyste, membre de l'Association freudienne de Belgique et de l'Association freudienne internationale, infirmière et licenciée en sciences hospitalières. Activités cliniques en consultation psychiatrique et hospitalisation oncologique. Anime des groupes de paroles avec les soignants.

JOOS de ter BEERST Anne (Louvain-la-Neuve), psychanaliste, membre de l'Association freudienne de Belgique et de l'Association freudienne internationale. Infirmière et accoucheuse de formation, licenciée en psycho-pédagogie, travaille actuellement en tant qu'analyste en milieu hospitalier (service gynéco-obstétrique) et enseigne en école d'infirmières. A dirigé la publication de *Génétique et temporalité*, Paris, L'Harmattan, 1997.

LEBRUN Jean-Pierre (Namur), psychiatre, psychanalyste, ex-président de l'Association freudienne internationale et de l'Association freudienne de Belgique, responsable avec Janine Marchioni-Eppe du Cercle de recherches psychanalytiques : subjectivité et lien social, agrégé de l'enseignement supérieur et formateur associé au Centre de guidance de l'Université catholique de Louvain.

LÉRÈS Guy (Paris), psychanalyste, secrétaire au Collège de la passe de l'École Sigmund-Freud en tant que membre de l'Association pour une école de la psychanalyse, adhérent à Espace analytique.

MARCHIONI-EPPE Janine (Chambéry), psychiatre, psychanalyste, membre de l'Association freudienne internationale, responsable avec Jean-Pierre Lebrun du Cercle de recherches psychanalytiques : subjectivité et lien social.

PETITOT Françoise (Paris), psychanalyste, membre du Coût freudien, intervenante dans un service de protection de l'enfance, rédactrice en chef de la revue *La Lettre du Grape*, auteur (avec Laurence Gavarini) de *La Fabrique de l'enfant maltraité – Un nouveau regard sur l'enfant et la famille*, Toulouse, Érès, 1998.

THOUA-ZEGERS DE BEYL Yvette (Bruxelles), psychanalyste, membre de l'Association freudienne de Belgique et de l'Association freudienne internationale, médecin biologiste de formation, participe depuis des années au travail d'une association de parents d'enfants sourds. A publié divers articles concernant la surdité et le sujet.

Table des matières

Dans la même collection

Patricia JANODY, *Constructions schizophrènes, constructions cartésiennes.*
1998, ISBN : 2-86586-635-1, 14 x 22, 272 pages, 150 F.

Dominique POISSONNIER, *La pulsion de mort. De Freud à Lacan.*
1998, ISBN : 2-86586-492-8, 14,5 x 22, 250 pages, 150 F.

Robert LÉVY, *Le désir contrarié. Essai sur l'impossible transmission en psychanalyse.*
1998, ISBN : 2-86586-606-8, 14 x 22, 344 pages, 168 F.

Georges ZIMRA, *La passion d'être deux. Le sexe ineffable.*
1998, ISBN : 2-86586-572-X, 14,5 x 22, 280 pages, 150 F.

Rolland GORI et Christian HOFFMANN, *La science au risque de la psychanalyse. Essai sur la propogande scientifique..*
1999, ISBN : 2-86586-692-0, 400 pages, 175 F.

Sous la direction de Didier LAURU, Christian HOFFMANN et Claude-Noële PICKMANN, *Problématiques adolescentes et direction de la cure.* Ouvrage collectif réalisé sous l'égide de la Fondation européenne pour la psychanalyse.
1999, ISBN : 2-86586-671-8, 14 x 22, 208 pages, 150 F.

Erik PORGE, *Les noms du père chez Jacques Lacan. Ponctuations et problématiques.*
1997, ISBN : 2-86586-473-1, 228 pages, 150 F.

Joël DOR, *Le père et sa fonction en psychanalyse.*
1997, Réédition, ISBN : 2-86586-5252-8, 120 pages, 90 F.

Jean-Pierre LEBRUN, *Un monde sans limite. Essai pour une clinique psychanalytique du social.*
1997, ISBN : 2-86586-524-X, 248 pages, 150 F.

Gérard POMMIER, *Ceci n'est pas un pape ». Inconscient et culture en Louisiane. Fiction psychanalytique.*
1996, ISBN : 2-86586-427-8, 254 pages, 130 F.

Contardo CALLIGARIS, *Pour une clinique différentielle des psychoses.*
1991, ISBN : 2-904821-36-8, 208 pages, 135 F.

Nestor BRAUNSTEIN, *La jouissance. Un concept lacanien.*
1992, ISBN : 2-904821-39-2, 336 pages, 145 F.

Jeanne GRANON-LAFONT, *Les pratiques sociales... en dette de la psychanalyse ?*
1994, ISBN : 2-904821-49-X, 224 pages, 130 F.

Jacques HASSOUN, *L'exil de la langue.*
1993, ISBN : 2-904821-46-5, 248 pages, 130 F.

Sous la direction de la Fondation européenne pour la psychanalyse, *La clinique de l'autisme. Son enseignement psychanalytique.*
1993, ISBN : 2-904821-45-7, 238 pages, 135 F.

Claude CONTÉ, *Le réel et le sexuel. De Freud à Lacan.*
1992, ISBN : 2-904821-38-4, 312 pages, 140 F.

Sous la direction de la Fondation européenne pour la psychanalyse, *L'abord des psychoses après Lacan.*
1994, ISBN : 2-904821-48-1, 270 pages, 130 F.

Sous la direction de la Fondation européenne pour la spychanalyse, *La formation des psychanalystes.*
1995, ISBN : 2-904821-52-X, 160 pages, 150 F.

Patrick DE NEUTER, *Les folles passions de Louis II de Bavière.*
1993, ISBN : 2-904821-47-3, 368 pages, 140 F.

René TOSTAIN, *Chemin de la création.*
1994, ISBN : 2-904821-51-1, 228 pages, 155 F.

Gérard POMMIER, *La névrose infantile de la psychanalyse.*
1989, ISBN : 2-904821-26-0, 288 pages, 125 F.

Jean-Louis HENRION, *La cause du désir. L'agalma de Platon à Lacan.*
1993, ISBN : 2-904821-43-0, 272 pages, 120 F.

Slavoj ZIZEK, *Ils ne savent plus ce qu'ils font. Le sinthome idéologique.*
1990, ISBN : 2-904821-29-5, 256 pages, 120 F.

Le coût Freudien. Le cercle Bernard Lazare, *L'homme et la terre.*
1991, ISBN : 2-904821-35-X, 14,5 x 22, 296 pages, 115 F.

Diane CHAUVELOT, *L'inconscient dans tous ses états.*
1990, ISBN : 2-904821-32-5, 208 pages, 135 F.

Sous la direction de la Fondation européenne pour la psychanalyse, *La normalité comme symptôme.*
1992, ISBN : 2-904821-41-4, 176 pages, 130 F.

Michel FAIVRE-JUSSIAUX, *La voix du loup. Abord clinique de la question du père dans la psychose.*
1991, ISBN : 2-904821-33-3, 224 pages, 125 F.

Rudolph BINION, *Hitler et l'Allemagne.*
1995, ISBN : 2-904821-42-2, 204 pages, 135 F.

Catherine MILLOT, *Horsexe.*
1993, ISBN : 2-904821-44-9, 148 pages, 135 F.

Solal RABINOVITCH, *Les voix.*
1999, ISBN : 2-86586-755-2, 14 x 22, 208 pages, 150 F.

Erik PORGE, *Jacques Lacan, un psychanalyste. Parcours d'un enseignement.*
2000, ISBN : 2-86586-810-9, 368 pages, 168 F.

Philippe JULIEN, *Psychose, perversion, névrose. La lecture de Jacques Lacan.*
2000, ISBN : 2-86586-863-X, 192 pages, 150 F.

Achevé d'imprimer
PARA GRAPHIC
31240 L'UNION (Toulouse)
Tél. 05 61 37 64 70
Dépôt légal : février 2001
Imprimé en France
N° impression : 9173-25